商管叢書 全華圖書 BUSINESS MANAGEMENT

洪來發 編著

實用統計學

使用 Excel、SAS、R 語言分析

序
Preface

　　本書共分十一章，涵蓋市面上一般統計學教科書編寫的範圍。前四章介紹敘述統計、機率論、機率定理及常用的機率分配，屬於機率論範圍。第五章至第九章介紹抽樣分配、區間估計、假設檢定、變異數分析、簡單相關與迴歸分析，屬於統計學範圍。第十章介紹無母數統計法。第十一章則介紹問卷常用的信度效度分析方法。

　　本書編寫方式分為筆算和電腦分析，筆算是為了讓讀者了解計算過程，筆算後緊接著解法分析，這是針對筆算過程的說明，目的是讓讀者了解為什麼要這樣計算。除了筆算外，本書亦側重電腦分析，列有 Excel、SAS、R 分析供讀者對照學習。因為 Excel 軟體易學易懂，幾乎全以選單點取要使用的統計方法，極其方便。書中【Excel 作法】即在說明如何把資料輸入 Excel 工作表中進行分析，緊接著的【Excel 分析】則在解讀 Excel 執行的結果，就是我們常說的「報表的閱讀」。不過，因為統計方法很多，Excel 選單無法涵蓋所有功能，所以不能完全滿足使用者的需求，因此我們又提供 SAS 分析，書中【SAS 程式】即在教導如何撰寫 SAS 程式對資料進行分析，接著【SAS 結果分析】則在說明 SAS 程式語法意義及結果的解讀。因應開放原始碼（open source）趨勢，本書亦提供【R 程式】分析，R 是一種自由軟體（free software）程式語言與操作環境，主要用於統計分析、時間序列分析、資料探勘等。R 除了內建多種統計分析功能外，亦可透過下載套件（packages）補足使用者的其它需求。值得一提的是，為了方便讀者對於 R 程式語言的操作及參閱，本書特別將書內有關 R 程式語言的部份集結成小冊，提供教師教學或學生課後學習所需。

　　面對大數據分析的迫切需求，本書每個章節針對統計理論搭配 R 程式供學生學習，這對於日後接續學習高階大數據分析有著極大的幫助。唯筆者才疏學淺，錯誤在所難免，尚祈讀者不吝指正。

洪來發

2018 年於長榮大學

目次
Contents

CH1　敘述統計

CH2　機率論

CH3　機率分配

CH4　常用的機率分配

CH5　抽樣分配

CH6　區間估計

CH7　假設檢定

CH8 變異數分析

CH9 相關與迴歸分析

CH10 無母數統計法

| CH11 信度、效度分析 |

敘述統計

　　統計學到底學些什麼？為什麼在大專院校中幾乎都將統計學列為必修？常聽人說「數據會說話」，數據說些什麼話？打開電視，新聞主播報導說在百分之九十五信心水準下，抽樣誤差正負 3 個百分點；氣象主播報導說，明天北部地區下雨機率 70%。凡此種種，充斥在我們生活周遭的許多數據，我們該如何解讀？統計學是解讀的其中一項利器，它可以讓我們了解數據隱含的訊息，讓我們作出適當的判斷。

　　身在資訊爆炸的現代科技中，每天面對大量資料，必須靠統計方法才能有效分析處理，作為一個大學生，當然需要統計學的推理及思考這種科學方法的訓練。底下列出統計學上一些重要的名稱，並加以釋義，熟悉這些名稱後，將有助於統計觀念的理解、統計報表的閱讀及統計方法的應用。

重點名詞	
• 實驗設計	• 調節變數
• 中介變數	• Stevens 變數
• 集中量數	• 變異量數
• 偏態	• 峰度
• 百分等級	• 百分位數
• 標準分數	

佛羅倫斯·南丁格爾
（Florence Nightingale, 1820-1910）

　　從 1837 年開始，佛羅倫斯·南丁格爾在 Embley Park 就已經是一名護士了。1854 年 11 月，南丁格爾和 38 名志願前往前線的女性護士工作人員，抵達當時英國主要軍營的所在地——克里米亞半島，她們發現營地醫護人員身體過度勞累，官員冷漠，傷兵未妥適照顧，此外藥品供應不足、食物欠缺、衛生條件差、導致大規模病菌感染。Scutari 營地就曾發生 4,077 名士兵死於傷寒，霍亂等傳染病，是戰爭致死人數的十倍。臨時軍營醫院的衛生條件差是致命原因，因為人滿為患、醫院公共廁所的污水管有缺陷、而且通風不良。

　　1855 年 3 月，英政府派出衛生委員會到 Scutari 營地，改善飲食、醫療衛生、污水管及通風狀況，死亡率因此大幅降低；在 1854 年到 1856 年這段克里米亞戰爭期間，南丁格爾的建言改革使軍醫院的死亡率從 42.7% 降低到 2.2%，她回到英國後，開始蒐集證據，向皇家委員會報告軍隊士兵的健康狀況，她認為大部份死亡的士兵，是在惡劣的生活條件中喪生。

　　南丁格爾之所以能說服皇家委員會及衛生委員會，主要是善用蒐集到的資料搭配圖表來說明。南丁格爾從小就嶄露出在數學的天份，她發展出極座標圓餅圖（polar area diagram）又稱為南丁格爾玫瑰圖（Nightingale rose diagram），來說明戰地醫院內，病人死亡率在不同季節的變化。她使用極座標圓餅圖，向不太會閱讀統計報表的國會議員，報告克里米亞戰爭的醫療條件。枯燥乏味、抽象的資料，由於圖表視覺化簡單易懂，因而讓數據說話了，本章敘述統計即在介紹這些統計圖表的意涵及其應用。

資料來源：https://en.wikipedia.org/wiki/Florence_Nightingale

1-1 統計學相關名詞釋義

一、何謂統計學（statistics）

統計學是一門決策科學方法。藉由蒐集資料、整理資料、呈現資料、分析與解釋資料，進而依據資料結果，作出適切、有效、合理的決策。

舉例來說，行銷人員蒐集整理公司廣告費用以及銷售量資料，並將這些資料藉由圖、表、平均數、標準差、相關係數等方式加以呈現，最後進行統計假設檢定以及迴歸分析，檢驗廣告費用增加是否確實可以提升銷售量成長。

二、統計學的種類

(一) 敘述統計學（descriptive statistics）

敘述統計學是以表格、圖形、數值等方式來呈現蒐集到的資料。在表格方面，常以次數分配表呈現資料；在圖形方面，常以直方圖（histogram）呈現資料；在數值方面，常以平均數（average）來呈現資料。簡言之，敘述統計學只針對蒐集到的資料，而且有幾分證據就說幾分話。

(二) 推論統計學（inferential statistics）

由於考慮經濟、時間、物力以及其它因素，研究者針對一些元素（例如，個人資料、公司、選民、產品…等）蒐集資料，往往只能蒐集到全部資料的一小部份，統計學上把全部資料稱為母體（population），從中得到的一小部份資料稱為樣本（sample）。推論統計學的意義就在於利用蒐集來的樣本資料對母體特性作估計與檢定。

舉例來說，研究者想知道現在國二學生數學能力，因此分別對北、中、南、東區總共抽取 1000 樣本，並進行測驗，依據測驗結果的平均數（$\bar{X}$）推估全國現在國二學生平均數學能力（μ）。

(三) 實驗設計（design of experiment）

實驗設計係指在控制干擾變數之下，藉由操弄自變數，觀察（紀錄）依變數的變化，以了解兩者之因果關係。實驗設計類型有完全隨機設計、隨機集區設計、拉丁方格

設計等。對於自變數（實驗因子）對依變數（反應變項）的影響效果可以變異數分析（analysis of variance, ANOVA）方法加以探討。

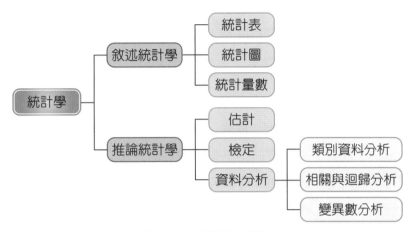

圖 1-1 統計學的種類

三、母體（population）

特定研究中感興趣的元素之全部資料所成的集合，稱為母體。依照集合所包含的元素個數，又可分為有限（finite）母體與無限（infinite）母體。

1. **有限母體**：此母體中，元素個數是有限的。例如，某高中全校學生近視（戴眼鏡）的總人數，這總人數是有限的。有限母體總個數通常以大寫的英文字母 N 表示。

2. **無限母體**：此母體中，元素個數是無限的。例如，集合 $A = \{x \mid x > 0\}$。

3. **母數**：用來描述母體特徵的量數，稱為母數，亦稱參數（parameter）。例如，母體平均數、母體標準差、母體變異數。

通常我們用希臘字母來表示母數。例如，用 μ 表示母體平均數，用 σ 表示母體標準差、用 σ^2 表示母體變異數。

四、樣本（sample）

樣本是母體的部份集合。依照樣本數大小，又可分為小樣本與大樣本。通常樣本數以小寫的英文字母 n 表示。如果抽出的樣本數小於 30，稱為小樣本（$n < 30$）；如果抽出的樣本數大於或等於 30，稱為大樣本（$n \geq 30$）。

1. **樣本統計量（statistic）**：用來描述樣本特徵的量數。例如，樣本平均數、樣本標準差、樣本變異數等都是樣本統計量。通常我們用英文字母來表示樣本統計量。例如，用 $\overline{X}$ 表示樣本平均數，用 S 表示樣本標準差、用 S^2 表示樣本變異數。

2. **推論統計學**：以樣本平均數 $\overline{X}$ 推估母體平均數 μ，以樣本變異數 S^2 推估母體變異數 σ^2，以樣本比例 $\hat{p}$ 推估母體比例 p。

五、變數（variable）

可以出現不同數值或可改變的一種屬性稱為變數，舉例來說，身高、體重、年齡、職業、血型等屬之。簡言之，只要結果出現二種可能（含）以上，便可稱為變數。性別是變數，因為可能出現男生或女生。變數的相反是常數，常數是一固定數。注意：班上同學的身高是變數，但班上同學身高平均數、變異數卻是常數（例如平均數 169.5 公分，變異數 8.9 公分）。

(一) 自變數（independent variable）

在實驗設計中，實驗者所操弄的變數，稱為自變數，又叫實驗因子或獨立變數、投入變數、預測變數。

舉例來說，探討不同載重量下，剎車後車子滑行的距離，而不同的載重量就是實驗者要操弄的變數，所以載重量是實驗因子亦即自變數。又如，探討廣告費用與銷售額間的關係，廣告費用就是自變數或預測變數。在統計學上，通常以 x 代表自變數。

(二) 依變數（dependent variable）

跟隨自變數的變化而改變的變數，稱為依變數，又叫應變數、反應變數、被預測變數。如前例，探討不同載重量下，剎車後車子滑行的距離。車子滑行的距離就是依變數。又如，探討廣告費用與銷售額間的關係，銷售額就是依變數或被預測變數。在統計學上，通常以 y 代表依變數。

(三) 調節變數（moderator variable）

研究者想知道不同的教學法，對學生學業成績的影響。在這個實驗研究中，教學法和兒童智力，可能產生交互作用，使得到底是教學法影響了學生學業成績，還是兒童智力影響了學生學業成績，會混淆不清。所以把智力因素列為調節變數，以避免結果的解釋偏差，由於調節變數具有自變數的功能，所以又稱為次級自變數。

(四) 中介變數（intervening variable, mediator variable）

明知該變數對於自變數與依變數的關係有影響，卻無法直接觀察得到，這類變數稱為中介變數（或潛在變數）。通常此類變數與個人潛在特質較有關係。舉例來說，學習動機、焦慮、挫折感等屬之。

六、Stevens 的四種變數

(一) 名目變數（nominal variable）

又稱類別變數，用於指稱及分類。舉例來說，宗教、種族、黨籍等屬之。名目變數只有區別、辨認的特性，並沒有大於或小於的意義，也不能計算差異大小，所以名目變數在數學上的符號為等於（＝）。通常作法是給每一類別一特定數值。例如，性別是名目變數，以 1 代表男生，男生 = 1；以 2 代表女生，女生 = 2。但我們不能說 2 大於 1，所以女生大於男生。

(二) 順序變數（ordinal variable）

將觀察得到的資料，依大小、高低、等第或優劣等方式排定順位。舉例來說，職位、名次、社經地位等屬之。順序變數只有順序的特性，並不能計算差異大小，所以順序變數在數學上的符號為大於或小於（">" 或 "<"）。例如，甲 > 乙 > 丙 > 丁。要注意的是，問卷選項的「非常同意」、「同意」、「普通」、「不同意」、「非常不同意」，事實上是順序變數，但研究上為了方便往往視為連續變數，所以常見到問卷結果以因素分析、結構方程模式分析，此即視順序變數為連續變數。如果要以原來的順序變數加以處理，則應採試題反應理論（item response theory, IRT）模式進行分析。

再者，問卷選項 5 點量表「非常同意」給 5 分、「同意」給 4 分、「普通」給 3 分、「不同意」給 2 分、「非常不同意」給 1 分。「非常同意」與「同意」差距只有 1 分，「同意」與「普通」差距亦只有 1 分，差距一樣，都只差 1 分，一般人會認為相等，實則我們無法確認在吾人內心中「非常同意」與「同意」的差距是否真等於「同意」與「普通」的差距，只差 1 分是人為設定造成的結果，並非自然差距。

研究上，如果以 IRT 模式分析順序變數 5 點量表時，會得到 4 個截點（數線上畫 4 個點會有 5 區段）估計值，通常這 4 個估計值的差距不會都一樣，例如 4 個截點估計出來為 0.72, 1.91, 3.70, 4.25，但 $(1.91 - 0.72) \neq (3.70 - 1.91) \neq (4.25 - 3.70)$。這 4 個截點的關係 $4.25 > 3.70 > 1.91 > 0.72$。

1. **等距變數（interval variable）**

又稱區間變數，除了可定義名稱和排序外，亦可以計算差異大小。例如，溫度、年代等屬之。等距變數在數學上的符號為加號或減號（"+"或"−"）。例如，20°C − 10°C = 30°C − 20°C。等距變數不具有絕對零點的特性，所以溫度零度，並不是沒有溫度，它的溫度是零度。又溫度有零下 3 度，年代有西元前 100 年，這些都是等距變數的特色。

2. **比率變數（ratio variable）**

除了具有順序變數和等距變數特徵外，比率變數最大的特色是有絕對零點，所以長度 0 公分是完全沒有長度、重量 0 公克是完全沒有重量。比率變數除了可以作加減計算外，也可以進行乘除的運算，例如，3 公分是 1 公分的 3 倍。比率變數在數學上的符號為乘號或除號（"×"或"÷"）。日常生活中常見的身高、體重、所得、銷售量等均屬於比率變數。

七、資料

資料是指由蒐集、整理、分析、彙總而得的一群事實與數字，是統計處理的對象，通常將資料分成屬性資料和屬量資料。

資料	屬性資料：用類別方式表示。例如，學歷、黨籍、宗教。
	屬量資料：用數值方式表示。例如，身高、體重、價格。

圖 1-2　資料的分類

屬量資料又分為離散資料與連續資料。

1. **離散資料**：通常以整數方式來表示資料的總數，例如，該區人口數、學校機車數、電腦數、及格人數等屬之。

2. **連續資料**：在任意兩數間可以插入無限多個數值，計算上可以取到小數點以下第幾位，例如，失業率、報酬率、身高、重量等。

八、統計資料之表示方式

統計資料之表示方式有統計圖（直方圖、多邊形圖）、統計表（次數分配表）、函數方程式或文字說明等表示方式。又資料的呈現方式有分組式資料與非分組式資料。例如，30~39，40~49，…，稱為分組式資料；如果是 67，78，83，…，則稱為非分組式資料。

1-2 次數分配表與次數分配圖

在敘述統計學裡，我們常用次數分配表與次數分配圖來呈現資料。不論是分配表或分配圖作法都是將蒐集來的資料，先進行分類、分組、計數、劃記以得到資料的可能趨勢。底下先介紹次數分配表的編製步驟，接著再介紹次數分配圖，最後有關利用 R 軟體繪圖，則請參閱 1-7 節之示範。

一、編製次數分配表的步驟

1. 依大小排列，並求算全距

$Range = R = X_{max} - X_{min} = $ 最大值 − 最小值

2. 定組數（number of classes）

決定組數方法有二

(1) 組數 $= k = 1 + 3.32 \log n$，這裡，k 取正整數，n 為樣本數。

(2) 當 $2^{r-1} + 1 < n$ 時，取組數 $k = r + 1$，r 為正整數，n 為樣本數。

舉例來說，樣本數 $n = 40$，則其組數 $k = 1 + 3.32 \log 40 = 6.319$，取正整數得到組數 7。如果採 $2^{6-1} + 1 < 40$，取組數 $k = r + 1 = 7$。實際應用時尚可作 ± 1 的調整，調整目的在於取得組數或組寬最適宜的整數值。

3. 定組寬（width of the classes）

組寬又稱為組距，組距即每組分數大小的距離。舉例來說，30~34，這種組距是 5；如果是 30~39，這種組距是 10。定組寬可依下式來進行：組寬 $= \dfrac{最大值 - 最小值}{組數}$。如果資料最大值 32，最小值 12，組數是 4，則其組寬 $= \dfrac{32-12}{4} = 5$。

4. 定每組的上下組限

有了組寬後就可以定上下組限。下組限（lower class limit）指的是該組分數的最小值，上組限（upper class limit）指的是該組分數的最大值。舉例來說，組寬 10，則 30~39 這一組的下組限是 30，上組限是 39。40~49 這一組的下組限是 40，上組限是 49，餘此類推。此外，我們稱 29.5 是 30~39 這一組的真正下組限，39.5 是這一組的真正上組限。39.5 是 40~49 這一組的真正下組限，49.5 是真正上組限，餘此類推。

5. 定組中點

組中點 = (下組限 + 上組限) / 2 = (真正下組限 + 真正上組限) / 2。以 20~24 為例，組中點 = (20 + 24) / 2 = (19.5 + 24.5) / 2 = 22。若以 35~39 為例，組中點 = (35 + 39) / 2 = (34.5 + 39.5) / 2 = 37。

6. 歸類計次與編表繪圖

底下以一例子說明編製次數分配表之步驟。

 例題 1

以下為 50 家公司單日營業金額（單位：萬元）

33	33	35	36	36	40	41	41	42	42	45	46	47	47
47	48	49	50	53	54	55	58	58	59	59	60	63	63
64	64	65	68	68	70	71	72	72	78	78	79	81	82
84	85	85	88	95	97	101	107						

試編製次數分配表。

【解】

1. 求全距 $Range = R = X_{max} - X_{min} = 107 - 33 = 74$。

2. 定組數：採 $k = 1 + 3.32 \log 50 = 6.641$，取正整數得到 7；如果採 $2^{6-1} + 1 < 50$，取組數 $k = r + 1 = 7$。因為全距 74，所以調整組數為 8，以方便定組寬。

3. 定組寬：$\dfrac{最大值 - 最小值}{組數} = \dfrac{107 - 33}{8} = 9.25 \cong 10$。

4. 因為組寬 10，最小值 33，所以組限為 30~39，40~49，…，100~109。

5. 組中點分別為 34.5，44.5，…，104.5。

6. 歸類計次與編表

表 1-1　50 家公司單日營業金額次數分配表

分數	組中點	次數
30~39	34.5	5
40~49	44.5	12
50~59	54.5	8
60~69	64.5	8
70~79	74.5	7
80~89	84.5	6
90~99	94.5	2
100~109	104.5	2

二、次數分配圖（graphic representation）的種類

　　次數分配圖的種類有多邊形圖（polygon）、肩形圖（ogive curve）、直方圖（histogram）、圓形比例圖（pie chart）、莖葉圖（stem and leaf plot）等。圖示法一目了然，且較有吸引力，但有些訊息無法從圖上直接看出。

(一) 多邊形圖（或稱折線圖）

　　舉例題 1 為例：

1. 以橫軸（x 軸）代表連續變數數值，數值由左至右遞增。縱軸（y 軸）代表離散變數，數值由下而上遞增。

2. 橫軸以組中點代表各組數值，縱軸則以小圓點標示各組次數。

3. 以直線連接各組的小圓點，所形成曲線即為多邊形圖。

4. 在圖下方列出總標題（50 家公司單日營業金額）即完成（如何以 Excel 製作多邊形圖請看 1-5 節）。

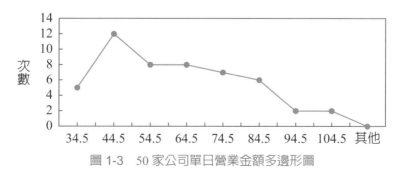

圖 1-3　50 家公司單日營業金額多邊形圖

(二) 肩形圖或稱累積次數多邊形圖

資料同例題 1，但 y 軸改為累積次數，則所畫成的曲線就是肩形圖（ogive curve）。在作肩形圖時，須先計算「以下累積次數」。所謂「以下累積」指的是由分數較小的一端，開始將次數累加上來（見表 1-2）。畫肩形圖時，連接的點不是組中點（34.5，44.5，…），而是各組的真正上組限（39.5，49.5，…）。

表 1-2　50 家公司單日營業金額累積次數表

分　數	次數	以下累積次數
100~109	2	50
90~99	2	48
80~89	6	46
70~79	7	40
60~69	8	33
50~59	8	25
40~49	12	17
30~39	5	5

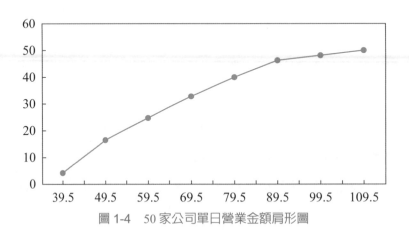

圖 1-4　50 家公司單日營業金額肩形圖

(三) 直方圖（或稱長條圖）

直方圖是以長方形圖表示，橫軸為組距，縱軸為次數。離散資料時，則長方形圖之間不需緊鄰；如果是連續資料，則需緊鄰（請看 1-5 節）。

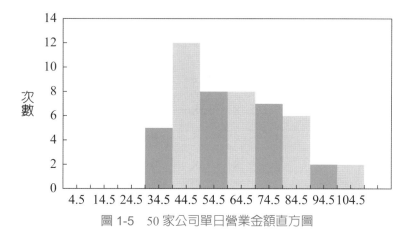

圖 1-5 50 家公司單日營業金額直方圖

(四) 圓形比例圖

圓形比例圖特別適用於類別資料。作法是將 360° 的圓依各組或各類的比例分割。例如，支持政黨 A 的比例佔 36.3%，支持政黨 B 的群眾比例佔 33.8%，支持政黨 C 的比例佔 21.6%，其它佔 8.3%，其圖如下：

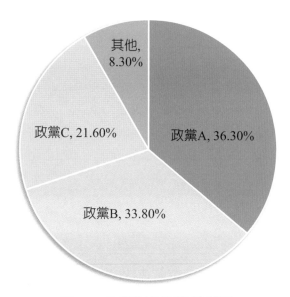

圖 1-6 政黨支持率圓形比例圖

(五) 莖葉圖

通常以 10（或 10 的倍數）為組距，並以資料的十位數為「莖」，個位數為「葉」所繪成之數字圖；從莖葉圖上可看出資料的原始數值，也就是因為保留了「原始資料」，所以兼具圖形與數字的優點。同例題 1，可得莖葉圖如下：

莖	葉										
3	3	3	5	6	6						
4	0	1	1	2	2	5	6	7	7	7	8	9
5	0	3	4	5	8	8	9	9			
6	0	3	3	4	4	5	8	8			
7	0	1	2	2	8	8	9				
8	1	2	4	5	5	8					
9	5	7									
10	1	7									

圖 1-7　50 家公司單日營業金額莖葉圖

亦可將莖分成兩列，第一列是葉的數字 ≤ 4，第二列是葉的數字 ≥ 5，同例題 1 可得莖葉圖如下：

莖	葉						
3	3	3					
3	5	6	6				
4	0	1	1	2	2		
4	5	6	7	7	7	8	9
5	0	3	4				
5	5	8	8	9	9		
6	0	3	3	4	4		
6	5	8	8				
7	0	1	2	2			
7	8	8	9				
8	1	2	4				
8	5	5	8				
9							
9	5	7					
10	1						
10	7						

圖 1-8　50 家公司單日營業金額莖葉圖

小補充

製作統計圖表須知：

1. 縱軸與橫軸必須有刻度、數字與名稱。

2. 橫軸的刻度與數字由左至右遞增，縱軸則由下而上遞增。

3. 縱軸與橫軸的刻度必須由原點開始，如果有跳間隔，則須標示缺口。例如，以「″」表示。

4. 編製統計圖表時，如果是統計圖，則標題標示在圖下方；如果是表，標題標示在表上方。

5. y 軸與 x 軸的長度以 $y : x = 3 : 5$ 黃金分割（golden section）較為美觀。

1-3 集中量數與變異量數

統計學上用動差（moment）的方法來探討資料分佈的形狀。動差有一級動差、二級動差、三級動差、四級動差……。一級動差（平均數）在探討資料之集中趨勢；二級動差（變異數）在探討資料之離散趨勢；三級動差（偏態係數）在探討資料曲線形狀到底屬於正偏態、常態還是負偏態；四級動差（峰度係數）在探討資料曲線形狀到底屬於低闊峰、常態峰還是高狹峰。本章節主要就是在探討這些問題。

一、集中量數（measures of central tendency）

集中量數用來表示資料的集中趨勢，是中心位置的最佳代表值。常見的集中量數有算數平均數（arithmetic mean）、幾何平均數（geometric mean）、調和平均數（harmonic mean）、中位數（median）、眾數（mode）。如果資料屬於連續變數時，最常以算數平均數

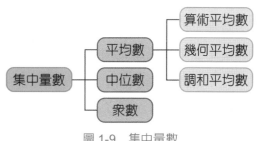

圖 1-9　集中量數

作為中心位置的最佳代表值，如果資料屬於離散變數時，則常以中位數、眾數作為中心位置的代表值。

(一) 算術平均數（μ）

1. 未分組資料：

$$\mu = \frac{\sum_{i=1}^{N} X_i}{N}$$

X_i 是原始數值，N 是總次數。另外，在抽樣分配中，樣本平均數 $\overline{X} = \dfrac{\sum_{i=1}^{n} X_i}{n}$ ，n 是樣本數。

2. 分組資料：

$$\mu = \frac{\sum_{i=1}^{k} f_i m_i}{\sum_{i=1}^{k} f_i} = \frac{\sum_{i=1}^{k} f_i m_i}{N}$$

這裡 $\sum_{i=1}^{k} f_i = N$ ，k 表示資料分成 k 組，f_i 是每組的次數，m_i 是組中點，N 是總次數。

◆ **特性：**

$$\sum_{i=1}^{N}(X_i - \mu) = 0 \text{ 。因為 } \sum_{i=1}^{N}(X_i - \mu) = \sum_{i=1}^{N} X_i - \sum_{i=1}^{N} \mu = \sum_{i=1}^{N} X_i - N\mu = N\mu - N\mu = 0 \text{ 。}$$

$$\sum_{i=1}^{n}(X_i - \overline{X}) = 0 \text{ 。因為 } \sum_{i=1}^{n}(X_i - \overline{X}) = \sum_{i=1}^{n} X_i - n\overline{X} = n\overline{X} - n\overline{X} = 0 \text{ 。}$$

1. 算術平均數易受極端值影響。舉例來說，抽樣調查國民年所得時，抽到的樣本其收入大多集中在 60 萬附近，如果抽到一極端值 3 億元，則平均數將大幅增加，這時不應以平均數為中心位置的代表值而應以中位數為代表值較適宜。

2. 有敞開組時無法求算算術平均數，敞開組指的是無窮大（∞）。

 例題 2

同例題 1，試求 50 家公司的平均營業金額是多少？

解 如果從原始數值（未分組）來求算平均數，根據公式：

$$\mu = \frac{\sum_{i=1}^{N} X_i}{N} = \frac{(33+33+\cdots+101+107)}{50} = 61.88 \text{。}$$

如果從分組資料來求算平均數（見表 1-1），根據公式：

$$\mu = \frac{\sum_{i=1}^{k} f_i m_i}{\sum_{i=1}^{k} f_i} = \frac{(104.5 \times 2 + 94.5 \times 2 + \cdots + 34.5 \times 5)}{50} = 61.7 \text{。}$$

由上述可看出，分組及未分組計算出來的結果可能略有出入。

(二) 幾何平均數（G）

$$G = \sqrt[n]{\prod_{i=1}^{n} X_i}$$

♦ **特性：**

1. 應用在等比級數、變動率、細菌成長率或對數分配。

2. 資料不可有零或負數。因為只要其中一個出現零，會將當中有變動的現象變成沒有變動；不可出現負數是因為根號中不可以有負數。

3. 不可以有敞開組的資料。

 例題 3

某家公司第一年成長率 2 倍，第二年成長率 6 倍，第三年成長率 18 倍，試問平均成長率增加幾倍？

解 $G = \sqrt[n]{\prod_{i=1}^{n} X_i} = \sqrt[3]{2 \times 6 \times 18} = 6$，平均成長了 6 倍。

(三) 調和平均數 (H)

$$H = \frac{N}{\sum_{i=1}^{N} (\frac{1}{X_i})}$$

♦ **特性：**

1. 總花費固定時或總距離固定時常用調和平均數。

2. 不可有數值為 0 之資料。

3. 任意二正數 a, b，則此二正數之 $G = \sqrt{\mu \cdot H}$。因為

$$G = \sqrt{a \cdot b} = \sqrt{\frac{a+b}{2} \cdot \frac{2}{\frac{1}{a} + \frac{1}{b}}} = \sqrt{\mu \cdot H} \ 。$$

4. 任一組正值資料：$\mu \geq G \geq H$。

例題 4

從甲地到乙地，逆流而上時速 48 公里，順流而下時速 66 公里，試問平均時速是多少？

解 因為距離固定，所以用調和平均數 $H = \dfrac{N}{\sum_{i=1}^{N} (\frac{1}{X_i})} = \dfrac{2}{\frac{1}{48} + \frac{1}{66}} = 55.58$，得到平均時速 55.58。

💡**小補充**

筆者就讀國小時，是最後一屆使用舊課程「算術」課本的，之後新課程改為「數學」。在算術中常出現這種流速問題，當時年紀小，弄不懂老師為什麼教我們不可以把 48 和 66 相加起來除以 2，後來才知道這類題目（距離固定）屬於調和平均數。

(四) 中位數（Md）又叫第二個四分位數（Q_2）

1. 未分組資料：把資料按大小排序，如果資料個數是奇數個（odd），則中位數是第 $\dfrac{N+1}{2}$ 個的數值。如果資料個數是偶數個（even），則中位數是第 $\dfrac{N}{2}$ 個的數值和第 $\dfrac{N}{2}+1$ 的數值兩者的平均數。即

$$Md = \begin{cases} X_{\left(\frac{N+1}{2}\right)} & , \quad N:odd \\[2mm] \dfrac{X_{\left(\frac{N}{2}\right)} + X_{\left(\frac{N}{2}+1\right)}}{2} & , \quad N:even \end{cases}$$

2. 分組資料：

$$Md = l_{Md} + \left[\dfrac{\dfrac{2N}{4} - F_{Md}}{f_{Md}}\right] \times h = l_{Q_2} + \left[\dfrac{\dfrac{2N}{4} - F_{Q_2}}{f_{Q_2}}\right] \times h$$

l_{Md}（l_{Q_2}）：中位數所在組的眞正下限。

F_{Md}（F_{Q_2}）：中位數所在組之下的累積次數。

f_{Md}（f_{Q_2}）：中位數所在組的次數。

h：組距。

N：總次數。

♦ 特性：

1. 當有極端值出現時，以中位數作爲集中量數代表值較適宜。

2. 資料是次序變數時，以中位數作爲集中量數的代表值。

(五) 眾數（Mo）

1. 未分組資料：出現次數最多者即爲眾數。

2. 分組資料：先找出次數最多那一組（即眾數所在組）之組中點，再利用金氏（King's Method）差補法公式：

$$Mo = l_{Mo} + (\frac{f_a}{f_a + f_b}) \times h$$

l_{Mo}：眾數所在組的眞正下限。

f_a：眾數所在組的上一組次數。

f_b：眾數所在組的下一組次數。

h：組距。

♦ **特性**：

1. 眾數不一定存在。

2. 眾數可能有好幾個。

3. 資料呈單峰分配且對稱時，$\mu = Md = Mo$。

4. 資料是名義變數時，以眾數作爲集中量數的代表值。

5. 計算眾數時，除了上述金氏法外，亦可利用皮氏法（Pearson's Method）：
   $Mo = 3Md - 2\mu$。

6. 皮氏法適用於次數分配大致對稱或偏態不太嚴重時。

 例題 5

現有數學成績如下：63，66，74，84，84，68，66，73，77，92，試求中位數及眾數？

解 本例爲未分組資料。

先把資料排序：63，66，66，68，73，74，77，84，84，92，因爲資料個數共有 10 個，是偶數個，$\frac{N}{2} = 5$，第 5 個位置的數值是 73，第 6 個位置的數值是 74，因此 $Md = \frac{73 + 74}{2} = 73.5$。眾數是出現次數最多者，所以眾數爲 66、84。

現有資料如下：42，56，71，58，68，40，69，試求中位數及眾數？

解 本例為未分組資料。

先把資料排序：40，42，56，58，68，69，71，因為資料個數共有 7 個，是奇數

個，$\dfrac{N+1}{2} = 4$，所以中位數是第 4 個位置的數值，即 $Md = 58$。眾數是出現次數最

多者，但本例並沒有出現次數最多者，所以沒有眾數。

請由表 1-2 求中位數及眾數？

解 表 1-2 為分組資料。

中位數：因為 $\dfrac{2N}{4} = \dfrac{2 \times 50}{4} = 25$，對照表 1-2，可知中位數所在組是在 50~59 這一組，

這一組的真正下限是 49.5，根據公式：

$$Md = l_{Md} + \left[\dfrac{\dfrac{2N}{4} - F_{Md}}{f_{Md}} \right] \times h = 49.5 + \left[\dfrac{\dfrac{2 \times 50}{4} - 17}{8} \right] \times 10 = 59.5 \text{ 所以，中位數 59.5 萬元。}$$

眾數（金氏法）：在本例中次數最多的組別是 40~49 這一組，這一組的真正下限是

39.5，根據公式：$Mo = l_{Mo} + (\dfrac{f_a}{f_a + f_b}) \times h = 39.5 + (\dfrac{8}{8+5}) \times 10 = 45.65$。

眾數（皮氏法）：使用皮氏法時，須注意次數分配是否偏態過於嚴重。

$Mo = 3Md - 2\mu = 3 \times 59.5 - 2 \times 61.7 = 55.1$。

> ### 小補充
>
> 統計資料編成次數表時通常有二種基本假設，一是集中分配假設，一是均勻分佈假設。
>
> 1. 集中假設：假設各組觀測值集中在組中點。例如，算術平均數 $\mu = \dfrac{\sum\limits_{i=1}^{k} f_i m_i}{\sum\limits_{i=1}^{k} f_i}$ ，組中點 m_i。
>
> 2. 均勻假設：假設各組觀測值以等比例方式分佈於組內。例如，中位數
>
> $Md = l_{Md} + \left[\dfrac{\dfrac{2N}{4} - F_{Md}}{f_{Md}}\right] \times h$ ，這裡等比例指的是 $(\dfrac{2N}{4} - F_{Md}) : \Delta = f_{Md} : h$
>
> $\Rightarrow \Delta = \left[\dfrac{\dfrac{2N}{4} - F_{Md}}{f_{Md}}\right] \times h$ 。

二、變異量數（measures of variation）

變異量數是用來表示資料離散的情形，是測量資料距離中心點位置的分散指標。常見的變異量數有全距（range）、四分差（quartile deviation）、平均差（average deviation）、變異數（variance）、標準差（standard deviation）、變異係數（coefficient of variation）等。

(一) 全距（R）

以最大值和最小值兩者的差距作為離散情形的量數。

$$R = X_{max} - X_{min}$$

♦ 特性：

1. 全距易受極端值影響。舉例來說，抽樣調查國民年所得時，若抽查到的樣本最小值 35 萬，最大值 10 億，則全距為 999650000。

2. 全距適用於等距變數和比率變數，不適用於次序變數和名義變數。

現有資料如下：32，16，78，28，68，61，試求全距？

解 $R = X_{max} - X_{min} = 78 - 16 = 62$。

(二) 四分差（Q）

四分差是將第三個四分位數（Q_3）和第一個四分位數（Q_1）兩者差距的一半，作為離散情形的量數。四分差可以顯示資料中間 50% 的離散情形。依分組及未分組而有不同的計算方式。

1. 未分組資料：

$Q = \dfrac{(Q_3 - Q_1)}{2}$，$Q_3 - Q_1$ 稱為四分位距（interquartile range）

作法：先將資料排序，取第 $\dfrac{N}{4}$ 個的數值（即 Q_1 的數值），再取第 $\dfrac{3N}{4}$ 個的數值（即 Q_3 的數值）。如果 $\dfrac{N}{4}$、$\dfrac{3N}{4}$ 並非整數，則以無條件進入法取整數位，再依整數位對應的數值計算。

2. 分組資料：

$$Q = \frac{(Q_3 - Q_1)}{2} \quad , \quad Q_1 = l_{Q_1} + \left[\frac{\frac{N}{4} - F_{Q_1}}{f_{Q_1}}\right] \times h \quad , \quad Q_3 = l_{Q_3} + \left[\frac{\frac{3N}{4} - F_{Q_3}}{f_{Q_3}}\right] \times h$$

l_{Q_1}：第一個四分位數所在組真正下限。

l_{Q_3}：第三個四分位數所在組真正下限。

f_{Q_1}：第一個四分位數所在組的次數。

f_{Q_3}：第三個四分位數所在組的次數。

F_{Q_1}：第一個四分位數所在組之下的累積次數。

F_{Q_3}：第三個四分位數所在組之下的累積次數。

h：組距。

N：總次數。

資料如下：16，11，17，9，13，14，20，15，23，求四分差？

解 本例為未分組資料。

將資料排序：9，11，13，14，15，16，17，20，23，又 $\frac{N}{4} = \frac{9}{4} = 2.25$，取整數位得

3，所以 Q_1 是 13。又 $\frac{3N}{4} = \frac{27}{4} = 6.75$，取整數位得到 7，所以 Q_3 是 17，因此，四分

位距 $Q_3 - Q_1 = 17 - 13 = 4$，四分差 $Q = \frac{(Q_3 - Q_1)}{2} = 2$。

試由表 1-2 求四分差？

解 表 1-2 為分組資料。

Q_1：$\dfrac{N}{4} = \dfrac{50}{4} = 12.5$，所以第一個四分位數在 40~49 這一組，這一組的眞正下限是

39.5，根據公式：$Q_1 = l_{Q_1} + \left[\dfrac{\dfrac{N}{4} - F_{Q_1}}{f_{Q_1}}\right] \times h = 39.5 + \left[\dfrac{\dfrac{50}{4} - 5}{12}\right] \times 10 = 45.75$，

Q_3：$\dfrac{3N}{4} = \dfrac{150}{4} = 37.5$，所以第三個四分位數在 70~79 這一組，這一組的眞正下限是

69.5，根據公式：

$$Q_3 = l_{Q_3} + \left[\dfrac{\dfrac{3N}{4} - F_{Q_3}}{f_{Q_3}}\right] \times h = 69.5 + \left[\dfrac{\dfrac{150}{4} - 33}{7}\right] \times 10 = 75.95 \text{，所以，}$$

$$Q = \dfrac{(Q_3 - Q_1)}{2} = \dfrac{75.95 - 45.75}{2} = 15.1 \text{。}$$

(三) 平均差（A.D.）

平均差是將離均差絕對值的平均數，作爲離散情形的量數。

$$A.D. = \dfrac{\sum\limits_{i=1}^{n} |X_i - \overline{X}|}{n} \text{，} \quad \overline{X} = \dfrac{\sum\limits_{i=1}^{n} X_i}{n}$$

這裡，離均差指的是 $X_i - \overline{X}$。

 例題11

有一組樣本如下：25，12，36，47，19，47，試求平均差？

解 因爲 $\overline{X} = \dfrac{\sum\limits_{i=1}^{n} X_i}{n} = \dfrac{(25+12+36+47+19+47)}{6} = 31$，所以，

$$A.D. = \dfrac{\sum\limits_{i=1}^{n} |X_i - \overline{X}|}{n} = \dfrac{|25-31| + |12-31| + |36-31| + |47-31| + |19-31| + |47-31|}{6}$$

$$= \dfrac{74}{6} = 12.333 \text{。}$$

> ### 小補充
>
> 平均差亦有以中位數（Md）為基準者：$A.D. = \dfrac{\sum\limits_{i=1}^{n} |X_i - Md|}{n}$。

(四) 變異數與標準差

變異數是將「離均差平方和」的「平均數」，作為離散情形的量數。這裡離均差平方和指的是 $\sum\limits_{i=1}^{n} (X_i - \overline{X})^2$，平均數指的是除以 n。又可分為偏誤的樣本變異數（s^2）及不偏的樣本變異數（S^2）。

1. 偏誤的樣本變異數 $s^2 = \dfrac{\sum\limits_{i=1}^{n} (X_i - \overline{X})^2}{n}$。這裡 $\sum\limits_{i=1}^{n} (X_i - \overline{X})^2$ 的幾何意義是 n 個正方形面積的總和。s^2 的幾何意義則是平均面積（因為分母除以 n）。$s = \sqrt{s^2}$，s 稱為標準差，s 的幾何意義是邊長。

2. 不偏樣本變異數 $S^2 = \dfrac{\sum\limits_{i=1}^{n} \left(X_i - \overline{X}\right)^2}{n-1} = \dfrac{n}{n-1} s^2$。$S = \sqrt{S^2}$，$S$ 稱為標準差。

> ### 小補充
>
> 1. 在推論統計學中，我們用 S^2 來估計常態母體變異數 σ^2，即 $E(S^2) = \sigma^2$，S^2 是 σ^2 的不偏估計式（請參閱本書第六章 6-2 節）。至於，s^2 則是由最大概似估計式（maximum likelihood estimator，M.L.E.）所求得的（請參閱本書第六章 6-3 節）。
>
> 2. 一般人以為 S^2 是 σ^2 的不偏估計式，所以 S 是 σ 的不偏估計式，其實這是錯誤的（舉例來說，$3^2 + 4^2 = 5^2$，但 $3 + 4 \neq 5$）。事實上，$\dfrac{\sqrt{n-1} \cdot \Gamma\left((n-1)/2\right)}{\sqrt{2} \cdot \Gamma\left(n/2\right)} S$ 才是 σ 的不偏估計式（請參閱本書第五章 5-3 節）。

 例題12

同例題 11，試求 s^2、s、S^2、S？

解 因爲 $\overline{X} = 31$，所以

$$s^2 = \frac{\sum_{i=1}^{n}\left(X_i - \overline{X}\right)^2}{n} = \frac{(25-31)^2 + (12-31)^2 + \cdots + (47-31)^2}{6} = 179.67 。$$

$$s = \sqrt{s^2} = \sqrt{179.67} = 13.4 。$$

$$S^2 = \frac{\sum_{i=1}^{n}\left(X_i - \overline{X}\right)^2}{n-1} = \frac{(25-31)^2 + (12-31)^2 + \cdots + (47-31)^2}{6-1} = 215.6 。$$

$$S = \sqrt{S^2} = \sqrt{215.6} = 14.68 。$$

💡 小補充

1. 全距、平均差、標準差適用於等距變數和比率變數，四分差適用於次序變數。

2. 統計學上最常使用算術平均數作爲集中量數的代表，最常使用標準差作爲變異量數的代表。

3. 集中量數若以算術平均數爲代表，則常以標準差爲變異量數的代表。

4. 集中量數若以中位數爲代表，則常以四分差爲變異量數的代表。

5. 中位數、四分差適用於資料出現極端值時，這兩者均爲次序變數。

(五) 變異係數（$C.V.$）

變異係數是以標準差相對於平均數的百分比作爲離散情形的量數。

$$C.V. = \frac{S}{\overline{X}} \times 100\%，\overline{X} \text{是平均數，} S \text{是標準差。}$$

♦ **特性：**

1. 變異係數是沒有單位的比值。

2. 變異係數適用於單位不同的兩（以上）分配之比較。

3. 變異係數適用於單位同但平均數差異極大時之比較。

4. 變異係數越小，表示離散越小，資料越整齊。

例題13

> 某一群體 50 人，身高平均數是 176 公分，標準差是 7 公分，體重平均數是 66 公斤，標準差是 6 公斤，試比較身高、體重之變異何者較整齊？

解 本例是單位不同的比較。身高的 $C.V. = \dfrac{S}{\bar{X}} \times 100\% = \dfrac{7}{176} \times 100\% = 3.98\%$，體重的

$C.V. = \dfrac{6}{66} \times 100\% = 9.09\%$，所以身高之變異較小、較整齊。

例題14

> 有大學生和小學生兩群體，大學生平均身高是 172 公分，標準差是 7.5 公分，小學生平均身高是 124 公分，標準差是 5.8 公分，試比較哪一群體之變異較整齊？

解 本例是單位同但平均水準不同時之比較。

大學生的 $C.V. = \dfrac{S}{\bar{X}} \times 100\% = \dfrac{7.5}{172} \times 100\% = 4.36\%$，

小學生的 $C.V. = \dfrac{5.8}{124} \times 100\% = 4.67\%$，所以大學生和小學生之變異差不多。

三、次數分配曲線形狀與特徵

之前探討集中量數及變異量數，集中量數是討論 location 的問題，變異量數是討論 scale 的問題。現在我們要探討曲線的形狀，統計學上用三級動差來探討曲線的偏態，用四級動差來探討曲線的峰度。

(一) 偏態 （skewness，S.K.）

偏態是以平均數爲基準，來判別眾數和中位數落在平均數的哪一邊？可分爲正偏態、負偏態和常態三種。如果中位數和眾數兩者都落在平均數左邊，則爲正偏態（positively skewed）或右偏態，亦即 $Mo < Md < \overline{X}$ 時，資料呈現正偏態（如圖 1-10）。

正偏態圖形意涵是很多人得低分，隱含題目較困難。若中位數和眾數兩者都落在平均數的右邊，則爲負偏態（negatively skewed）或左偏態，亦即當 $\overline{X} < Md < Mo$ 時，資料呈現負偏態（如圖 1-11）。負偏態圖形意涵是很多人得高分，隱含題目較簡單。不論負偏態或正偏態，中位數、眾數和平均數三者的位置關係是中位數恆在中間。

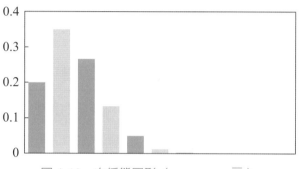

圖 1-10　右偏態圖形（ $Mo < Md < \overline{X}$ ）

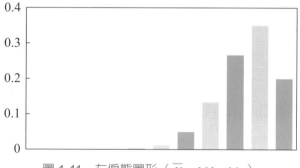

圖 1-11　左偏態圖形（ $\overline{X} < Md < Mo$ ）

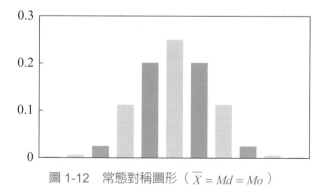

圖 1-12　常態對稱圖形（ $\overline{X} = Md = Mo$ ）

　　如果中位數、眾數和平均數三者相等，則為常態。常態是對稱（symmetric）分配，即中線兩邊的曲線形狀相同（圖 1-12）。

　　對於右偏態、左偏態的記憶法，筆者都將「偏」的人字旁去掉，右偏態變成右扁態，右邊很扁，請看上圖 1-10 右邊較低扁（亦即左邊較高，左邊是低分區，所以左邊較高就是低分區很多人，表示題目較難）。左偏態變成左扁態，左邊很扁，請看上圖 1-11 左邊較低扁（亦即右邊較高，右邊是高分區，所以右邊較高就是高分區很多人，表示題目較易）。

　　以答對率（p）來看，如果答對率 $p > \dfrac{1}{2}$，那麼圖形是左偏態，因為答對率（p）大於 0.5，比較有可能很多人考高分；如果答對率 $p < \dfrac{1}{2}$，那麼圖形是右偏態，因為答對率（p）相對較低，所以考低分的人可能比較多；如果答對率 $p = \dfrac{1}{2}$，那麼圖形是常態（讀者試以 Excel 畫 $p = 0.9, 0.5, 0.1$ 時的二項分配圖即可驗證右偏態、左偏態、常態圖形）。

(二) 峰度（kurtosis，K）

　　峰度是以常態曲線為基準，判別次數分配的曲線較常態曲線為高還是更低，如果較常態曲線為低，則為低闊峰（platykurtic），如果較常態曲線為高，則為高狹峰（leptokurtic）。統計學上以四級動差來測定峰度。

(三) 動差

1. **概約動差**：以任一數 A 為中心，$M_t = \dfrac{1}{n}\sum\limits_{i=1}^{n}(X_i - A)^t, t = 1, 2, \cdots$。若以原點為中心，

   $M_t = \dfrac{1}{n}\sum\limits_{i=1}^{n}(X_i - 0)^t, t = 1, 2, \cdots$。例如，$M_1 = \dfrac{1}{n}\sum\limits_{i=1}^{n}X_i = \overline{X}$，$M_2 = \dfrac{1}{n}\sum\limits_{i=1}^{n}X_i^2$，$M_3 = \dfrac{1}{n}\sum\limits_{i=1}^{n}X_i^3$。

2. **主要動差**：$M_t' = \dfrac{1}{n}\sum\limits_{i=1}^{n}(X_i - \overline{X})^t, t = 1, 2, \cdots$。

3. **原點概約動差與主要動差兩者之關係**（M_t 與 M_t' 之關係）。

(四) 四種表徵數

1. 平均數：一級主要動差 $M'_1 = \dfrac{1}{n}\sum_{i=1}^{n}(X_i - \overline{X})^1 = 0$ ，沒有意義。所以改以原點為中心的一

級概約動差 $M_1 = \dfrac{1}{n}\sum_{i=1}^{n} X_i = \overline{X}$ 。

2. 變異數：以二級主要動差表徵 $M'_2 = \dfrac{1}{n}\sum_{i=1}^{n}(X_i - \overline{X})^2 = M_2 - (M_1)^2 = s^2$ 。

3. 偏態係數：以三級主要動差表徵。

   (1) $S.K. = \dfrac{M'_3}{s^3}$ ，這裡 $M'_3 = \dfrac{1}{n}\sum_{i=1}^{n}(X_i - \overline{X})^3$ ，

   當 $\displaystyle\sum_{i=1}^{n}(X_i - \overline{X})^3 = 0 \Rightarrow S.K. = 0$ ，圖形對稱。

   當 $\displaystyle\sum_{i=1}^{n}(X_i - \overline{X})^3 > 0 \Rightarrow S.K. > 0$ ，圖形右偏態。

   當 $\displaystyle\sum_{i=1}^{n}(X_i - \overline{X})^3 < 0 \Rightarrow S.K. < 0$ ，圖形左偏態。

   (2) 利用 Pearson 偏態公式：$SK = \dfrac{(\overline{X} - Mo)}{s} = \dfrac{3(\overline{X} - Md)}{s}$

   當 $\overline{X} = Md = Mo \Rightarrow S.K. = 0$ ，圖形對稱。

   當 $\overline{X} > Mo \Rightarrow S.K. > 0$ ，圖形右偏態。

   當 $\overline{X} < Mo \Rightarrow S.K. < 0$ ，圖形左偏態。

4. 峰度係數：以四級主要動差來表徵。 $K = \dfrac{M'_4}{s^4}$ ，這裡 $M'_4 = \dfrac{1}{n}\sum_{i=1}^{n}(X_i - \overline{X})^4$ 。

   當 $K > 3$ ，圖形高狹峰（leptokurtic）。

   當 $K = 3$ ，圖形常態峰（mesokurtic）。

   當 $K < 3$ ，圖形低闊峰（platykurtic）。

例題15

同例題 11，試求偏態係數及峰度係數？

解 偏態係數 $S.K. = \dfrac{M_3'}{s^3} = \dfrac{2853.33}{13.4^3} = 1.19 > 0$，所以圖形右偏態，

$$M_3' = \frac{1}{n}\sum_{i=1}^{n}(X_i - \overline{X})^3$$

$$= \frac{(25-31)^3 + (12-31)^3 + (36-31)^3 + (47-31)^3 + (19-31)^3 + (47-31)^3}{6}$$

$$= 2853.33 \text{ 。}$$

峰度係數 $K = \dfrac{M_4'}{s^4} = \dfrac{47341.67}{13.4^4} = 1.47 < 3$，所以圖形低闊峰，

$$M_4' = \frac{1}{n}\sum_{i=1}^{n}(X_i - \overline{X})^4$$

$$= \frac{(25-31)^4 + (12-31)^4 + (36-31)^4 + (47-31)^4 + (19-31)^4 + (47-31)^4}{6} = 47341.67 \text{ 。}$$

例題16

$x_1, x_2, \cdots, x_m$ 為取自某母體的一組樣本，請寫出下列各項計算公式：

1. X 的平均數　2. X 的中位數　3. X 的標準差　4. X 的四分位距

5. X 的偏態　6. X 的峰度（研究所考題）

解 1. $\overline{X} = \dfrac{\displaystyle\sum_{i=1}^{n} X_i}{n}$ 。

2. $Md = \begin{cases} X_{(\frac{n+1}{2})} & , \quad n \text{ 為奇數} \\[2mm] \dfrac{X_{(\frac{n}{2})} + X_{(\frac{n}{2}+1)}}{2} & , \quad n \text{ 為偶數} \end{cases}$

3. $S = \sqrt{S^2} = \sqrt{\sum_{i=1}^{n}(X_i - \overline{X})^2 / (n-1)}$ 。

4. 四分位距 $= Q_3 - Q_1$，Q_1 第一個四分位數，Q_3 第三個四分位數。

5. 偏態 $S.K. = \dfrac{M_3'}{S^3}$，$M_3' = \dfrac{1}{n}\sum_{i=1}^{n}(X_i - \overline{X})^3$ 。

6. 峰度 $K = \dfrac{M_4'}{S^4}$，$M_4' = \dfrac{1}{n}\sum_{i=1}^{n}(X_i - \overline{X})^4$ 。

1-4 相對地位量數

　　相對地位量數是用來說明個人的某項特質表現在團體中所占位置的量數，強調的是個人的相對位置。而集中量數和變異量數，強調的是團體的趨勢。常用的相對地位量數有百分等級（percentile rank；PR）、百分位數（percentile points；P_p）、標準分數（standard score）。

一、百分等級與百分位數

　　百分等級的意思是在一團體中，我們會想知道某成員在 100 人中贏過多少人，或者會想知道把團體依某項屬性分成一百個等份（百分點），該成員佔第幾等份，這就是百分等級，以 PR 表示。

　　假如某成員在 100 人中贏過 45 人，表示這個成員百分等級 $PR = 45$。百分位數意思是該成員百分等級所佔的分數，以 P_p 表示。P_p 其實是 P_{PR} 的簡寫。例如，$P_p = P_{45} = 82$，意思是百分等級 45 的得分是 82 分。反過來說，此人得分 82 分，只贏過 45 人（假如全部有 100 人）。

(一) 百分等級求百分位數

$$P_P = l_p + \left[\dfrac{\dfrac{PR}{100}\cdot N - F_p}{f_P}\right] \times h$$

l_p：百分位數所在組的真正下限。

F_p：百分位數所在組之下的累積次數。

f_P：百分位數所在組的次數。

h：組距。

N：總次數。

這裡，百分位數所在組指的是 $\dfrac{PR}{100} \cdot N$ 這一組。

試由表 1-2 求百分等級 20 的金額是多少？

[解] 表 1-2 是分組資料。

因為 $\dfrac{PR}{100} \cdot N = \dfrac{20}{100} \cdot 50 = 10$，對照表 1-2，可知百分等級 20 所在組是累積的第 10 家公司，也就是 40~49 這一組，這一組的真正下限是 39.5，根據公式：

$$P_P = l_p + \left[\frac{\dfrac{PR}{100} \cdot N - F_p}{f_P} \right] \times h = 39.5 + \left[\frac{\dfrac{20}{100} \cdot 50 - 5}{12} \right] \times 10 = 43.67 \text{，}$$

即百分等級 20 的金額是 43.67 萬元。

(二) 原始分數求百分等級：可分三種情況討論

1. 分組時

$$PR = \frac{100}{N} \left[\frac{(X - l_x) f_x}{h} + F_x \right]$$

X：原始數值。

l_x：原始數值所在組的真正下限。

F_x：原始數值所在組之下的累積次數。

f_x：原始數值所在組的次數。

h：組距。

N：總次數。

2. 未分組時

$$PR = 100 - \frac{(100R - 50)}{N}$$，這裡，R 指的是排序的名次。

例如，考第一名，$R = 1$，考第二名，$R = 2$，依此類推。

3. 相同分數併計時

$$PR = \frac{100}{N}\left(\frac{f}{2} + F\right)$$，這裡，f 指的是同分時的次數，F 指的是同分之下的累計次數。

 例題18

試由表 1-2 求營業金額 65 萬元的百分等級是多少？

解 表 1-2 為分組資料。

營業金額 65 萬元係屬於 60~69 這一組，這一組的真正下限是 59.5，根據公式：

$$PR = \frac{100}{N}\left[\frac{(X - l_x)f_x}{h} + F_x\right] = \frac{100}{50}\left[\frac{(65 - 59.5) \times 8}{10} + 25\right] = 58.8$$，

所以，營業金額 65 萬元的百分等級是 59。

小補充

1. 上列公式 P_P 和 PR 可以互相轉換。轉換時，令 $P_P = X$，則

$$P_P = X = l_p + \left[\frac{\dfrac{PR}{100} \cdot N - F_p}{f_P}\right] \times h \Rightarrow X - l_p = \left[\frac{\dfrac{PR}{100} \cdot N - F_p}{f_P}\right] \times h$$

$$\Rightarrow \frac{(X - l_p)f_P}{h} = \frac{PR}{100} \cdot N - F_p \Rightarrow \frac{(X - l_p)f_P}{h} + F_p = \frac{PR}{100} \cdot N$$

$$\Rightarrow PR = \frac{100}{N}\left[\frac{(X - l_p)f_P}{h} + F_p\right]。$$

2. 百分等級是次序變數。

3. 計算百分等級如果出現小數點，依四捨五入法取整數到個位。

研究生高統成績如下：53，56，74，64，81，78，61，72，76，91，試求得分 81 分及 72 分的百分等級各是多少？

解 得分 81 分的成績排名是第 2 名，其百分等級

$$PR = 100 - \frac{(100R - 50)}{N} = 100 - \frac{(100 \times 2 - 50)}{10} = 85，$$

所以，得分 81 分的百分等級 $PR = 85$。

得分 72 分的成績排名是第 6 名，其百分等級

$$PR = 100 - \frac{(100R - 50)}{N} = 100 - \frac{(100 \times 6 - 50)}{10} = 45，$$

所以，得分 72 分的百分等級 $PR = 45$。

小補充

因為本例只有 10 人卻分占一百份等級，所以每人分占十個等級，又取這十個等級的中點為代表，所以第二名所占的百分等級為 80 到 90，取中點 85 為代表，第六名所占的百分等級為 40 到 50，取中點 45 為代表。

某班級 36 名學生英文成績如下，試求得分 56 分的百分等級？

分數	人數	累積人數
85	4	36
78	6	32
67	4	26
56	6	22
45	3	16
34	5	13
23	6	8
12	2	2

解 本題為相同分數併計

$PR = \frac{100}{N}(\frac{f}{2} + F) = \frac{100}{36}(\frac{6}{2} + 16) = 52.78$，所以百分等級為 53。

小補充

1. 在心理與教育測驗中，常有根據大量樣本施測結果，製成原始分數與百分等級對照表，主要是用來對照個人分數在團體中的相對位置。
2. 百分等級的優點是簡單易懂，缺點是次序變數，所以無法作加減乘除數學運算。

二、標準分數

標準分數或稱 Z 分數，作法是把原始分數減去平均數，再除以標準差。我們稱這種減去平均數，再除以標準差的計算過程為「標準化」。標準分數是在探討原始分數在平均數以上或以下多少個標準差。其公式：

$Z = \frac{X - \overline{X}}{S}$，這裡，$X$ 是原始分數，$\overline{X}$ 是平均數，S 是標準差

小補充

1. 把上面公式作個轉換，得到 $X - \overline{X} = ZS$。如果 $X - \overline{X} = 1.96S$ 意思是 X 分數在平均數以上 1.96 個標準差的地方。又如 $X - \overline{X} = -1.5S$，意思是 X 分數在平均數以下 1.5 個標準差的地方。
2. 標準分數有其實用性。舉例來說，早期師範生畢業分發問題。如果分發只採計原始分數，則可能造成某師院學生是很認真的，但因多數教授分數打得較嚴格，使得成績普遍不高；反觀另一師院，某些學生不用功，但可能因該校教授們正巧分數打得較寬鬆，所以成績普遍都較高。如果只比較原始分數，則會出現認真的學生成績比不用功的學生成績還低。這是不公平的。如何解決？改採標準分數計算，會較公平些。因為對於不用功學生，即使該校教授們分數打得較高，但減去該校平均數後，會變成負值。反之，對於非常認真學生，即使教授分數打得較低，但減去平均數後，會變成正值。

舉例來說，甲班某不用功學生，因為任課教師給分寬鬆，該科目得 80 分，80 分是班上分數最低的，所以班上平均數會比 80 分高（例如班上平均 88 分），80 分減去 88 分後會變成負值。乙班某認真學生，因為任課教師給分嚴格，該科目得 70 分，70 分是班上分數最高的，班上平均數會比 70 分低（例如 58 分），所以 70 分減去 58 分後會變成正值。不難發現，甲班學生 80 分大於乙班學生 70 分，但 80 分的標準分數是負的，70 分的標準分數卻是正的）。

3. 為何減去平均數後還要除以標準差？舉例來說，假如我們去量長度，一人用公尺作單位，另一人用公里作單位，則一樣的長度會出現不一樣的數據。例如，用公尺作單位者，量出 1200，1300，…，等數據；用公里作單位者，量出 1.2，1.3，…，等數據。那麼用公尺作單位算出來的標準差值會比用公里作單位的標準差值大很多，如果我們除以標準差，則可以免去單位所造成的不同。同理，不同教師所打的分數也會出現數值變異很大的情況，除以標準差後即可排除這種情況。

(一) Z 分數特性

1. Z 分數之平均數為 0，因為 $\overline{Z} = \dfrac{\sum\limits_{i=1}^{n} Z_i}{n} = \dfrac{1}{n} \cdot \dfrac{\sum\limits_{i=1}^{n}(X_i - \overline{X})}{S} = \dfrac{1}{n} \cdot \dfrac{0}{S} = 0$。

2. Z 分數之變異數等於 1，因為

$$S_Z^2 = \frac{\sum\limits_{i=1}^{n}(Z_i - \overline{Z})^2}{n-1} = \frac{\sum\limits_{i=1}^{n}(Z_i - 0)^2}{n-1} = \frac{\sum\limits_{i=1}^{n} Z_i^2}{n-1}$$

$$= \frac{1}{n-1} \cdot \frac{\sum\limits_{i=1}^{n}(X_i - \overline{X})^2}{S^2} = \frac{1}{S^2} \cdot \frac{\sum\limits_{i=1}^{n}(X_i - \overline{X})^2}{n-1} = \frac{S^2}{S^2} = 1$$。

3. 把原始分數轉換為 Z 分數，只是平均數變為 0，變異數變為 1，並未改變原本的形狀。假如原始分數形狀是常態分配，轉換 Z 分數後仍是常態形狀，而團體中彼此之間的相對位置關係仍然維持原來的次序關係（即 Z 分數具保序性，轉換前第一名，轉換後還是第一名，轉換前第五名，轉換後也是第五名）。

 例題21

甲生國文成績 75 分，英文成績 85 分，已知班上國文平均 65 分，標準差 5 分，英文平均 90 分，標準差 4 分，請問該生相對位置而言，哪一科較好？

解 國文：$Z = \dfrac{X - \overline{X}}{S} = \dfrac{75 - 65}{5} = 2$，

英文：$Z = \dfrac{X - \overline{X}}{S} = \dfrac{85 - 90}{4} = -1.25$，所以該生國文科較好。

(二) 其它標準分數

原始分數轉換為 Z 分數後，可能出現小數與負數，所以應用起來並不方便，因此又將 Z 分數轉換為其它標準分數，公式：其它標準分數 $= aZ + b$，這裡，a 為轉換後的標準差，b 為轉換後的平均數。例如，托福測驗 $TOEFL = 100Z + 500$，表示 $TOEFL$ 的標準差為 100，平均數為 500。又比西量表智商分數 $BSS = 16Z + 100$，表示 BSS 的標準差為 16，平均數為 100。

我們把常用的一些標準分數整理如下，這裡原始分數形狀都是常態分配，所以這些都是屬於常態標準分數：

1. 比西量表（**Binet-Simon Scale**）離差智商分數：

   $BSS = 16Z + 100$

2. 魏氏兒童智力量表（**Wechsler Intelligence Scale for Children**）智商分數：

   $WISC = 15Z + 100$。

3. 美國大學入學考試委員會分數（**College Entrance Examination Board**）：

   $GEEB = 100Z + 500$

4. 托福測驗 （**Test of English as A Foreign Language**）：

   $TOEFL = 100Z + 500$

5. 美國研究所入學考試（**Graduate Records Examination**）：

   $GRE = 100Z + 500$

以 *WISC* 為例，如果有人分數是 130 分，表示 $Z = 2$，查常態表，得知 $Z = 2$ 時，表示左邊面積是 0.9772，也就是 100 人中贏過了 97 人。再以 *GEEB* 為例，如果有人考 600 分，表示 $Z = 1$，查常態表，得知 $Z = 1$ 時，左邊面積是 0.8413，也就是 100 人中贏過了 84 人。如果有人 *TOEFL* 考 664.5，表示 $Z = 1.645$，查常態表，得知 $Z = 1.645$ 時，左邊面積是 0.95，也就是 100 人中贏過了 95 人。其它標準分數意義同此。

例題22

有研究者自編智商量表，若某生成績 86 分，該團體平均數 78，標準差 14，請問轉換成比西量表後分數會是多少？

解 因為 $Z = \dfrac{X - \overline{X}}{S} = \dfrac{86 - 78}{14} = \dfrac{4}{7}$，

所以，比西量表分數 $= 16Z + 100 = 16 \times \dfrac{4}{7} + 100 = 109.1$。

例題23

某生數學成績居全校第三名，該校總共 500 名學生，請問此生 Z 分數是多少？

解 本題須先求出未分組資料之百分等級，再求 Z 分數。因為成績排名第 3 名，所以，

$PR = 100 - \dfrac{(100R - 50)}{N} = 100 - \dfrac{(100 \times 3 - 50)}{500} = 99.5$

$PR = 99.5$，查 Z 表 $\Rightarrow Z = 2.575$。

三、百分等級與標準分數的關係

百分等級與標準分數都是相對地位量數。不過，百分等級是次序變數，不能作加減乘除運算，反之，標準分數則可以作數學四則運算。又百分等級較標準分數淺顯易懂，因此，學校普遍採用百分等級作為個體之間的比較；標準分數則較適用於學術上的應用。再者，百分等級較常用於同一性質、同一團體的比較（例如國中會考、大學學測），標準分數則較常用於不同性質、不同團體間的比較（例如某考試分甲乙丙三組時，各組採計標準分數依序擇優錄取）。

 例題24

某生國文成績 70 分，該團體國文平均數 80，標準差 10，請問此生百分等級是多少？

解 $Z = \dfrac{X - \overline{X}}{S} = \dfrac{70 - 80}{10} = -1$，

查標準常態分配表，得到 $P(Z \leq -1) = 0.1587 = 15.87\%$，所以，百分等級 16。

例題25

甲生成績在比西量表上的百分等級為 16，乙生的百分等級為 84，試問兩人在比西量表上的成績相差多少？

解 本題須先由百分等級找出 Z 分數，再換算成比西量表分數。

$PR = 16 \Rightarrow Z = -1$，$BSS = 16Z + 100 = 16 \times (-1) + 100 = 84$。

$PR = 84 \Rightarrow Z = 1$，$BSS = 16Z + 100 = 16 \times 1 + 100 = 116$。

$116 - 84 = 32$，所以，兩人在比西量表上的成績相差 32 分。

1-5　Excel 作法

如果您是第一次使用電腦 Excel 2016 來分析資料，請依序這樣操作：

1. 點選「Microsoft Excel」→ 接著點選最上面左上角的「**檔案**」→ 左下角的「**選項**」→ 左邊的「**增益集**」→「**分析工具箱**」→「**執行**」（圖 1-13）。

圖 1-13

2. 出現增益集對話框後，勾選「分析工具箱」→ 按「**確定**」（圖 1-14）。此步驟在安裝資料分析功能。

圖 1-14

3. 接著點選圖 1-15 中的資料（圈選處），點進去後看有沒有出現**資料分析**這個選項。有出現圖 1-16 中的**資料分析**（框選處）表示安裝成功。統計學常用的功能主要放在公式和資料這兩個選項中。只要將游標移到「公式」，點選最左邊的「*fx* **插入函數**」，出現「**插入函數**」對話框後，點選**或選取類別**「**統計**」（如圖 1-17），就會出現一序列引數，再點選您所需要的引數。或將游標移到「資料」，點選「**資料分析**」，也會出現一序列的引數。資料分析是用來作變異數分析、迴歸分析、假設檢定等功用的。

圖 1-15

圖 1-16

圖 1-17

例題26

同例題 5，資料為：63，66，74，84，84，68，66，73，77，92，試求中位數及眾數？

解 1. 打開 Excel，在 A1 位格（儲存格）鍵入 63、在 A2 位格鍵入 66、在 A3 位格鍵入 74，以此類推至 A10 位格鍵入 92，如圖 1-18（A1 位格意思是第 1 列第 A 行的儲存格。A10 位格意思是第 10 列第 A 行的儲存格，以此類推）。

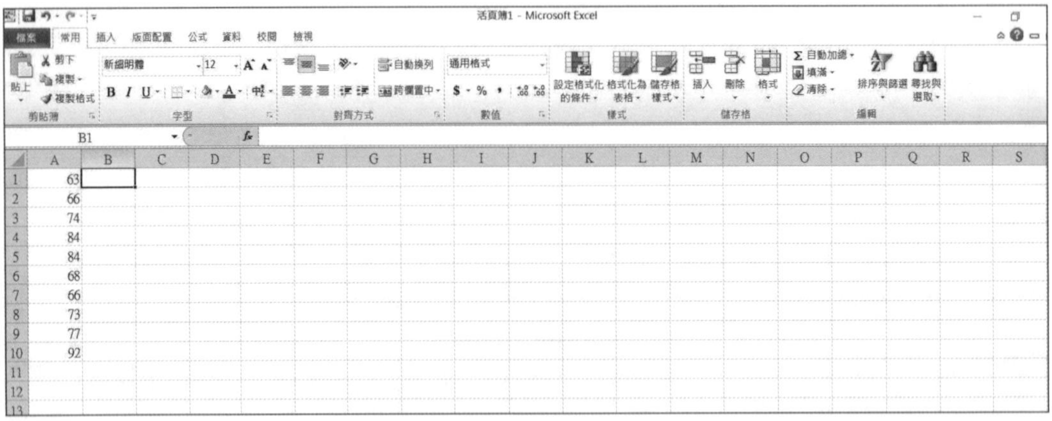

圖 1-18

2. 將滑鼠游標移至 B1 位格上，選取「公式」、「fx 插入函數」、點選「或選取類別」中的「統計」、「選取函數」中的「MEDIAN」，按「確定」，如圖 1-19。

圖 1-19

3. 螢幕出現 MEDIAN 視窗，在「Number1」中鍵入 A1:A10（或小寫 a1:a10 亦可，圖 1-20），按「確定」（事實上，也可以不用鍵入 A1:A10，直接將滑鼠移到 A1 位格，按住左鍵一路往下拉到 A10，再放掉左鍵即可。此方法下面不再贅述，讀者自行應用）。

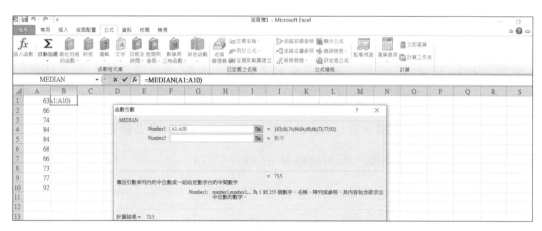

圖 1-20

4. B1 位格上會出現 73.5，即中位數是 73.5。

5. 將游標移至 B2 位格上，點選「fx 插入函數」、「或選取類別」中的「統計」、「選取函數」中的「MODE.SNGL」，按「確定」。

6. 螢幕出現 MODE 視窗，在「Number1」中鍵入 a1:a10，按「確定」。

7. B2 位格上會出現 66，即眾數是 66。

💡小補充

雖然有二個眾數，但 Excel 只會出現一個，而且是較小的那一個。

同例題 1（50 家公司單日營業金額），試求平均數。

解
1. 打開 Excel，在 A1 位格鍵入 33、在 A2 位格鍵入 33、在 A3 位格鍵入 35，以此類推至 A50 位格鍵入 107。

2. 將游標移至 B1 位格上，選取「fx 插入函數」、點選「或選取類別」中的「統計」、「選取函數」中的「AVERAGE」，按「確定」。

3. 出現 AVERAGE 視窗，在「Number1」中鍵入 a1:a50，按「確定」。

4. B1 位格上會出現 61.88，即平均數是 61.88。

同例題 9，資料為：16，11，17，9，13，14，20，15，23，試求四分差。

解
1. 打開 Excel，在 A1 位格鍵入 16、在 A2 位格鍵入 11、在 A3 位格鍵入 17，以此類推至 A9 位格鍵入 23。

2. 將游標移至 B1 位格上，選取「fx 插入函數」、點選「或選取類別」中的「統計」、「選取函數」中的「QUARTILE.EXC」，按「確定」。

3. 螢幕出現 QUARTILE.EXC 視窗，在「Array」中鍵入 a1:a9，在「Quart」中鍵入 1，按「確定」。

4. B1 位格上會出現 13。

5. 將游標移至 B2 位格上，選取「fx 插入函數」、「或選取類別」中的「統計」、「選取函數」中的「QUARTILE.EXC」，按「確定」。

6. 螢幕出現 QUARTILE.EXC 視窗，在「Array」中鍵入 a1:a9，在「Quart」中鍵入 3，按「確定」。

7. B2 位格上會出現 17。

8. Q_1 是 13，Q_3 是 17，所以四分差 $= (Q_3 - Q_1) / 2 = 4 / 2 = 2$。

 例題29

資料如下：15，22，16，37，39，27，試求平均差。

解 1. 打開 Excel，在 A1 位格鍵入 15、在 A2 位格鍵入 22、在 A3 位格鍵入 16，以此類推至 A6 位格鍵入 27。

2. 移至 B1 位格上，選取「fx 插入函數」、點選「或選取類別」中的「統計」、「選取函數」中的「AVEDEV」，按「確定」。

3. 螢幕出現 AVEDEV 視窗，在「Number1」中鍵入 a1：a6，按「確定」。

4. B1 位格上會出現 8.3333。

 例題30

資料如下：25，12，36，47，19，47，試求變異數及標準差。

解 1. 打開 Excel，在 A1 位格鍵入 25、在 A2 位格鍵入 12、在 A3 位格鍵入 36，以此類推至 A6 位格鍵入 47。

2. 將游標移至 B1 位格上，選取「fx 插入函數」、點選「或選取類別」中的「統計」、「選取函數」中的「STDEV.S」，按「確定」。

3. 螢幕出現 STDEV.S 視窗，在「Number1」中鍵入 a1：a6，按「確定」。

4. B1 位格上會出現 14.683。

5. 將游標移至 B2 位格上，選取「插入」、「函數」，「統計」及「VAR.S」，按「確定」。

6. 螢幕出現 VAR.S 視窗，在「Number1」中鍵入 a1：a6，按「確定」。

7. B2 位格上會出現 215.6。

小補充

1. 上面所計算的樣本標準差、樣本變異數，分母是 $n-1$。如果欲求的分母是 n，則只須把上面步驟中「STDEV.S」改成「STDEV.P」；把「VAR.S」改成「VAR.P」即可。

2. 讀者也可直接點選「資料」「資料分析」「敘述統計」「確定」，在「輸入範圍」中鍵入 a1:a6，「類別軸標記是在第一列上」請勿打勾（什麼時候打勾，當 A1、B1、C1 這些位格是鍵入文字類別（例如性別，學歷或 Y1，Y2）時，「摘要統計」請打勾，按「確定」即可。

3. Excel 內建偏態係數、峰度係數作法和一般統計學書上列出的公式不太一樣。讀者可依上述作法輸入資料，在「選取函數」點選偏態係數的「SKEW」及峰度係數的「KURT」即可。

 例題31

同例題 1（50 家公司單日營業額），試繪直方圖、多邊形圖。

解 直方圖作法：

1. A 欄依序鍵入 14.5, 24.5,…, 104.5；B 欄鍵入 0, 0,…, 2。

2. 框選 B1:B10，再點選「插入」→「直條圖」→「平面直條圖」（見圖 1-21）。

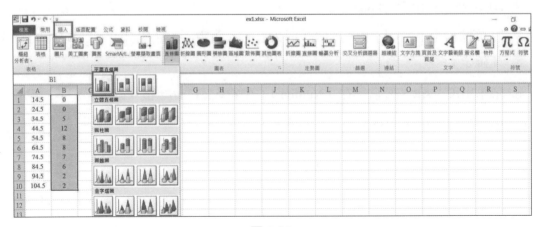

圖 1-21

3. 出現圖 1-22 後，滑鼠移到 10 附近（綠色框處），按右鍵出現圖 1-23，點選「選取資料」（綠色框處）。

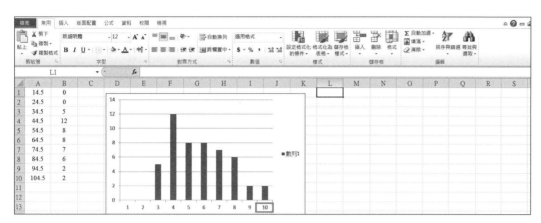

圖 1-22

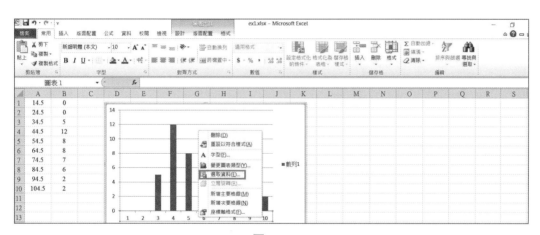

圖 1-23

4. 點選「選取資料」後會出現圖 1-24，再點選編輯（綠色框處）。

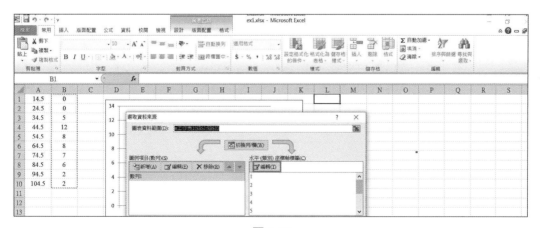

圖 1-24

5. 在座標軸標籤範圍（綠色框處）鍵入 14.5, 24.5, 34.5, 44.5, 54.5, 64.5, 74.5, 84.5, 94.5, 104.5（或滑鼠直接從 A1 位格，按住左鍵拉到 A10 位格），按確定後會出現圖 1-26。

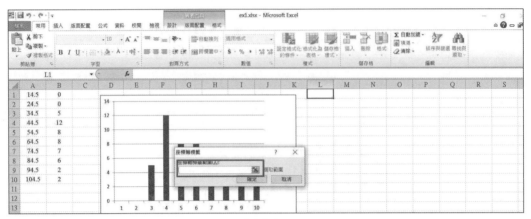

圖 1-25

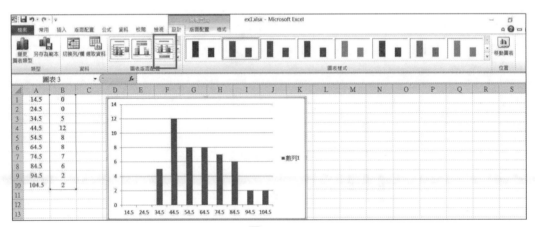

圖 1-26

6. 點選圖 1-26 綠色框處右邊卷軸，會出現圖 1-27。

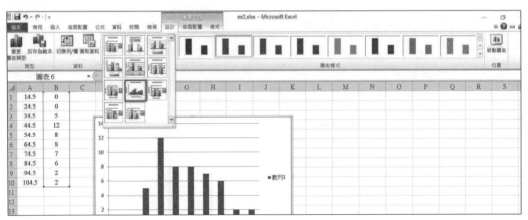

圖 1-27

7. 點選圖 1-27 中綠色框處，會出現圖 1-28。接著滑鼠移動到藍色直方圖上，按右鍵點選油漆罐，就可以給每條直方圖不同顏色。

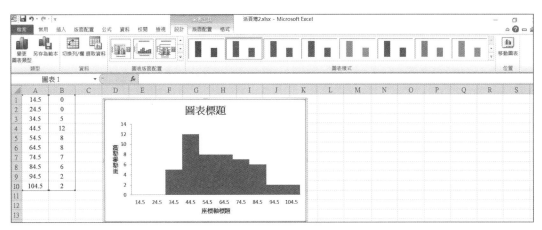

圖 1-28

另一種製作直方圖的方法是開啟 Excel 後，點選「資料」→「資料分析」→「直條圖」→「確定」。依照步驟指示即可完成。

多邊形圖作法：

1. 先選取 B1:B10，再點選「插入」→「折線圖」→「平面折線圖」。

2. 點選平面折線圖中第 2 列第 2 行圖，出現圖後，滑鼠移到 10 附近，按右鍵點選「選取資料」→「編輯」→ 滑鼠直接從 A1 位格，按住左鍵拉到 A10 位格，一路按確定。

3. 出現折線圖後，讀者可以按右鍵，點選油漆罐作不同的圖形變化。

Excel 填滿數列功能：

　　最後介紹 Excel 常用的填滿數列功能（例如想編輯一萬名員工，從 1 號到 10000 號或是想編輯 1 月 1 日到 12 月 31 日）。步驟如下：

1. A1 位格鍵入 1，接著按鍵盤上的 enter，再回到 A1 位格（這步驟在告訴電腦 A1 位格數字是 1。眼尖讀者不難發現還沒按 enter 前，數字 1 是在左邊閃，移回到 A1 位格時，數字 1 是定在右邊而且不閃，這是因為移動前電腦不知道你是要鍵入 1 還是 10 或是 1025，…，移回後電腦就會確定你鍵入的數字是 1）。

2. 點選右上角的「填滿」→「數列」。

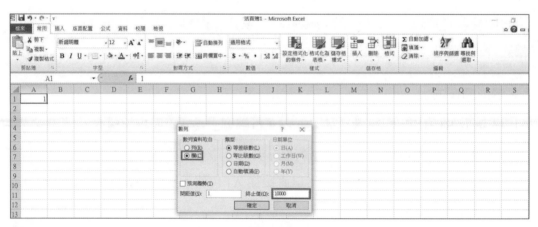

圖 1-29

3. 點選數列對話框中的「欄」→「終止值」鍵入 10000→「確定」，出現 1 到 10000 的數字（欄是直行，數字會往下呈現；列則相反）。

圖 1-30

編輯年月日：

1. 編輯年月日時，A1 位格鍵入 1/1，游標移動到 A2，再回到 A1 位格。

2. 點選右上角的「填滿」→「數列」→「欄」→「終止值」鍵入 12/31→「確定」，出現 1 月 1 日到 12 月 31 日。如果欄寬不夠寬，會出現 ########，只要滑鼠移到 AB 之間（圖 1-31 綠色框處）往右拉開即可。

圖 1-31

1-6　R 下載與安裝

1. 在 Google 搜尋鍵入 https://www.r-project.org。

2. 出現下列畫面時（圖 1-32），點選左上角 Download 的 CRAN。

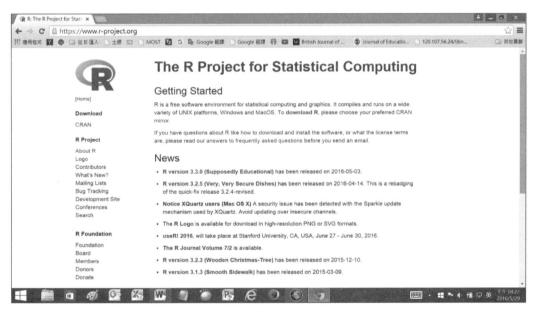

圖 1-32

3. 出現下列畫面，如圖 1-33 後，滑鼠往下捲，直到左邊出現 Taiwan 時，請點選 https:// ftp.yzu.edu.tw/CRAN/。

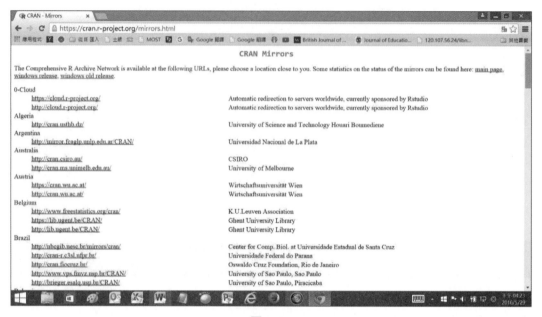

圖 1-33

4. 接著點選圖 1-34 中的 Download R for Windows。

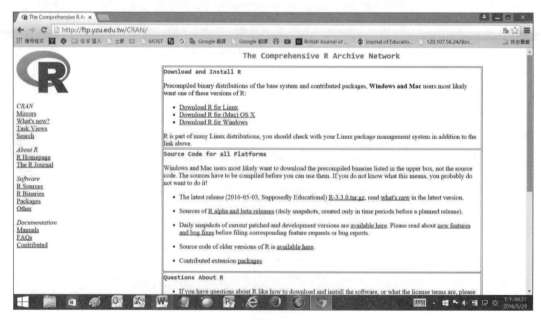

圖 1-34

5. 點選圖 1-35 畫面右上角的 install R for the first time。

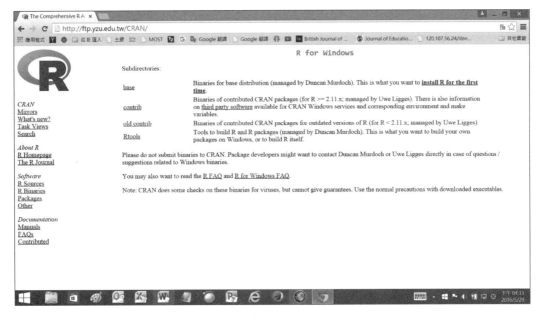

圖 1-35

6. 點選圖 1-36 畫面上的 Download R 3.3.0 for Windows(62 megabytes, 32/64 bit)。

小補充

版本隨時在更新，也許讀者下載時，已是更新的版本了。

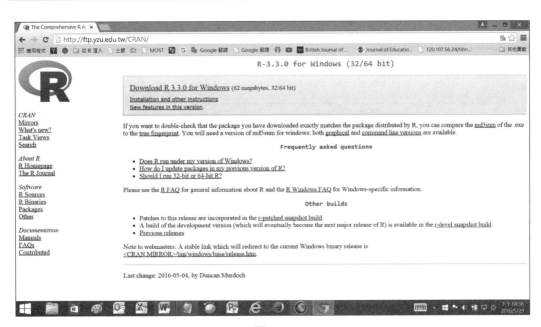

圖 1-36

7. 注意電腦螢幕左下角 R-3.3.0-Win.exe，等下載完成後，請點開它並依照螢幕指示
   點選內建型式按 確定 或 下一步 直到完成（如圖 1-37）。（如要自設型式則可點選
   yes(customized startup)、SDI(separate windows)、Plain text 型式）。

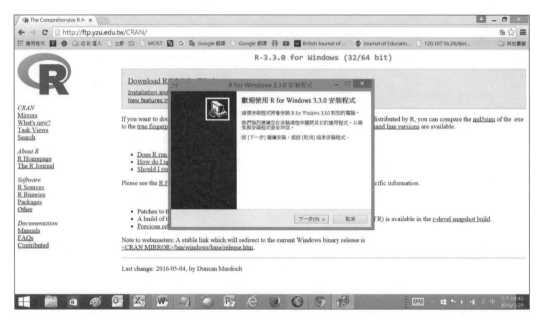

圖 1-37

8. 完成後關閉曾開啟的視窗，重新在 Google 鍵入 https://www.rstudio.com/。

9. 出現下列圖示時，點選下圖 1-38 中的 Download RStudio。

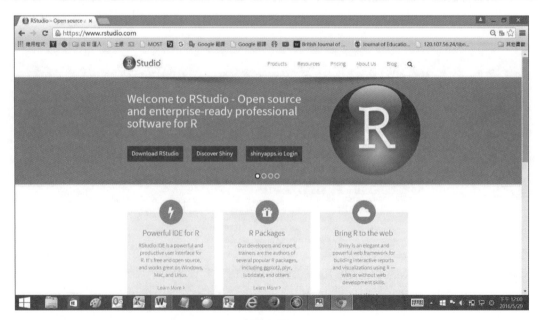

圖 1-38

10.點選下圖 1-39 的 Desktop（單機版）。如果需要進一步與手機、平板電腦連結使用，
則改點選伺服器版（Server）。

圖 1-39

11.點選下圖 1-40 中的 DOWNLOAD RSTUDIO DESKTOP。

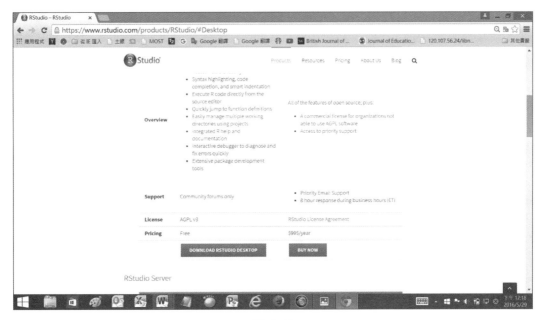

圖 1-40

12.點選下圖 1-41 中的

Installers

| RStudio 0.99.902 - Windows Vista/7/8/10 |

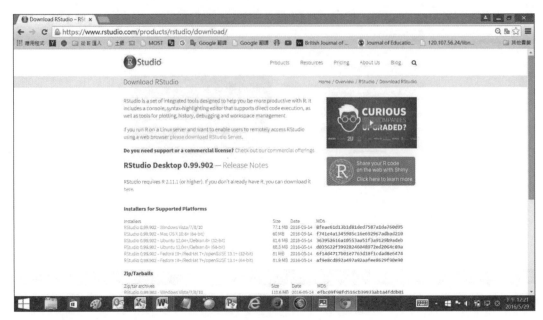

圖 1-41

13.注意電腦螢幕左下角 Rstudio-0.99.902.exe，等下載完成後，請點開它並依照安裝精靈
的指示點選 確定 或 下一步 ，直到完成。

14.安裝完成後，請關閉所有曾開啟的視窗。再重新點選電腦 c 槽 → Program Files →
Rstudio → bin → rstudio。點選 rstudio 時，按滑鼠右鍵 → 傳送到 → 桌面（當作捷
徑）。桌面會出現下列圖示（如圖 1-42），以後直接點擊此圖示即可進入 Rstudio
環境。

圖 1-42

15.點擊進入 RStudio 後，螢幕出現如下圖 1-43 時，請點選 Tools → Global Options。

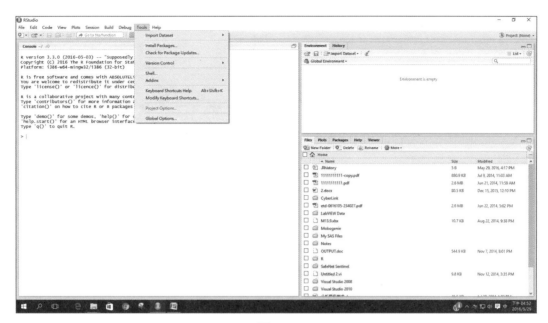

圖 1-43

16.點選 General 設定你要的選項。再點選 Code 和 Pane Layout 設定你要的 RStudio 環境
（圖 1-44），最後出現四個區塊（圖 1-45）。左上角 Source 程式編輯區（程式在此
撰寫），左下角 Console 控制台區（程式執行結果於此呈現），右上角 history 歷程區
（曾經撰寫過的程式保留於此），右下角 package 套件區（下載程式套件於此執行）。

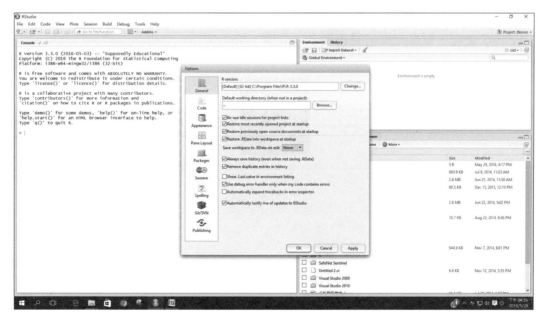

圖 1-44

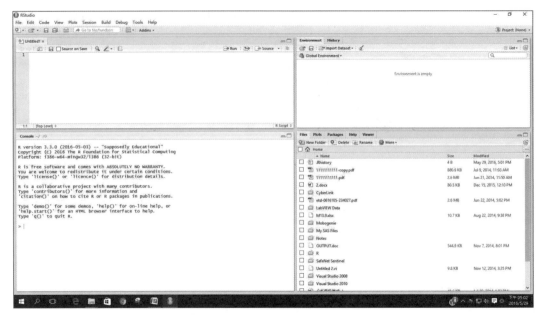

圖 1-45

1-7 R Commander 安裝

R Commander 是視覺化的介面，容易操作（類似 SPSS）。安裝方式有二。

方法一：

安裝好 R 後，電腦桌面可見下圖示（如圖 1-46）。

圖 1-46

1. 請點開，接著點選上面的程式套件（如下圖），再點選設定 CRAN 鏡像。

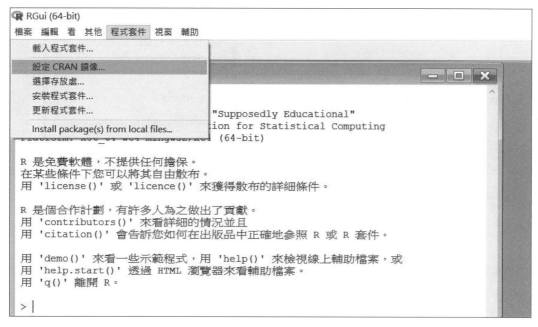

圖 1-47

2. 點選最下面的 (HTTP mirrors) → 按確定（如下圖）。

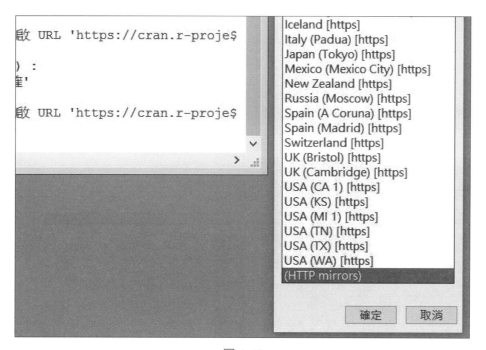

圖 1-48

3. 再點選 Taiwan(Taipei) → 按確定（如下圖）。

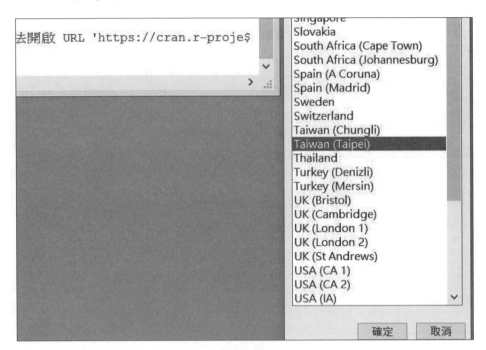

圖 1-49

4. 再回到程式套件功能列（就是設定 CRAN 鏡像的那個畫面）點選安裝程式套件 → 再尋找 Rcmdr → 點選確定。

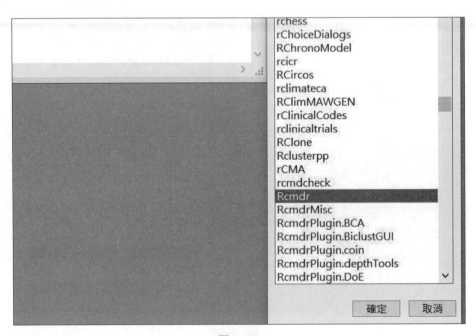

圖 1-50

5. 以後要開啟 R Commander，直接鍵入 Library(Rcmdr) 即會出現下圖。

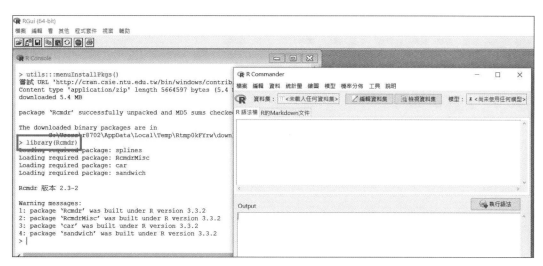

圖 1-51

6. 舉例來說，試以 R Commander 繪製 Poisson 分配 $\lambda = 10$ 之圖形。

(1) 點選上方的機率分佈 → 離散型分佈 →Poisson 分佈 → 繪製 Poisson 分佈。

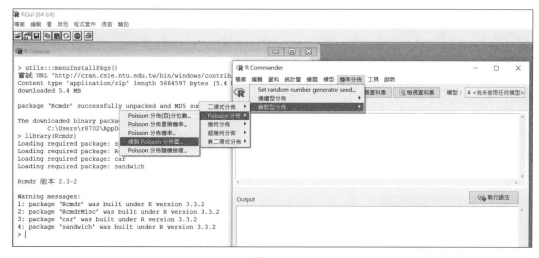

圖 1-52

圖 1-53

(2) 平均數鍵入 10→ 點選 OK，出現下面 Poisson 圖。

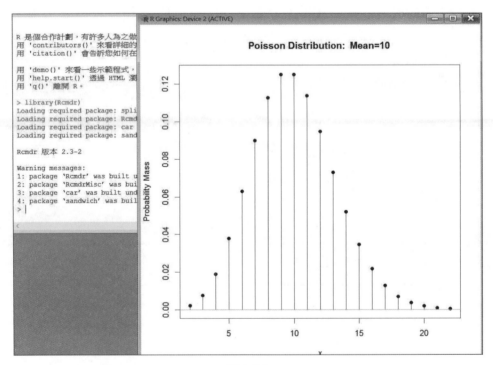

圖 1-54

方法二：

一開始步驟同前面 1-6 章節的步驟 1~ 步驟 4。接著：

1. 步驟 5 則點選 base。

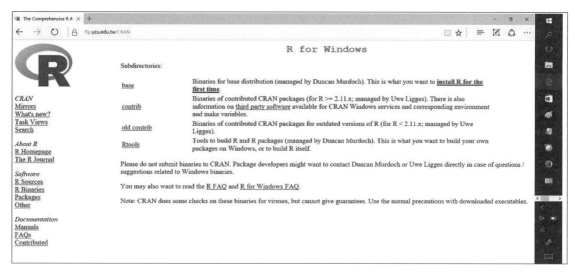

圖 1-55

2. 點選 Download R 3.2.0（或更新版本 R 3.2.2） for Windows(62 megabytes, 32/64 bit)。

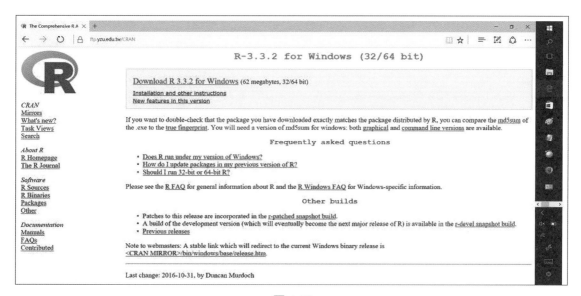

圖 1-56

3. 出現下圖時，按確定 → 接著下一步 → 點選 yes (customized startup) →SDI (separate windows) → Plain text→ 按下一步直到完成。

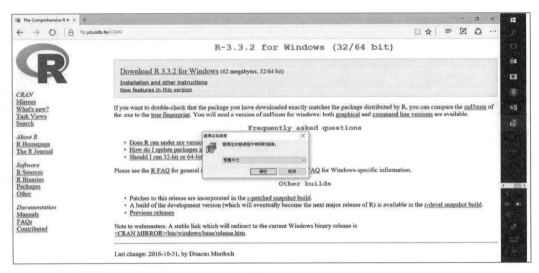

圖 1-57

4. 在左上角 Source 程式編輯區鍵入 library(Rcmdr)，螢幕出現 Commander 的閃爍提示，點選開來即可。

圖 1-58

5. 接著如要繪製 Poisson 分配 $\lambda = 10$ 之圖形，其步驟如前舉例所述。

1-8 R 軟體在統計學上的應用練習

 例題32

已知 $\dfrac{x}{f(x)}\begin{array}{|cccc} 1 & 2 & 3 & 5 \\ 0.2 & 0.1 & 0.4 & 0.3 \end{array}$，求平均數、變異數、標準差。

 解

R 程式作法

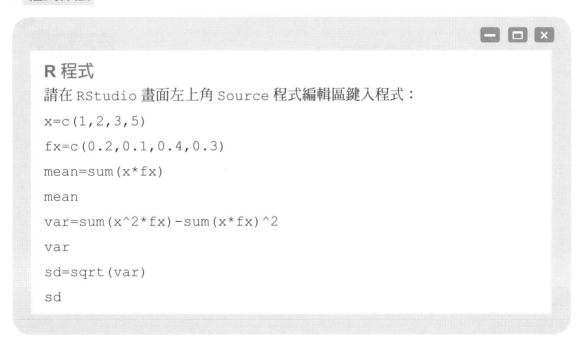

R 程式

請在 RStudio 畫面左上角 Source 程式編輯區鍵入程式：

```
x=c(1,2,3,5)
fx=c(0.2,0.1,0.4,0.3)
mean=sum(x*fx)
mean
var=sum(x^2*fx)-sum(x*fx)^2
var
sd=sqrt(var)
sd
```

　　接著滑鼠游標移到 x 的左邊（下圖左上角記號處），然後一路點選右上角的 Run（下圖綠色框處），在下方的 Console 區會出現平均數 3.1，變異數 2.09，標準差 1.445683。（當然也可以把程式先全選起來（ctrl+A），再點選 Run，一次全部跑完）。

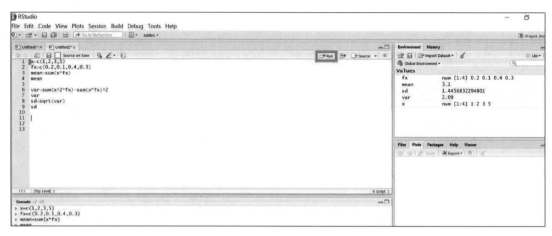

圖 1-59

例題33

已知 50 家公司單日營業金額如下：

33	33	35	36	36	40	41	41	42	42	45	46	47	47
47	48	49	50	53	54	55	58	58	59	59	60	63	63
64	64	65	68	68	70	71	72	72	78	78	79	81	82
84	85	85	88	95	97	101	107						

1. 試求平均數、眾數、標準差、偏態係數、峰態係數、變異係數、四分位數。
2. 試繪長條圖，莖葉圖。

R 程式作法

要求算平均數、眾數等量數，請在 RStudio 畫面右下角套件區依序操作：

1. 點選 Package→ 再點選 install（如圖 1-60 框處）

2. 在 install package 對話框中鍵入 fBasics（如圖 1-61 框處），再按 install。這時左下角 Console 控制台區，會載入套件（如圖 1-62 框處）

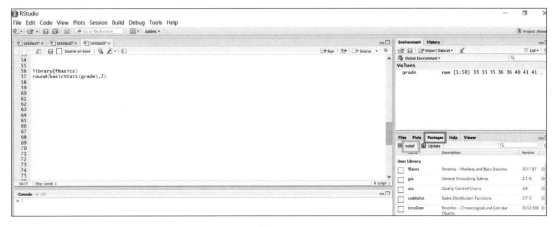

圖 1-60

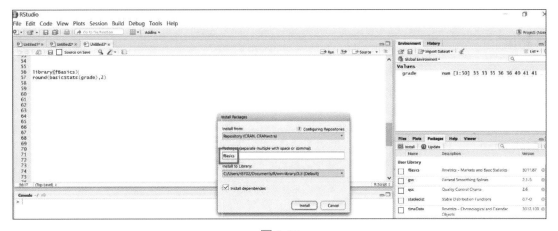

圖 1-61

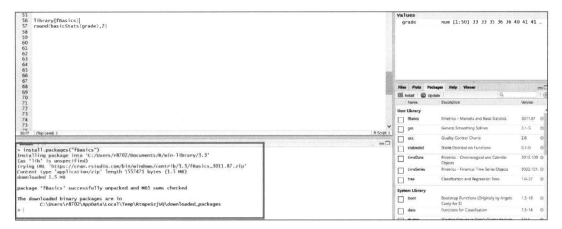

圖 1-62

R 程式

套件載入後，請在左上角 Source 程式編輯區鍵入程式：

```
grade=c(33,33,35,36,36,40,41,41,42,42,45,46,47,47,47,48,
49,50,53,54,55,58,58,59,59,60,63,63,64,64,65,68,68,70,71,
72,72,78,78,79,81,82,84,85,85,88,95,97,101,107)
library(fBasics)
round(basicStats(grade),2)
```

♦ **R 結果**

nobs	50
NAs	0
Minimum	33
Maximum	107
1. Quartile	47
3. Quartile	76.5
Mean	61.88
Median	59.5
Sum	3094
SE Mean	2.71
LCL Mean	56.44
UCL Mean	67.32
Variance	366.96
Stdev	19.16
Skewness	0.41
Kurtosis	− 0.75

要繪製長條圖、莖葉圖：

R 程式

請鍵入下面程式：

```
grade=c(33,33,35,36,36,40,41,41,42,42,45,46,47,47,47,48,
49,50,53,54,55,58,58,59,59,60,63,63,64,64,65,68,68,70,71,
72,72,78,78,79,81,82,84,85,85,88,95,97,101,107)
hist(grade,breaks=c(29,39,49,59,69,79,89,99,109),
freq=TRUE, main="直方圖", xlab="50家公司營業金額", ylab="
次數")
stem(grade)
```

♦ R 結果

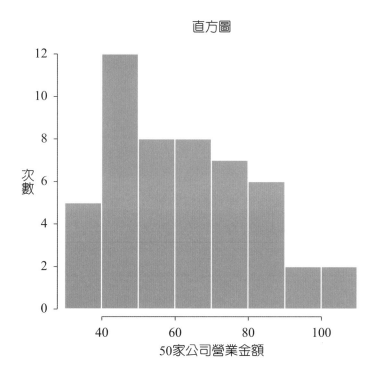

The decimal point is 1 digit(s) to the right of the |

```
 3 | 33566
 4 | 011225677789
 5 | 03458899
 6 | 03344588
 7 | 0122889
 8 | 124558
 9 | 57
10 | 17
```

例題34

已知支持政黨 A 的比例佔 36.3%，支持政黨 B 的比例佔 33.8%，支持政黨 C 的比例佔 21.6%，其它佔 8.3%，試繪圓形比例圖。

 解

R 程式作法

R 程式

請在 RStudio 左上角 Source 程式編輯區鍵入下面程式：

```r
pop=c(36.3,33.8,21.6,8.3)
politicalp=c("A","B","C","D")
bls=paste(politicalp,",",pop,"%")
pie(pop,labels=bls, main=" 政黨支持率圓形比例圖 ")
```

◆ R 結果

政黨支持率圓形比例圖

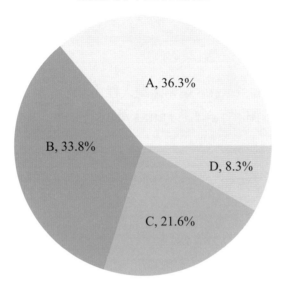

例題35

如果已經事先將資料以文字檔格式儲存在 c 槽 RHLF 目錄下的 106.txt。這份資料主要紀錄 18 名學生，他們的班級（A1），性別（B1），升學取向（C1），數學成績（D1），社團成績（E1），家長管教方式（F1），家長工作類別（G1），家長學歷（H1）。你可以依下列程式得到你想要知道的訊息（例如成績的平均數、標準差情形）。

解

R 程式作法

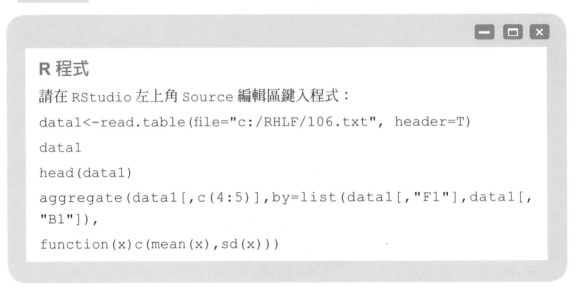

```
R 程式
請在 RStudio 左上角 Source 編輯區鍵入程式：
data1<-read.table(file="c:/RHLF/106.txt", header=T)
data1
head(data1)
aggregate(data1[,c(4:5)],by=list(data1[,"F1"],data1[,
"B1"]),
function(x)c(mean(x),sd(x)))
```

♦ R 程式說明

read.table ( )：讀入資料。

data1（第二列）：主要列出 106.txt 資料的樣貌。

head ( )：查看資料集的前 6 筆資料 (如果要查看後幾筆資料，則使用 tail)。

aggregate( )：可以進行分組及計算。本例以管教方式（F1）、性別（B1）進行分類，並針對第 4 行數學成績（D1）、第 5 行社團成績（E1）計算平均數、標準差。

若以性別是女生且家長管教方式是民主方式為例，此類恰有 2 人分別是編號 3 號還有 16 號。他們的數學成績（D1）分別是 59、82，所以平均是 70.5（請看 D1.1），社團成績（E1）分別是 64、63，所以平均是 63.5（請看 E1.1），其餘類推。

♦ **R 結果**

結果如下：

	A1	B1	C1	D1	E1	F1	G1	H1
1	1	男生	3	79	94	放任	3	專科
2	1	男生	3	78	90	放任	3	專科
3	1	女生	2	59	64	民主	1	高中職
4	1	女生	4	30	66	權威	1	大學以上
5	1	女生	5	95	76	放任	5	大學以上
6	1	女生	4	64	88	放任	2	大學以上
7	2	男生	1	87	72	放任	4	國中小
8	2	男生	2	85	91	民主	4	高中職
9	2	男生	4	61	66	權威	2	大學以上
10	2	男生	2	42	87	民主	1	高中職
11	2	男生	2	79	76	權威	3	高中職
12	2	女生	1	68	72	放任	2	高中職
13	3	男生	2	65	82	民主	2	高中職
14	3	男生	4	65	76	權威	2	大學以上
15	3	女生	4	76	56	放任	3	大學以上
16	3	女生	3	82	63	民主	4	專科
17	3	男生	1	66	77	民主	2	國中小
18	3	男生	3	91	90	民主	5	專科

	A1	B1	C1	D1	E1	F1	G1	H1
1	1	男生	3	79	94	放任	3	專科
2	1	男生	3	78	90	放任	3	專科
3	1	女生	2	59	64	民主	1	高中職
4	1	女生	4	30	66	權威	1	大學以上
5	1	女生	5	95	76	放任	5	大學以上
6	1	女生	4	64	88	放任	2	大學以上

	Group.1	Group.2	D1.1	D1.2	E1.1	E1.2
1	民主	女生	70.50000	16.26345	63.50000	0.707107
2	放任	女生	75.75000	13.76892	73.00000	13.21615
3	權威	女生	30.00000	NA	66.00000	NA
4	民主	男生	69.80000	19.30544	85.40000	5.85662
5	放任	男生	81.33333	4.93288	85.33333	11.71893
6	權威	男生	68.33333	9.45163	72.66666	5.773503

如果你只想知道班級編號 2 號的情況，則程式如下：

R 程式

```
data1<-read.table(file="c:/RHLF/106.txt", header=T)
data_a1<-data1[data1$A1=="2",]
head(data_a1)
```

♦ R 結果

	A1	B1	C1	D1	E1	F1	G1	H1
7	2	男生	1	87	72	放任	4	國中小
8	2	男生	2	85	91	民主	4	高中職
9	2	男生	4	61	66	權威	2	大學以上
10	2	男生	2	42	87	民主	1	高中職
11	2	男生	2	79	76	權威	3	高中職
12	2	女生	1	68	72	放任	2	高中職

如果你想知道班級編號 1 號而且性別是女生的情況，則程式如下：

```
R 程式
data1<-read.table(file="c:/RHLF/106.txt", header=T)
data_a1<-data1[data1$A1=="1" & data1$B1==" 女生 ",]
data_a1
```

♦ R 結果

	A1	B1	C1	D1	E1	F1	G1	H1
3	1	女生	2	59	64	民主	1	高中職
4	1	女生	4	30	66	權威	1	大學以上
5	1	女生	5	95	76	放任	5	大學以上
6	1	女生	4	64	88	放任	2	大學以上

如果你想知道班級編號 3 號且社團成績大於 70 的情況，則程式如下：

```
R 程式
data1<-read.table(file="c:/RHLF/106.txt", header=T)
attach(data1)
data_a1<-data1[A1==3 & E1>70,]
data1
```

♦ R 結果

	A1	B1	C1	D1	E1	F1	G1	H1
13	3	男生	2	65	82	民主	2	高中職
14	3	男生	4	65	76	權威	2	大學以上
17	3	男生	1	66	77	民主	2	國中小
18	3	男生	3	91	90	民主	5	專科

如果想知道編號 2 號的班級，他們數學成績的標準 (z) 分數，則程式改爲啓動 scale () 函數，如要取到小數點後第 3 位則開啓 round( ) 函數。

R 程式

```
data1<-read.table(file="c:/RHLF/106.txt", header=T)
data_a1<-data1[data1$A1=="2",]
z2<-round(scale(data_a1$D1),3)
z2
```

♦ R 結果

	A1	B1	C1	D1	E1	F1	G1	H1
7	2	男生	1	87	72	放任	4	國中小
8	2	男生	2	85	91	民主	4	高中職
9	2	男生	4	61	66	權威	2	大學以上
10	2	男生	2	42	87	民主	1	高中職
11	2	男生	2	79	76	權威	3	高中職
12	2	女生	1	68	72	放任	2	高中職

[,1] #z 分數 #

[1,] 0.974

[2,] 0.857

[3,] -0.546

[4,] -1.656

[5,] 0.507

[6,] -0.136

attr(,"scaled:center") # 平均數 #

[1] 70.33333

attr(,"scaled:scale") # 標準差 #

[1] 17.1075

如果想繪製數學成績的直方圖，圖的顏色是綠的，界線是藍的，陰影線的密度爲60，橫軸爲數學成績，縱軸爲次數。又欲繪製數學成績、社團成績的箱形圖，顏色分別是藍色的，紅色的，則程式如下：

R 程式

```
data1<-read.table(file="c:/RHLF/106.txt", header=T)
hist(data1$D1,col="green",border="blue",density=60,xlab="
數學成績 ",
ylab=" 次數 ")
boxplot(data1[,4:5],col=c("blue","red"))
```

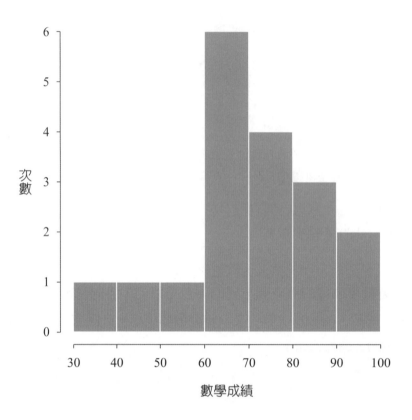

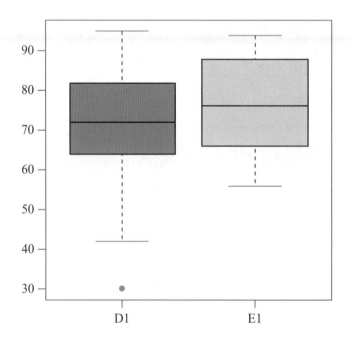

如果想判定成績是否符合常態分佈，可以 Q-Q 圖進行之：

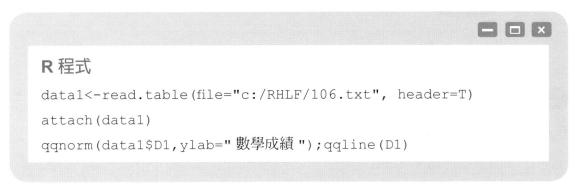

```
R 程式
data1<-read.table(file="c:/RHLF/106.txt", header=T)
attach(data1)
qqnorm(data1$D1,ylab=" 數學成績 ");qqline(D1)
```

♦ R 結果

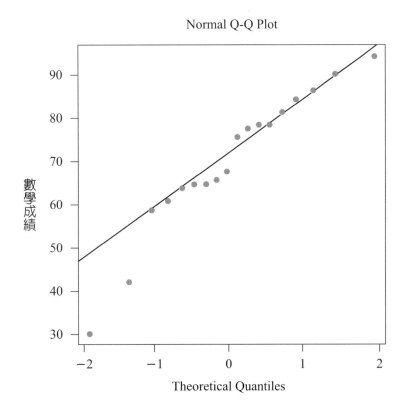

品質管理中，如果想畫出魚骨圖（特性要因圖）程式如下：

解

R 程式作法

```
R 程式
library(qcc)
cause.and.effect(cause=list(
製造方法 =c(" 過時文件 ", " 施工失當 "),
元件材料 =c(" 品檢有誤 ", " 抽樣太少 ", " 不合規定 "),
操作人員 =c(" 教材不當 ", " 訓練不實 ", " 鑑定馬虎 "),
工作環境 =c(" 照明欠佳 ", " 空間擁擠 "),
儀器設備 =c(" 設備老舊 ", " 維修不確實 ", " 常故障 "),
品質檢驗 =c(" 欠缺校正 ", " 量測錯誤 ", " 失眞 ")),
effect=" 品質異常 ")
```

程式執行結果如下：

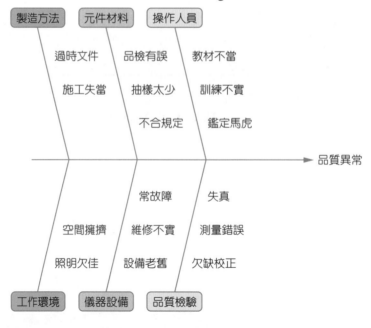

Cause-and-Effect diagram

 例題37

品質管理中，如果想畫出製程 $\bar{x}$ - R 管制圖，程式如下：

 解

R 程式作法

```
R 程式
tqm6s=read.table("c:/RHLF/tqmm.txt",header=T)
tqm6s
ttqm=t(tqm6s)
ttqm
library(qcc)
qcc.options(bg.margin="white")
qcc.options(bg.figure="white")
q.xbar=qcc(data=ttqm,type="xbar")
q.R=qcc(data=ttqm,type="R")
summary(q.xbar)
process.capability(q.xbar,spec.limits=c(6.59,6.65))
```

♦ R 結果

> tqm6s

	x1	x2	x3	x4	x5	x6	x7	x8	x9	x10
1	6.62	6.63	6.64	6.62	6.62	6.63	6.61	6.61	6.62	6.62
2	6.64	6.62	6.62	6.61	6.62	6.63	6.61	6.63	6.62	6.61
3	6.62	6.62	6.62	6.64	6.63	6.62	6.61	6.63	6.64	6.6
4	6.61	6.62	6.59	6.64	6.62	6.62	6.62	6.64	6.61	6.6
5	6.65	6.61	6.59	6.61	6.63	6.65	6.61	6.63	6.61	6.6

> ttqm

	[,1]	[,2]	[,3]	[,4]	[,5]
x1	6.62	6.64	6.62	6.61	6.65
x2	6.63	6.62	6.62	6.62	6.61
x3	6.64	6.62	6.62	6.59	6.59
x4	6.62	6.61	6.64	6.64	6.61
x5	6.62	6.62	6.63	6.62	6.63
x6	6.63	6.63	6.62	6.62	6.65
x7	6.61	6.61	6.61	6.62	6.61
x8	6.61	6.63	6.63	6.64	6.63
x9	6.62	6.62	6.64	6.61	6.61
x10	6.62	6.61	6.6	6.6	6.6

Call:

Summary of group statistics:

Min.	1st Qu.	Median	Mean	3rd Qu.	Max.
6.606	6.614	6.622	6.62	6.627	6.63

Group sample size: 5

Number of groups: 10

Center of group statistics: 6.6204

Standard deviation: 0.01160791

Control limits:

LCL	UCL
6.604826	6.635974

Call:

process.capability(object = q.xbar, spec.limits = c(6.59, 6.65))

Number of obs = 50	Target = 6.62
Center = 6.62	LSL = 6.59
StdDev = 0.01161	USL = 6.65

Capability indices:

	Value	2.50%	97.50%
Cp	0.8615	0.6913	1.031
Cp_l	0.873	0.7085	1.037
Cp_u	0.85	0.6889	1.011
Cp_k	0.85	0.658	1.042
Cpm	0.861	0.6925	1.029

Exp<LSL 0.44%   Obs<LSL 0%

Exp>USL 0.54%   Obs>USL 0%

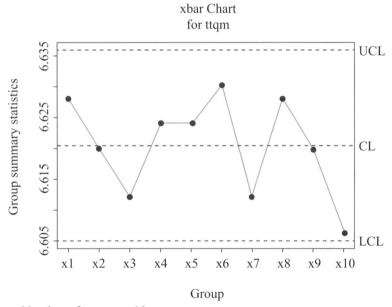

Number of groups = 10
Center = 6.6204   LCL = 6.604826   Number beyond limits = 0
StdDev = 0.01160791   UCL = 6.635974   Number violating runs = 0

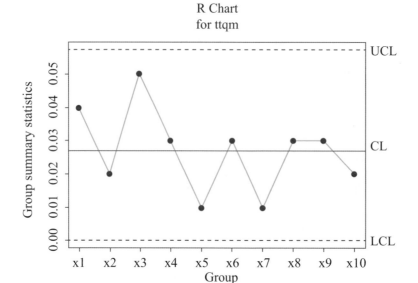

R Chart
for ttqm

Number of groups = 10

Center = 0.027   LCL = 0   Number beyond limits = 0
StdDev = 0.01160791 UCL = 0.05709068   Number violating runs = 0

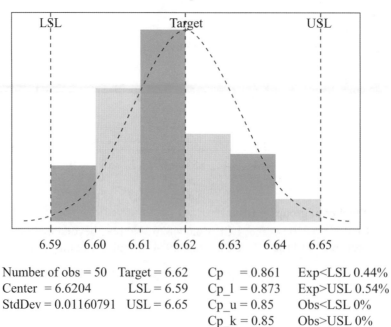

Process Capability Analysis
for ttqm

Number of obs = 50   Target = 6.62   Cp   = 0.861   Exp<LSL 0.44%
Center = 6.6204   LSL = 6.59   Cp_l = 0.873   Exp>USL 0.54%
StdDev = 0.01160791   USL = 6.65   Cp_u = 0.85   Obs<LSL 0%
                                       Cp_k = 0.85   Obs>USL 0%
                                       Cpm = 0.861

例題38

如果按照年度（91 年～ 98 年）順序蒐集了三種變項資料，如何在同一張圖上呈現它們的數據趨向？程式如下：

R 程式作法

```
R 程式
data<-read.table("c:/RHLF/ch1p.txt")
data
x=t(data[1])
y=t(data[2])
z=t(data[3])
w=t(data[4])
maxy=max(y)
maxz=max(z)
maxw=max(w)
plot(x,y,type="o",xlab=" 年份 ",ylab="",ylim=c(0,maxy),
col="red",
main="91 年到 98 年統計資料 ",pch=c(15))
lines(x,z,type="o",col="blue",pch=c(16))
lines(x,w,type="o",col="green",pch=c(17))
```

♦ R 程式說明

x=t(data[1]) 將第一行的數據轉置為列向量數據 (t=transpose)；

type="o" 在圖形中數據點覆蓋在線上

pch=c( ) 括號中填入不同數字就會有不同圖形顯示（請自行搜尋）

col="red", pch=c(15) 圖形會以塗滿紅色的正方形呈現

col="blue", pch=c(16) 圖形會以塗滿藍色的圓形呈現

col="green", pch=c(17) 圖形會以塗滿綠色的三角形呈現；

♦ R 結果

	V1	V2	V3	V4
1	91	9456	798	781
2	92	9543	426	269
3	93	6684	387	764
4	94	7953	453	457
5	95	3951	886	188
6	96	9613	244	175
7	97	9688	259	4987
8	98	5486	826	3281

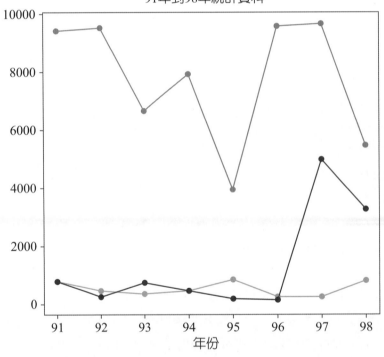

91年到98年統計資料

例題39

上述介紹的資料都是 .txt 型式，事實上，如果你是在 Excel 上處理資料，資料都處理好了，請點選檔案 → 另存新檔（假設要存在 c 槽 RHLF 目錄下檔案名稱 106）→ 存檔類型（請往下尋找並點選 csv（逗號分隔））→ 儲存。接著回到 RStudio 的 Source 編輯區鍵入：

R 程式作法

R 程式

回到 RStudio 的 Source 編輯區鍵入：

```
data1<-read.csv(file="c:/RHLF/106.csv",header=T)
data1
head(data1)
aggregate(data1[,c(4:5)],by=list(data1[,"F1"],data1[,"B1"]),
function(x)c(mean(x),sd(x)))
```

如果資料不在自己電腦 c 槽而是開放資料（open data），則可用一些套件（例如 quantmod、Quand1、TTR、forecast）來讀取資料。

作法：先在 RStudio 右下角的 Package 編輯區

1. 點選 Package→ 再點選 install。

2. 在 package 對話框中鍵入 quantmod，再按 install，這時左下角 Console 控制台區，會載入套件。

```
R 程式
回到 RStudio 的 Source 編輯區鍵入：
library(quantmod)
x<-new.env()
getSymbols("^TWII",from="2000-1-1",env=x)
twii.2000<-x$TWII
twii.2000
```

執行完畢，讀者就會看到台灣股票加權指數從 2000 年 1 月 1 日起，有交易日的開盤指數、最高指數、最低指數、收盤指數等資料。總結上述，我們介紹了三種資料讀入的型式 (read.txt, read.csv, library( ))。

1-9 SAS 作法

SAS 每年都會與玉山銀行共同主辦「大數據資料科學家競賽」，這是台灣校園大數據競賽舉辦最多屆且規模最大的競賽，於 2017 年舉辦第 6 屆。參賽資格大專院校大三以上學生及碩士生組隊參加。得獎隊伍可以獲得獎金 36 萬元、玉山銀行實習以及職缺優先面試的機會。從 2012 年第一次舉辦校園資料採礦競賽開始，累計前 5 屆已有 758 組隊伍共 2,965 人參賽，過去幾屆競賽主題有行銷預測及企劃、信用風險建模、網站瀏覽大數據分析及文字採礦等。

2017 年度競賽主題聚焦在大數據分析與數位外匯成交預測，參賽隊伍透過分析數位外匯客群與實務場景，有效運用大數據、區塊鏈、AI 人工智慧、身分辨識及電子支付等科技，建置虛實整合的創新金融服務。5 年來參與競賽的學生，迄今近 30 位已成為 SAS 與玉山資料分析師。

資料來源：
https://www.sas.com/zh_tw/news/press-releases/2017/february/2017bankingcontest.html

如果您是第一次使用 SAS 軟體分析資料，請參閱下列說明：

1. SAS 軟體只租不賣，通常都由公司或學校承租。如果想進一步了解 SAS 軟體相關情形，可進入 SAS 網站查詢。

2. 假設您已安裝完成 SAS 視窗版軟體。接著想把 SAS 放在桌面，以便日後快速點選使用，請依序這樣操作：

3. 電腦左下角「開始」，「程式集」，游標移到「The SAS System」，「The SAS System for Windows⋯」，按右鍵，游標移到「傳送到」，點選「桌面當作捷徑」。

4. 回到電腦桌面，螢幕會出現倒錐體圖案之「The SAS System for⋯」。以後只要在倒錐體圖案上面快點左鍵二下，即可開啟 SAS。

SAS 有三個視窗：

1. 程式編輯視窗（EDITOR）

用來編輯 SAS 程式。其中，

「Open」：可開啟並載入 SAS 程式。

「Save」：存檔用。輸入檔名後，可儲存編輯完成的 SAS 程式。

「Print」：再點選 OK，即可印出程式。

「Paste」：重現 Copy 過的內容。

「Clear All」：清除內容。

「Submit」：執行視窗中已寫好的程式。

「Recall Last Submit」：叫回之前執行的程式。

2. 記錄視窗（LOG）

呈現剛才程式執行後的記錄，如程式有錯誤會標示出來。

3. 輸出視窗（OUTPUT）

呈現 SAS 程式執行後的結果。如果要儲存結果，只要點選 Save，並輸入檔名即可。底下以一例子，來說明 SAS 作法。

例題40

以例 1 為例，試求平均數、變異數、標準差、偏態係數、峰態係數、變異
係數、四分位數、眾數、全距、四分位差。

解 1. 開啟 SAS，在程式編輯視窗（EDITOR）鍵入下列敘述。

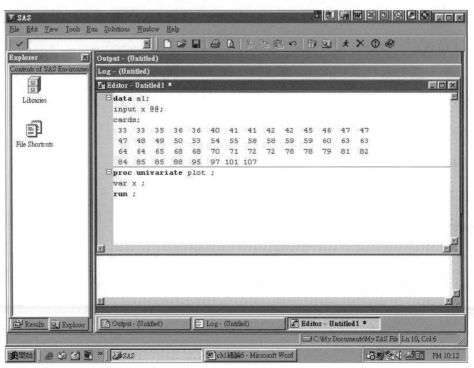

2. 鍵入完成後，點選右上角黑色的「人跑像」，程式即開始執行。執行完畢後，結
果出現在 OUTPUT 視窗。

SAS 程式作法

撰寫 SAS 程式時，固定的格式常如下所示（參考第 8 章）：

```
data □□;
input □□□;
cards;
□□□□□□□□;
proc □□□;
var □;
run ;
```

一、選擇題

1. 群體中每一個個體在某一變數（interval scale）上之值與該變數的平均數之差的總和等於　(A) 平均數　(B) 變異數　(C) 標準差　(D) 0　(E) 1。

2. 在一個右偏分佈中　(A) 平均數（M）> 中位數（Md）> 眾數（M_o）　(B) $M > M_o > Md$　(C) $M_o > Md > M$　(D) $M_o > M > Md$　(E) $Md > M_o > M$。

3. 完成作業的時間，趙一為 30 分，錢二為 38 分，孫三為 42 分。則此資料為
   (A) nominal scale　(B) ordinal scale　(C) interval scale　(D) ratio scale　(E) 以上皆非。

4. 五人公司中全體成員的月薪分別為 25000 元、22000 元、35000 元、30000 元、200000 元，若要說明該公司的薪資情形，則較適合採用哪種集中量數？　(A) 算數平均數　(B) 中位數　(C) 眾數　(D) 幾何平均數　(E) 以上皆非。

二、問答題

5. 變數的測量有四種尺度（scale），請列出、敘明其特性，並舉例說明之。另質變數（qualitative variable）、量變數（quantitative variable）究何所指？請一併說明之。

6. 為何吾人常使用變異數（或標準差），而不（少）使用其他如均互差或平均差等作為衡量資料之分數程度？又何以吾人常以平均數，而少（不）以其他如中位數或眾數等作為衡量集中趨勢？試說明理由。

7. 已知資料值為 54，56，71，59，65，58，54，70，58，69，54 請寫出中位數（median）、眾數（mode）、第一四分位數（Q_1）、第三四分位數（Q_3）？

8. 試由下列資料建立莖葉圖（stem-and-leaf display）：

6.4	8.4	7.6	7.9	8.2	8.5	10.4	8.3	7.7	10.8	9.6
9.3	8.1	7.2	6.9	7.1	9.5	11.3	6.3	7.5	10.5	8.6

機率論

　　機率是衡量某一事件發生的可能程度,並針對此一事件發生的可能性給予一量化的數值。舉例來說,氣象主播說後天台南地區下雨機率 0.3,這 0.3 便是一量化的數值,說明下雨此一事件將發生的可能性。當一事件極可能發生時,其數值接近 1,當一事件極不可能發生時,其數值接近 0,所以機率值的範圍介於 0 與 1 之間。在本章節我們將介紹集合論、樣本空間及機率定理,這三者是機率論的基礎。

重點名詞	
• 樣本空間	• 聯合機率
• 邊際機率	• 條件機率
• 獨立事件	• 互斥事件
• 貝氏定理	

統·計·昔·日

安德烈·柯莫葛若夫
（Andrei N. Kolmogorov, 1903-1987）

通常來說，統計學課程前半部會介紹機率論，後半部才開始介紹統計學，從科學沿革來看，統計學主要是由英國人及美國人所發展，而機率理論則多由法國人及俄國人所主導。

安德烈·柯莫葛若夫（Andrei N. Kolmogorov）是俄國偉大的機率學家，也是二十世紀最具廣泛影響力的數學家之一，他多達 500 篇以上之論文影響了近代數學不同領域的發展，對統計力學，隨機過程，流體力學和非線性動力學的基礎做出了重要貢獻。

1925 年，安德烈·柯莫葛若夫畢業於莫斯科國立大學，1931 年升為教授。他的第一份機率研究工作是關於連串隨機觀測值的規則性探討，大數法則可說是根源於此，他也提出了許多該法則的推廣。1933 年，他寫下一篇關於 reformulating probability 的論文，這篇論文從基本公理中嚴格地建立了機率論。1939 年，入選蘇聯科學院，1965 年獲得列寧獎，七次獲得列寧勳章。

柯莫葛若夫在數學研究之外，還有許多興趣，其中著名的例子有俄羅斯作家 Pushkin 詩歌結構的定量分析、16 和 17 世紀 Novgorod 的農業發展研究等。本章中的一般機率規則（General laws of probability）是他所建構之精隨所在。

資料來源：http://www.exploratorium.edu/complexity/CompLexicon/kolmogorov.html

2-1 集合

一、重要名詞

1. **集合（set）與元素（element）**：集合可視為有意義的人、事、物所構成的集體，集合內的每一份子稱為元素。

2. **全集（universal set）**：全集乃所有元素之集合，通常以 U 表示。

3. **空集合（empty set）**：沒有任何元素的集合稱為空集合，以 ϕ 表示，$\phi = \{\ \}$。

4. **子集（subset）**：又稱部份集合。例如，集合 $A = \{3, 4\}$，則 $\{3, 4\}$，$\{3\}$，$\{4\}$，ϕ 都是集合 A 的部份集合。

5. **餘集（complement）**：集合 A 的餘集為 A^c，$A^c = \{x \mid x \notin A\}$。例如，全集 $U = \{1, 2, 3, 4, 5, 6\}$，集合 $A = \{1, 5\}$，則集合 A 的餘集 $A^c = \{2, 3, 4, 6\}$。又全集的餘集為空集合 $U^c = \phi$，空集合的餘集為全集 $\phi^c = U$。

6. **差集（different set）**：集合 A 和集合 B 的差集，通常以 $A - B$ 表之，即 $A - B = \{x \mid x \in A, x \notin B\} = B^c \bigcap A$。而集合 B 和集合 A 的差集，以 $B - A$ 表之，即 $B - A = \{x \mid x \in B, x \notin A\} = A^c \bigcap B$。

7. **聯集（union of sets）**：把集合 A 和集合 B 的所有元素都考慮進來，但重複的元素只能算一次，如此元素可能屬於集合 A 或屬於集合 B，稱為 A 和 B 的聯集，以 $A \bigcup B$ 表之，即 $A \bigcup B = \{x \mid x \in A$ 或 $x \in B\}$。例如，集合 $A = \{2, 4, 6\}$，集合 $B = \{1, 2\}$，則 $A \bigcup B = \{1, 2, 4, 6\}$。

8. **交集（intersection of sets）**：把集合 A 和集合 B 中相同的元素都找出來，這些元素既屬於集合 A 也屬於集合 B，稱為集合 A 和集合 B 的交集，以 $A \bigcap B$ 表之，即 $A \bigcap B = \{x \mid x \in A$ 且 $x \in B\}$。例如，集合 $A = \{2, 3, 6\}$，集合 $B = \{1, 2\}$，則 $A \bigcap B = \{2\}$。

9. **互斥（mutually exclusive）**：如果交集中沒有同時屬於集合 A 和集合 B 的元素，則稱集合 A 和集合 B 彼此互斥，以 $A \bigcap B = \phi$ 表之。例如，集合 $A = \{2, 4, 6\}$，集合 $B = \{1, 5\}$，則 $A \bigcap B = \phi$。

二、集合運算

1. 第摩根定理（**De-Morgan's rule**）

(1) $(A \cup B)^c = A^c \cap B^c$。

(2) $(A \cap B)^c = A^c \cup B^c$。

(3) $(A_1 \cup A_2 \cup \cdots \cup A_n)^c = A_1^c \cap A_2^c \cap \cdots \cap A_n^c$。

(4) $(A_1 \cap A_2 \cap \cdots \cap A_n)^c = A_1^c \cup A_2^c \cup \cdots \cup A_n^c$。

2. 互補律（**complementation laws**）：$A \cup A^c = U$，$A \cap A^c = \phi$。

3. 交換律（**commutative laws**）：$A \cup B = B \cup A$，$A \cap B = B \cap A$。

4. 結合律（**associative laws**）：$(A \cup B) \cup C = A \cup (B \cup C)$，$(A \cap B) \cap C = A \cap (B \cap C)$。

5. 分配律（**distributive laws**）：$A \cap (B \cup C) = (A \cap B) \cup (A \cap C)$，$A \cup (B \cap C) = (A \cup B) \cap (A \cup C)$。

例題 1

全集 $U = \{1, 2, 3, 4, 5, 6\}$，$A = \{1, 2, 3\}$，$B = \{2, 4, 6\}$，$C = \{1, 3\}$，試求 $A \cap (B \cup C)$ 及 $(A \cap B) \cup (A \cap C)$。

解 $B \cup C = \{1, 2, 3, 4, 6\}$，所以 $A \cap (B \cup C) = \{1, 2, 3\}$。

又 $A \cap B = \{2\}$，$A \cap C = \{1, 3\}$，所以 $(A \cap B) \cup (A \cap C) = \{1, 2, 3\}$，

即，$A \cap (B \cup C) = (A \cap B) \cup (A \cap C) = \{1, 2, 3\}$。

2-2 樣本空間

一、隨機試驗

試驗指的是可以產生各種可能結果的過程，如果各種可能結果的發生具有不確定性，則此一過程稱為隨機試驗。例如，擲一顆骰子，可能結果為 1, 2, 3, 4, 5, 6，但究竟這一次出現 1 點，2 點或其它點數，則不確定（要等擲下去停住了才能確認）。

二、樣本空間（sample space）

一隨機試驗所有可能出現的結果之集合稱為樣本空間，樣本空間內的每一元素稱為樣本點（sample point）。換句話說，所有樣本點所成的集合稱為樣本空間。舉例來說，擲一顆骰子的樣本空間為 {1, 2, 3, 4, 5, 6}，集合內的 1, 2,⋯, 6，稱為樣本點。如果樣本點為有限個，則稱為有限樣本空間；如果樣本點為無限多個則稱為無限樣本空間。

另舉一例，班上學生 39 人，調查統計學期中考不及格人數，得到樣本空間為 {0, 1, 2,⋯, 39}，此為有限樣本空間；又如觀察某產品之使用壽命，得其樣本空間為 $\{t \mid t > 0\}$，其中 t 表壽命時間，此為無限樣本空間。

三、事件（event）

樣本空間的部份集合稱為事件。

1. 簡單（simple）事件：只含一個樣本點的事件稱為簡單事件。

2. 複合（compound）事件：二個（含）以上樣本點的事件稱為複合事件。

例如，擲一顆骰子的樣本空間為 {1, 2, 3, 4, 5, 6}，由於 {1},{2},⋯,{6} 都是樣本空間的部份集合，而且只含一個樣本點，故皆為簡單事件。如果是 {1, 3}，{2, 3, 6}⋯則是複合事件。

💡小補充

1. 互斥（mutually exclusive）事件：如果 A、B 兩事件的交集為空集合，則稱 A 與 B 為互斥事件。例如，$A = \{1, 3, 5\}$，$B = \{2, 6\}$，$A \cap B = \phi$，所以 A、B 為互斥事件，其發生的機率 $P(A \cap B) = 0$。

2. 獨立（independent）事件：如果 A、B 兩事件同時發生的機率等於各自發生的機率相乘，則稱 A、B 為獨立事件，即 $P(A \cap B) = P(A)P(B)$。

 例題 2

A、B 兩事件在什麼情況下，會既獨立又互斥？

解 既獨立又互斥的情況為 $P(A \cap B) = P(A) P(B) = 0$，所以在

1. $P(A) = 0$，$P(B) \neq 0$

2. $P(B) = 0$，$P(A) \neq 0$

3. $P(A) = 0$ 且 $P(B) = 0$

上述任一情況成立即可。

四、樣本點的計算

某些事件發生的機率可以利用樣本空間及樣本點多寡來計算。計算樣本點的基本方法為排列（permutation）與組合（combination）。介紹排列組合之前我們先說明階乘（factorial）的意義。

(一) $n!$ 唸作 n 階乘

1. $n! = n \cdot (n-1) \cdot (n-2) \cdots 1$，例如，$5! = 5 \cdot 4 \cdot 3 \cdot 2 \cdot 1 = 120$。

2. $0! = 1$。

(二) 排列（p）

將一些不同元素，排成某種順序。如果從 n 個不同元素中取出 r 個作排列，則不同排列的方法數為 $p_r^n = \dfrac{n!}{(n-r)!}$，其中 $r \leq n$，且 r，n 均為大於或等於 1 的整數。

(三) 組合（C）

意義同排列，但不考慮其順序，

$$C_r^n = \binom{n}{r} = \frac{n!}{r!\,(n-r)!} = \frac{1}{r!} p_r^n \text{，其中 } r \leq n \text{，且 } r \text{，} n \text{ 均為大於或等於 1 的整數}$$

小補充

排列的數目恰為組合數目的 $r!$ 倍，因為 $C_r^n = \dfrac{1}{r!} p_r^n$，所以，$p_r^n = r! C_r^n$。

例題 3

自七位會員中，選取二人擔任會長與副會長的方法有多少種？若改為任取二人則方法有多少種？

解 1. $p_r^n = \dfrac{n!}{(n-r)!} = \dfrac{7!}{(7-2)!} = \dfrac{7 \times 6 \times 5!}{5!} = 42$。

2. $C_r^n = \dfrac{n!}{r!(n-r)!} = \dfrac{7!}{2!(7-2)!} = \dfrac{7 \times 6 \times 5!}{2! \, 5!} = 21$。

這裡，$p_r^n = 42 = r! C_r^n = 2! \, 21 = 2 \times 1 \times 21$。

2-3 機率定理

一、各種機率理論

(一) 先天或古典機率理論（priori or classical theory of probability）

$$P(E) = \frac{n_E}{N}\text{，} n_E \text{ 表事件中所包含的樣本點個數，} N \text{ 表樣本空間個數}$$

舉例來說，丟一公正銅板兩次，求出現一個正面的機率？因為樣本空間 $S = \{$ 正正 , 正反 , 反正 , 反反 $\}$，樣本空間個數是 4，要求的事件是出現一個正面，即事件 $E = \{$ 正反 , 反正 $\}$，所包含的樣本點個數是 2，所以 $P(E) = \dfrac{n_E}{N} = \dfrac{2}{4}$。

(二) 後天機率理論（posteriori theory of probability）

> $P(E) = \lim\limits_{f \to \infty} \dfrac{f_E}{f}$ ，f 表實驗總次數，f_E 表事件 E 出現的次數，當實驗次數 f 趨於無窮大時，相對次數極限值表爲事件發生的機率

舉例來說，擲一枚硬幣 100 次，出現正面的次數是 61 次，則相對次數（機率）是 0.61；又如果擲 500 次，出現正面的次數是 243 次，則出現正面的相對次數（機率）是 0.486；如果擲 1000 次，出現正面的次數是 503 次，則出現正面的相對次數（機率）是 0.503；投擲次數越來越多，則出現正面的相對次數（機率）漸趨於穩定，這個趨於穩定的值可作爲此事件發生的機率。

(三) 主觀機率理論（subjective theory of probability）

個人對某事件直覺上認定其發生的機率。例如，某投資者預測明年第一季股市指數超過八千點的機率 90%，此 90% 爲該投資者主觀機率。

(四) 機率論的公理體系（axiomatic approach）

1. 事件 E 發生之機率 $P(E)$ 爲實數，$P(E) \geq 0$。

2. 若 S 爲樣本空間，則 $P(S) = 1$。

3. 若 E_1，E_2，E_3，$\cdots$爲互斥事件，則 $P(E_1 \bigcup E_2 \bigcup E_3 \cdots) = P(E_1) + P(E_2) + P(E_3) + \cdots$。

二、條件機率與乘法法則

(一) 機率性質

1. $0 \leq P(A) \leq 1$。

2. 若 A_1，A_2，$\cdots$，A_n 彼此爲互斥事件，則 $P(\bigcup\limits_{i=1}^{n} A_i) = \sum\limits_{i=1}^{n} P(A_i)$。

3. $P(A^c) = 1 - P(A)$。

4. 事件 A_1，A_2，且 $A_1 \subset A_2$，則 $P(A_1) \leq P(A_2)$。

(二) 聯集與加法法則

1. 如果 A、B 為任意兩事件，則 $P(A \cup B) = P(A) + P(B) - P(A \cap B)$。

   (1) 若 A、B 為互斥事件，則 $P(A \cap B) = P(\phi) = 0$，這時 $P(A \cup B) = P(A) + P(B)$。

   (2) 上式 A、B 為任意兩事件，亦可用下式來計算 $P(A \cup B) = 1 - P(A^c \cap B^c)$。

   (3) 若、為獨立事件，則可用下式來計算 $P(A \cup B) = 1 - P(A^c) P(B^c)$。因為 A、B 獨立，所以 $P(A^c \cap B^c) = P(A^c) P(B^c)$。

2. 如果 A、B、C 為任意三事件，則

   $P(A \cup B \cup C) = P(A) + P(B) + P(C) - P(A \cap B) - P(A \cap C) - P(B \cap C) + P(A \cap B \cap C)$。

   上式是 A、B、C 為任意三事件的公式。若 A、B、C 三事件完全獨立，則

   $P(A \cup B \cup C) = 1 - P(A^c)P(B^c)P(C^c)$。

例題 4

設 A、B、C 為完全獨立事件，$P(A) = 0.5$，$P(B) = 0.4$，$P(C) = 0.3$，試求 $P(A \cup B \cup C)$？

解 把會用到的機率先算出來，因為 A、B、C 為獨立事件，

$P(A \cap B) = P(A) P(B) = 0.5 \times 0.4 = 0.20$，

$P(A \cap C) = P(A) P(C) = 0.5 \times 0.3 = 0.15$，

$P(B \cap C) = P(B) P(C) = 0.4 \times 0.3 = 0.12$，

$P(A \cap B \cap C) = P(A) P(B) P(C) = 0.5 \times 0.4 \times 0.3 = 0.06$，所以，

$P(A \cup B \cup C) = P(A) + P(B) + P(C) - P(A \cap B) - P(A \cap C) - P(B \cap C) + P(A \cap B \cap C)$

$\qquad = 0.5 + 0.4 + 0.3 - 0.2 - 0.15 - 0.12 + 0.06 = 0.79$。

因為 A、B、C 為完全獨立事件，所以亦可用下列式子來計算：

$P(A \cup B \cup C) = 1 - P(A^c) P(B^c) P(C^c) = 1 - 0.5 \times 0.6 \times 0.7 = 0.79$。

(三) 條件機率（conditional probability）

在事件 B 已發生的情況下，再發生事件 A 之機率稱為條件機率

$$P(A \mid B) = \frac{P(A \cap B)}{P(B)}$$

或在事件 A 已發生的情況下，再發生事件 B 之機率

$$P(B \mid A) = \frac{P(A \cap B)}{P(A)}$$

 例題 5

如果 $A = \{1, 5\}$，$B = \{4, 5, 6\}$，試求 $P(A \mid B)$ 及 $P(B \mid A)$？

解 因為 $A \cap B = \{5\}$，所以，$P(A \mid B) = \dfrac{P(A \cap B)}{P(B)} = \dfrac{1}{3}$，$P(B \mid A) = \dfrac{P(A \cap B)}{P(A)} = \dfrac{1}{2}$。

 例題 6

已知 $P(A) = 0.5$，$P(B) = 0.4$，$P(A \mid B) = 0.7$，試求 $P(A \cap B)$、$P(A \cup B)$ 及 $P(B \mid A)$？

解 $P(A \mid B) = \dfrac{P(A \cap B)}{P(B)} = \dfrac{P(A \cap B)}{0.4} = 0.7$，所以 $P(A \cap B) = 0.28$，

$P(A \cup B) = P(A) + P(B) - P(A \cap B) = 0.5 + 0.4 - 0.28 = 0.62$，

$P(B \mid A) = \dfrac{P(A \cap B)}{P(A)} = \dfrac{0.28}{0.5} = 0.56$。

1. 乘法法則

$$P(A \mid B) = \frac{P(A \cap B)}{P(B)} \Rightarrow P(A \cap B) = P(B) \times P(A \mid B)，$$

$$P(B \mid A) = \frac{P(A \cap B)}{P(A)} \Rightarrow P(A \cap B) = P(A) \times P(B \mid A)，$$

此即乘法法則。獨立事件要考慮乘法法則，互斥事件要考慮加法法則。

2. 如果 A、B 兩事件獨立，且 $P(B) \neq 0$，則

$$P(A \mid B) = \frac{P(A \cap B)}{P(B)} = \frac{P(A)P(B)}{P(B)} = P(A)$$

也就是說 B 事件發生與否，不影響 A 事件的發生機率。

同理，如果 A、B 兩事件獨立，且 $P(A) \neq 0$，則

$$P(B \mid A) = \frac{P(A \cap B)}{P(A)} = \frac{P(A)P(B)}{P(A)} = P(B)$$

即 A 事件發生與否，不影響 B 事件的發生機率。

3. 判斷兩事件是否獨立，下列三式中任一式成立即可

(1) $P(A \cap B) = P(A)\,P(B)$。

(2) $P(A \mid B) = P(A)$。

(3) $P(B \mid A) = P(B)$。

4. 若 A、B 兩事件獨立，則餘事件亦獨立，即

(1) $P(A \cap B^c) = P(A)\,P(B^c)$。

(2) $P(A^c \cap B) = P(A^c)\,P(B)$。

(3) $P(A^c \cap B^c) = P(A^c)\,P(B^c)$。

5. 若 A、B、C 三個事件滿足下列 (1)、(2)、(3)、(4) 四個條件，則稱完全獨立（mutually independent）。如果只滿足 (1)、(2)、(3) 三個條件，則稱兩兩獨立（pairwise independent）。也就是說，事件「兩兩獨立」並不表示三者「完全獨立」。

(1) $P(A \cap B) = P(A)\,P(B)$。

(2) $P(A \cap C) = P(A)\,P(C)$。

(3) $P(B \cap C) = P(B)\,P(C)$。

(4) $P(A \cap B \cap C) = P(A)\,P(B)\,P(C)$。

6. 若 A、B、C、D 四個事件滿足下列 (1) ～ (7) 七個條件，則稱 A、B、C、D 完全獨立。

  如果只滿足 (1) ～ (6) 六個條件，則稱 A、B、C、D 兩兩獨立。

  (1) $P(A \cap B) = P(A) \, P(B)$。

  (2) $P(A \cap C) = P(A) \, P(C)$。

  (3) $P(A \cap D) = P(A) \, P(D)$。

  (4) $P(B \cap C) = P(B) \, P(C)$。

  (5) $P(B \cap D) = P(B) \, P(D)$。

  (6) $P(C \cap D) = P(C) \, P(D)$。

  (7) $P(A \cap B \cap C \cap D) = P(A) \, P(B) \, P(C) \, P(D)$。

  可依此類推五個事件以上。唯「兩兩獨立」並不表示「完全獨立」。

(四) 聯合機率（joint probability）與邊際機率（marginal probability）

	B_1	$\cdots B_j \cdots$	B_m	
A_1	$P(A_1 \cap B_1)$	$\cdots$	$P(A_1 \cap B_m)$	$P(A_1)$
A_2	$P(A_2 \cap B_1)$	$\cdots$	$P(A_2 \cap B_m)$	$P(A_2)$
$\vdots$ A_i $\vdots$	$\vdots$	$P(A_i \cap B_j)$	$\vdots$	$\vdots$
A_n	$P(A_n \cap B_1)$	$\cdots$	$P(A_n \cap B_m)$	$P(A_n)$
	$P(B_1)$	$\cdots$	$P(B_m)$	1

  其中 $\displaystyle\sum_{j=1}^{m} P(B_j) = 1$，$\displaystyle\sum_{i=1}^{n} P(A_i) = 1$，$\displaystyle\sum_{i=1}^{n}\sum_{j=1}^{m} P(A_i \cap B_j) = 1$。

1. $A_i \cap B_j$ 出現的機率為 $P(A_i \cap B_j)$。

2. 事件 A_i 的邊際機率為 $P(A_i) = \displaystyle\sum_{j=1}^{m} P(A_i \cap B_j)$。

  注意：求算 A_i 機率時，是對 j 作加總。

  例如：$P(A_2) = \displaystyle\sum_{j=1}^{m} P(A_2 \cap B_j) = P(A_2 \cap B_1) + P(A_2 \cap B_2) + \cdots + P(A_2 \cap B_m)$。

3. 事件 B_j 的邊際機率為 $P(B_j) = \sum_{i=1}^{n} P(A_i \cap B_j)$。

   注意：求算 B_j 機率時，是對 i 作加總。

   例如：$P(B_3) = \sum_{i=1}^{n} P(A_i \cap B_3) = P(A_1 \cap B_3) + P(A_2 \cap B_3) + \cdots + P(A_n \cap B_3)$。

4. 在事件 A_i 已發生的情況下，再發生事件 B_j 之條件機率為 $P(B_j \mid A_i) = \dfrac{P(A_i \cap B_j)}{P(A_i)}$。

5. 兩事件是否獨立的判斷式。對所有的 i, j，若 $P(A_i \cap B_j) = P(A_i)P(B_j)$，則兩事件獨立。

已知 $P(A \cap B) = 0.32$，$P(A^c \cap B^c) = 0.12$，$P(A^c \cap B) = 0.48$，試問 A、B 兩事件獨立嗎？

解 依題意列出下表

	B	B^c
A	0.32	
A^c	0.48	0.12

因為 $P(B) = P(A \cap B) + P(A^c \cap B) = 0.32 + 0.48 = 0.8$，

所以，$P(B^c) = 0.2$；

$P(B^c) = P(A \cap B^c) + P(A^c \cap B^c) = P(A \cap B^c) + 0.12 = 0.2$，

$\Rightarrow P(A \cap B^c) = 0.08$，

又 $P(A) = P(A \cap B) + P(A \cap B^c) = 0.32 + 0.08 = 0.4$，$\Rightarrow P(A^c) = 0.6$，因為

$P(A \cap B) = 0.32 = P(A)P(B) = 0.4 \times 0.8$，$P(A \cap B^c) = 0.08 = P(A)P(B^c) = 0.4 \times 0.2$，

$P(A^c \cap B) = 0.48 = P(A^c)P(B) = 0.6 \times 0.8$，$P(A^c \cap B^c) = 0.12 = P(A^c)P(B^c) = 0.6 \times 0.2$。

所以，A、B 兩事件獨立。

小補充

在 2×2 方格中，其實只要計算其中一個細格即可，一旦這個細格獨立，其餘一定也獨立。觀念同前：若 A、B 兩事件獨立，則餘事件亦獨立。通常我們計算 $P(A \cap B) = P(A)P(B)$ 這個細格。

 例題 8

已知一聯合機率表如右，
試求：
1. A、B 的邊際機率。
2. A、B 彼此獨立嗎？

	B_1	B_2	B_3
A_1	0.1	0.2	0.0
A_2	0.1	0.2	0.1
A_3	0.0	0.2	0.1

解 1. 因為 $P(A_i) = \displaystyle\sum_{j=1}^{m} P(A_i \cap B_j)$，所以，

$$P(A_1) = \sum_{j=1}^{3} P(A_1 \cap B_j) = P(A_1 \cap B_1) + P(A_1 \cap B_2) + P(A_1 \cap B_3) = 0.1 + 0.2 + 0.0 = 0.3，$$

$$P(A_2) = \sum_{j=1}^{3} P(A_2 \cap B_j) = P(A_2 \cap B_1) + P(A_2 \cap B_2) + P(A_2 \cap B_3) = 0.1 + 0.2 + 0.1 = 0.4，$$

$$P(A_3) = \sum_{j=1}^{3} P(A_3 \cap B_j) = P(A_3 \cap B_1) + P(A_3 \cap B_2) + P(A_3 \cap B_3) = 0.0 + 0.2 + 0.1 = 0.3，$$

B 的邊際機率公式 $P(B_j) = \displaystyle\sum_{i=1}^{n} P(A_i \cap B_j)$，所以，

$$P(B_1) = \sum_{i=1}^{3} P(A_i \cap B_1) = P(A_1 \cap B_1) + P(A_2 \cap B_1) + P(A_3 \cap B_1) = 0.1 + 0.1 + 0.0 = 0.2，$$

$$P(B_2) = \sum_{i=1}^{3} P(A_i \cap B_2) = P(A_1 \cap B_2) + P(A_2 \cap B_2) + P(A_3 \cap B_2) = 0.2 + 0.2 + 0.2 = 0.6，$$

$$P(B_3) = \sum_{i=1}^{3} P(A_i \cap B_3) = P(A_1 \cap B_3) + P(A_2 \cap B_3) + P(A_3 \cap B_3) = 0.0 + 0.1 + 0.1 = 0.2。$$

2. 因為 $P(A_1 \cap B_1) = 0.1 \neq P(A_1)P(B_1) = 0.3 \times 0.2 = 0.06$，所以 A、B 不獨立。

 例題 9

A、B 兩事件之聯合機率如下，試問 A、B 兩事件獨立嗎？

	B	B^c	
A	0.20	0.30	0.5
A^c	0.25	0.25	0.5
	0.45	0.55	

解 $P(A \cap B) = 0.20 \neq P(A)P(B) = 0.5 \times 0.45 = 0.225$，所以 A 與 B 不獨立。

 例題 10

已知 $P(A \cap B) = 0.2$，$P(A \cap B^c) = \dfrac{1}{12}$，$P(A^c \cap B) = 0.25$，求 $P(A \cup B)$、$P(A^c \cap B^c)$、$P(A^c \cup B^c)$、$P(A \mid B)$、$P(A \mid B^c)$？

解 依題意列出下表

	B	B^c
A	0.2	$\dfrac{1}{12}$
A^c	0.25	

因為 $P(A) = P(A \cap B) + P(A \cap B^c) = 0.2 + \dfrac{1}{12} = \dfrac{17}{60}$，$\Rightarrow P(A^c) = \dfrac{43}{60}$。

$P(A^c) = P(A^c \cap B) + P(A^c \cap B^c) = 0.25 + P(A^c \cap B^c) = \dfrac{43}{60}$，

$\Rightarrow P(A^c \cap B^c) = \dfrac{7}{15}$，

$\Rightarrow P(B^c) = \dfrac{1}{12} + \dfrac{7}{15} = \dfrac{11}{20}$。

整理得到下表

	B	B^c	
A	0.2	$\dfrac{1}{12}$	$\dfrac{17}{60}$
A^c	0.25	$\dfrac{7}{15}$	$\dfrac{43}{60}$
	0.45	$\dfrac{11}{20}$	

1. $P(A \cup B) = P(A) + P(B) - P(A \cap B) = \dfrac{17}{60} + 0.45 - 0.2 = \dfrac{8}{15}$。

2. $P(A^c \cap B^c) = \dfrac{7}{15} = 1 - P(A \cup B)$。

3. 因為 $A^c \cup B^c = (A \cap B)^c$，令 $A \cap B = E$，則

   $P(A^c \cup B^c) = P(E^c) = 1 - P(E) = 1 - P(A \cap B) = 1 - 0.2 = 0.8$。

4. $P(A \mid B) = \dfrac{P(A \cap B)}{P(B)} = \dfrac{0.2}{0.45} = \dfrac{4}{9}$。

5. $P(A \mid B^c) = \dfrac{P(A \cap B^c)}{P(B^c)} = \dfrac{1/12}{11/20} = \dfrac{5}{33}$。

例題11

已知 $P(A \cap B) = \dfrac{1}{6}$，$P(A^c \cap B^c) = \dfrac{3}{12}$，$P(A^c \cap B) = \dfrac{1}{2}$，求 $P(A \cup B)$、$P(A^c \cup B^c)$、$P(A \mid B)$ 及 A、B 兩事件互斥嗎？A、B 兩事件獨立嗎？

解 依題意列出下表

	B	B^c
A	$\dfrac{1}{6}$	
A^c	$\dfrac{1}{2}$	$\dfrac{3}{12}$

$$P(B) = \frac{1}{6} + \frac{1}{2} = \frac{4}{6} \Rightarrow P(B^c) = 1 - \frac{4}{6} = \frac{2}{6} \text{ ,}$$

$$P(A^c) = \frac{1}{2} + \frac{3}{12} = \frac{9}{12} \Rightarrow P(A) = \frac{3}{12} \text{ ,}$$

$$P(A) = P(A \cap B) + P(A \cap B^c) = \frac{1}{6} + P(A \cap B^c) = \frac{3}{12} \text{ ,}$$

$$\Rightarrow P(A \cap B^c) = \frac{1}{12} \text{。整理成下表}$$

	B	B^c	
A	$\frac{1}{6}$	$\frac{1}{12}$	$\frac{3}{12}$
A^c	$\frac{1}{2}$	$\frac{3}{12}$	$\frac{9}{12}$
	$\frac{4}{6}$	$\frac{2}{6}$	

1. $P(A \cup B) = P(A) + P(B) - P(A \cap B) = \frac{3}{12} + \frac{4}{6} - \frac{1}{6} = \frac{9}{12}$ 。

2. 因為 $A^c \cup B^c = (A \cap B)^c$，令 $(A \cap B) = E$，則

$$P(A^c \cup B^c) = P(E^c) = 1 - P(E) = 1 - P(A \cap B) = 1 - \frac{1}{6} = \frac{5}{6} \text{ 。}$$

3. $P(A|B) = \frac{P(A \cap B)}{P(B)} = \frac{1/6}{4/6} = \frac{1}{4}$ 。

4. A、B 並不是互斥事件，因為 $P(A \cap B) \neq 0$。

5. A、B 兩事件彼此獨立，因為 $P(A \cap B) = \frac{1}{6} = P(A)P(B) = \frac{3}{12} \times \frac{4}{6}$ 。

例題12

A、B 兩事件之聯合機率如下，試問 A、B 兩事件獨立嗎？

	B	B^c	
A	0.32	0.08	0.4
A^c	0.48	0.12	0.6
	0.8	0.2	

解 除了利用 $P(A \cap B) = P(A)P(B)$ 判斷 A、B 兩事件是否獨立外，

亦可利用 $P(A \mid B) = P(A)$ 或 $P(B \mid A) = P(B)$ 來判斷。

$P(A \mid B) = \dfrac{P(A \cap B)}{P(B)} = \dfrac{0.32}{0.8} = 0.4 = P(A)$ ，

$P(B \mid A) = \dfrac{P(A \cap B)}{P(A)} = \dfrac{0.32}{0.4} = 0.8 = P(B)$ ，

所以，A、B 兩事件獨立。

例題13

A、B 兩事件，$P(A) = 0.2$，$P(A \cup B) = \dfrac{1}{3}$，$P(B) = c$，若 A、B 兩事件獨立，
試求 c 值？

解 因為 $P(A) = 0.2$，所以 $P(A^c) = 0.8$，

$P(B) = c$，$P(B^c) = 1 - c$，

$P(A \cup B) = \dfrac{1}{3} = 1 - P(A^c \cap B^c)$

$\Rightarrow P(A^c \cap B^c) = P(A^c)P(B^c) = 0.8\,(1 - c) = \dfrac{2}{3}$

$\Rightarrow c = \dfrac{1}{6}$ 。

例題14

設 A、B、C 為完全獨立事件，$P(A) = 0.2$，$P(B) = 0.6$，$P(C) = 0.4$，試求 $P(A \cup (B \cap C))$ 及 $P(A \cap (B \cup C))$？

解 把會用到的機率先算出來，因為 A、B、C 為完全獨立事件，所以，

$P(A \cap B) = P(A) P(B) = 0.2 \times 0.6 = 0.12$，

$P(A \cap C) = P(A) P(C) = 0.2 \times 0.4 = 0.08$，

$P(B \cap C) = P(B) P(C) = 0.6 \times 0.4 = 0.24$，

$P(A \cap B \cap C) = P(A) P(B) P(C) = 0.2 \times 0.6 \times 0.4 = 0.048$，

$P(A \cup B) = 1 - P(A^c \cap B^c) = 1 - P(A^c) P(B^c) = 1 - 0.8 \times 0.4 = 0.68$，

$P(A \cup C) = 1 - P(A^c \cap C^c) = 1 - P(A^c) P(C^c) = 1 - 0.8 \times 0.6 = 0.52$，

$P(B \cup C) = 1 - P(B^c \cap C^c) = 1 - P(B^c) P(C^c) = 1 - 0.4 \times 0.6 = 0.76$，

$P(A \cup B \cup C) = P(A) + P(B) + P(C) - P(A \cap B) - P(A \cap C) - P(B \cap C) + P(A \cap B \cap C)$

$$= 0.2 + 0.6 + 0.4 - 0.12 - 0.08 - 0.24 + 0.048 = 0.808$$

$$= 1 - P(A^c \cap B^c \cap C^c) = 1 - P(A^c) P(B^c) P(C^c) = 1 - 0.8 \times 0.4 \times 0.6 \text{。}$$

1. 根據分配律

   $A \cup (B \cap C) = (A \cup B) \cap (A \cup C)$，

   所以 $P(A \cup (B \cap C)) = P((A \cup B) \cap (A \cup C))$

   又根據加法法則

   $P((A \cup B) \cap (A \cup C)) = P(A \cup B) + P(A \cup C) - P((A \cup B) \cup (A \cup C))$

   $$= P(A \cup B) + P(A \cup C) - P(A \cup B \cup C)$$

   $$= 0.68 + 0.52 - 0.808 = 0.392 \text{。}$$

2. 根據分配律

   $A \cap (B \cup C) = (A \cap B) \cup (A \cap C)$，

   所以 $P(A \cap (B \cup C)) = P((A \cap B) \cup (A \cap C))$

   又根據加法法則

   $P((A \cap B) \cup (A \cap C)) = P(A \cap B) + P(A \cap C) - P((A \cap B) \cap (A \cap C))$

   $$= P(A \cap B) + P(A \cap C) - P(A \cap B \cap C)$$

   $$= 0.12 + 0.08 - 0.048 = 0.152 \text{。}$$

三、貝氏定理

(一) 總合機率定理（theorem of total probability）

設事件 H_1、$H_2 \cdots H_n$ 為樣本空間 S 的一組分割，且彼此互斥，$P(H_i) \neq 0$，$i = 1, 2, \cdots, n$，則對 S 的任一事件 E，其機率：

$$P(E) = P\big[(E \cap H_1) \cup (E \cap H_2) \cup \cdots (E \cap H_n)\big]$$
$$= P(E \cap H_1) + P(E \cap H_2) + \cdots + P(E \cap H_n)$$
$$= P(H_1)P(E \mid H_1) + P(H_2)P(E \mid H_2) + \cdots + P(H_n)P(E \mid H_n)$$
$$= \sum_{i=1}^{n} P(H_i)P(E \mid H_i) \text{ 。}$$

下圖是彼此互斥的 H_1、$H_2 \cdots H_5$ 與事件 E 之示意圖。

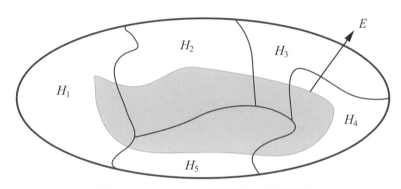

圖 2-1　H_1、$H_2 \cdots H_5$ 與事件 E 之示意圖

(二) 貝氏定理（Bayes' theorem）

瑞士數學家湯姆士・貝氏（Thomas Bayes）於 1763 年發表了「條件機率」的定義。貝氏定理事實上就是「條件機率」的應用。通常我們事前對某事件出現的機率已有些瞭解，此機率為事前機率（prior probability），之後因樣本的取得而獲得更多新的訊息，這時可以對事前機率加以修正，得到事後機率（posterior probability）。這種一開始是事前機率後來加入新的資訊，再推得事後機率的原理稱為貝氏定理。

資料來源：http://highscope.ch.ntu.edu.tw/wordpress/?p=58765

$$P(H_i \mid E) = \frac{P(H_i \cap E)}{P(E)} = \frac{P(H_i)P(E \mid H_i)}{P(E)} = \frac{P(H_i)P(E \mid H_i)}{\sum\limits_{i=1}^{n} P(H_i)P(E \mid H_i)}$$

這裡，$P(H_i)$ 表事前機率，$P(E \mid H_i)$ 表條件機率（新的訊息），$P(H_i \mid E)$ 表事後機率。通常利用決策樹圖，可以很容易的解出 $P(H_i \mid E)$。

 例題15

某廠商檢驗某產品，已知其為良品而被檢驗為不良品的機率為 0.15，其為不良品而被檢驗為良品的機率為 0.02，該批產品中不良品占 0.2，良品占 0.8，今抽出一件產品檢驗之，試求被檢驗為良品的機率？

解 令 D 表示不良品，G 表示良品，TD 表示被檢驗為不良品，TG 表示被檢驗為良品，利用決策樹圖

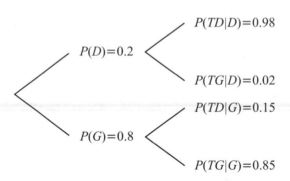

所以，$P(TG) = P(D)P(TG \mid D) + P(G)P(TG \mid G) = 0.2 \times 0.02 + 0.8 \times 0.85 = 0.684$。

事前機率：$P(D)$、$P(G)$。

條件機率（新的訊息）：$P(TD \mid D)$、$P(TG \mid D)$、$P(TD \mid G)$、$P(TG \mid G)$。

事後機率：$P(D \mid TD)$、$P(D \mid TG)$、$P(G \mid TD)$、$P(G \mid TG)$。

 **例題16**

已知某大學應屆畢業生有意考研究所比例是 0.2，且知應屆畢業生男女人數比是 $4 : 6$，而應屆畢業之女學生當中，有意考研究所之比例是 0.15，今從大學應屆畢業生隨機抽取 1 人，問該學生為男生且有意考研究所的機率為何？

解 令 M 表示男生，W 表示女生，T 表示有意考研究所，N 表示無意考研究所，利用決策樹圖，由題意知欲求 $P(T \mid M) = ?$

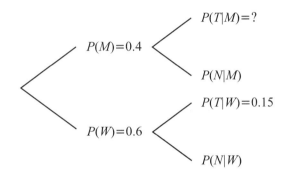

$P(T) = 0.4 \times P(T \mid M) + 0.6 \times P(T \mid W) = 0.4 \times P(T \mid M) + 0.6 \times 0.15 = 0.2$

$\Rightarrow P(T \mid M) = 0.275$。

事前機率：$P(M)$、$P(W)$。

條件機率（新的訊息）：$P(T \mid M)$、$P(N \mid M)$、$P(T \mid W)$、$P(N \mid W)$。

事後機率：$P(M \mid T)$、$P(M \mid N)$、$P(W \mid T)$、$P(W \mid N)$。

例題17

某愛滋病測試劑，對患者測試 98% 呈陽性反應，而對非患者測試 3% 呈陽性反應，已知某城市愛滋病患者佔 5%。現隨機抽取 1 人，試問：

1. 此人呈陽性反應的機率為何？

2. 經測試呈陽性反應，然此人未患愛滋病的機率為何？

3. 已知此人為愛滋病患者，則呈陽性反應的機率為何？

解 令 S 表示愛滋病患者，N 表示非愛滋病患者，A 表示呈陽性反應，B 表示呈陰性反應，利用決策樹圖

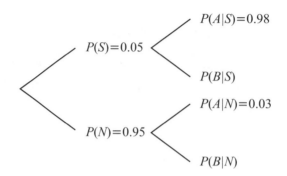

1. 此人呈陽性反應的機率 $P(A) = 0.05 \times 0.98 + 0.95 \times 0.03 = 0.0775$。

2. 經測試呈陽性反應，然此人未患愛滋病的機率

$$P(N \mid A) = \frac{P(N \cap A)}{P(A)} = \frac{0.95 \times 0.03}{0.0775} = 0.368 \text{。}$$

3. 已知此人為愛滋病患者，呈陽性反應的機率 $P(A \mid S) = 0.98$。

事前機率：$P(S)$、$P(N)$。

條件機率（新的訊息）：$P(A \mid S)$、$P(B \mid S)$、$P(A \mid N)$、$P(B \mid N)$。

事後機率：$P(S \mid A)$、$P(S \mid B)$、$P(N \mid A)$、$P(N \mid B)$。

 例題18

在某鄉鎮的人口中，男性佔 60%，女性佔 40%。已知男性中有 30% 的人有買基金，女性中有 10% 的人有買基金。今由此鄉鎮中隨機選出一人，試求：

1. 此人有買基金的機率。

2. 若已確定此人是有買基金者，則此人是男性的機率為何？

3. 若已確定此人是有買基金者，則此人是女性的機率為何？

解 令 M 表示男性的事件，F 表示女性的事件，K 表有買基金的事件，

K^c 表沒有買基金的事件，已知

$P(M) = 0.6$，$P(F) = 0.4$，$P(K \mid M) = 0.3$，$P(K \mid F) = 0.1$，

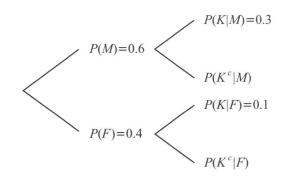

1. 由總機率定理得知：

   $P(K) = P(K \cap M) + P(K \cap F) = P(M)P(K \mid M) + P(F)P(K \mid F)$

   $= 0.60 \times 0.3 + 0.4 \times 0.1 = 0.22$（有 22% 的人有買基金）。

2. 由貝氏公式得知：

   $P(M \mid K) = \dfrac{P(K \mid M)P(M)}{P(K)} = \dfrac{0.3 \times 0.6}{0.22} = 0.8182$

   在已知此人是有買基金者的情況下，有 81.82% 的人是男性。

3. $P(F \mid K) = \dfrac{P(K \mid F)P(F)}{P(K)} = \dfrac{0.1 \times 0.4}{0.22} = 0.1818 = 1 - P(M \mid K)$

   在已知此人是有買基金者的情況下，有 18.18% 的人是女性。

   事前機率：$P(M)$、$P(F)$。

   條件機率（新的訊息）：$P(K \mid M)$、$P(K^c \mid M)$、$P(K \mid F)$、$P(K^c \mid F)$。

   事後機率：$P(M \mid K)$、$P(M \mid K^c)$、$P(F \mid K)$、$P(F \mid K^c)$。

一、選擇題

1. 若楠梓加工區的全部勞工中，40% 為男性，且其中 2% 為外籍勞工，女性員工中則有 5% 為外籍勞工。現從該加工區全部勞工中任意找出一外籍勞工，則該外勞為男性的機率最接近　(A) 11%　(B) 21%　(C) 31%　(D) 41%　(E) 51%。

二、問答題

2. 某甲擲一骰子，令 A 表擲出點數為偶數的事件，B 表擲出點數為 1 或 2 的事件
   (1) A、B 兩事件是否獨立？請說明原因。
   (2) A、B 兩事件是否互斥？請說明原因。
   (3) 求 A 事件發生或 B 事件發生的機率，即求 $P(A \cup B)$。

3. 設兩事件 A 和 B，$P(A) = 0.5$，$P(B) = 0.6$ 且 $P(A \cup B) = 0.3$
   (1) 求 $P(A \mid B)$。
   (2) 求 $P(B \mid A)$。
   (3) A、B 兩事件是否獨立？請說明原因。

4. 兩事件 A_1 和 A_2 的先驗機率為 $P(A_1) = 0.3$，$P(A_2) = 0.7$ 且已知 $P(A_1 \cap A_2) = 0$
   假設 $P(B \mid A_1) = 0.25$，$P(B \mid A_2) = 0.15$，則：
   (1) 求 $P(A_1 \cap B)$ 及 $P(A_2 \cap B)$。
   (2) 求 $P(B)$。
   (3) 利用貝氏定理求 $P(A_1 \mid B)$ 和 $P(A_2 \mid B)$。

5. 某廠商採購一批電子產品，依公司經驗電子產品不良率 0.05 的機率是 0.4，不良率 0.1 的機率是 0.6，今隨機自該批貨中取 5 件，若全為良品，則買下該批貨，試求：
   (1) 成交機率？
   (2) 若成交而該批電子產品不良率為 0.05 的機率為何？

NOTE

機率分配

在介紹下一章節常用的機率分配前，本章節先介紹機率分配的一些概念，包含什麼是隨機變數？什麼是機率密度函數？什麼是累積分配函數？這些機率分配的動差母函數為何？如何從動差母函數求得各級動差？接著，從單一變數再擴展為兩變數之聯合機率密度函數。重要的是，在這之中，我們將學習到早期一些著名的不等式，例如馬可夫不等式。

重點名詞	
• 機率密度函數	• 累積分配函數
• 動差母函數	• 馬可夫不等式
• 契比雪夫不等式	• 史瓦滋不等式
• 共變數	• 相關係數

巴夫尼提·列波維奇·契比雪夫
（Pafnuty Lvovich Chebyshev, 1821-1894）

契比雪夫（P. L. Chebyshev）1821 年出生於俄羅斯西部的小鎮 Okatovo，出身於上層家庭，因患有腳疾，無法參加許多正常的童年活動。早期的家庭教育，從母親那裡學習閱讀和寫作，從堂兄那裡學習法語和算術。法語帶給他極大的受益，因為法語是當時國際舞台上傳播數學的自然語言，幫助契比雪夫與歐洲的主要數學家溝通聯繫。

1832 年，他們全家搬到了莫斯科。在那裡，他接受了莫斯科最好的中小學數學教育家 Pogorelski 的指導，奠定了他 1837 年進入莫斯科大學的數學學習及研究的基礎。在莫斯科大學期間，影響契比雪夫最深的是自 1834 年以來一直擔任該校應用數學系教授的布拉什曼（Nikolai Dmetrievich Brashman），布拉什曼研究興趣廣泛，除了機械工程和水力學，還包括數學。

1840 年，契比雪夫所就讀的系所舉辦競賽，他提交了一篇用 f 的反函數的一系列展開來求解方程式 $y = f(x)$，並藉此獲得了銀獎。1841 年，契比雪夫從大學畢業，並繼續在布拉什曼的指導下攻讀碩士學位。1843 年，他的第一篇論文（關於多重積分）使用法語撰寫，發表在法國數學家 Liouville 創辦的期刊上。1844 年，契比雪夫的第二篇論文（關於泰勒級數的收斂性）再次用法語寫成，發表在德國著名數學家 Crelle 創辦的期刊上。1846 年，契比雪夫完成他的碩士論文，同年在 Crelle 的期刊上發表了一篇植基於他碩士論文的擴展論文，論文是關於機率論的，他以嚴謹但基本的方式發展了該理論的主要結果，並陳述了關於 Poisson 的弱大數法則。1866 年，他發表了著名的「契比雪夫定理」，也就是本章要介紹的契比雪夫不等式。

資料來源：http://www-history.mcs.st-andrews.ac.uk/Biographies/Chebyshev.html

3-1 機率分配

一、隨機變數（randon variable，r. v.）

若 X 為定義在樣本空間 S 上的一個實數值函數（real-valued function），則稱 X 為一隨機變數。隨機變數可分為離散型隨機變數（discrete r. v.）和連續型隨機變數（continuous r. v.）。

要瞭解離散型及連續型隨機變數的差異，可從集合論來看，集合中元素個數可分為有限和無窮兩種，無窮又可分為可數無窮和不可數無窮兩種。

舉例來說，有一集合 $A = \{x \mid x = 1, 2, 3, 4, 5, 6\}$，則此為有限集合。若集合 $A = \{x \mid x = 1, 2, 3, 4, \cdots\}$，則此為可數的無窮，因為在這個集合中我知道 4 的下一個一定是 5，5 的下一個一定是 6，…，109 的下一個一定是 120，依序如此。反之，若一集合 $A = \{x \mid 0 < x < 1\}$，則此為不可數的無窮，因為有數不盡的值介於 0 和 1 之間。

如果隨機變數 X 之值域（range）為有限集合或可數的無窮之集合，則稱 X 為離散型隨機變數。若隨機變數 X 之值域為不可數的無窮集合，則稱 X 為連續型隨機變數。

二、機率密度函數（probability density function，p.d.f.）

機率分配因隨機變數連續與否，分為連續隨機變數機率分配與離散隨機變數機率分配，前者簡稱連續分配，後者簡稱離散分配，連續分配的機率函數稱為機率密度函數（p.d.f.），離散分配的機率函數稱為機率質量函數（probability mass function，p.m.f），機率質量函數有時也稱做機率密度函數。從另一角度來看，機率密度（質量）函數係將隨機變數 X，轉換成機率的一個函數。

離散隨機變數之機率質量函數，須滿足下列兩個條件：

1. $f(x) \geq 0$，$x \in R$，

2. $\sum_{x \in R} f(x) = 1$。

　　連續隨機變數之機率密度函數，須滿足下列兩個條件：

1. $f(x) \geq 0$，$-\infty < x < \infty$，

2. $\int_{-\infty}^{\infty} f(x)dx = 1$。

 例題 1

已知機率密度（質量）函數 $f(x) = \begin{cases} k(1+x^2) & , \quad x = -1, 0, 1 \\ 0 & , \quad otherwise \end{cases}$，求 k 值。

解 因為 $f(x)$ 為機率密度（質量）函數，所以 $\sum_{x \in R} f(x) = 1$，

即 $\sum_{x \in R} f(x) = f(-1) + f(0) + f(1)$

$\qquad = k(1+(-1)^2) + k(1+0^2) + k(1+1^2)$

$\qquad = 2k + k + 2k = 5k = 1$

所以 $k = \dfrac{1}{5}$。

 例題 2

若 $f(x) = \begin{cases} \dfrac{1}{4} & , \quad 0 < x < 4 \\ 0 & , \quad otherwise \end{cases}$，試證 $f(x)$ 為一機率密度函數。

解 因為 $\int_{-\infty}^{\infty} f(x)dx = \int_{0}^{4} f(x)dx = \int_{0}^{4} \dfrac{1}{4} dx = \left[\dfrac{1}{4}x \Big|_{x=0}^{x=4} \right] = 1$，

又 $f(x) \geq 0$，所以 $f(x)$ 為一機率密度函數。

 例題 3

$$
若 f(x) = \begin{cases} \dfrac{cx}{2} & , \quad 0 \le x \le 1 \\ \dfrac{2c - cx}{2} & , \quad 1 \le x \le 2 \\ 0 & , \quad otherwise \end{cases}，試求 c 值使得 f(x) 為一 p.d.f.。
$$

解
$$
\int_{-\infty}^{\infty} f(x)dx = \int_0^1 \frac{cx}{2}dx + \int_1^2 \frac{2c-cx}{2}dx = \frac{c}{2}\left[\frac{1}{2}x^2\Big|_{x=0}^{x=1}\right] + \left[cx\Big|_{x=1}^{x=2}\right] - \frac{c}{2}\left[\frac{1}{2}x^2\Big|_{x=1}^{x=2}\right]
$$

$$
= \frac{c}{2}\cdot\frac{1}{2} + c - \frac{c}{2}\cdot\frac{3}{2} = \frac{c}{2} = 1，所以 c = 2，
$$

$$
即 f(x) = \begin{cases} x & , \quad 0 \le x \le 1 \\ 2-x & , \quad 1 \le x \le 2 \\ 0 & , \quad otherwise \end{cases}。
$$

 例題 4

設 X 為一連續型隨機變數，現 $f(x) = \begin{cases} x^2 & , \quad 0 < x < 2 \\ 0 & , \quad otherwise \end{cases}$，

試問 $f(x)$ 為一 p.d.f. 嗎？

解 $P(0 < X < 2) = \int_0^2 f(x)dx = \int_0^2 x^2 dx = \left[\frac{x^3}{3}\Big|_{x=0}^{x=2}\right] = \frac{8}{3} \ne 1$，所以並非 p.d.f.。

小補充

1. 離散型隨機變數在某一點上之機率值為 $P(X = x_0) = f(x_0)$。

   例如，$P(X = 3) = f(3)$。

2. 連續型隨機變數在某一點上之機率值為 0。

   例如，$P(X = 3) = 0$，因為 $P(X = 3) = P(3 \leq X \leq 3) = \int_3^3 f(x)dx = 0$。

3. 離散型隨機變數在某區間之機率值為 $P(a \leq X \leq b) = \sum\limits_{x=a}^{b} f(x)$

   例如，$P(2 \leq X \leq 5) = \sum\limits_{x=2}^{5} f(x) = f(2) + f(3) + f(4) + f(5)$。

   又例如，$P(2 < X < 5) = \sum\limits_{x=3}^{4} f(x) = f(3) + f(4)$。

   因為離散型隨機變數在某一點上是有機率值的，所以，計算時要注意有沒有等號。

4. 連續型隨機變數在某區間之機率值為 $P(a \leq X \leq b) = \int_a^b f(x)dx$。

   例如，$P(2 \leq X \leq 5) = \int_2^5 f(x)dx$。

   又例如，$P(2 < X < 5) = \int_2^5 f(x)dx$。

   因為連續型隨機變數在某一點上之機率值為 0，所以，有沒有等號並不影響。

三、累積分配函數（cumulative distribution function，C.D.F.）

設 X 為一隨機變數，其 p.d.f. 為 $f(x)$，定義：

離散型累積分配函數 $F(x) = P(X \leq x) = \sum\limits_{-\infty}^{x} f(x)$

連續型累積分配函數 $F(x) = P(X \leq x) = \int_{-\infty}^{x} f(x)dx$

(一) 離散型累積分配函數的性質

1. $F(-\infty) = P(X \le -\infty) = 0$。

2. $F(\infty) = P(X \le \infty) = 1$。

3. $P(X > x_0) = 1 - P(X \le x_0) = 1 - F(x_0)$。

4. $F(x)$ 為 x 的梯形遞增函數。

5. 因 $0 \le P(x) \le 1$，故 $0 \le F(x) \le 1$。

6. $F(x)$ 與 $f(x)$ 間關係：$f(x) = F(x) - F(x^-)$，若 $F(x) - F(x^-) \ne 0$，則稱 x 為跳點。

例題 5

已知 $f(x) = \begin{cases} \dfrac{1}{4} & , \quad x = 1, 2, 3, 4 \\ 0 & , \quad otherwise \end{cases}$，求 $F(x)$？

解 當 $x < 1$ 時，$F(x) = P(X \le x) = 0$，

當 $1 \le x < 2$ 時，$F(x) = P(X \le 1) = P(x = 1) = \dfrac{1}{4}$，

當 $2 \le x < 3$ 時，$F(x) = P(X \le 2) = P(x = 1) + P(x = 2) = \dfrac{2}{4}$，

當 $3 \le x < 4$ 時，$F(x) = P(X \le 3) = P(x = 1) + P(x = 2) + P(x = 3) = \dfrac{3}{4}$，

當 $4 \le x$ 時，$F(x) = P(X \le 4) = 1$，

所以，$F(x) = \begin{cases} 0 & , \quad x < 1 \\ \dfrac{1}{4} & , \quad 1 \le x < 2 \\ \dfrac{2}{4} & , \quad 2 \le x < 3 \\ \dfrac{3}{4} & , \quad 3 \le x < 4 \\ 1 & , \quad x \ge 4 \end{cases}$。

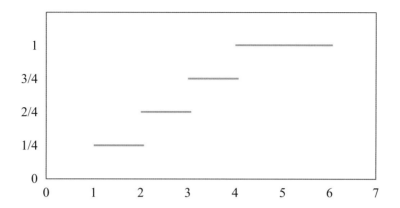

例題 6

已知累積分配函數 $F(x) = \begin{cases} 0 & , \quad x < 1 \\ \dfrac{1}{4} & , \quad 1 \le x < 2 \\ \dfrac{2}{4} & , \quad 2 \le x < 3 \\ \dfrac{3}{4} & , \quad 3 \le x < 4 \\ 1 & , \quad x \ge 4 \end{cases}$ ，求 $f(x)$ ？

解 離散型 $F(x)$ 與 $f(x)$ 間關係：$f(x) = F(x) - F(x^-)$ ，

$f(0) = F(0) - F(0^-) = 0$ ，

$f(1) = F(1) - F(1^-) = \dfrac{1}{4} - 0 = \dfrac{1}{4}$ ，

$f(2) = F(2) - F(2^-) = \dfrac{2}{4} - \dfrac{1}{4} = \dfrac{1}{4}$ ，

$f(3) = F(3) - F(3^-) = \dfrac{3}{4} - \dfrac{2}{4} = \dfrac{1}{4}$ ，

$f(4) = F(4) - F(4^-) = 1 - \dfrac{3}{4} = \dfrac{1}{4}$ 。

所以，$f(x) = \begin{cases} \dfrac{1}{4} & , \quad x = 1, 2, 3, 4 \\ 0 & , \quad otherwise \end{cases}$ 。

(二) 連續型累積分配函數的性質

1. $F(-\infty) = P(X \le -\infty) = 0$ 。

2. $F(\infty) = P(X \le \infty) = \int_{-\infty}^{\infty} f(x)dx = 1$ 。

3. $P(X > x_0) = 1 - P(X \le x_0) = 1 - F(x_0)$ 。

4. $F(x)$ 為 x 的連續遞增函數。

5. 因 $0 \le P(x) \le 1$，故 $0 \le F(x) \le 1$ 。

6. $F(x)$ 與 $f(x)$ 間關係：$P(x \ge s) = \int_{s}^{\infty} \lambda e^{-\lambda x} dx = e^{-\lambda s}$ 。

 例題 7

已知 p.d.f. $f(x) = \begin{cases} 2x & , \quad 0 \le x < 1 \\ 0 & , \quad otherwise \end{cases}$ ，求 $F(x)$ ？

解 當 $x < 0$ 時，$F(x) = P(X \le x) = 0$ ，

當 $0 \le x < 1$ 時，$F(x) = P(X \le x) = P(0 \le X \le x) = \int_{0}^{x} 2t \, dt = \left[t^2 \Big|_{t=0}^{t=x} \right] = x^2$ ，

所以，$F(x) = \begin{cases} 0 & , \quad x < 0 \\ x^2 & , \quad 0 \le x < 1 \\ 1 & , \quad x \ge 1 \end{cases}$ 。

例題 8

已知 C.D.F. $F(x) = \begin{cases} 0 & , \quad x < 0 \\ x^2 & , \quad 0 \le x < 1 \\ 1 & , \quad x \ge 1 \end{cases}$ ，求 $f(x)$ ？

[解] 連續型 $F(x)$ 與 $f(x)$ 間關係：

$$\frac{dF(x)}{dx} = f(x) \text{，所以} \frac{dF(x)}{dx} = \frac{d(x^2)}{dx} = 2x \text{，}$$

因此 $f(x) = \begin{cases} 2x, & 0 \leq x < 1 \\ 0, & otherwise \end{cases}$ 。

例題 9

已知 C.D.F. $F(x) = \begin{cases} 0 & , & x < 0 \\ (x+1)/2 & , & 0 \leq x < 1 \\ 1 & , & x \geq 1 \end{cases}$ ，求 $f(x)$ 及 $P(X \leq 0.5)$

[解] 1. 本例為離散型與連續型之混合型

離散型時：因為 $x = 0.1$ 是端點，

所以，$P(X = 0) = f(0) = F(0) - F(0^-) = \frac{0+1}{2} - 0 = \frac{1}{2}$ ，

$P(X = 1) = f(1) = F(1) - F(1^-) = 1 - \frac{1+1}{2} = 0$ ，

連續型時：$f(x) = \frac{dF(x)}{dx} = \frac{1}{2}$ ，$0 < x < 1$ ，

因此，$f(x) = \begin{cases} \dfrac{1}{2} & , & x = 0 \\ \dfrac{1}{2} & , & 0 < x < 1 \\ 0 & , & otherwise \end{cases}$ 。

2. $P(X \leq 0.5) = P(X = 0) + P(0 < X \leq 0.5) = \frac{1}{2} + \int_0^{0.5} \frac{1}{2} \, dx = \frac{1}{2} + \left[\frac{1}{2} x \Big|_{x=0}^{x=0.5} \right] = \frac{3}{4}$ 。

3-2 期望值與變異數

一、期望值（expect value）

設 X 為一隨機變數，其 p.d.f. 為 $f(x)$，又 $W = h(X)$，h 為一函數，若 $\sum_{x \in R} h(x)f(x)$ 或 $\int_{-\infty}^{\infty} h(x)f(x)dx$ 絕對收斂（absolute converges），則稱此值為 W 之期望值，以 $E(W) = E(h(X))$ 表示。

> 離散型隨機變數期望值 $E(W) = E(h(X)) = \sum_{x \in R} h(x)f(x)$
>
> 連續型隨機變數期望值 $E(W) = E(h(X)) = \int_{-\infty}^{\infty} h(x)f(x)dx$

1. 當 $h(X) = X$ 時，則 $E(h(X)) = E(X) = \mu$，稱為 X 的期望值，亦稱為 X 的平均數。

2. 平均數不一定存在，像 Cauchy 分配 $f(x) = \dfrac{1}{\pi} \dfrac{1}{1+x^2}$，$x \in R$，就沒有平均數，因為 Cauchy 分配的期望值沒有絕對收斂。

3. 次數分配中的算術平均數與這裡的期望值（平均數）差異在：

   (1) 算術平均數是實際抽出的數值的平均結果，$\mu = \dfrac{\sum\limits_{i=1}^{N} X_i}{N}$。

   (2) 期望值則是在理論分配下長期平均結果，$\mu = \sum\limits_{x \in R} h(x)f(x)$。

 例題10

> 某校研究生成績如下：82，80，78，72，70，68，88，66，76，60，試求平均數。

解 $\mu = \dfrac{\sum\limits_{i=1}^{N} X_i}{N} = \dfrac{82+80+\cdots+60}{10} = 74$ 。

另解：$\mu = \sum\limits_{x=1}^{10} x\,f(x) = 82\times\dfrac{1}{10} + 80\times\dfrac{1}{10} + \cdots + 60\times\dfrac{1}{10} = 74$ 。

 **例題11**

已知 $\begin{array}{c|cccc} x & 0 & 1 & 2 & 3 \\ \hline f(x) & \frac{1}{3} & \frac{1}{2} & 0 & \frac{1}{6} \end{array}$ ，試求期望值、變異數、標準差？

解 1. $E(X) = \sum\limits_{x=0}^{3} x\,f(x) = 0\times\dfrac{1}{3} + 1\times\dfrac{1}{2} + 2\times 0 + 3\times\dfrac{1}{6} = 1 = \mu$ 。

2. $E(X^2) = \sum\limits_{x=0}^{3} x^2\,f(x) = 0^2\times\dfrac{1}{3} + 1^2\times\dfrac{1}{2} + 2^2\times 0 + 3^2\times\dfrac{1}{6} = 2$

　 $\sigma^2 = V(X) = E(X-\mu)^2 = E(X^2) - \mu^2 = 2 - 1^2 = 1$ 。

3. $\sigma = \sqrt{1} = 1$ （可以學完下一章節變異數再回頭來算）。

 例題12

已知 $\begin{array}{c|cccc} x & 0 & 1 & 2 & 3 \\ \hline f(x) & \frac{1}{4} & \frac{1}{8} & \frac{1}{2} & \frac{1}{8} \end{array}$ ，試求 $Y = 2X + 3$ 期望值、變異數？

解 $E(X) = \sum\limits_{x=0}^{3} x\,f(x) = 0\times\dfrac{1}{4} + 1\times\dfrac{1}{8} + 2\times\dfrac{1}{2} + 3\times\dfrac{1}{8} = 1.5$

$E(X^2) = \sum\limits_{x=0}^{3} x^2\,f(x) = 0^2\times\dfrac{1}{4} + 1^2\times\dfrac{1}{8} + 2^2\times\dfrac{1}{2} + 3^2\times\dfrac{1}{8} = \dfrac{26}{8}$

$E(Y) = E(2X+3) = 2E(X) + 3 = 2\times 1.5 + 3 = 6 = \mu_y$

$E(Y^2) = E[(2X+3)^2] = 4E(X^2) + 12E(X) + 9 = 13 + 12\times 1.5 + 9 = 40$

$\sigma^2 = V(Y) = E(Y-\mu_Y)^2 = E(Y)^2 - \mu_Y^2 = 40 - 6^2 = 4$

二、期望值的應用

期望值之觀念常被用來作爲方案決策時判斷的依據，這是理性下的決策。

例題13

有甲乙兩案，甲案有一半機會得 100 元，另一半機會得 0 元；乙案有四分之三機會得 40 元，另四分之一機會得 60 元，試問該選哪一案？

解 甲案期望值 $= 100 \times 0.5 + 0 \times 0.5 = 50$。

乙案期望值 $= 40 \times 0.75 + 60 \times 0.25 = 45$。

應選甲案，因爲甲案期望值大於乙案期望值。

三、期望值的性質

1. $E(c) = c$，其中 c 爲常數。例如，$E(3) = 3$。

2. $E(cX) = cE(X)$。例如，$E(3X) = 3E(X)$。

3. $E(X \pm c) = E(X) \pm c$。例如，$E(X \pm 3) = E(X) \pm 3$。

4. $E(aX \pm c) = aE(X) \pm c$，其中 a, c 爲常數。例如，$E(2X \pm 3) = 2E(X) \pm 3$。

5. 若 $X \geq 0$，則 $E(X) \geq 0$。

例題14

已知一機率密度函數 $f(x) = \begin{cases} a & , & x = -1 \\ \dfrac{1}{2} & , & x = 0 \\ c & , & x = 1 \\ 0 & , & otherwise \end{cases}$ ，若 $E(X) = \dfrac{1}{6}$ ，

試求 a，c 之值？

解 因為 $f(-1)+f(0)+f(1)=1$，$f(0)=\dfrac{1}{2}$，所以，$f(-1)+f(1)=\dfrac{1}{2}$，

$$E(X)=\sum_{x=-1}^{1}xf(x)=(-1)\cdot f(-1)+0\cdot f(0)+1\cdot f(1)=-f(-1)+f(1)=\dfrac{1}{6}$$

$$\Rightarrow f(-1)+f(1)-f(-1)+f(1)=2f(1)=\dfrac{1}{2}+\dfrac{1}{6}=\dfrac{4}{6}，$$

$$\Rightarrow f(1)=\dfrac{1}{3}=c，f(-1)=\dfrac{1}{2}-\dfrac{1}{3}=\dfrac{1}{6}=a。$$

例題15

$$f(x)=\begin{cases}2x, & 0<x<1 \\ 0, & otherwise\end{cases}，求\ E(X)、E(X^2)？$$

解 $E(X)=\displaystyle\int_{-\infty}^{\infty}xf(x)dx=\int_{0}^{1}x\,(2x)dx=\int_{0}^{1}2x^2dx=\left[\dfrac{2}{3}x^3\bigg|_{x=0}^{x=1}\right]=\dfrac{2}{3}$，

$E(X^2)=\displaystyle\int_{-\infty}^{\infty}x^2\,f(x)dx=\int_{0}^{1}x^2\,(2x)dx=\int_{0}^{1}2x^3dx=\left[\dfrac{2}{4}x^4\bigg|_{x=0}^{x=1}\right]=\dfrac{1}{2}$。

四、變異數（variance）

隨機變數 X 的 p.d.f. 為 $f(x)$，其 $E(X)=\mu$ 存在，又 $h(X)=(X-\mu)^2$，若 $E(h(X))$ 存在，則稱 $E(h(X))=E((X-\mu)^2)$ 為隨機變數 X 的變異數，通常以 σ^2 表示，亦有以 $V(X)$、$Var(X)$、$\sigma^2(X)$、σ_X^2 表示。常用的標準差（standard deviation）就是變異數之正方根，即標準差 $\sigma=\sqrt{\sigma^2}$，例如，$\sigma^2=4$，$\sigma=\sqrt{\sigma^2}=\sqrt{4}=2$。

離散型隨機變數變異數：

$$\sigma^2 = E((X-\mu)^2) = \sum_{x \in R}(x-\mu)^2 f(x) = E(X^2) - \mu^2 = \sum_{x \in R} x^2 f(x) - \mu^2$$

連續型隨機變數變異數：

$$\sigma^2 = E((X-\mu)^2) = \int_{-\infty}^{\infty}(x-\mu)^2 f(x)dx = E(X^2) - \mu^2 = \int_{-\infty}^{\infty} x^2 f(x)dx - \mu^2$$

小補充

變異數之計算定理：

1. $V(c) = 0$，c 為任意常數，例如：$V(2) = 0$。

2. $V(cX + d) = c^2 V(X)$，其中 c, d 為常數，例如：$V(\frac{1}{3}X + 4) = \frac{1}{9}V(X)$。

3. $V(X) \geq 0$。

4. $V(g(X)) = E(g(X) - E(g(X)))^2$，例如：$V(3X^2) = E(3X^2 - E(3X^2))^2$。

例題16

已知一機率密度函數 $f(x) = \begin{cases} \dfrac{1}{8} & , \quad x=1 \\[2mm] \dfrac{3}{8} & , \quad x=2 \\[2mm] \dfrac{2}{8} & , \quad x=3 \\[2mm] \dfrac{2}{8} & , \quad x=4 \end{cases}$，求 $E(X)$、$V(X)$ ？

解 $E(X) = \displaystyle\sum_{x=1}^{4} x f(x) = 1 \cdot \frac{1}{8} + 2 \cdot \frac{3}{8} + 3 \cdot \frac{2}{8} + 4 \cdot \frac{2}{8} = \frac{21}{8} = \mu$

$$E(X^2) = \sum_{x=1}^{4} x^2 f(x) = 1^2 \cdot \frac{1}{8} + 2^2 \cdot \frac{3}{8} + 3^2 \cdot \frac{2}{8} + 4^2 \cdot \frac{2}{8} = \frac{63}{8}$$

$$V(X) = E(X^2) - \mu^2 = \frac{63}{8} - (\frac{21}{8})^2 = \frac{63}{64}$$ 。

例題17

$f(x) = \begin{cases} 3x^2, & 0 \le x \le 1 \\ 0, & otherwise \end{cases}$ ，求 $V(X)$ ？

解 $E(X) = \int_{-\infty}^{\infty} x f(x) dx = \int_{0}^{1} x (3x^2) dx = \int_{0}^{1} 3x^3 dx = \frac{3}{4} x^4 \Big|_{x=0}^{x=1} = \frac{3}{4} = \mu$ ，

$E(X^2) = \int_{-\infty}^{\infty} x^2 f(x) dx = \int_{0}^{1} x^2 (3x^2) dx = \int_{0}^{1} 3x^4 dx = \frac{3}{5} x^5 \Big|_{x=0}^{x=1} = \frac{3}{5}$ ，

$V(X) = E(X^2) - \mu^2 = \frac{3}{5} - (\frac{3}{4})^2 = \frac{3}{80}$ 。

五、動差母函數與特徵函數

(一) 動差

對 $n \in N$，若 $E(X^n)$ 存在，則稱此為以 0 為中心的 X 之 n 次動差。若 $E(X) = \mu$，且 $E((X - \mu)^n)$ 存在，則稱此為以均數 μ 為中心的 X 之 n 次動差。

(二) 動差母函數（moment generating function，M.G.F.）

設一隨機變數 X，其 p.d.f. 為 $f(x)$，若 $E(e^{tX})$ 存在，$t \in R$，則稱此值為 X 的動差母函數，以 $M_X(t)$ 表示。

離散型動差母函數：$M_X(t) = E(e^{tX}) = \sum_{x \in R} e^{tx} f(x)$ ，

連續型動差母函數：$M_X(t) = E(e^{tX}) = \int_{-\infty}^{\infty} e^{tx} f(x) dx$ 。

動差母函數的性質：

1. 動差母函數不一定存在，像 Cauchy 分配、F 分配的動差母函數就不存在。

2. 動差母函數可用來判定屬於何種分配（參閱第四章介紹）。

   例如：$M_X(t) = [pe^t + (1-p)]^n$，則其為二項分配。

   $M_X(t) = e^{\mu\, t + \sigma^2 t^2/2}$，則其為常態分配。

3. 若 $M_X(t)$ 存在，則與 X 的 p.d.f. $f(x)$ 成 1 對 1 的對應。

   例如：$M_X(t) = 0.3e^t + 0.7$，則其 p.d.f. $f(x) = p^x(1-p)^{1-x} = 0.3^x\, 0.7^{1-x}$。

4. 動差母函數可用來產生各級動差而求得平均數，變異數，偏態係數，峰態係數等值。

   例如：$\left. \dfrac{dM_X(t)}{dt} \right|_{t=0} = E(X) = \mu = $ 平均數；

   $\left. \dfrac{d^2 M_X(t)}{dt^2} \right|_{t=0} = E(X^2)$，由此可求出變異數 $\sigma^2 = E(X^2) - \mu^2$。

   偏態係數，峰態係數亦可依此求得。

5. 類推為一般化式子：對 $n \in N$，若 $M_X(t)$ 存在，則 $\left. \dfrac{d^n M_X(t)}{dt^n} \right|_{t=0} = E(X^n)$。

6. 若 X 與 Y 彼此獨立，則 $M_{X+Y}(t) = M_X(t)\, M_Y(t)$，因為

   $M_{X+Y}(t) = E(e^{t\,(X+Y)}) = E(e^{tX} e^{tY}) = E(e^{tX})\, E(e^{tY}) = M_X(t)\, M_Y(t)$。

7. $M_{aX+b}(t) = E(e^{(aX+b)\,t}) = e^{tb} E(e^{aXt}) = e^{tb} M_X(at) = e^{tb} M_{aX}(t)$。

 **例題18**

> 已知 $M_X(t) = [pe^t + (1-p)]^n$，現 $Y = 3X + 5$，試求 $M_Y(t)$？

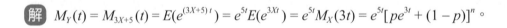

解 $M_Y(t) = M_{3X+5}(t) = E(e^{(3X+5)\,t}) = e^{5t} E(e^{3Xt}) = e^{5t} M_X(3t) = e^{5t}[pe^{3t} + (1-p)]^n$。

 **例題19**

> 已知 $M_X(t) = \dfrac{1}{6}[4 + e^{-t} + e^t]$，試求 $f(x)$？

解 $M_X(t) = E(e^{tX}) = \sum e^{tx} f(x) = e^{0 \cdot t} f(x) + e^{(-1) \cdot t} f(x) + e^{1 \cdot t} f(x)$

$= e^{0 \cdot t} f(x=0) + e^{(-1) \cdot t} f(x=-1) + e^{1 \cdot t} f(x=1) = \frac{1}{6}[\, 4 + e^{-t} + e^{t} \,]$ ，

又 $e^{0 \cdot t} f(x=0) = \frac{1}{6}(4) \Rightarrow f(x=0) = \frac{4}{6} \Rightarrow f(0) = \frac{4}{6}$ ，

$e^{(-1) \cdot t} f(x=-1) = \frac{1}{6}(e^{-t}) \Rightarrow e^{-t} f(x=-1) = \frac{1}{6}(e^{-t}) \Rightarrow f(-1) = \frac{1}{6}$ ，

$e^{1 \cdot t} f(x=1) = \frac{1}{6}(e^{t}) \Rightarrow e^{t} f(x=1) = \frac{1}{6}(e^{t}) \Rightarrow f(1) = \frac{1}{6}$ ，

所以， $f(x) = \begin{cases} \dfrac{4}{6} & , \quad x = 0 \\ \dfrac{1}{6} & , \quad x = -1, 1 \\ 0 & , \quad otherwise \end{cases}$ 。

(三) 特徵函數（characteristic function）

1. 隨機變數 X 之 p.d.f. 為 $f(x)$，則 $E(e^{itX})$ 稱為 X 的特徵函數，以 $\phi(t)$ 表之。即

   $\phi(t) = E(e^{itX})$ ， $t \in R$ ， $i = \sqrt{-1}$ 。

2. $\phi(t)$ 恆存在，且與 X 的 p.d.f. $f(x)$ 成 1 對 1 的對應。例如，隨機變數 X 的特徵函數 $\phi(t) = e^{\mu it - \sigma^2 t^2 / 2}$，則 X 服從常態分配。

3. Euler 公式

   $e^{itX} = \cos(tX) + i\sin(tX)$ ， $\phi(t) = E(e^{itX}) = E(\cos(tX) + i\sin(tX))$ ，

   $\dfrac{d\phi(t)}{dt}\Big|_{t=0} = \phi'(0) = iE(X)$ ，

   $\dfrac{d^2\phi(t)}{dt^2}\Big|_{t=0} = \phi''(0) = i^2 E(X^2)$ ，

   $\vdots$

   $\dfrac{d^n\phi(t)}{dt^n}\Big|_{t=0} = \phi^n(0) = i^n E(X^n)$ ，對 $n \in N$。

   這裡， $i = \sqrt{-1}$ ， $i^2 = -1$ ， $i^3 = -i$ ， $i^4 = 1$ 。

例題20

已知機率密度函數 $f(x) = \begin{cases} \dfrac{1}{4}, & x = 1, 2, 3, 4 \\ 0, & otherwise \end{cases}$ ，求 X 的特徵函數及 $E(X)$ ？

解 $\phi(t) = \displaystyle\sum_{x=1}^{4} e^{itX} f(x) = e^{it} f(1) + e^{2it} f(2) + e^{3it} f(3) + e^{4it} f(4) = \dfrac{1}{4}(e^{it} + e^{2it} + e^{3it} + e^{4it})$ ，

$\dfrac{d\phi(t)}{dt} = \phi'(t) = \dfrac{1}{4}(i \cdot e^{it} + 2i \cdot e^{2it} + 3i \cdot e^{3it} + 4i \cdot e^{4it})$ ，

$\phi'(0) = \dfrac{1}{4}(i \cdot e^0 + 2i \cdot e^0 + 3i \cdot e^0 + 4i \cdot e^0) = 2.5i = i\,E(X)$ ，所以，$E(X) = 2.5$。

3-3　機率不等式

一、馬可夫不等式（Markov's inequality）

設 X 為非負隨機變數，若 $E(X) = \mu$ 存在，對任一實數 $c > 0$ 而言，則

$P[X \geq c] \leq \dfrac{E(X)}{c}$ ，此為馬可夫不等式。證明如下：

$E(X) = \displaystyle\int_{-\infty}^{\infty} xf(x)dx = \int_{(x \geq c)} xf(x)dx + \int_{(x < c)} xf(x)dx \geq \int_{(x \geq c)} xf(x)dx \geq \int_{(x \geq c)} cf(x)dx$

$\quad\quad = c \displaystyle\int_{(x \geq c)} f(x)dx = cP(X \geq c)$

$\Rightarrow E(X) \geq cP(X \geq c)$

$\Rightarrow P(X \geq c) \leq \dfrac{1}{c}E(X)$ 。

小補充

馬可夫不等式之推廣式：若 X 為一隨機變數，$g(X)$ 亦為一隨機變數，$g(x) \geq 0$，對任一實數 $c > 0$ 而言，則 $P[g(X) \geq c] \leq \dfrac{E[g(X)]}{c}$。

二、契比雪夫不等式（Chebyshev's inequality）

契比雪夫（Chebyshev）於 1866 年發表了「契比雪夫不等式」。設 X 為一隨機變數，若平均數 μ 及變異數 σ^2 均存在，對任一實數 $k > 0$ 而言，則 $P[|X - \mu| \geq k\sigma] \leq \dfrac{1}{k^2}$ 或 $P[|X - \mu| \leq k\sigma] \geq 1 - \dfrac{1}{k^2}$。證明如下：

$$\sigma^2 = E[(X - \mu)^2] = \int_{-\infty}^{\infty} (x - \mu)^2 f(x) dx$$

$$= \int_{(x-\mu)^2 \leq k^2\sigma^2} (x - \mu)^2 f(x) dx + \int_{(x-\mu)^2 > k^2\sigma^2} (x - \mu)^2 f(x) dx \geq \int_{(x-\mu)^2 > k^2\sigma^2} (x - \mu)^2 f(x) dx$$

$$\geq \int_{(x-\mu)^2 > k^2\sigma^2} k^2\sigma^2 f(x) dx = k^2\sigma^2 P[(X - \mu)^2 > k^2\sigma^2] \ ,$$

$$\Rightarrow \sigma^2 \geq k^2\sigma^2 P[(X - \mu)^2 > k^2\sigma^2] \ ,$$

$$\Rightarrow 1 \geq k^2 P[|X - \mu| > k\sigma] \ , \text{所以，} P[|X - \mu| > k\sigma] \leq \dfrac{1}{k^2} \ .$$

(一) 特點

1. 若不知道 X 為何種分配，只知道 $\mu = 0$，$\sigma = 1$，那麼當 $k = 1$ 時，

   $P[|X - \mu| \leq k\sigma] = P[|X - 0| \leq 1] \geq 0$（$\because 1 - \dfrac{1}{k^2} = 1 - \dfrac{1}{1^2} = 0$）；

   當 $k = 2$ 時，$P[|X - \mu| \leq k\sigma] = P[|X - 0| \leq 2] \geq \dfrac{3}{4}$（$\because 1 - \dfrac{1}{k^2} = 1 - \dfrac{1}{2^2} = \dfrac{3}{4}$）；

   當 $k = 3$ 時，$P[|X - \mu| \leq k\sigma] = P[|X - 0| \leq 3] \geq \dfrac{8}{9}$（$\because 1 - \dfrac{1}{k^2} = 1 - \dfrac{1}{3^2} = \dfrac{8}{9}$）。

2. 若已知 X 爲標準常態分配（即 $\mu = 0$，$\sigma^2 = 1$），那麼

當 $k = 1$ 時，$P[|X-\mu| \le k\sigma] = P[|X-0| \le 1] = 0.6826$；

當 $k = 2$ 時，$P[|X-\mu| \le k\sigma] = P[|X-0| \le 2] = 0.9544$；

當 $k = 3$ 時，$P[|X-\mu| \le k\sigma] = P[|X-0| \le 3] = 0.9972$。

3. $k\sigma$ 稱爲精確度，$1 - \dfrac{1}{k^2}$ 稱爲可靠度。精確度在看 X 軸差距長短，可靠度在看面積大小。若以區間估計來看，可靠度 $1 - \dfrac{1}{k^2}$ 就是信賴係數，統計學探討的是在同樣的信賴係數下（例如，95%），$k\sigma$ 越小越好。

4. 契氏不等式估計結果較馬可夫不等式爲佳。因爲馬可夫不等式估計機率時，只用到平均數 μ，而契氏不等式估計機率時用到平均數 μ 和 σ。

5. 實務上，若不知道 X 爲何種分配，只知道該電子零件平均壽命 μ，則該零件壽命大於 5 年的機率，可以馬可夫不等式求算約略值。如果 μ 和 σ 皆知道，則可以契氏不等式求算之。

(二) 契氏不等式的其它型式之比較

1. 若 $g(X) = |X-u|^r$，$E(X) = \mu$ 存在，$r > 0$，對任一實數 $c > 0$ 而言，則

$$P[|X-u| \ge c] = P[|X-u|^r \ge c^r] \le \frac{E[|X-u|^r]}{c^r}。$$

2. 若 $g(X) = |X-u|^2$，$E(X) = \mu$，則 $P[|X-u| \ge c] = P[|X-u|^2 \ge c^2] \le \dfrac{E(X-u)^2}{c^2} = \dfrac{\sigma^2}{c^2}$。

3. 比較 $P[|X-u| \ge c] \le \dfrac{\sigma^2}{c^2}$ 與 $P[|X-u| > k\sigma] \le \dfrac{1}{k^2}$，可以得到當 $c = k\sigma$，$\dfrac{\sigma^2}{c^2} = \dfrac{\sigma^2}{(k\sigma)^2} = \dfrac{1}{k^2}$。

4. $P[|X-\overline{X}| \le kS] \ge 1 - \dfrac{1}{k^2}$，其中 $\overline{X}$ 是樣本平均數，S 是樣本標準差。

5. $P[|\overline{X}-\mu| \le k\sigma_{\overline{X}}] \ge 1 - \dfrac{1}{k^2}$，其中 $\overline{X}$ 是樣本平均數，$\sigma_{\overline{X}} = \dfrac{\sigma}{\sqrt{n}}$。

 **例題21**

假設大學畢業生平均起薪 25000，標準差 2000，試以契氏不等式計算起薪介於 (21000, 29000) 之間的機率？

解 $P[21000 < X < 29000] = P[|X - 25000| < 4000] = P[|X - 25000| < 2 \times 2000] \geq 1 - \dfrac{1}{2^2}$

（其中 $P[|X - u| \leq k\sigma] \geq 1 - \dfrac{1}{k^2}$）。

 **例題22**

已知 Y 服從 Poisson 分配，且 $\lambda = 100$，試以契氏不等式計算 $P[75 < Y < 125]$ 的下界為何？

解 $P[75 < Y < 125] = P[|Y - 100| < 25] = P[|Y - 100| < 2.5 \times 10] \geq 1 - \dfrac{1}{2.5^2}$，

下界為 $1 - \dfrac{1}{2.5^2} = 0.84$（這裡 $\lambda = 100 = \sigma^2$，$\sigma = 10$）。

三、史瓦滋不等式（Schwarz's inequality）

若 X，Y 為二隨機變數，$E(X) = \mu_X$，$E(Y) = \mu_Y$，$V(X) = \sigma_X^2$，$V(Y) = \sigma_Y^2$，則 $-\sigma_X\sigma_Y \leq E((X - \mu_X)(Y - \mu_Y)) \leq \sigma_X\sigma_Y$，此為史瓦滋不等式。證明如下：

令 $U = \dfrac{X - \mu_X}{\sigma_X}$，$W = \dfrac{Y - \mu_Y}{\sigma_Y}$，

則 $E(U) = 0$，$V(U) = 1 \Rightarrow E(U^2) = 1$，

$E(W) = 0$，$V(W) = 1 \Rightarrow E(W^2) = 1$，

又 $E[(U + W)^2] \geq 0$，$E[(U - W)^2] \geq 0$，

$E[(U + W)^2] \geq 0 \Rightarrow E[U^2] + 2E[UW] + E[W^2] \geq 0$

$\Rightarrow 1 + 2E[UW] + 1 \geq 0 \Rightarrow E[UW] \geq -1$，

$$E[(U-W)^2] \geq 0 \Rightarrow E[U^2] - 2E[UW] + E[W^2] \geq 0$$

$$\Rightarrow 1 - 2E[UW] + 1 \geq 0 \Rightarrow E[UW] \leq 1,$$

所以，$-1 \leq E[UW] \leq 1 \Rightarrow -1 \leq E\left[(\dfrac{X-\mu_X}{\sigma_X})(\dfrac{Y-\mu_Y}{\sigma_Y})\right] \leq 1$

$$\Rightarrow -\sigma_X \sigma_Y \leq E[(X-\mu_X)(Y-\mu_Y)] \leq \sigma_X \sigma_Y \text{。}$$

此不等式亦可推導出 $-1 \leq \rho \leq 1$，因為

$$\rho = E\left[(\dfrac{X-\mu_X}{\sigma_X})(\dfrac{Y-\mu_Y}{\sigma_Y})\right],$$

$$\Rightarrow -1 \leq E\left[(\dfrac{X-\mu_X}{\sigma_X})(\dfrac{Y-\mu_Y}{\sigma_Y})\right] \leq 1 \Rightarrow -1 \leq \rho \leq 1 \text{。}$$

3-4 兩變數之機率分配

一、聯合機率密度函數（joint p.d.f.）

設 X，Y 為二個隨機變數，$f(x, y)$ 為二元函數，則離散型聯合機率密度函數，須滿足下列二條件：

1. $f(x, y) \geq 0$，對 $(x, y) \in R^2$，

2. $\displaystyle\sum_{(x,y) \in R^2} \sum f(x, y) = 1$。

連續型聯合機率密度函數，須滿足下列二條件：

1. $f(x, y) \geq 0$，對 $(x, y) \in R^2$，

2. $\displaystyle\int_{(x,y) \in R^2} \int f(x, y) dx dy = 1$。

應用上，常將 X 與 Y 的聯合機率密度函數以聯合機率分配表呈現。

底下為離散型隨機變數 X 與 Y 之聯合機率分配表：

$f(x, y)$	y_1	y_2	$\cdots y_j \cdots$	y_r	
x_1	$f(x_1, y_1)$	$f(x_1, y_2)$	$\cdots$	$f(x_1, y_r)$	$f(x_1)$
x_2	$f(x_2, y_1)$	$f(x_2, y_2)$	$\cdots$	$f(x_2, y_r)$	$f(x_2)$
$\vdots$ x_i $\vdots$	$\vdots$	$\vdots$	$f(x_i, y_i)$	$\vdots$	$\vdots$
x_c	$f(x_c, y_1)$	$f(x_c, y_2)$	$\cdots$	$f(x_c, y_r)$	$f(x_c)$
	$f(y_1)$	$f(y_2)$	$\cdots$	$f(y_r)$	1

表中，$f(x_i) = \sum_{j=1}^{r} f(x_i, y_j)$，$f(y_j) = \sum_{i=1}^{c} f(x_i, y_j)$，

$$\sum_{i=1}^{c} f(x_i) = \sum_{j=1}^{r} f(y_j) = \sum_{i=1}^{c} \sum_{j=1}^{r} f(x_i, y_j) = 1 \text{ 。}$$

二、邊際機率密度函數（marginal p.d.f.）

由上述聯合機率密度函數知 $f(x, y) \geq 0$，所以 $\sum_{j=1}^{r} f(x_i, y_j) = f(x_i) \geq 0$，且 $\sum_{i=1}^{c} f(x_i) = 1$，

因此 $f(x)$ 為一機率密度函數（注意：$\sum_{j=1}^{r} f(x_i, y_j)$ 是對 y_j 做加總運算而得到 $f(x_i)$），

又 $f(x)$ 位於聯合機率分配表邊緣，故稱為邊際機率密度函數。同理，$f(x, y) \geq 0$，

$\sum_{i=1}^{c} f(x_i, y_j) = f(y_j) \geq 0$，且 $\sum_{j=1}^{r} f(y_j) = 1$，因此 $f(y)$ 亦為一邊際機率密度函數（注意：

$\sum_{i=1}^{c} f(x_i, y_j)$ 是對 x_i 做加總運算而得到 $f(y_j)$），$f(x)$ 與 $f(y)$ 均是 p.d.f.。這裡介紹的是離散

型邊際機率密度函數，連續型邊際機率密度函數定義同離散型，唯加總符號變為積分符

號，例如 $\int_{-\infty}^{\infty} f(x, y)\, dy = f(x)$，$\int_{-\infty}^{\infty} f(x, y)\, dx = f(y)$。

例題23

$$f(x,y) = \begin{cases} k & , \quad 0 < x < 2,\ 0 < y < 1,\ 2y < x \\ 0 & , \qquad otherwise \end{cases}$$，試求 1. k 值　2. $f(x)$、$f(y)$。

解
$$\int\limits_{(x,y)\in R^2}\int f(x,y)dxdy = \int_0^1\int_{2y}^2 k\ dxdy = \int_0^1\left[kx\Big|_{x=2y}^{x=2}\right]dy$$

$$= \int_0^1 (2k-2ky)\ dy = \left[2ky\Big|_{y=0}^{y=1}\right] - \left[ky^2\Big|_{y=0}^{y=1}\right] = [2k] - [k] = 1 \text{，所以 } k = 1$$

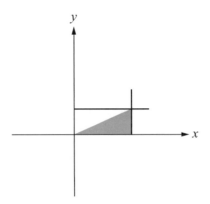

$$f(x) = \int_0^{y=0.5x} f(x,y)dy = \int_0^{y=0.5x} 1\ dy = \left[y\Big|_{y=0}^{y=0.5x}\right] = 0.5x \text{，} 0 < x < 2 \text{，}$$

$$f(y) = \int_{2y}^2 f(x,y)dx = \int_{2y}^2 1\ dx = \left[x\Big|_{x=2y}^{x=2}\right] = 2(1-y) \text{，} 0 < y < 1 \text{。}$$

例題24

$$f(x,y) = \begin{cases} e^{-y} & , \quad x>0,\ y>x \\ 0 & , \quad otherwise \end{cases}$$，試求 $f(x)$、$f(y)$。

解 $f(x) = \int\limits_{y=x}^{\infty} f(x,y)dy = \int\limits_{y=x}^{\infty} e^{-y}dy = \left[-e^{-y} \Big|_{y=x}^{y=\infty} \right] = e^{-x}$，$x > 0$，

$f(y) = \int\limits_{0}^{x=y} f(x,y)dx = \int\limits_{0}^{x=y} e^{-y}dx = e^{-y} \left[x \Big|_{x=0}^{x=y} \right] = ye^{-y}$，$y > 0$。

三、條件機率（conditional p.d.f.）

$f(x|y) = \dfrac{f(x,y)}{f(y)}$，$f(x|y)$ 稱為 X 的條件機率密度函數，

$f(y|x) = \dfrac{f(x,y)}{f(x)}$，$f(y|x)$ 稱為 Y 的條件機率密度函數，

以下任何一個條件成立

1. $f(x,y) = f(x)f(y)$。

2. $f(y|x) = f(y)$，（於此 $f(y|x) = \dfrac{f(x,y)}{f(x)} = \dfrac{f(x)f(y)}{f(x)} = f(y)$ ）

3. $f(x|y) = f(x)$，（於此 $f(x|y) = \dfrac{f(x,y)}{f(y)} = \dfrac{f(x)f(y)}{f(y)} = f(x)$ ）

則稱隨機變數 X 與 Y 彼此獨立（Statistical independent）。

(一) 條件機率的性質

1. $f(x|y)$ 與 $f(y|x)$ 均是 p.d.f.。

2. $\sum\limits_{x} f(x|y) = 1$ 或 $\int\limits_{-\infty}^{\infty} f(x|y)dx = 1$。

3. $\sum\limits_{y} f(y|x) = 1$ 或 $\int\limits_{-\infty}^{\infty} f(y|x)dy = 1$。

4. $P(a \le X \le b | Y = y_0) = \sum\limits_{x=a}^{b} f(x|y_0)$ （離散型變數）。

5. $P(a \le X \le b | Y = y_0) = \int\limits_{a}^{b} f(x|y_0)dx$ （連續型變數）。

(二) 條件期望值 （conditional expectation）

1. $E(X \mid Y) = \sum x f(x \mid y)$ 或 $E(X \mid Y) = \int x f(x \mid y)dx$ 。

2. $E(Y \mid X) = \sum y f(y \mid x)$ 或 $E(Y \mid X) = \int y f(y \mid x)dy$ 。

3. $E(X \mid Y = y_0) = \sum x f(x \mid y_0)$ 或 $E(X \mid Y = y_0) = \int x f(x \mid y_0)dx$ 。

4. $E(Y \mid X = x_0) = \sum y f(y \mid x_0)$ 或 $E(Y \mid X = x_0) = \int y f(y \mid x_0)dy$ 。

5. $E[E(X \mid Y)] = E(X)$ 。

6. $E[E(Y \mid X)] = E(Y)$ 。

小補充

上述加總符號表示離散型變數，積分符號表示連續型變數。

 例題25

試證 $E[E(X \mid Y)] = E(X)$ 。

解 $E(X \mid Y) = \int x f(x \mid y)dx \Rightarrow$ 積分後會是 Y 的函數，所以 $E[E(X \mid Y)]$ 是在求 Y 函數的期望值。因此

$$E[E(X \mid Y)] = \iint x f(x \mid y)dx f(y)dy = \iint x \frac{f(x,y)}{f(y)} f(y)dxdy$$

$$= \iint x f(x,y)dxdy = \int x \int f(x,y)dydx = \int x f(x)dx = E(X) \quad 。$$

例題26

假設 X、Y 為兩間斷隨機變數，其聯合機率分配如下表所列，試求 $f(x)$、$f(y)$、$E(X)$、$E(Y)$、$V(X)$、$V(Y)$？

$f(x,y)$		Y	
	0	1	2
0	0.05	0.05	0
X 1	0.05	0.20	0.2
2	0.1	0.25	0.1

解 由上表可求得 X 的邊際機率密度函數為

X	0	1	2
$f(x)$	0.1	0.45	0.45

Y 的邊際機率密度函數為

y	0	1	2
$f(y)$	0.2	0.5	0.3

$E(X) = \sum xf(x) = 0 \cdot f(0) + 1 \cdot f(1) + 2 \cdot f(2) = 1 \times 0.45 + 2 \times 0.45 = 1.35$

$E(Y) = \sum yf(y) = 0 \cdot f(0) + 1 \cdot f(1) + 2 \cdot f(2) = 1 \times 0.5 + 2 \times 0.3 = 1.1$，

$E(X^2) = \sum x^2 f(x) = 0^2 \cdot f(0) + 1^2 \cdot f(1) + 2^2 \cdot f(2) = 2.25$，

$V(X) = E(X^2) - [E(X)]^2 = 2.25 - 1.35^2 = 0.4275$，

$E(Y^2) = \sum y^2 f(y) = 0^2 \cdot f(0) + 1^2 \cdot f(1) + 2^2 \cdot f(2) = 1.7$，

$V(Y) = E(Y^2) - [E(Y)]^2 = 1.7 - 1.1^2 = 0.49$。

 例題27

$$f(x,y) = \begin{cases} 4x(1-y) & , \quad 0 < x < 1,\ 0 < y < 1 \\ 0 & , \quad otherwise \end{cases}，試求$$

1. $f(x, y)$ 是一聯合 p.d.f.。

2. $A = \{(x, y) \mid 0 < x < \frac{1}{3}, 0 < y < \frac{1}{3}\}$，求 $P(A)$？

 1. $\displaystyle\int_{-\infty}^{\infty}\int_{-\infty}^{\infty} f(x,y)\,dxdy = \int_{0}^{1}\int_{0}^{1}4x(1-y)\,dxdy = \int_{0}^{1}(1-y)\left[2x^2\Big|_{x=0}^{x=1}\right]dy = \int_{0}^{1}2(1-y)\,dy$

$$= 2 - \left[y^2\Big|_{y=0}^{y=1}\right] = 2 - 1 = 1。$$

又 $f(x, y) \geq 0$，所以 $f(x, y)$ 是一聯合 p.d.f.。

2. $\displaystyle P(A) = P(0 < x < \frac{1}{3}, 0 < y < \frac{1}{3}) = \int_{0}^{\frac{1}{3}}\int_{0}^{\frac{1}{3}}4x(1-y)\,dxdy$

$$= \int_{0}^{\frac{1}{3}}2(1-y)\left[x^2\Big|_{x=0}^{x=\frac{1}{3}}\right]dy = \frac{1}{9}\int_{0}^{\frac{1}{3}}2(1-y)\,dy = \left[\frac{-1}{9}(1-y)^2\Big|_{y=0}^{y=\frac{1}{3}}\right] = \frac{5}{81}。$$

 例題28

已知聯合機率密度函數 $f(x,y) = \begin{cases} 2 & , \quad 0 \leq x < y \leq 1 \\ 0 & , \quad otherwise \end{cases}$，試求

1. $f(x)$ 及 $f(y)$。

2. X、Y 是否獨立？

解 $f(x) = \int\limits_{-\infty}^{\infty} f(x,y)dy = \int\limits_{y=x}^{1} 2dy = \left[2y \Big|_{y=x}^{y=1} \right] = 2(1-x)$ ，$0 < x < 1$ ，

$f(y) = \int\limits_{-\infty}^{\infty} f(x,y)dx = \int\limits_{x=0}^{y} 2dx = \left[2x \Big|_{x=0}^{x=y} \right] = 2y$ ，$0 < y < 1$ ，

因為 $f(x,y) = 2 \neq f(x)f(y) = 4(1-x)y$，所以 X、Y 不獨立。

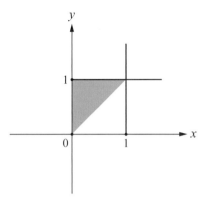

例題29

已知聯合機率密度函數 $f(x,y) = \begin{cases} 8xy & , \quad 0 < y < x < 1 \\ 0 & , \quad otherwise \end{cases}$ ，試求

1. $f(x)$、$f(y)$ 及 $f(x \mid y)$。
2. X、Y 是否獨立？

解 $f(x) = \int\limits_{-\infty}^{\infty} f(x,y)dy = \int\limits_{0}^{x} 8xydy = \left[4xy^2 \Big|_{y=0}^{y=x} \right] = 4x^3$ ，$0 < x < 1$ ，

$f(y) = \int\limits_{-\infty}^{\infty} f(x,y)dx = \int\limits_{x=y}^{1} 8xydx = \left[4yx^2 \Big|_{x=y}^{x=1} \right] = 4y - 4y^3$ ，$0 < y < 1$ ，

$f(x \mid y) = \dfrac{f(x,y)}{f(y)} = \dfrac{8xy}{4y - 4y^3} = \dfrac{2x}{1-y^2}$ ，$0 < y < x < 1$。

因為 $f(x,y) = 8xy \neq f(x)f(y) = 16x^3(y - y^3)$，所以 X、Y 不獨立。

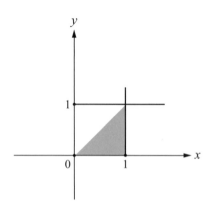

例題30

$$f(x,y)=\begin{cases}\dfrac{(6-x-y)}{8} & , \quad 0<x<2,\ 2<y<4 \\ 0 & , \qquad otherwise\end{cases}$$，試求 $E(Y\,|\,x)$、$E(Y^2\,|\,x)$。

解 $f(x)=\displaystyle\int_2^4 \dfrac{(6-x-y)}{8}dy=\dfrac{3-x}{4}$，$0<x<2$，

$$f(y\,|\,x)=\dfrac{f(x,y)}{f(x)}=\dfrac{\dfrac{(6-x-y)}{8}}{\dfrac{(3-x)}{4}}=\dfrac{6-x-y}{6-2x}$$，$0<x<2$，$2<y<4$，

$$E(Y\,|\,x)=\int_2^4 y\cdot f(y\,|\,x)dy=\int_2^4 y\cdot\dfrac{6-x-y}{6-2x}dy=\dfrac{1}{6-2x}(\dfrac{52}{3}-6x)$$，

$$E(Y^2\,|\,x)=\int_2^4 y^2 f(y\,|\,x)dy=\int_2^4 y^2\dfrac{6-x-y}{6-2x}dy=\dfrac{1}{6-2x}(\dfrac{156-56x}{3})$$。

例題31

$$f(x,y)=\begin{cases}8xy & , \quad 0<x<y<1 \\ 0 & , \quad otherwise\end{cases}$$，試求 $f(x)$、$f(y)$、$E(Y)$、

$P(0<X<\dfrac{1}{2}\,\Big|\,y=\dfrac{3}{4})$。

解 $f(x) = \int_x^1 8xy\,dy = 4x(1-x^2)$，$0 < x < 1$，

$f(y) = \int_0^y 8xy\,dx = 4y^3$，$0 < y < 1$

$f(x \mid y) = \dfrac{f(x, y)}{f(y)} = \dfrac{8xy}{4y^3} = \dfrac{2x}{y^2}$，$0 < x < y < 1$，

$E(Y) = \int_0^1 y f(y)\,dy = \int_0^1 4y^4\,dy = \dfrac{4}{5}$，

$P(0 < X < \dfrac{1}{2} \mid y = \dfrac{3}{4}) = \int_0^{\frac{1}{2}} f(x \mid y = \dfrac{3}{4})\,dx = \int_0^{\frac{1}{2}} \dfrac{2x}{(\dfrac{3}{4})^2}\,dx = \dfrac{4}{9}$。

 例題32

假設 $X \cdot Y$ 為二元隨機變數，且聯合機率函數如下：

$f(x, y)$		Y		
		0	1	2
X	0	0.2	0.2	0.1
	1	0.1	0.3	0.1

1. 求 $f(x)$ 及 $f(y)$。
2. X、Y 是否獨立？
3. $P(X > Y)$ 之值。
4. $Z = X + Y$，求 Z 的機率分配。

解 1. $f(x = 0) = 0.2 + 0.2 + 0.1 = 0.5$，

$f(x = 1) = 0.1 + 0.3 + 0.1 = 0.5$，所以 $f(x)$ 如下：

X	0	1
$f(x)$	0.5	0.5

又 $f(y=0) = 0.2 + 0.1 = 0.3$，$f(y=1) = 0.2 + 0.3 = 0.5$，

$f(y=2) = 0.1 + 0.1 = 0.2$，所以 $f(y)$ 如下：

Y	0	1	2
$f(y)$	0.3	0.5	0.2

2. 以 $f(x, y) = f(0, 0) = 0.2$ 為例，$f(x=0) = 0.5$，$f(y=0) = 0.3$，

   $f(0, 0) = 0.2 \neq f(x=0)f(y=0) = 0.5 \times 0.3 = 0.15$，所以 X、Y 不獨立。

3. $P(X > Y) = P(x=1, y=0) = f(1, 0) = 0.1$。

4. 先將 $Z = X + Y$ 整理如下：

$Z = X + Y$		Y		
		0	1	2
X	0	$z=0$	$z=1$	$z=2$
	1	$z=1$	$z=2$	$z=3$

$f(z=0) = f(x+y=0) = f(x=0, y=0) = 0.2$，

$f(z=1) = f(x+y=1) = f(x=1, y=0) + f(x=0, y=1) = 0.1 + 0.2 = 0.3$，

$f(z=2) = f(x+y=2) = f(x=1, y=1) + f(x=0, y=2) = 0.3 + 0.1 = 0.4$，

$f(z=3) = f(x+y=3) = f(x=1, y=2) = 0.1$。

$$f(z) = \begin{cases} 0.2 & , \quad z = 0 \\ 0.3 & , \quad z = 1 \\ 0.4 & , \quad z = 2 \\ 0.1 & , \quad z = 3 \\ 0 & , \quad otherwise \end{cases} 。$$

例題33

$f(x, y) = \begin{cases} 8xy & , \quad 0 \le x < y \le 1 \\ 0 & , \quad otherwise \end{cases}$，試求 $P(0 < X < \frac{1}{3},\ 0 < Y < \frac{1}{3})$。

解 $P(0 < X < \frac{1}{3}, \ 0 < Y < \frac{1}{3}) = \int\limits_{0}^{\frac{1}{3}}\int\limits_{x}^{\frac{1}{3}} 8xy\,dy\,dx = \int\limits_{0}^{\frac{1}{3}} 8x \left[\frac{1}{2}y^2 \Big|_{y=x}^{y=\frac{1}{3}} \right] dx$

$$= \int\limits_{0}^{\frac{1}{3}} 8x(\frac{1}{18} - \frac{x^2}{2})dx = \frac{8}{18^2} - \frac{1}{81} = \frac{1}{81} \ \text{。}$$

 例題34

$$f(x,y) = \begin{cases} \dfrac{6}{7}(x^2 + \dfrac{xy}{2}) & , \quad 0 < x < 1 , \ 0 < y < 2 \\ 0 & , \quad\quad otherwise \end{cases} \text{，試求}$$

1. $f(x)$、$f(y)$ 及 $f(x \,|\, y)$ ？
2. X、Y 是否獨立？
3. $E(X)$、$E(X \,|\, Y)$、$E[E(X \,|\, Y)]$ ？

解
1. $f(x) = \int\limits_{-\infty}^{\infty} f(x,y)dy = \int\limits_{0}^{2} \frac{6}{7}(x^2 + \frac{xy}{2})dy = \left[\frac{6}{7}x^2 y + \frac{3}{14}xy^2 \Big|_{y=0}^{y=2} \right] = \frac{12}{7}x^2 + \frac{6}{7}x$ ， $0 < x < 1$ 。

$f(y) = \int\limits_{-\infty}^{\infty} f(x,y)dx = \int\limits_{0}^{1} \frac{6}{7}(x^2 + \frac{xy}{2})dx = \left[\frac{2}{7}x^3 + \frac{3}{14}x^2 y \Big|_{x=0}^{x=1} \right] = \frac{2}{7} + \frac{3}{14}y$ ， $0 < y < 2$ 。

$f(x \,|\, y) = \dfrac{f(x,y)}{f(y)} = \dfrac{\dfrac{6}{7}(x^2 + \dfrac{xy}{2})}{\dfrac{2}{7} + \dfrac{3}{14}y} = \dfrac{12x^2 + 6xy}{4 + 3y}$ ， $0 < x < 1$ ， $0 < y < 2$ 。

2. 因為 $f(x,y) = \frac{6}{7}(x^2 + \frac{xy}{2}) \neq f(x)f(y) = (\frac{12}{7}x^2 + \frac{6}{7}x)(\frac{2}{7} + \frac{3}{14}y)$ ，所以 X、Y 不獨立。

3. $E(X) = \int\limits_{-\infty}^{\infty} xf(x)dx = \int\limits_{0}^{1} x(\frac{12}{7}x^2 + \frac{6}{7}x)dx = \frac{3}{7} + \frac{2}{7} = \frac{5}{7}$ 。

$E(X \,|\, Y) = \int\limits_{-\infty}^{\infty} xf(x \,|\, y)dx = \int\limits_{0}^{1} x(\frac{12x^2 + 6xy}{4 + 3y})dx = \frac{1}{4 + 3y}\int\limits_{0}^{1}(12x^3 + 6x^2 y)dx = \frac{3 + 2y}{4 + 3y}$ 。

$E[E(X \,|\, Y)] = E\left(\frac{3 + 2Y}{4 + 3Y} \right) = \int\limits_{0}^{2}(\frac{3 + 2y}{4 + 3y})f(y)dy = \int\limits_{0}^{2}(\frac{3 + 2y}{4 + 3y})(\frac{2}{7} + \frac{3}{14}y)dy = \frac{5}{7} = E(X)$ 。

例題35

$$f(x,y) = \begin{cases} 4xy & , \quad 0 < x < 1, \ 0 < y < 1 \\ 0 & , \qquad otherwise \end{cases}，試求 P(X < Y \mid X < 2Y)。$$

 $P(X < 2Y) = \int_0^1 \int_{\frac{1}{2}x}^1 4xy\,dy\,dx = \int_0^1 2x \left[y^2 \Big|_{y=x/2}^{y=1} \right] dx = \int_0^1 (2x - \frac{x^3}{2})dx$

$$= \left[x^2 - \frac{x^4}{8} \Big|_{x=0}^{x=1} \right] = \frac{7}{8}。$$

$$P(X < Y, X < 2Y) = \int_0^1 \int_x^1 4xy\,dy\,dx = \int_0^1 4x \left[\frac{1}{2}y^2 \Big|_{y=x}^{y=1} \right] dx = \int_0^1 2x(1 - x^2)dx = \frac{1}{2}。$$

所以，$P(X < Y \mid X < 2Y) = \dfrac{P(X < Y, X < 2Y)}{P(X < 2Y)} = \dfrac{\dfrac{1}{2}}{\dfrac{7}{8}} = \dfrac{4}{7}。$

例題36

假設 $X \cdot Y$ 為隨機變數且聯合機率函數如下：（商研所考題）

$f(x, y) = k(x + y^2)$, $x = 1, 3$；$y = -1, 1, 2$

1. 求 k 值。
2. 求 $f(x)$ 及 $f(y)$。
3. 求 $E(Y \mid X = 1)$。
4. 求 $Z = X + Y$ 之機率分配。
5. 求 $W = Min(X, Y)$ 之機率分配。

解

$f(x, y)$		Y		
		-1	1	2
X	1	$2k$	$2k$	$5k$
	3	$4k$	$4k$	$7k$

1. $\displaystyle\sum_{(x,y)\in R^2}\sum f(x,y)=(2k+4k+\cdots+7k)=1 \Rightarrow 24k=1$。所以，$k=\dfrac{1}{24}$

2. $f(x=1)=\dfrac{2}{24}+\dfrac{2}{24}+\dfrac{5}{24}=\dfrac{9}{24}$ ， $f(x=3)=\dfrac{4}{24}+\dfrac{4}{24}+\dfrac{7}{24}=\dfrac{15}{24}$

   所以，$f(x)$ 如下：

x	1	3
$f(x)$	$\dfrac{9}{24}$	$\dfrac{15}{24}$

   又 $f(y=-1)=\dfrac{2}{24}+\dfrac{4}{24}=\dfrac{1}{4}$ ， $f(y=1)=\dfrac{2}{24}+\dfrac{4}{24}=\dfrac{1}{4}$ ， $f(y=2)=\dfrac{5}{24}+\dfrac{7}{24}=\dfrac{1}{2}$ ，

   所以，$f(y)$ 如下：

y	-1	1	2
$f(y)$	$\dfrac{1}{4}$	$\dfrac{1}{4}$	$\dfrac{1}{2}$

3. $E(Y|X=1)=-1\times\dfrac{1+(-1)^2}{9}+1\times\dfrac{(1+1^2)}{9}+2\times\dfrac{(1+2^2)}{9}=\dfrac{10}{9}$

   $f(y\,|\,x=1)=\dfrac{f(x=1,y)}{f(x=1)}=\dfrac{\dfrac{1}{24}(1+y^2)}{\dfrac{9}{24}}=\dfrac{1+y^2}{9}$ 。

4. 先將 $Z=X+Y$ 整理如下：

$Z=X+Y$		Y	
		-1	1	2
X	1	$z=0$	$z=2$	$z=3$
	3	$z=2$	$z=4$	$z=5$

   $f(z=0)=f(x=1,y=-1)=\dfrac{1}{12}$ ，

   $f(z=2)=f(x=3,y=-1)+f(x=1,y=1)=\dfrac{4}{24}+\dfrac{2}{24}=\dfrac{1}{4}$ ，

   $f(z=3)=f(x=1,y=2)=\dfrac{5}{24}$ ，

   $f(z=4)=f(x=3,y=1)=\dfrac{1}{6}$ ，

   $f(z=5)=f(x=3,y=2)=\dfrac{7}{24}$ ，

所以，$f(z)$ 如下：

z	0	2	3	4	5
$f(z)$	$\frac{1}{12}$	$\frac{1}{4}$	$\frac{5}{24}$	$\frac{1}{6}$	$\frac{7}{24}$

5. 求 $W = Min(X, Y)$ 之機率分配

$W = Min(X, Y)$		Y		
		-1	1	2
X	1	$W = -1$	$W = 1$	$W = 1$
	3	$W = -1$	$W = 1$	$W = 2$

$$f(W = -1) = \frac{2}{24} + \frac{4}{24} = \frac{1}{4},$$

$$f(W = 1) = \frac{2}{24} + \frac{4}{24} + \frac{5}{24} = \frac{11}{24},$$

$$f(W = 2) = \frac{7}{24},$$

所以，$f(w)$ 如下：

w	-1	1	2
$f(w)$	$\frac{1}{4}$	$\frac{11}{24}$	$\frac{7}{24}$

四、兩變數之期望值與變異數

設兩變數 X 與 Y，$f(x, y)$ 為其 joint p.d.f.，又設 $h(x, y)$ 為 X, Y 兩變數的函數，則 $h(x, y)$ 的期望值：

離散型期望值：$E(h(X,Y)) = \sum \sum h(x,y) f(x,y)$。

連續型期望值：$E(h(X,Y)) = \iint h(x,y) f(x,y) dxdy$。

小補充

X, Y 兩變數期望值運算之重要性質：

1. $E(X \pm Y) = E(X) \pm E(Y)$。

2. $E(ag(X) \pm bh(Y)) = aE(g(X)) \pm bE(h(Y))$，其中 a, b 為常數。例如，
   $E(2X^3 \pm 3Y^2) = 2E(X^3) \pm 3E(Y^2)$。

3. 若 $X \geq Y$，則 $E(X) \geq E(Y)$

4. 若 X 與 Y 彼此獨立，則 $E(XY) = E(X)\, E(Y)$。

5. 若 X 與 Y 彼此獨立，則 $E(\dfrac{X}{Y}) = E(X)E(\dfrac{1}{Y})$。

 例題37

若 X 與 Y 獨立，試證 $E(XY) = E(X)\, E(Y)$。

解 考慮連續型變數，因為 X 與 Y 獨立，所以 $f(x, y) = f(x) f(y)$，因此，

$$E(XY) = \iint xyf(x, y)dydx = \iint xyf(x)f(y)dydx = \int xf(x)dx\int yf(y)dy = E(X)E(Y) \text{ 。}$$

$h(X, Y)$ 的變異數

離散型變異數：$V(h(X, Y)) = \displaystyle\sum_{(x, y) \in R}\sum [h(x, y) - E(h(x, y))]^2 f(x, y)$。

連續型變異數：$V(h(X, Y)) = \displaystyle\int_{-\infty}^{\infty}\int_{-\infty}^{\infty} [h(x, y) - E(h(x, y))]^2 f(x, y)dxdy$。

五、兩變數之共變數與相關係數

(一) 兩變數的共變數（covariance），以 $Cov(X, Y)$ 或 $\sigma(X, Y)$ 表示

$$Cov(X, Y) = E[(X - \mu_x)(Y - \mu_y)] = E(XY) - E(X)\, E(Y) = \sigma(X, Y) \text{ 。}$$

1. $V(X) = E[(X - \mu_X)^2] = E[(X - \mu_X)(X - \mu_X)] = Cov(X, X)$。

2. $V(Y) = E[(Y - \mu_Y)^2] = E[(Y - \mu_Y)(Y - \mu_Y)] = Cov(Y, Y)$。

3. 若 X 與 Y 不獨立，a, b, c 為常數，則 $V(aX \pm bY \pm c) = a^2 V(X) + b^2 V(Y) \pm 2ab Cov(X, Y)$。

若 X_i 與 Y_i 不獨立，試求 $W_i(= X_i + Y_i)$ 的樣本變異數。

 $S_{X+Y}^2 = S_W^2 = \dfrac{1}{n-1}\sum_{i=1}^{n}(W_i - \overline{W})^2 = \dfrac{1}{n-1}\sum_{i=1}^{n}((X_i + Y_i) - (\overline{X} + \overline{Y}))^2$

$\qquad = \dfrac{1}{n-1}\sum_{i=1}^{n}((X_i - \overline{X}) + (Y_i - \overline{Y}))^2$

$\qquad = \dfrac{1}{n-1}\sum_{i=1}^{n}((X_i - \overline{X})^2 + 2(X_i - \overline{X})(Y_i - \overline{Y}) + (Y_i - \overline{Y})^2)$

$\qquad = \dfrac{1}{n-1}\sum_{i=1}^{n}(X_i - \overline{X})^2 + \dfrac{2}{n-1}\sum_{i=1}^{n}(X_i - \overline{X})(Y_i - \overline{Y}) + \dfrac{1}{n-1}\sum_{i=1}^{n}(Y_i - \overline{Y})^2$

$\qquad = S_X^2 + 2S_{XY} + S_Y^2$

於此，$\overline{W} = \dfrac{1}{n}\sum_{i=1}^{n}W_i = \dfrac{1}{n}\sum_{i=1}^{n}(X_i + Y_i) = \dfrac{1}{n}\sum_{i=1}^{n}X_i + \dfrac{1}{n}\sum_{i=1}^{n}Y_i = \overline{X} + \overline{Y}$。

同理我們可以得到 $W_i = X_i - Y_i$ 的樣本變異數

$S_{X-Y}^2 = S_W^2 = \dfrac{1}{n-1}\sum_{i=1}^{n}(W_i - \overline{W})^2 = S_X^2 - 2S_{XY} + S_Y^2$。

4. 若 X 與 Y 彼此獨立，a, b, c 為常數，則 $V(aX \pm bY \pm c) = a^2 V(X) + b^2 V(Y)$。

   這裡 X 與 Y 彼此獨立，所以 $Cov(X, Y) = E(XY) - E(XY) = 0$。

5. $Cov(X, Y) = Cov(Y, X)$。

6. $Cov(aX, bY) = abCov(X, Y)$。

   因為 $Cov(aX, bY) = E[(aX - a\mu_X)(bY - b\mu_Y)] = E[ab(X - \mu_X)(Y - \mu_Y)]$
   $\qquad\qquad\qquad = abE[(X - \mu_X)(Y - \mu_Y)] = abCov(X, Y)$。

7. 條件變異數：$V(Y \mid X) = E[(Y - E(Y \mid X))^2 \mid X] = E(Y^2 \mid X) - [E(Y \mid X)]^2$。

(二) 相關係數（correlation coefficient），以 ρ 表示

$$\rho = \frac{Cov(X,Y)}{\sqrt{V(X)V(Y)}} = \frac{Cov(X,Y)}{\sigma_X \sigma_Y} = E\left[(\frac{X - \mu_X}{\sigma_X})(\frac{Y - \mu_Y}{\sigma_Y}) \right]。$$

ρ 的性質：

1. $-1 \le \rho \le 1$。

2. 假如 X 與 Y 獨立 $\Rightarrow Cov(X, Y) = 0 \Rightarrow \rho = 0$。

3. 若 $\rho = 0$，則 X 與 Y 未必獨立。但如果 X、Y 為二元常態分配，則 $\rho = 0$，X 與 Y 必獨立。

4. $Cov(X, Y) = \rho \sigma_X \sigma_Y$。

5. 若 $E(X) = 0$，$E(Y) = 0$，則 $[E(XY)]^2 \le E(X^2)E(Y^2)$。證明如下：

因 $E(X) = \mu_X = 0$，$E(Y) = \mu_Y = 0$，

$$\Rightarrow \rho = \frac{E\big((X - \mu_X)(Y - \mu_Y)\big)}{\sigma_X \sigma_Y} = \frac{E(XY) - \mu_X \mu_Y}{\sigma_X \sigma_Y}$$

$$= \frac{E(XY) - \mu_X \mu_Y}{\sqrt{E(X - \mu_X)^2 E(Y - \mu_Y)^2}} = \frac{E(XY)}{\sqrt{E(X^2)E(Y^2)}} \quad,$$

又 $-1 \le \rho \le 1 \Rightarrow -1 \le \dfrac{E(XY)}{\sqrt{E(X^2)E(Y^2)}} \le 1$

$$\Rightarrow \left[\frac{E(XY)}{\sqrt{E(X^2)E(Y^2)}} \right]^2 \le 1 \Rightarrow \frac{[E(XY)]^2}{E(X^2)E(Y^2)} \le 1$$

$$\Rightarrow [E(XY)]^2 \le E(X^2)E(Y^2)。$$

 例題39

假設 X、Y 為兩間斷隨機變數，其聯合機率分配如下，試求相關係數。

$f(x, y)$	X	
	1	2
Y 1	$\dfrac{2}{15}$	$\dfrac{1}{15}$
2	$\dfrac{4}{15}$	$\dfrac{1}{15}$
3	$\dfrac{3}{15}$	$\dfrac{4}{15}$

解

$f(x, y)$		X		
		1	2	
	1	$\dfrac{2}{15}$	$\dfrac{1}{15}$	$\dfrac{3}{15}$
Y	2	$\dfrac{4}{15}$	$\dfrac{1}{15}$	$\dfrac{5}{15}$
	3	$\dfrac{3}{15}$	$\dfrac{4}{15}$	$\dfrac{7}{15}$
		$9/15$	$6/15$	

$$E(X) = \sum_{x=1}^{2} x\, f(x) = 1 \times \frac{9}{15} + 2 \times \frac{6}{15} = \frac{21}{15} \ ,$$

$$E(Y) = \sum_{y=1}^{3} y\, f(y) = 1 \times \frac{3}{15} + 2 \times \frac{5}{15} + 3 \times \frac{7}{15} = \frac{34}{15}$$

$$E(X^2) = \sum_{x=1}^{2} x^2\, f(x) = 1^2 \times \frac{9}{15} + 2^2 \times \frac{6}{15} = \frac{33}{15} \ ,$$

$$E(Y^2) = \sum_{y=1}^{3} y^2\, f(y) = 1^2 \times \frac{3}{15} + 2^2 \times \frac{5}{15} + 3^2 \times \frac{7}{15} = \frac{86}{15}$$

$$V(X) = E(X^2) - (E(X))^2 = \frac{33}{15} - (\frac{21}{15})^2 = \frac{54}{225} \ ,$$

$$V(Y) = E(Y^2) - (E(Y))^2 = \frac{86}{15} - (\frac{34}{15})^2 = \frac{134}{225} \ ,$$

$$E(XY) = \sum_{x} \sum_{y} xy\, f(x, y)$$

$$= 1 \times 1 \times \frac{2}{15} + 2 \times 1 \times \frac{1}{15} + 1 \times 2 \times \frac{4}{15} + 2 \times 2 \times \frac{1}{15} + 1 \times 3 \times \frac{3}{15} + 2 \times 3 \times \frac{4}{15} = \frac{49}{15}$$

$$\rho = \frac{E(XY) - \mu_X \mu_Y}{\sigma_X \sigma_Y} = \frac{\dfrac{49}{15} - \dfrac{21}{15} \times \dfrac{34}{15}}{\sqrt{\dfrac{54}{225}} \sqrt{\dfrac{134}{225}}} = 0.2469 \ 。$$

六、兩變數之動差母函數

設有兩變數 X 與 Y，$f(x, y)$ 為其 joint p.d.f.，則 X, Y 兩變數的動差母函數，以 $M(t_1, t_2)$ 表示之。

離散型動差母函數：$M(t_1, t_2) = E(e^{(t_1 X + t_2 Y)}) = \sum_{(x,y) \in R} \sum e^{(t_1 X + t_2 Y)} f(x, y)$，

連續型動差母函數：$M(t_1, t_2) = E(e^{(t_1 X + t_2 Y)}) = \int_{-\infty}^{\infty} \int_{-\infty}^{\infty} e^{(t_1 X + t_2 Y)} f(x, y)\,dxdy$。

動差母函數的性質：

1. $\left.\dfrac{\partial M(t_1,t_2)}{\partial t_1}\right|_{t_1=t_2=0} = E(X)$ ， $\left.\dfrac{\partial M(t_1,t_2)}{\partial t_2}\right|_{t_1=t_2=0} = E(Y)$ 。

2. $\left.\dfrac{\partial^n M(t_1,t_2)}{\partial t_1^n}\right|_{t_1=t_2=0} = E(X^n)$ ， $\left.\dfrac{\partial^m M(t_1,t_2)}{\partial t_2^m}\right|_{t_1=t_2=0} = E(Y^m)$ 。

3. 類推為一般化式子：對 $n, m \in N$ ，若 $M(t_1, t_2)$ 存在，則 $\left.\dfrac{\partial^{n+m} M(t_1,t_2)}{\partial t_1^n \partial t_2^m}\right|_{t_1=t_2=0} = E(X^n Y^m)$ 。

 例題40

假設 X 、 Y 為兩間斷隨機變數，其聯合機率分配如下，試求 X 、 Y 動差母函數並由動差母函數求 $E(X)$ 及 $E(Y)$ 。

$f(x, y)$		Y 0	1	
	0	$\dfrac{1}{18}$	$\dfrac{3}{18}$	
X	1	$\dfrac{4}{18}$	$\dfrac{3}{18}$	
	2	$\dfrac{6}{18}$	$\dfrac{1}{18}$	

解

$$M(t_1,t_2) = E(e^{(t_1 X+t_2 Y)}) = \sum_{y=0}^{1}\sum_{x=0}^{2} e^{(t_1 x+t_2 y)} f(x, y)$$

$$= e^{(t_1\cdot 0+t_2\cdot 0)} f(0,0) + e^{(t_1\cdot 0+t_2\cdot 1)} f(0,1) + e^{(t_1\cdot 1+t_2\cdot 0)} f(1,0) + e^{(t_1\cdot 1+t_2\cdot 1)} f(1,1)$$
$$+ e^{(t_1\cdot 2+t_2\cdot 0)} f(2,0) + e^{(t_1\cdot 2+t_2\cdot 1)} f(2,1)$$

$$= e^0 \cdot \dfrac{1}{18} + e^{t_2}\cdot\dfrac{3}{18} + e^{t_1}\cdot\dfrac{4}{18} + e^{t_1+t_2}\cdot\dfrac{3}{18} + e^{2t_1}\cdot\dfrac{6}{18} + e^{2t_1+t_2}\cdot\dfrac{1}{18}$$

$$E(X) = \left.\dfrac{\partial M(t_1,t_2)}{\partial t_1}\right|_{t_1=t_2=0} = \left.\dfrac{4}{18}e^{t_1} + \dfrac{3}{18}e^{t_2}e^{t_1} + \dfrac{12}{18}e^{2t_1} + \dfrac{2}{18}e^{t_2}e^{2t_1}\right|_{t_1=t_2=0} = \dfrac{7}{6}$$ 。

同理，可得 $E(Y) = \left.\dfrac{\partial M(t_1,t_2)}{\partial t_2}\right|_{t_1=t_2=0} = \dfrac{7}{18}$ 。

習題

一、選擇題

1. S_X^2 代表變數 X 的變異數，則 $S_{aX+b}^2 = ?$

   (A) S_X^2 (B) $S_X^2 + b$ (C) aS_X^2 (D) $aS_X^2 + b$ (E) $a^2 S_X^2$。

二、問答題

2. 若某班有學生 48 人，第一次段考成績 (x) 的平均數為 48 分，標準差為 8 分，第二次段考成績 (y) 的平均數為 63 分，標準差為 6 分，請問：

   (1) 是否有可能兩次成績和 $(x+y)$ 的標準差為 14 分？為什麼？
      x、y 的相關係數是多少？

   (2) 是否有可能兩次成績和 $(x+y)$ 的標準差為 10 分？為什麼？
      x、y 的相關係數是多少？

   (3) 是否有可能兩次成績和 $(x+y)$ 的標準差為 2 分？為什麼？
      x、y 的相關係數是多少？

   (4) 是否有可能兩次成績和 $(x+y)$ 的標準差為 1 分？為什麼？
      x、y 的相關係數是多少？

3. 試就以下數據估計材料強度標準差（standard deviation, kg/cm），其中 N 為樣本大小，Min 為最小值，Max 為最大值。

   (1) $N = 30$，$Min = 225$，$Max = 285$ (2) $N = 100$，$Min = 215$，$Max = 295$。

4. 設 $f(x,y) = \dfrac{1}{4}$，$0 \leq x \leq 2$，$0 \leq y \leq 2$，

   (1) 求 X 之邊際分配？   (2) 求 Y 之邊際分配？   (3) 判斷 X 與 Y 是否獨立？

5. 設 X 與 Y 為隨機變數且具有如下表之聯合機率函數：

$f(x,y)$		y		
		-1	0	3
x	1	$\dfrac{1}{8}$	$\dfrac{1}{8}$	$\dfrac{1}{4}$
	2	$\dfrac{1}{4}$	$\dfrac{1}{8}$	$\dfrac{1}{8}$

試求：

(1) $P(X+Y<1)$ 之值。

(2) 隨機變數 X 的條件機率函數 $P(X|Y=y)$。

(3) $E(2Y-X+1)$ 和 $V(2Y-X+1)$ 之值。

6. 由已知 $\sigma = 10$ 但母體分配未知的母體中，隨機抽出 n 個單位為一樣本，並以樣本均數 $\overline{X}$ 作為母體均數 μ 的估計量。若要求發生 $|\overline{X}-\mu|>1$ 的機率至多為 0.05，試求樣本大小（sample size）n。

7. 已知資料平均數為 30，標準差為 5，請利用契比雪夫（Chebyshev's）定理，判定落於下列區間的資料所佔的比率？ (1) 20 到 40 (2) 15 到 45 (3) 22.5 到 37.5。

常用的機率分配

　　本章學習重點在熟悉各機率分配的意義，以便獲得實際資料時能選擇適當的分配進行分析，也就是要熟悉各分配的適用情境。機率分配是推論統計學的核心課程，亦是抽樣分配的理論基礎。

　　如第一章所述，屬量資料又可分成離散資料和連續資料，離散資料通常考慮離散機率分配，連續資料通常考慮連續機率分配。在學習過程中對於這些機率分配須熟記，並儘可能推導它們的期望值、變異數與動差母函數。同時，對於各機率分配間在何種條件下會彼此近似亦必須有所了解。

重點名詞	
• 二項分配	• 幾何分配
• 超幾何分配	• Poisson 分配
• 常態分配	• 二元常態分配
• χ^2 分配	• 指數分配
• 變數變換	

西莫恩‧德尼‧波桑（Siméon Denis Poisson，1781-1840）

　　波桑是法國數學家、幾何學家和物理學家。1798 年，他以第一名成績進入巴黎綜合理工學院就讀，入學不到兩年，已經發表了兩本備忘錄，一本是關於 Étienne Bézout's 的消去法（method of elimination），另外一本是關於有限差分方程式的積分的個數，後一本備忘錄的突出貢獻給了波桑進入科學圈的機會。他在理工學院上過拉格朗日（Joseph Louis Lagrange）函數理論的課，並成為摯友。在理工學院完成學業後，立刻被聘為助教（teaching assistant）。1802 年，成為副教授（deputy professor），1806 年成為正教授。1808 年，他成為子午線局的天文學家，後來追隨拉普拉斯（Pierre-Simon, marquis de Laplace）的足跡，1827 年繼拉普拉斯之後成為子午線局的幾何學家。1838 年發表了 Poisson 分配，提出單位時間內隨機事件發生的次數的機率分佈。

　　作為數學教師，波桑是一位成功的講員，善於為人解惑。作為科學研究者，他的成就非凡。他一生發表了 300 餘篇論文，有純數學、應用數學、數學物理、和理論力學。「人生只有兩樣美好的事情：發現數學和教數學」可說是他一生的最佳寫照。

　　綜合前面章節介紹的這些偉大的貢獻者，如果以時間軸來看，瑞士數學家貝氏（Thomas Bayes）的條件機率及貝氏理論是在貝氏逝世後，1763 年英國皇家學會會議上宣讀而傳世。拉普拉斯（Pierre-Simon Laplace）於 1810 年發表了「中央極限定理」，對近代機率論與統計學提供了大數觀察的理論基礎；波桑於 1838 年發表了 Poisson 分配；接著，契比雪夫（Chebyshev）於 1866 年發表了「契比雪夫定理」；卡‧皮爾森（Karl Pearson）於 1900 年提出「卡方分配」；而馬可夫（Markov）於 1906 年發表了「馬可夫過程」。

資料來源：https://en.wikipedia.org/wiki/Sim%C3%A9on_Denis_Poisson

4-1 離散型機率分配模型

一、離散型均勻分配（discrete uniform distribution）

若離散隨機變數的 p.d.f. 為 $f(x) = \dfrac{1}{N}$，$x = 1, 2, \dots, N$，N 為正整數，則稱其為離散型均勻分配。

(一) 期望值、變異數與動差母函數

期望值 $E(X) = \displaystyle\sum_{x=1}^{N} x f(x) = \dfrac{1}{N}(1 + 2 + \cdots + N) = \dfrac{1}{N}\dfrac{(N+1)\cdot N}{2} = \dfrac{(N+1)}{2}$。

變異數 $V(X) = E(X^2) - (E(X))^2 = \displaystyle\sum_{x=1}^{N} x^2 f(x) - (E(X))^2$

$$= \dfrac{1}{N}(1^2 + 2^2 + \cdots + N^2) - \left(\dfrac{N+1}{2}\right)^2$$

$$= \dfrac{1}{N}\left[\dfrac{N(N+1)(2N+1)}{6}\right] - \dfrac{(N+1)^2}{4} = \dfrac{(N^2-1)}{12}$$。

動差母函數 $M_X(t) = E(e^{tX}) = \displaystyle\sum_{x=1}^{N} e^{tx} f(x) = \dfrac{1}{N}\left[e^t + e^{2t} + \cdots + e^{Nt}\right] = \dfrac{1}{N}\left[\dfrac{e^t(1-e^{Nt})}{1-e^t}\right]$。

這裡，令 $y = e^t + e^{2t} + e^{3t} + \cdots + e^{Nt}$

$\Rightarrow e^t y = e^{2t} + e^{3t} + e^{4t} + e^{4t} + \cdots + e^{(N+1)t}$，

$\Rightarrow (1 - e^t)y = e^t - e^{(N+1)t}$

$\Rightarrow y = \dfrac{e^t(1-e^{Nt})}{1-e^t}$。

例題 1

$f(x) = \begin{cases} \dfrac{1}{3} &, \quad x = 1, 2, 3 \\ 0 &, \quad otherwise \end{cases}$，試求 $E(X)$ 及 $V(X)$？

解 $E(X) = \sum_{x=1}^{3} x f(x) = 1 \times \frac{1}{3} + 2 \times \frac{1}{3} + 3 \times \frac{1}{3} = 2$,

$V(X) = \sum_{x=1}^{3} x^2 f(x) - (E(x))^2 = 1^2 \times \frac{1}{3} + 2^2 \times \frac{1}{3} + 3^2 \times \frac{1}{3} - 2^2 = \frac{2}{3}$ 。

亦可利用公式計算：

$E(X) = \frac{N+1}{2} = \frac{3+1}{2} = 2$ ， $V(X) = \frac{N^2-1}{12} = \frac{3^2-1}{12} = \frac{2}{3}$ 。

例題 2

> 離散均勻分配 $f(x) = 0.2$ ， $x = 1, 3, 4, 5, 8$ ，試求 $E(X)$ 及 $V(X)$ 。

解 不可利用公式計算，要用定義求解，因為 x 並不是順連的，

$E(X) = \sum x f(x) = 0.2 \times (1 + 3 + 4 + 5 + 8) = 4.2$ ，

$V(X) = \sum x^2 f(x) - (E(X))^2 = 0.2 \times [1^2 + 3^2 + 4^2 + 5^2 + 8^2] - 4.2^2 = 5.36$ 。

二、伯努利分配（Bernoulli distribution）

若離散隨機變數 X 的 p.d.f. 為 $f(x) = p^x (1-p)^{1-x} = p^x q^{1-x}$ ， $x = 0,1$ ， $q = 1 - p$ ，$0 \le p \le 1$ ，則稱為伯努利分配或是點二項分配（Point Binomial Distribution）。 $x =$ 成功次數， $p =$ 成功的機率， $q =$ 失敗的機率，通常以 $X \sim B(1, p)$ 表示。

如果把彼此獨立的點二項分配隨機變數 X 加總起來，則會變成二項分配。即

$X \sim B(1, p)$ ，則 $\sum_{i=1}^{n} X_i \sim B(n, p)$

(一) 期望值、變異數與動差母函數

期望值 $E(X) = \sum_{x=0}^{1} x f(x) = 0 \cdot p^0 q^1 + 1 \cdot p^1 q^0 = p$ 。

變異數 $V(X) = \sum_{X=0}^{1} x^2 f(x) - (E(X))^2 = 0^2 \cdot p^0 q^1 + 1^2 \cdot p^1 q^0 - p^2 = p(1-p) = pq$ 。

動差母函數 $M_X(t) = E(e^{tX}) = \sum_{x=0}^{1} e^{tx} f(x) = e^0 p^0 q^1 + e^t p^1 q^0 = q + p e^t$ 。

一實驗，綠燈亮 15 秒，黃燈亮 5 秒，紅燈亮 55 秒，若綠燈亮為成功，否則為失敗，試求 $f(x)$、$E(X)$ 及 $V(X)$？

解 $p = \dfrac{15}{15+5+55} = \dfrac{1}{5} = 0.2$，所以 $f(x) = 0.2^x 0.8^{1-x}$，$x = 0, 1$。

$E(X) = p = 0.2$，$V(X) = pq = 0.2 \times 0.8 = 0.16$。

已知 X 的動差母函數 $M_X(t) = 0.45 + ce^t$，試求 c 值及 X 的 p.d.f.。

解 1. 伯努利之 $M_X(t) = q + pe^t$，$M_X(t) = 0.45 + ce^t$，表示 $q = 0.45$，
所以 $c = 1 - 0.45 = 0.55$。

2. 伯努利之 p.d.f. 為 $f(x) = p^x q^{1-x} = 0.55^x (0.45)^{1-x}$，$x = 0, 1$。

三、二項分配（binomial distribution）

若離散隨機變數 X 的 p.d.f. 為 $f(x) = \dbinom{n}{x} p^x q^{n-x}$，$x = 0, 1, \cdots, n$，$0 \le p \le 1$，$q = 1-p$，$n$ 為實驗次數且為正整數，則稱其為二項分配，通常以 $X \sim B(n, p)$ 表示。

二項分配的圖樣是由 n 和 p 這兩個參數所決定的，不同的 n 值、p 值有著不同的圖形（請參閱本章最後一節）。當 n 等於 1 時，則二項分配變成點二項分配，即 $n = 1$ 時，$X \sim B(1, p)$。

(一) 期望值、變異數與動差母函數

$$期望值\ E(X) = \sum_{x=0}^{n} x f(x) = \sum_{x=0}^{n} x \binom{n}{x} p^x q^{n-x} = \sum_{x=0}^{n} x \frac{n!}{x!(n-x)!} p^x q^{n-x}$$

$$= \sum_{x=1}^{n} x \frac{n!}{x!(n-x)!} p^x q^{n-x} = \sum_{x=1}^{n} \frac{n!}{(x-1)!(n-x)!} p^x q^{n-x}$$

$$= np \sum_{x=1}^{n} \frac{(n-1)!}{(x-1)!(n-x)!} p^{x-1} q^{n-x} = np \sum_{x=1}^{n} \binom{n-1}{x-1} p^{x-1} q^{n-1-(x-1)} = np \ 。$$

$\binom{n-1}{x-1} p^{x-1} q^{n-1-(x-1)}$ 為二項分配，所以其機率和 $\sum_{x=1}^{n} \binom{n-1}{x-1} p^{x-1} q^{n-1-(x-1)} = 1$ 。

變異數 $V(X) = \sum_{x=0}^{n} x^2 f(x) - (E(X))^2 = \sum_{x=0}^{n} (x(x-1) + x) f(x) - (E(X))^2$

$$= \sum_{x=0}^{n} x(x-1) f(x) + \sum_{x=0}^{n} x f(x) - (E(X))^2 = \sum_{x=0}^{n} x(x-1) f(x) + E(X) - (E(X))^2$$

$$= \sum_{x=0}^{n} x(x-1) \binom{n}{x} p^x q^{n-x} + np - (np)^2$$

$$= \sum_{x=0}^{n} x(x-1) \frac{n!}{x!(n-x)!} p^x q^{n-x} + np - (np)^2$$

$$= n(n-1) p^2 \sum_{x=2}^{n} \frac{(n-2)!}{(x-2)!(n-x)!} p^{x-2} q^{n-x} + np - (np)^2$$

$$= n(n-1) p^2 \sum_{x=2}^{n} \binom{n-2}{x-2} p^{x-2} q^{n-x} + np - (np)^2$$

$$= n(n-1) p^2 + np - n^2 p^2 = np(1-p) = npq \ 。$$

$\binom{n-2}{x-2} p^{x-2} q^{n-2-(x-2)}$ 為二項分配，所以其機率和 $\sum_{x=2}^{n} \binom{n-2}{x-2} p^{x-2} q^{n-2-(x-2)} = 1$ 。

動差母函數 $M_X(t) = E(e^{tX}) = \sum_{x=0}^{n} e^{tx} f(x) = \sum_{x=0}^{n} e^{tx} \binom{n}{x} p^x q^{n-x}$

$$= \sum_{x=0}^{n} \binom{n}{x} (e^t p)^x q^{n-x} = (e^t p + q)^n \ 。$$

 例題 5

設 $X \sim B(n, p)$ ，已知 $\mu = 6$ ，$\sigma^2 = 3.6$ ，試求 $P(X = 4)$ ？

解 因為 $E(X) = \mu = np = 6$ ，$V(X) = \sigma^2 = npq = 3.6$ ，

所以，$q = 3.6 / 6 = 0.6$ ，$p = 1 - q = 0.4$ ，$np = n \times 0.4 = 6$ ，$n = 15$ 。

因此，$P(X = 4) = P(4) = f(4) = \binom{15}{4} 0.4^4 0.6^{11}$ 。

某公司生產藥品，其治癒率 40%，今隨機抽問 20 個病患，試求治癒人數正好 3 人的機率。

解 $f(x) = \binom{n}{x} p^x q^{n-x} = \binom{20}{x} 0.4^x 0.6^{20-x}$。

例題 7

已知隨機變數 X 的動差母函數為 $M_X(t) = \left(\dfrac{1}{3} e^t + \dfrac{2}{3} \right)^{10}$，試求 X 的 p.d.f.，並利用動差母函數求 $E(X)$、$V(X)$。

解 二項分配 $M_X(t) = (e^t p + q)^n = \left[\dfrac{1}{3} e^t + \dfrac{2}{3} \right]^{10}$，所以 $p = \dfrac{1}{3}$，$n = 10$。

因此 X 的 p.d.f. $f(x) = \binom{10}{x} \left(\dfrac{1}{3} \right)^x \left(\dfrac{2}{3} \right)^{10-x}$，$x = 0, 1, \cdots, 10$。

$$E(X) = \frac{dM_X(t)}{dt} \Big|_{t=0} = \left[10 \cdot \left(\frac{1}{3} e^t + \frac{2}{3} \right)^9 \left(\frac{1}{3} e^t \right) \right]_{t=0}$$

$$= 10 \cdot \left(\frac{1}{3} e^0 + \frac{2}{3} \right)^9 \left(\frac{1}{3} e^0 \right) = 10 \cdot \frac{1}{3} = \frac{10}{3}。$$

$$E(X^2) = \frac{d^2 M_X(t)}{dt^2} \Big|_{t=0} = \left[90 \cdot \left(\frac{1}{3} e^t + \frac{2}{3} \right)^8 \left(\frac{1}{3} e^t \right)^2 + 10 \cdot \left(\frac{1}{3} e^t + \frac{2}{3} \right)^9 \left(\frac{1}{3} e^t \right) \right]_{t=0}$$

$$= 90 \cdot \left(\frac{1}{3} \right)^2 + 10 \cdot \left(\frac{1}{3} \right) = 13 \frac{1}{3}。$$

所以，$V(X) = E(X^2) - (E(X))^2 = 13\dfrac{1}{3} - \left(\dfrac{10}{3} \right)^2 = \dfrac{20}{9}$。

(二) 二項試驗特性

1. 每次試驗只有兩種結果（成功或失敗）。

2. 重覆實施 n 次獨立試驗。

3. 每次試驗時成功的機率為 p，維持不變。失敗的機率為 $1 - p$。

4. 隨機變數 X 表示 n 次試驗中成功的次數。

(三) 二項分配之加法性

1. 如果 X_1 服從二項分配，X_2 亦服從二項分配，X_1 和 X_2 彼此獨立且具有相同的 p，則 X_1 和 X_2 相加後仍是二項分配。即 $X_1 \sim B(n, p)$，$X_2 \sim B(m, p)$，令 $Z = X_1 + X_2$，則 $Z \sim B(n + m, p)$。證明如下：

$$M_Z(t) = E(e^{tZ}) = E(e^{t(X_1 + X_2)}) = E(e^{tX_1} e^{tX_2})$$

$$= E(e^{tX_1})E(e^{tX_2}) = M_{X_1}(t)M_{X_2}(t) = (pe^t + q)^n \cdot (pe^t + q)^m = (pe^t + q)^{n+m}，$$

所以，$Z \sim B(n + m, p)$。

2. 如果 X_1 服從點二項分配，X_2 服從點二項分配，$\cdots$，X_n 亦服從點二項分配，且 X_1，$X_2 \cdots$，X_n 彼此獨立且具有相同的 p，則 $X_1 + X_2 + \cdots + X_n$ 變為二項分配。即 $X_1 \sim B(1, p)$，$X_2 \sim B(1, p)$，$\cdots$，$X_n \sim B(1, p)$，令 $Z = X_1 + X_2 + \cdots + X_n$，則 $Z \sim B(n, p)$。

(四) 轉換

1. 當 $n \to \infty$，$\lambda = np$ 時，二項分配趨近於 Poisson 分配。即 $X \sim B(n, p)$，$n \to \infty$ 時，

$$\binom{n}{x} p^x q^{n-x} \to \frac{e^{-\lambda} \lambda^x}{x!} 。$$

證明如下：

$$\binom{n}{x} p^x q^{n-x} = \frac{n!}{x!(n-x)!} \left(\frac{\lambda}{n}\right)^x \left(1 - \frac{\lambda}{n}\right)^{n-x}$$

$$= \frac{n(n-1)\cdots(n-x+1)}{n \cdot n \cdot n \cdots n} \cdot \frac{\lambda^x}{x!} \cdot \left(1 - \frac{\lambda}{n}\right)^n \cdot \left(1 - \frac{\lambda}{n}\right)^{-x}$$

$$= \frac{n}{n} \cdot \frac{n-1}{n} \cdot \frac{n-2}{n} \cdots \frac{(n-x+1)}{n} \cdot \frac{\lambda^x}{x!} \cdot \left(1 - \frac{\lambda}{n}\right)^n \cdot \left(1 - \frac{\lambda}{n}\right)^{-x} \to \frac{\lambda^x e^{-\lambda}}{x!} 。$$

這裡，$\displaystyle\lim_{n \to \infty} \left(1 - \frac{\lambda}{n}\right)^n = e^{-\lambda}$，$\displaystyle\lim_{n \to \infty} \left(1 - \frac{\lambda}{n}\right)^{-x} = 1$。

2. 當 $n \to \infty$，$\mu = np$，$\sigma^2 = npq$ 時，二項分配趨近於常態分配，再轉換成標準常態分配。

   唯轉換成標準常態分配 Z 時，要作加減 0.5 的連續性修正：下界減 0.5，上界加 0.5。

$$\sum_{x=a}^{b} \binom{n}{x} p^x q^{n-x} = P(a \leq X \leq b)$$

$$= P\left[\frac{(a-0.5)-np}{\sqrt{npq}} \leq Z \leq \frac{(b+0.5)-np}{\sqrt{npq}}\right]$$

$$= P\left[\frac{(a-0.5)-\mu}{\sigma} \leq Z \leq \frac{(b+0.5)-\mu}{\sigma}\right],$$

這裡 a、b 為正整數，$\mu = np$，$\sigma = \sqrt{\sigma^2} = \sqrt{npq}$。

小補充

二項分配的 $p > \dfrac{1}{2}$ 時圖形為左偏態，$p < \dfrac{1}{2}$ 時圖形為右偏態，$p = \dfrac{1}{2}$ 時圖形為對稱。

R 程式作法

R 程式

畫 p=0.2 的二項分配圖，在 Source 編輯區鍵入程式

```
n=20
p=0.2
x=1:20
plot (x,dbinom (x,n,p) ,type="h",lwd=2,ylab="Pr.")
```

♦ R 結果

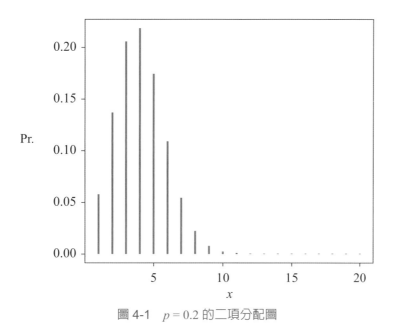

圖 4-1　$p = 0.2$ 的二項分配圖

如要畫 $p = 0.5$，則將編輯區內的 $p = 0.2$ 改爲 $p = 0.5$ 即可，依此類推。

 例題 8

根據記錄大約有 2% 的人會撥錯電話，試問 150 個人中會有 2 個人撥錯電話的機率爲何？

解 $X \sim B(150, 0.02)$，$f(2) = \dbinom{150}{2}(0.02)^2(0.98)^{148} = 0.22478$

如用 Poisson 分配求解：$\lambda = 150 \times 0.02 = 3$，$f(2) = \dfrac{3^2 e^{-3}}{2!} = 0.2240$。

R 程式作法

R 程式

如果要以 R 求出機率值，則在 Source 編輯區鍵入下列程式：

```
dbinom(2,150,0.02)
dpois(2,3)
```

 例題 9

擲一對均勻骰子 1200 次，求其點數和為 7，則

1. 至少有 220 次的機率。
2. 介於 180 次至 210 次之間的機率。

解 1. 擲一對骰子，有 36 種出象，其中出現點數和為 7 的情況有 6 種，

所以 $p = \dfrac{6}{36} = \dfrac{1}{6}$。

即 $X \sim B(1200 , \dfrac{1}{6})$，$E(X) = \mu = np = 1200 \times \dfrac{1}{6} = 200$，

$V(X) = \sigma^2 = npq = 1200 \times \dfrac{1}{6} \times \dfrac{5}{6} = \dfrac{500}{3}$，

$P(X \geq 220) = P(\dfrac{X - \mu}{\sigma} \geq \dfrac{220 - 0.5 - 200}{\sqrt{500/3}}) = P(Z \geq \dfrac{19.5}{\sqrt{500/3}}) = P(Z \geq 1.51) = 0.0655$。

2. $P(180 \leq X \leq 210) = P(\dfrac{180 - 0.5 - 200}{\sqrt{500/3}} \leq \dfrac{X - \mu}{\sigma} \leq \dfrac{210 + 0.5 - 200}{\sqrt{500/3}})$

$= P(-1.588 \leq Z \leq 0.813) = 0.735$。

 例題10

$X_1 \sim B\left(3, \dfrac{2}{3}\right)$ ，$X_2 \sim B\left(4, \dfrac{1}{2}\right)$ ，且 X_1 和 X_2 彼此獨立，試求 $P(X_1 = X_2)$ ？

解 因為 $x_1 = 0, 1, 2, 3$ ，$x_2 = 0, 1, 2, 3, 4$ ，

所以 $P(X_1 = X_2) = P(0,0) + P(1,1) + P(2,2) + P(3,3) = \displaystyle\sum_{x=0}^{3} P(X_1 = X_2 = x)$

$= \displaystyle\sum_{x=0}^{3} P(X_1 = x)P(X_2 = x) = \sum_{x=0}^{3} \binom{3}{x}\left(\frac{2}{3}\right)^x\left(\frac{1}{3}\right)^{3-x}\binom{4}{x}\left(\frac{1}{2}\right)^x\left(\frac{1}{2}\right)^{4-x}$ 。

四、超幾何分配（hypergeometric distribution）

若離散隨機變數 X 的 p.d.f. 為 $f(x) = \dfrac{\dbinom{k}{x}\dbinom{N-k}{n-x}}{\dbinom{N}{n}}$ ，$x = 0, 1, \cdots, n$ ，N, k, n 皆為正整數

且 $N > k \geq n$ ，則稱此為超幾何分配。這裡，N 為母體個數，k 為母體中成功的個數，n 為樣本數，通常以 $X \sim HG(N, n, k)$ 表示。如果抽樣時以不放回（without replacement）抽樣，則為超幾何實驗；如果採放回抽樣，則為二項實驗。

(一) 期望值、變異數

期望值 $E(X) = \displaystyle\sum_{x=0}^{n} x f(x) = \sum_{x=0}^{n} x \cdot \dfrac{\dbinom{k}{x}\dbinom{N-k}{n-x}}{\dbinom{N}{n}} = \sum_{x=1}^{n} x \cdot \dfrac{\dbinom{k}{x}\dbinom{N-k}{n-x}}{\dbinom{N}{n}}$

$= n\dfrac{k}{N} \displaystyle\sum_{x=1}^{n} \dfrac{\dbinom{k-1}{x-1}\dbinom{N-k}{n-x}}{\dbinom{N-1}{n-1}} = n \cdot \dfrac{k}{N}$ 。

$$\frac{\binom{k-1}{x-1}\binom{N-k}{n-x}}{\binom{N-1}{n-1}}$$ 為超幾何分配，所以其機率和 $\sum_{x=1}^{n}\frac{\binom{k-1}{x-1}\binom{N-k}{n-x}}{\binom{N-1}{n-1}}=1$。

變異數 $V(X)=\frac{N-n}{N-1}\cdot n\cdot\frac{k}{N}\cdot\frac{N-k}{N}$，$\frac{N-n}{N-1}$ 為有限母體校正因子（finite population correction）。

💡 小補充

比較二項分配和超幾何分配時，可以把超幾何分配的期望值 $n\cdot\frac{k}{N}$ 中的 $\frac{k}{N}$ 看成是二項分配的 p，$\frac{N-k}{N}$ 則看成是二項分配的 q。再者，超幾何分配的變異數會較二項分配的變異數小，這不難由 $\frac{N-n}{N-1}$ 看得出來（因為 $0<\frac{N-n}{N-1}\leq 1$）。又 $\frac{N-n}{N-1}$ 是因為超幾何分配抽樣時以不放回抽樣所造成的。當 $N\rightarrow\infty$ 時（即放回抽樣，有限母體變成無限母體），則 $\frac{N-n}{N-1}\rightarrow 1$，超幾何分配的變異數等於二項分配的變異數。

(二) 性質

1. 從母體 N 個元素中一次抽 n 個樣本出來且不放回，每次試驗不獨立。

2. 母體分成兩類，其中 k 個成功類，$N-k$ 個失敗類。

3. 樣本亦分成兩類，其中成功次數 x 個，失敗次數 $n-x$ 個。

(三) 轉換

當 $N\rightarrow\infty$，$p=\frac{k}{N}$，$q=\frac{N-k}{N}$ 時，則超幾何分配趨近於二項分配。

例題11

一箱子中有 240 個白球及 760 個黑球,若隨機自箱子中取出 10 個球,試求恰有 4 個黑球的機率為何?

解 超幾何分配算法: $f(4) = \dfrac{\dbinom{760}{4} \dbinom{240}{6}}{\dbinom{1000}{10}}$,

二項分配算法: $p = \dfrac{760}{1000} = 0.76$, $f(4) = \dbinom{10}{4} (0.76)^4 (0.24)^6$。

例題12

由 5 個應徵者中選出 2 人,恰巧選到 2 個最差的應徵者之一的機率為何?

解 $f(1) = \dfrac{\dbinom{2}{1} \dbinom{3}{1}}{\dbinom{5}{2}} = 0.6$。

(四) 多變數超幾何分配

上述母體 N 只分成兩類(成功類、失敗類),如果分成 m 類,以不放回方式抽取 n 個樣本,則隨機變數 $X_1, X_2, \cdots, X_m$ 之 p.d.f. 為 $f(x_1, x_2, ..., x_m) = \dfrac{\dbinom{k_1}{x_1} \dbinom{k_2}{x_2} \cdots \dbinom{k_m}{x_m}}{\dbinom{N}{n}}$。這裡,

$\displaystyle\sum_{i=1}^{m} k_i = N$, $\displaystyle\sum_{i=1}^{m} x_i = n$ 。

某大學有 4 個學院，各有 5，5，6，4 個行政人員，今抽取 5 人參加研習，試求依序抽中 1，1，2，1 人參加的機率為何？

解 $f(x_1=1, x_2=1, x_3=2, x_4=1) = \dfrac{\binom{5}{1}\binom{5}{1}\binom{6}{2}\binom{4}{1}}{\binom{20}{5}} = 0.0726$。

五、負二項分配（negative binomial distribution）

若離散隨機變數 X 的 p.d.f. 為 $f(x) = \binom{k+x-1}{x} p^k q^x$，$x = 0, 1, 2, \cdots$。$k$ 為成功次數，x 為失敗總次數，稱此為負二項分配，通常以 $X \sim NB(k, p)$ 表示。當成功次數 $k = 1$ 時，則負二項分配變成幾何分配，即

$$f(x) = \binom{1+x-1}{x} p^1 q^x = pq^x，x = 0, 1, 2, \cdots。$$

小補充

負二項分配是在二項試驗中（例如擲銅板），由開始試行起累積到第 k 次成功（出現人頭像為成功）即停止試驗的分配。幾何分配則是試行到第一次出現成功即停止試驗的分配。

(一) 期望值、變異數與動差母函數

$$\text{期望值 } E(X) = \sum_{x=0}^{\infty} x \binom{k+x-1}{x} p^k q^x = \sum_{x=1}^{\infty} x \binom{k+x-1}{x} p^k q^x = \sum_{x=1}^{\infty} \frac{(k+x-1)!}{(x-1)!(k-1)!} p^k q^x$$

$$= \sum_{x=1}^{\infty} \frac{k(k+x-1)!}{(x-1)!k(k-1)!} p^k q^x = \sum_{x=1}^{\infty} k \binom{k+x-1}{x-1} p^k q^x = \sum_{y=0}^{\infty} k \binom{k+y}{y} p^k q^{y+1}$$

$$= \sum_{y=0}^{\infty} k \binom{k+y}{y} p^{k+1} q^{y+1} \cdot \frac{1}{p} = \frac{kq}{p} \sum_{y=0}^{\infty} \binom{k+y}{y} p^{k+1} q^{y} = \frac{kq}{p} \quad \circ$$

變異數 $V(X) = E(X^2) - (E(X))^2 = E(X(X-1) + X) - (E(X))^2$

$$= \frac{k(k+1)q^2}{p^2} + \frac{kq}{p} - \frac{k^2 q^2}{p^2} = \frac{kq}{p^2} \quad \circ$$

這裡，$E(X(X-1)) = \sum_{x=0}^{\infty} x(x-1) \binom{k+x-1}{x} p^k q^x$

$$= \sum_{x=2}^{\infty} x(x-1) \binom{k+x-1}{x} p^k q^x = \sum_{x=2}^{\infty} \frac{(k+x-1)!}{(x-2)!(k-1)!} p^k q^x$$

$$= \sum_{x=2}^{\infty} \frac{k(k+1)(k+x-1)!}{(x-2)!k(k+1)(k-1)!} p^k q^x = \frac{k(k+1)}{1} \sum_{x=2}^{\infty} \frac{(k+x-1)!}{(x-2)!(k+1)!} p^k q^x$$

$$= k(k+1) \sum_{x=2}^{\infty} \frac{(k+x-1)!}{(x-2)!(k+2-1)!} p^k q^x = k(k+1) \sum_{y=0}^{\infty} \binom{k+y+1}{y} p^k q^{y+2}$$

$$= k(k+1) \sum_{y=0}^{\infty} \binom{k+y+1}{y} p^{k+2} q^y q^2 \frac{1}{p^2}$$

$$= \frac{k(k+1)q^2}{p^2} \sum_{y=0}^{\infty} \binom{k+y+1}{y} p^{k+2} q^y = \frac{k(k+1)q^2}{p^2} \quad \circ$$

動差母函數 $M_X(t) = \sum_{x=0}^{\infty} e^{tx} \binom{-k}{x} p^k (-q)^x = p^k \sum_{x=0}^{\infty} \binom{-k}{x} (-qe^t)^x$

$$= p^k (1 - qe^t)^{-k} = \left(\frac{p}{1 - qe^t} \right)^k \quad , \ t < -\ln q \quad \circ$$

這裡是利用負二項分配的另一表示方式（見下述）求動差母函數。

(二) 負二項分配其它表示方式

1. $f(x) = \binom{-k}{x} p^k (-q)^x$，$x = 0, 1, 2, \cdots$。$k$ 為成功次數，x 為失敗次數。對照於二項分配，會發現組合符號中出現負號，所以稱為負二項分配。

2. $f(y) = \binom{y-1}{k-1} p^k q^{y-k}$，$y = k, k+1, k+2, \cdots$，這裡 y 表示發生第 k 次成功時的實驗次數。在這個型式下，

Y 的期望值 $E(Y) = E(X + k) = E(X) + k = \dfrac{kq}{p} + k = \dfrac{k}{p}$,

Y 的變異數爲 $V(Y) = V(X + k) = V(X) + 0 = \dfrac{kq}{p^2}$ 。

小補充

當 $k \to \infty$，$p \to 1$ 且 $E(X) = \dfrac{kq}{p} = \lambda$ 時，則負二項分配趨近於 Poisson。

例題14

一般人聽信樂透名牌的機率是 0.75，試問第 8 個人聽了樂透名牌，而他是第 5 個相信的人之機率。

解 $f(x) = \dbinom{k + x - 1}{x} p^k q^x = \dbinom{5 + 3 - 1}{3} (0.75)^5 (0.25)^3 = \dfrac{7!}{3!4!} (0.75)^5 (0.25)^3$

$f(y) = \dbinom{y - 1}{k - 1} p^k q^{y-k} = \dbinom{8 - 1}{5 - 1} (0.75)^5 (0.25)^3 = \dfrac{7!}{4!3!} (0.75)^5 (0.25)^3$ 。

六、幾何分配（geometric distribution）

若離散隨機變數 X 的 p.d.f. 爲 $f(x) = p(1 - p)^x = pq^x$，$x = 0, 1, 2, \cdots$，則稱其爲幾何分配，這裡 x 爲失敗次數，通常以 $X \sim G(p)$ 表示。

舉例來說，在品質檢驗中，由開始檢查起到第一次發現瑕疵品（成功發現）即停止檢驗，此分配即爲幾何分配。如果把彼此獨立之幾何分配隨機變數 X 加總起來則會變成負二項分配：

$X \sim G(p)$，現 $\displaystyle\sum_{i=1}^{k} X_i = Z$，則 $f(z) = \dbinom{k + z - 1}{z} p^k q^z$，$z = 0, 1, 2, \cdots$。

(一) 期望值、變異數與動差母函數

動差母函數 $M_X(t) = \sum_{x=0}^{\infty} e^{tx} f(x) = \sum_{x=0}^{\infty} e^{tx} p(1-p)^x = \sum_{x=0}^{\infty} e^{tx} pq^x$

$$= \sum_{x=0}^{\infty} p(e^t q)^x = p\sum_{x=0}^{\infty} (e^t q)^x = \frac{p}{(1-e^t q)} \text{ , } t < -\ln q \text{ 。}$$

令 $y = \sum_{x=0}^{\infty} (e^t q)^x = (e^t q)^0 + (e^t q)^1 + (e^t q)^2 + \cdots$

$\Rightarrow (e^t q)y = (e^t q)^1 + (e^t q)^2 + (e^t q)^3 + \cdots$

$\Rightarrow y - (e^t q)y = (1 - e^t q)y = 1$

$\Rightarrow y = \frac{1}{(1-e^t q)}$

期望值 $E(X) = \frac{dM_X(t)}{dt}\bigg|_{t=0} = \frac{pe^t q}{(1-e^t q)^2}\bigg|_{t=0} = \frac{pq}{(1-q)^2} = \frac{(1-q)q}{(1-q)^2} = \frac{q}{p}$,

變異數 $V(X) = E(X^2) - (E(X))^2 = \frac{pq + 2q^2}{p^2} - \frac{q^2}{p^2} = \frac{q(p+q)}{p^2} = \frac{q}{p^2}$,

$E(X^2) = \frac{d^2 M_X(t)}{dt^2}\bigg|_{t=0} = \frac{(1-e^t q)^2 pe^t q + pe^t q(2(1-e^t q)e^t q)}{((1-e^t q)^2)^2}\bigg|_{t=0}$

$$= \frac{(1-q)pq + 2pq^2}{(1-q)^3} = \frac{p^2 q + 2pq^2}{p^3} = \frac{pq + 2q^2}{p^2} \text{ 。}$$

(二) 性質

1. 幾何分配的另一型式

$f(x) = pq^{x-1}$, $x = 1, 2, \ldots$ 。這裡 x 為成功次數。

在這個型式下期望值 $E(X) = \frac{1}{p}$ ，變異數 $V(X) = \frac{q}{p^2}$ ，動差母函數 $M_X(t) = \frac{pe^t}{1-qe^t}$ ，
$t < -\ln q$ 。

2. 幾何分配之無憶性（memoryless property）

$P(X \geq (s+t) \mid X \geq s) = P(X \geq t)$ ，這裡 $s \in N$ ，$t \in N$。無憶性是指不管現在或幾天後，發生的機率都一樣，這過程不會記憶累積。證明如下：

$P(X \geq s) = \sum_{x=s}^{\infty} f(x) = \sum_{x=s}^{\infty} pq^x = p \cdot \frac{q^s}{1-q} = q^s$ ，同理 $P(X \geq t) = q^t$，$P(X \geq (s+t)) = q^{s+t}$ ，

所以，

$$P(X \geq (s+t) \mid X \geq s) = \frac{P(X \geq (s+t), X \geq s)}{P(X \geq s)} = \frac{P(X \geq (s+t))}{P(X \geq s)} = \frac{q^{s+t}}{q^s} = q^t = P(X \geq t) \text{ 。}$$

例題15

$X_1 \sim G(p)$，$X_2 \sim G(p)$，X_1 和 X_2 彼此獨立，現 $X_1 + X_2 = Z$，試求 $f(z)$ ？

解 $M_Z(t) = E(e^{tZ}) = E(e^{t(X_1+X_2)}) = E(e^{tX_1} e^{tX_2}) = E(e^{tX_1}) E(e^{tX_2})$

$$= \frac{p}{(1-e^t q)} \cdot \frac{p}{(1-e^t q)} = \left(\frac{p}{(1-e^t q)} \right)^2 \sim NB(2, p) \text{ , } t < -\ln q \text{ 。}$$

所以 $f(z) = \binom{2+z-1}{z} p^2 q^z = \binom{z+1}{z} p^2 q^z$, $z = 0, 1, 2, \cdots$ 。

例題16

若考期貨證照的通過機率為 0.78，試求某人考到第 6 次才通過的機率？

解 考到第 6 次才通過，表示之前失敗了 5 次，所以 $f(5) = 0.78 \times 0.22^5$。

七、多項分配（multinomial distribution）

若隨機變數 $X_1, X_2, \ldots, X_k$ 的 Joint p.d.f. 為 $f(x_1, x_2, \cdots, x_k) = \dfrac{n!}{x_1! x_2! \cdots x_k!} p_1^{x_1} p_2^{x_2} \cdots p_k^{x_k}$ ，

則稱其為多項分配。這裡，$\displaystyle\sum_{i=1}^{k} x_i = n$ ，$\displaystyle\sum_{i=1}^{k} p_i = 1$ 。

(一) 期望值、變異數及共變數

期望值 $E(X_i) = np_i$。

變異數 $V(X_i) = np_i(1-p_i)$。

共變數 $Cov(X_i, X_j) = -np_i p_j$, $i \neq j$。

(二) 多項試驗特性

1. 每次試驗都有 k 種可能結果。

2. 重覆實施 n 次獨立試驗。

3. 第 i 種可能結果發生的機率為 p_i，$i = 1, 2, \ldots, k$，且 $\sum_{i=1}^{k} p_i = 1$。

 例題17

> 理、工、商學院學生比例為 1:2:1，今隨機抽取 10 人，其中理學院有 3 人，工學院有 5 人，商學院有 2 人之機率。

解 $p_1 = \dfrac{1}{4}$，$p_2 = \dfrac{2}{4}$，$p_3 = \dfrac{1}{4}$，

所以 $f(x_1 = 3, x_2 = 5, x_3 = 2) = \dfrac{10!}{3!5!2!} (\dfrac{1}{4})^3 (\dfrac{2}{4})^5 (\dfrac{1}{4})^2$。

 例題18

> 一副撲克牌，各以放回及不放回方式抽取 13 張，試求 3 張紅心，4 張黑桃，2 張梅花，4 張方塊的機率？

解 採放回方式時是多項分配：

$$f(x_1 = 3, x_2 = 4, x_3 = 2, x_4 = 4) = \frac{13!}{3!4!2!4!} \left(\frac{1}{4}\right)^3 \left(\frac{1}{4}\right)^4 \left(\frac{1}{4}\right)^2 \left(\frac{1}{4}\right)^4 ,$$

不放回時是超幾何分配：

$$f(x_1 = 3, x_2 = 4, x_3 = 2, x_4 = 4) = \frac{\binom{13}{3}\binom{13}{4}\binom{13}{2}\binom{13}{4}}{\binom{52}{13}} 。$$

八、波桑分配（Poisson distribution）

波桑（Poisson）於 1837 年發表了波桑分配。若離散隨機變數 X 的 p.d.f. 為 $f(x) = \dfrac{e^{-\lambda t}(\lambda t)^x}{x!}$，$x = 0, 1, 2, \cdots$，則稱為波桑分配。當 $t = 1$ 時，$f(x) = \dfrac{e^{-\lambda}\lambda^x}{x!}$，此式為 Poisson 分配最常用之形式。$x$ 為成功次數，λ 為單位時間內平均發生之次數，$e = 2.71828\cdots$。通常以 $X \sim P(\lambda)$ 表示。Poisson 分配是一非常有用的離散型機率分配，生活中有許多現象都可以用 Poisson 分配來描述。

舉例來說，早上九點到十點進加油站的人數、早上七點到八點某路口車流輛數、早上九點到九點十分進銀行的人數或電話通數、這學期每位學生缺課的次數、一年內車險理賠次數、一年內住院次數、每五公里坑洞數、每一甲甘蔗園老鼠數等等。

(一) 期望值、變異數與動差母函數

$$動差母函數\ M_X(t) = \sum_{x=0}^{\infty} e^{tx} f(x) = \sum_{x=0}^{\infty} \frac{e^{tx}e^{-\lambda}\lambda^x}{x!} = e^{-\lambda}\sum_{x=0}^{\infty}\frac{(e^t\lambda)^x}{x!} = e^{-\lambda}e^{\lambda e^t} = e^{\lambda(e^t-1)}$$

$$\sum_{x=0}^{\infty}\frac{(e^t\lambda)^x}{x!} = \frac{(e^t\lambda)^0}{0!} + \frac{(e^t\lambda)^1}{1!} + \frac{(e^t\lambda)^2}{2!} + \cdots = e^{\lambda e^t}\ 。$$

$$期望值\ E(X) = \frac{dM_X(t)}{dt}\bigg|_{t=0} = e^{\lambda(e^t-1)}\cdot\lambda e^t\big|_{t=0} = \lambda\ 。$$

$$變異數\ V(X) = E(X^2) - (E(X))^2 = \lambda^2 + \lambda - \lambda^2 = \lambda\ ，$$

$$E(X^2) = \frac{d^2M_X(t)}{dt^2}\bigg|_{t=0} = e^{\lambda(e^t-1)}(\lambda e^t)^2 + e^{\lambda(e^t-1)}\lambda e^t\big|_{t=0} = \lambda^2 + \lambda\ 。$$

(二) 性質

1. 一段時間或一特定區域內平均發生之次數 λ 為已知。

2. 在很短的時間 Δt 內或很小的區域內，發生二次或以上的機率為 0。

3. 事件在各段時間之發生為獨立事件（因為時間不會重複）。

4. Δt 時間內或很小的區域內，發生一次的機率與時間長度或空間大小成正比。

(三)Poisson 分配與二項分配之關係

將 λt 分成 n 段，在每段內發生次數之機率

$$P(X=x) = \lim_{n\to\infty} \binom{n}{x}\left(\frac{\lambda t}{n}\right)^x \left(1-\frac{\lambda t}{n}\right)^{n-x} = \lim_{n\to\infty} \frac{n!}{x!(n-x)!} \cdot \frac{(\lambda t)^x}{n^x} \cdot \left(1-\frac{\lambda t}{n}\right)^n \left(1-\frac{\lambda t}{n}\right)^{-x}$$

$$= \lim_{n\to\infty} \frac{n\,(n-1)\cdots(n-x-1)}{n\cdot n\cdot n\cdots n} \cdot \frac{(\lambda t)^x}{x!} \cdot \left(1-\frac{\lambda t}{n}\right)^n \left(1-\frac{\lambda t}{x}\right)^{-x} = \frac{(\lambda t)^x e^{-\lambda t}}{x!} \text{ 。}$$

$$\lim_{n\to\infty}\left(1-\frac{\lambda t}{n}\right)^{-x} = (1-0)^{-x} = 1 \text{ , } \lim_{n\to\infty}\left(1-\frac{\lambda t}{n}\right)^{-n} = e^{-\lambda t} \text{ 。}$$

(四) 與馬克勞林級數之關係

從 Poisson 分配機率和等於 1，亦可了解馬克勞林級數。

$$\because \sum_{x=0}^{\infty} f(x) = \sum_{x=0}^{\infty} \frac{e^{-\lambda}\lambda^x}{x!} = 1 \Rightarrow e^{-\lambda}\sum_{x=0}^{\infty}\frac{\lambda^x}{x!} = 1 \Rightarrow \sum_{x=0}^{\infty}\frac{\lambda^x}{x!} = e^{\lambda} \text{ 。}$$

微積分中馬克勞林級數：若 $f(x) = e^x \Rightarrow f'(x) = e^x$, $f''(x) = e^x$, ... ,

$$\Rightarrow f^{(n)}(0) = e^0 = 1 \Rightarrow f(x) = \sum_{n=0}^{\infty} \frac{f^{(n)}(0)}{n!}x^n = \sum_{n=0}^{\infty}\frac{1}{n!}x^n = \sum_{n=0}^{\infty}\frac{x^n}{n!} = e^x \text{ 。}$$

(五) 轉換

1. 當 $n \to \infty$，$\lambda = np$ 時，二項分配趨近於 Poisson 分配。

2. 當 $n \to \infty$，$\lambda = \sigma^2$ 時，Poisson 分配趨近於常態分配。

例題19

某銀行的顧客到達人數服從 Poisson 分配，平均每分鐘到達 4 人，試求

1. 某日 9:10 到 9:15 恰好到達 3 人的機率。
2. 從現在起到下位顧客到達所需時間之機率分配？

解 1. 1 分：4 人 = 5 分：λ 人，得 $\lambda = 20$，故 $f(x=3) = \dfrac{e^{-\lambda}\lambda^x}{x!} = \dfrac{e^{-20}20^3}{3!}$ 。

2. $f(x) = \dfrac{1}{\lambda}e^{\frac{-x}{\lambda}} = \dfrac{1}{4}e^{\frac{-x}{4}}$ 。

例題20

某機器產品瑕疵率為 0.001，今隨抽 100 個，試求有 5 個瑕疵品之機率為何？

解 二項分配解法：$f(5) = \binom{100}{5} (0.001)^5 (0.999)^{95}$，

Poisson 分配解法：$\lambda = np = 100 \times 0.001 = 0.1$，所以 $f(5) = \dfrac{e^{-\lambda}\lambda^x}{x!} = \dfrac{e^{-0.1}0.1^5}{5!}$。

例題21

某校有學生 5000 人，其中 600 人視力正常，今隨機抽取 20 人，試求
1. 若此 20 人為一次抽取（不放回），問其中 x 人視力正常之機率為何？
2. 試以二項分配及 Poisson 分配求算。

解 1. $f(x) = \dfrac{\binom{600}{x}\binom{4400}{20-x}}{\binom{5000}{20}}$，$x = 0, 1, 2, 3, \cdots, 20$。

2. 二項分配：$p = \dfrac{600}{5000} = 0.12$，$f(x) = \binom{20}{x}(0.12)^x (0.88)^{20-x}$，$x = 0, 1, 2, 3, \cdots, 20$。

Poisson 分配：$\lambda = np = 20 \times 0.12 = 2.4$，$f(x) = \dfrac{e^{-2.4}(2.4)^x}{x!}$，$x = 0, 1, 2, 3, \cdots, 20$。

例題22

石油探勘中，每 500 中鑽孔會有一個油井，試問 1000 次探勘中，會發現 3 個可產油的油井機率為何？

解 二項分配解法：$f(3) = \binom{1000}{3}(0.002)^3 (0.998)^{997}$，

Poisson 分配解法：$\lambda = np = 1000 \times 0.002 = 2$，$f(3) = \dfrac{e^{-\lambda}\lambda^x}{x!} = \dfrac{e^{-2}2^3}{3!}$。

九、離散型機率分配 Excel 作法

例題23

試求 $X \sim B(10, 0.1)$，成功次數 $X = 2$ 的機率。

 解

Excel 作法

本例在求 $f(2) = \dbinom{10}{2} 0.1^2 \, 0.9^8$。

1. 打開 Excel，將游標移至 A1 位格，選取「公式」、「f_x 插入函數」，再點選「或選取類別」中的「統計」及「BINOM.DIST」，按「確定」。

2. 螢幕出現 BINOM.DIST 視窗，在「Number_s」中鍵入 2，在「Trials」中鍵入 10，在「Probability_s」中鍵入 0.1，在「Cumulative」中鍵入 false（或 0），按「確定」。

3. A1 位格上會出現 0.19371。

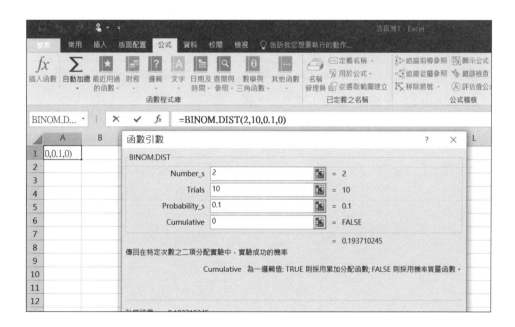

小補充

對話方塊「Cumulative」為一邏輯值，鍵入 true 或 1，表示採累加分配函數；鍵入 false 或 0，表示採機率密度函數。

例題24

試求 $X \sim HG(N = 10,\ n = 4,\ k = 3)$，當 $X = 2$ 時的機率。

Excel 作法

本例在求 $f(2) = \dfrac{\dbinom{3}{2}\dbinom{7}{2}}{\dbinom{10}{4}}$。

1. 打開 Excel，將游標移至 A1 位格上，選取「公式」、「f_x 插入函數」，再點選「或選取類別」中的「統計」及「HYPGEOM.DIST」，按「確定」。

2. 螢幕出現 HYPGEOM.DIST 視窗，在「Sample_s」中鍵入 2，在「Number_sample」中鍵入 4，在「Population_s」中鍵入 3，在「Number_pop」中鍵入 10，在「Cumulative」中鍵入 false（或 0），按「確定」。

3. A1 位格上會出現 0.3。

 例題25

試求 $X \sim P(\lambda = 5)$，當 $X = 3$ 時的機率。

Excel 作法

本例在求 $f(3) = \dfrac{e^{-5} 5^3}{3!}$ 。

1. 打開 Excel，將游標移至 A1 位格上，選取「公式」、「f_x 插入函數」，再點選「或選取類別」中的「統計」及「POISSON.DIST」，按「確定」。

2. 螢幕出現 POISSON.DIST 視窗，在「X」中鍵入 3，在「Mean」中鍵入 5，在「Cumulative」中鍵入 false（或 0），按「確定」。

3. A1 位格上會出現 0.140374。

 例題26

試求 $X \sim NB(k = 3, p = 0.3)$，當 $X = 1$ 時的機率。

Excel 作法

本例在求 $f(1) = \begin{pmatrix} 3+1-1 \\ 1 \end{pmatrix} 0.3^3 \ 0.7^1$ 。

1. 打開 Excel，將游標移至 A1 位格上，選取「公式」、「f_x 插入函數」，再點選「或選取類別」中的「統計」及「NEGBINOM.DIST」，按「確定」。

2. 螢幕出現 NEGBINOM.DIST 視窗，在「Number_f」中鍵入 1，在「Number_s」中鍵入 3，在「Probability_s」中鍵入 0.3，在「Cumulative」中鍵入 false（或 0），按「確定」。

3. A1 位格上會出現 0.0567。

試求 $X \sim G(p = 0.1)$，當 $X = 1$ 時的機率。

解

Excel 作法

本例在求 $f(1) = 0.1 \cdot 0.9^1$。

1. 打開 Excel，將游標移至 A1 位格上，選取「公式」、「f_x 插入函數」，再點選「或選取類別」中的「統計」及「NEGBINOM.DIST」，按「確定」。

2. 螢幕出現 NEGBINOM.DIST 視窗，在「Number_f」中鍵入 1，在「Number_s」中鍵入 1，在「Probability_s」中鍵入 0.1，在「Cumulative」中鍵入 false（或 0），按「確定」。

3. A1 位格上會出現 0.09。

試繪 $n = 20, p = 0.1, 0.5, 0.9$ 時之二項分配圖。

解

Excel 作法

1. 打開 Excel，將游標移至 A1 位格上並鍵入 0，接著按鍵盤上的 enter，滑鼠再移回來 A1 位格上，選取「常用」、「填滿」、「數列」，在數列對話框中點選「欄」、「間距值」鍵入 1，「終止值」鍵入 20，按「確定」。

2. 將游標移至 B1 位格上，選取「公式」、「f_x 插入函數」，再點選「或選取類別」中的「統計」及「BINOM.DIST」，按「確定」。

3. 螢幕出現 BINOM.DIST 視窗，在「Number_s」中鍵入 A1，在「Trials」中鍵入 20，在「Probability_s」中鍵入 0.1，在「Cumulative」中鍵入 false（或 0），按「確定」。

4. 將游標移至 B1 位格右下角正方形黑點上（如下圖紅框處），游標會出現黑色十字，快點滑鼠左鍵二下，即完成所有計算（這步驟亦可按住滑鼠左鍵往下拖曳）。

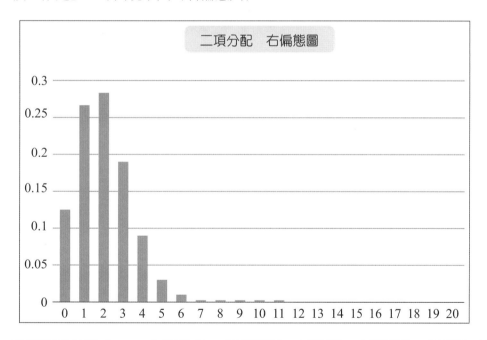

5. 將游標移至 C1 位格上，選取「插入」、「圖表」，「建議的圖表」中的第二個，按「確定」，即出現下圖（右偏態圖）。

6. 重開新工作表（Excel 左下角有 ⊕ 這個符號，每點選一次即開啓一個新的工作表）並重複上述步驟，只需在「Probability_s」中改鍵入 0.5、0.9 即可出現下面二種圖形（上圖爲常態圖、下圖爲左偏態圖）。鍵入 0.5 出現常態圖，鍵入 0.9 則出現左偏態圖。

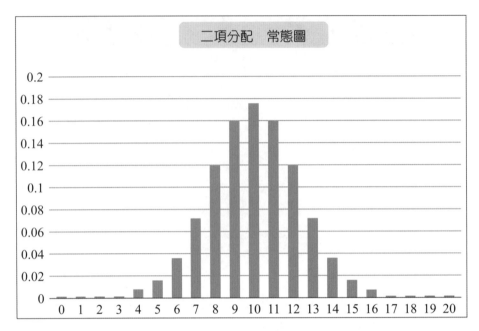

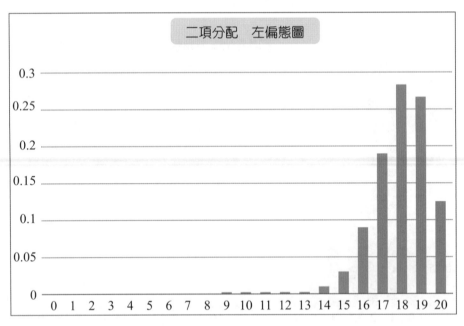

例題29

試繪 $\lambda = 0.5, 4$ 時之 Poisson 圖。

 解

Excel 作法

1. 打開 Excel，將游標移至 A1 位格上並鍵入 0，接著按鍵盤上的 enter，滑鼠再移回來 A1 位格上，選取「常用」、「填滿」、「數列」，在數列對話框中點選「欄」、「間距值」鍵入 1，「終止值」鍵入 25（隨意值），按「確定」。

2. 將游標移至 B1 位格上，選取「公式」、「f_x 插入函數」，再點選「或選取類別」中的「統計」及「POISSON.DIST」，按「確定」。

3. 螢幕出現 POISSON.DIST 視窗，在「X」中鍵入 A1，在「Mean」中鍵入 0.5，在「Cumulative」中鍵入 false（或 0），按「確定」。

4. 將游標移至 B1 位格右下角正方形黑點上，游標會出現黑色十字，快點滑鼠左鍵二下，即完成所有計算。

5. 將游標移至 C1 位格上，選取「插入」、「圖表」，「建議的圖表」中的第三個，按「確定」，即出現下圖。

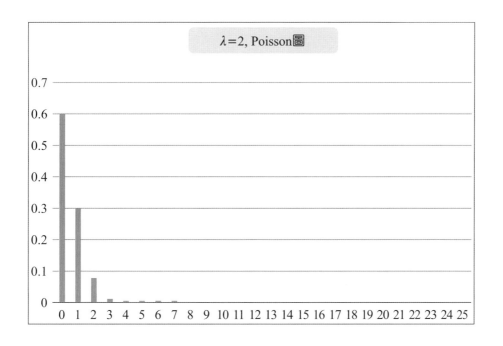

6. 重開新工作表並重複上述步驟，只需在「Mean」中鍵入 4，即可出現下圖。

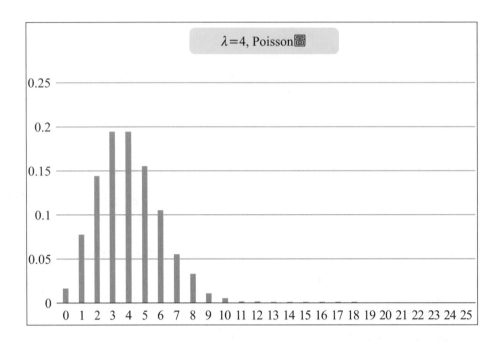

例題30

試繪 $n = 20$, $p = 0.2$, 0.5 時之 Poisson 分配圖。

解

R 程式作法

```
R 程式
在 Source 程式編輯區鍵入
x=0:20
mu=4
plot(x,dpois(x,mu),type="h",lwd=2,ylab=" ")
```

試繪 $NB(k = 4, p = 0.4)$ 圖形，假設實驗次數 30 次。

Excel 作法

1. 打開 Excel，將游標移至 A1 位格上並鍵入 0，接著按鍵盤上的 enter，滑鼠再移回來 A1 位格上，選取「常用」、「填滿」、「數列」，在數列對話框中點選「欄」、「間距值」鍵入 1，「終止值」鍵入 30，按「確定」。

2. 將游標移至 B1 位格上，選取「公式」、「f_x 插入函數」，再點選「或選取類別」中的「統計」及「NEGBINO.DIST」，按「確定」。

3. 螢幕出現 NEGBINO.DIST 視窗，在「Nunber_f」中鍵入 A1，在「Nunber_s」中鍵入 4，在「Probability_s」中鍵入 0.4，在「Cumulative」中鍵入 false（或 0），按「確定」。

4. 將游標移至 B1 位格右下角正方形黑點上，游標會出現黑色十字，快點滑鼠左鍵二下，即完成所有計算。

5. 將游標移至 C1 位格上，選取「插入」、「圖表」、選「建議的圖表」，按「確定」，即出現下圖。

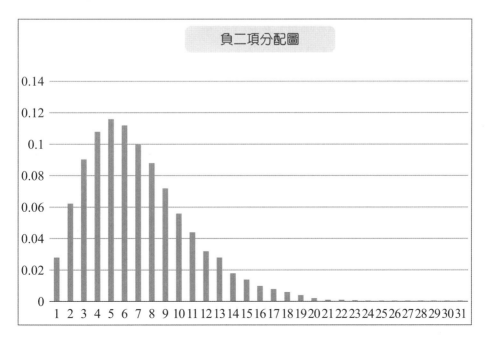

4-2 連續型機率分配

一、連續型均勻分配（continuous uniform distribution）

若連續隨機變數 X 的 p.d.f. 爲 $f(x) = \begin{cases} \dfrac{1}{b-a} & , \quad a \leq x \leq b \\ 0 & , \quad otherwise \end{cases}$，則稱其爲連續型均勻分

配。通常以 $X \sim U(a, b)$ 表示。

(一) 期望值、變異數與動差母函數

期望值 $E(X) = \int\limits_{-\infty}^{\infty} x\, f(x)\, dx = \int\limits_{a}^{b} x \cdot \dfrac{1}{b-a}\, dx = \dfrac{1}{b-a} \int\limits_{a}^{b} x\, dx = \dfrac{x^2}{2\,(b-a)} \Big|_{a}^{b} = \dfrac{b+a}{2}$。

變異數 $V(X) = E(X^2) - (E(X))^2 = \int\limits_{a}^{b} x^2 \cdot \dfrac{1}{b-a}\, dx - (\dfrac{b+a}{2})^2 = \dfrac{(b-a)^2}{12}$。

動差母函數 $M_X(t) = E(e^{tX}) = \int\limits_{a}^{b} e^{tx} \cdot \dfrac{1}{b-a}\, dx = \dfrac{e^{bt} - e^{at}}{t(b-a)}$。

二、常態分配（normal distribution）

若連續隨機變數 X 的 p.d.f. 爲 $f(x) = \dfrac{1}{\sqrt{2\pi}\,\sigma} e^{\frac{-1}{2}(\frac{x-\mu}{\sigma})^2}$，$-\infty < x < \infty$，$-\infty < \mu < \infty$，

$0 < \sigma < \infty$，則稱其爲常態分配。這裡，μ 爲平均數，σ 爲標準差，此分配又稱高斯分配

（Gauss distribution），通常以 $X \sim N(\mu, \sigma^2)$ 表示。

(一) 期望值、變異數與動差母函數

動差母函數 $M_X(t) = E(e^{tX}) = \int\limits_{-\infty}^{\infty} e^{tx} \dfrac{1}{\sqrt{2\pi}\,\sigma} e^{\frac{-1}{2}(\frac{x-\mu}{\sigma})^2}\, dx$

$$= e^{\mu t} \int\limits_{-\infty}^{\infty} e^{t(x-\mu)} \dfrac{1}{\sqrt{2\pi}\,\sigma} e^{\frac{-1}{2}(\frac{x-\mu}{\sigma})^2}\, dx$$

$$= e^{\mu t} \cdot e^{\frac{1}{2}(t^2\sigma^2)} \int\limits_{-\infty}^{\infty} \dfrac{1}{\sqrt{2\pi}\,\sigma} e^{\frac{-(x-\mu-t\sigma^2)^2}{2\sigma^2}}\, dx = e^{\mu t + \frac{1}{2}(t^2\sigma^2)}$$。

$\dfrac{1}{\sqrt{2\pi}\sigma}e^{\frac{-(x-(\mu+t\sigma^2))^2}{2\sigma^2}}$ 為一常態分配，其平均數為 $\mu+t\sigma^2$，變異數為 σ^2，所以

$\displaystyle\int_{-\infty}^{\infty}\dfrac{1}{\sqrt{2\pi}\sigma}e^{\frac{-(x-\mu-t\sigma^2)^2}{2\sigma^2}}dx=1$。

期望值 $E(X)=\left.\dfrac{dM_X(t)}{dt}\right|_{t=0}=\left.e^{ut+\frac{1}{2}(t^2\sigma^2)}\cdot(\mu+t\sigma^2)\right|_{t=0}=\mu$。

變異數 $V(X)=E(X^2)-(E(X))^2=\mu^2+\sigma^2-\mu^2=\sigma^2$。

$E(X^2)=\left.\dfrac{d^2M_X(t)}{dt^2}\right|_{t=0}=e^{ut+\frac{1}{2}(t^2\sigma^2)}\cdot(\mu+t\sigma^2)+e^{ut+\frac{1}{2}(t^2\sigma^2)}\cdot\sigma^2=\mu^2+\sigma^2$。

(二) 常態分配性質

1. $f(\mu)=Max\ f(x)=$ 眾數且 $\displaystyle\int_{-\infty}^{\infty}f(x)dx=\dfrac{1}{2}=$ 中位數，所以 μ 為平均數也是中位數亦是眾數。

2. 常態分配 $f(x)$ 於 $x=\mu$ 對稱。

3. 偏態係數 $S.K.=E(\dfrac{(X-\mu)^3}{\sigma^3})=0$，表示圖形對稱。

4. 峰態係數 $K=E(\dfrac{(X-\mu)^4}{\sigma^4})=3$，表示圖形為常態峰。

5. 常態分配面積大小

   $\mu\pm\sigma=68.26\%$：從點（$\mu-\sigma$）積分積到點（$\mu+\sigma$）的面積約為 0.6826。

   $\mu\pm2\sigma=95.44\%$：從點（$\mu-2\sigma$）積分積到點（$\mu+2\sigma$）的面積約為 0.9544。

   $\mu\pm3\sigma=99.72\%$：從點（$\mu-3\sigma$）積分積到點（$\mu+3\sigma$）的面積約為 0.9972。

6. 標準常態分配面積大小

   如果上述的 $\mu=0$，$\sigma=1$，即變為標準常態分配。在標準常態分配下，從 -1 積分積到 1 的面積約為 0.6826；從 -2 積分積到 2 的面積約為 0.9544；從 -3 積分積到 3 的面積約為 0.9972。

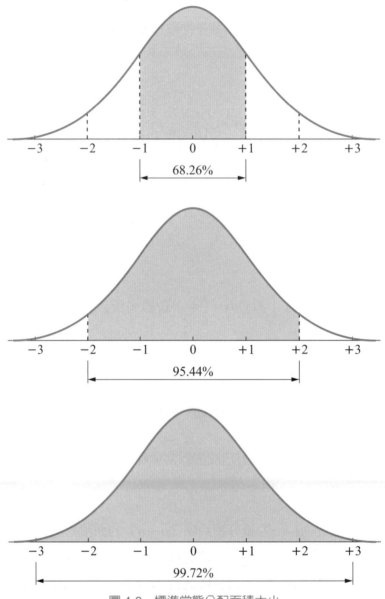

圖 4-2　標準常態分配面積大小

(三) 常態分配在品質管理上之應用

　　品質管理上常聽到的 6 個標準差（6σ）起源於 1980 年代初期 Motorola 公司為了提升製程品質提出的一套管理方式。事實上，Motorola 公司的觀點與統計學的觀點兩者有些差異。介紹差異性之前要先認識幾個名詞：USL 是標準規格上限，SL 是標準規格，LSL 是標準規格下限。6 個標準差以統計學觀點來看，SL 就是 μ，USL 就是 $\mu + 6\sigma$，LSL 就是 $\mu - 6\sigma$，在製程品質服從常態分配假設下，品質特性在標準規格外的機率為

$P(X > \text{USL or } X < \text{LSL} \mid \mu = \mu_0) = P(X > (\mu + 6\sigma) \text{ or } X < (\mu - 6\sigma) \mid \mu = \mu_0)$

$= P(Z > \dfrac{(\mu_0 + 6\sigma - \mu_0)}{\sigma} \text{ or } Z < \dfrac{(\mu_0 - 6\sigma - \mu_0)}{\sigma}) = P(Z > 6) + P(Z < -6)$

$= 0.002 \times 10^{-6} = 0.002\text{ppm}$（part per million, ppm $= 10^{-6}$, 百萬分之一）。

但以 Motorola 公司觀點來看，6 個標準差是一種管理哲學，將製程中的變異納入考量，允許品質特性平均值向右偏離 1.5σ（即 $\mu = \mu_0 + 1.5\sigma$）。在製程品質服從常態分配假設下，品質特性在標準規格外的機率為

$P(X > \text{USL or } X < \text{LSL} \mid \mu = \mu_0 + 1.5\sigma)$

$= P(Z > \dfrac{(\mu_0 + 6\sigma - \mu_0 - 1.5\sigma)}{\sigma} \text{ or } Z < \dfrac{(\mu_0 - 6\sigma - \mu_0 - 1.5\sigma)}{\sigma})$

$= P(Z > 4.5) + P(Z < -7.5) = 0.0000034 = 3.4\text{ppm}$。

這就是我們常聽到的 6σ 的意涵：平均而言，每一百萬個產品中允許 3.4 個不良品出現。

(四) 常態分配之加法性

1. 設 $X \sim N(\mu_X, \sigma_X^2)$ ，$Y \sim N(\mu_Y, \sigma_Y^2)$，若 X 與 Y 獨立，$Z = X + Y$，

   則 $Z \sim N(\mu_X + \mu_Y, \sigma_X^2 + \sigma_Y^2)$。

2. 設 $X_i \sim N(\mu_i, \sigma_i^2)$，$i = 1, 2, \ldots, n$，$X_i$ 彼此獨立。現 $Y = \displaystyle\sum_{i=1}^{n} a_i X_i$ ，a_i 為常數，

   則 $Y \sim N\left(\displaystyle\sum_{i=1}^{n} a_i \mu_i, \ \sum_{i=1}^{n} a_i^2 \sigma_i^2\right)$。

3. 設 $X_i \sim N(\mu, \sigma^2)$，$i = 1, 2, \ldots, n$，$X_i$ 為彼此獨立且同一分配，現 $\overline{X} = \displaystyle\sum_{i=1}^{n} \dfrac{X_i}{n}$ ，

   則 $\overline{X} \sim N(\mu, \dfrac{\sigma^2}{n})$。

三、標準常態分配（standard normal distribution）

1. 若隨機變數 Z 的 p.d.f. 為 $f(z) = \dfrac{1}{\sqrt{2\pi}} e^{\frac{-z^2}{2}}$，$-\infty < z < \infty$，則稱其為標準常態分配，通常以 $Z \sim N(0, 1)$ 表示之。

2. 標準常態分配的期望值、變異數及動差母函數

期望值 $E(Z) = E(\dfrac{X-\mu}{\sigma}) = \dfrac{1}{\sigma} E(X-\mu) = 0$，

變異數 $V(Z) = V(\dfrac{X-\mu}{\sigma}) = \dfrac{1}{\sigma^2} V(X-\mu) = \dfrac{1}{\sigma^2} V(X) = 1$，

動差母函數 $M_Z(t) = e^{\frac{t^2}{2}}$。因為 $X \sim N(\mu, \sigma^2)$，其 $M_X(t) = e^{ut+\frac{1}{2}(\sigma^2 t^2)}$，現 $u = 0$，$\sigma^2 = 1$，所以 $e^{ut+\frac{1}{2}(\sigma^2 t^2)} = e^{\frac{t^2}{2}}$。

3. 若 $X \sim N(\mu, \sigma^2)$，其中 $u = 0$，$\sigma^2 = 1$，則稱其為標準常態分配。

4. 若 $X \sim N(\mu, \sigma^2)$，令 $Z = \dfrac{X-\mu}{\sigma}$，則 Z 為標準常態分配。

5. 常態分配圖。

用 R 程式畫出平均數均為 0，但變異數分別為 0.25, 1, 4 的常態分配圖。

R 程式作法

R 程式

在 Source 編輯區鍵入下列程式

```
x=seq(-4,4,0.01)
sd=c(0.5,1,2)
matplot(x,outer(x,sd,function(x,sd)
dnorm(x,0,sd)),lty=1:3,type=c("l","l","l"),ylab=" ")
legend(1.5,0.4,c("N(0,0.25)", "N(0,1)", "N(0,4)"),
lty=1:3)
```

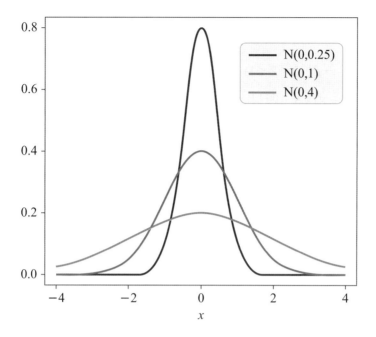

從圖中不難發現，變異數越小（例如 0.25）越高聳、越集中。

 例題33

一常態分配的平均值 100，標準差 5，試求此變數介於 85 與 115 之間的機率？

解 $P(85 \leq X \leq 115) = P(\frac{85-100}{5} \leq \frac{X-\mu}{\sigma} \leq \frac{115-100}{5}) = P(-3 \leq Z \leq 3)$

$= 0.9987 - 0.0013 = 0.9974$。

 例題34

已知某入學考試成績分配為 $N(70, 16)$，考生人數共有 1000 人，試問：
1. 成績介於 62 分至 74 分的人數大約有多少人？
2. 如果只要錄取 10 人，請問至少要考幾分才會被錄取？

解 1. $P(62 \leq X \leq 74) = P(\frac{62-70}{4} \leq \frac{X-\mu}{\sigma} \leq \frac{74-70}{4})$

$$= P(-2 \leq Z \leq 1) = 0.8413 - 0.0228 = 0.8185 \text{，}$$

$1000 \times 0.8185 = 818.5$，所以大約有 819 人。

2. $P(X \geq x_0) = P(\frac{X-\mu}{\sigma} \geq \frac{x_0-70}{4}) = P(Z \geq \frac{x_0-70}{4}) = 0.01$，意思是想得到 0.01 的面積，

必須從 2.33 開始積分積到 ∞ 這個點，是查 Z 表得到 $\frac{x_0-70}{4} = 2.33$，$x_0 = 79.32$，

所以至少要考 80 分才會被錄取。

💡小補充

如要使用 R 程式得到 0.8185 的機率值，在 Source 程式編輯區鍵入

pnorm(74,70,4)-pnorm(62,70,4) 即可。

例題35

X，Y 為二獨立隨機變數，令 $W = X + Y$，依下列條件求 $E(W)$、$V(W)$ 及 $P(W=1)$。

1. $X \sim B(6, 0.2)$，$Y \sim B(4, 0.2)$，
2. $X \sim N(27, 16)$，$Y \sim N(23, 9)$，
3. $X \sim P(1.8)$，$Y \sim P(1.2)$。

解 1. $W = X + Y \sim B(10, 0.2)$，所以 $E(W) = np = 10 \times 0.2 = 2$

$V(W) = npq = 10 \times 0.2 \times 0.8 = 1.6$

$$P(W=1) = f(w=1) = \binom{n}{w} p^w q^{n-w} = \binom{10}{1} 0.2^1 0.8^{10-1}$$

2. $W = X + Y \sim N(50, 25)$，所以 $E(W) = 50$，$V(W) = 25$，$P(W=1) = 0$。

3. $W = X + Y \sim P(3)$，所以 $E(W) = 3$，$V(W) = 3$，$P(W=1) = f(w=1) = \frac{e^{-\lambda}\lambda^w}{w!} = \frac{e^{-3}3^1}{1!}$。

四、二元常態分配（bivariate normal distribution）

若連續隨機變數 X, Y 之聯合 p.d.f. 為 $f(x,y) = \dfrac{1}{2\pi\sigma_X\sigma_Y\sqrt{1-\rho^2}}e^{\frac{-q}{2}}$ ，

$$q = \frac{1}{1-\rho^2}\left[\left(\frac{X-\mu_X}{\sigma_X}\right)^2 - 2\rho\left(\frac{X-\mu_X}{\sigma_X}\right)\left(\frac{Y-\mu_Y}{\sigma_Y}\right) + \left(\frac{Y-\mu_Y}{\sigma_Y}\right)^2\right]$$ ，$(x, y) \in R^2$ ，$\mu_X \in R$ ，

$\mu_Y \in R$ ，$0 < \sigma_X < \infty$ ，$0 < \sigma_Y < \infty$ ，$-1 < \rho < 1$ ，則稱其為二元常態分配。

(一) 性質

1. 假如 X 與 Y 彼此獨立，則 $\rho = 0$。但 $\rho = 0$，X 與 Y 不一定獨立，除非 X、Y 為二元常態分配。

2. $f(\mu_1, \mu_2) = Max\, f(x, y)$。

3. 若 X, Y 為二元常態分配，則邊際分配 $X \sim N(\mu_X, \sigma_X^2)$，邊際分配 $Y \sim N(\mu_Y, \sigma_Y^2)$。

4. 若 X, Y 為二元常態分配，則條件分配：

$$Y\,|\,x \sim N\left(\mu_Y + \rho\frac{\sigma_Y}{\sigma_X}(x-\mu_X), \sigma_Y^2(1-\rho^2)\right) ;$$

$$X\,|\,y \sim N\left(\mu_X + \rho\frac{\sigma_X}{\sigma_Y}(y-\mu_y), \sigma_X^2(1-\rho^2)\right) 。$$

五、珈瑪分配（Gamma distribution）

若隨機變數 X 的 p.d.f. 為 $f(x) = \dfrac{1}{\Gamma(\alpha)\beta^\alpha}x^{\alpha-1}e^{\frac{-x}{\beta}}$ ，$0 \le x < \infty$ ，$\alpha > 0$ ，$\beta > 0$ ，則稱其為 Gamma 分配。通常以 $X \sim \Gamma(\alpha, \beta)$ 表示。α 是形狀參數（shape parameter），β 是尺度參數（scale parameter）。

(一)Gamma 函數

$$\Gamma(\alpha) = \int_0^\infty x^{\alpha-1}e^{-x}dx = (\alpha-1)\,! \,，\alpha$$ 為正整數。又 $\Gamma(1) = 1$ ，$\Gamma(\frac{1}{2}) = \sqrt{\pi}$ ，

$\Gamma(\alpha) = (\alpha - 1)\,!$ ，例如 $\Gamma(5) = 4!$。

(二)Gamma 分配的期望值、變異數及動差母函數

動差母函數 $M_X(t) = E(e^{tx}) = \int_0^\infty e^{tx} \frac{1}{\Gamma(\alpha)\beta^\alpha} x^{\alpha-1} e^{\frac{-x}{\beta}} dx = \int_0^\infty \frac{1}{\Gamma(\alpha)\beta^\alpha} x^{\alpha-1} e^{-(-t+\frac{1}{\beta})x} dx$

$$= \int_0^\infty \frac{(\beta/(1-\beta t))^\alpha}{\Gamma(\alpha)\beta^\alpha(\beta/(1-\beta t))^\alpha} x^{\alpha-1} e^{-[(1-\beta t)/\beta]x} dx$$

$$= \frac{(\beta/(1-\beta t))^\alpha}{\beta^\alpha} \int_0^\infty \frac{1}{\Gamma(\alpha)(\beta/(1-\beta t))^\alpha} x^{\alpha-1} e^{-[(1-\beta t)/\beta]x} dx$$

$$= \frac{(\beta/(1-\beta t))^\alpha}{\beta^\alpha} \cdot 1 = (\frac{1}{1-\beta t})^\alpha \quad 。$$

期望值 $E(X) = \frac{dM_X(t)}{dt}\bigg|_{t=0} = \alpha \left(\frac{1}{1-\beta t}\right)^{\alpha-1} \left(\frac{\beta}{(1-\beta t)^2}\right)\bigg|_{t=0} = \alpha\beta \quad 。$

變異數 $V(X) = E(X^2) - (E(X))^2 = \beta^2(\alpha^2 + \alpha) - \alpha^2\beta^2 = \alpha\beta^2$ ，

$E(X^2) = \frac{d^2 M_X(t)}{dt^2}\bigg|_{t=0}$

$$= \alpha(\alpha-1)\left(\frac{1}{1-\beta t}\right)^{\alpha-2}\left(\frac{\beta}{(1-\beta t)^2}\right)^2 + \alpha\left(\frac{1}{1-\beta t}\right)^{\alpha-1}\left(\frac{2\beta^2}{(1-\beta t)^3}\right)\bigg|_{t=0}$$

$$= \alpha(\alpha-1)\beta^2 + 2\alpha\beta^2 = \beta^2(\alpha(\alpha-1) + 2\alpha) = \beta^2(\alpha^2 + \alpha) \quad 。$$

💡小補充

1. 若 $X \sim \Gamma(\alpha, \beta)$ ，則 $E(X) = \frac{\Gamma(\alpha+1)}{\Gamma(\alpha)} \beta^1 = \frac{\alpha!}{(\alpha-1)!} \beta = \alpha\beta$ ， k 為正數

   $E(X) = \frac{\Gamma(\alpha+1)}{\Gamma(\alpha)} \beta^1 = \frac{\alpha!}{(\alpha-1)!} \beta = \alpha\beta$ ，

   $E(X^2) = \frac{\Gamma(\alpha+2)}{\Gamma(\alpha)} \beta^2 = \alpha(\alpha+1)\beta^2 = (\alpha^2 + \alpha)\beta^2$ 。

2. 證明 σ 的不偏估計式時會用到 $E(X^k) = \frac{\Gamma(\alpha+k)}{\Gamma(\alpha)} \beta^k$ 。

六、卡方分配（Chi-square distribution）

若隨機變數 X 之 p.d.f. 為 $f(x) = \dfrac{1}{\Gamma(\frac{n}{2})2^{\frac{n}{2}}} x^{\frac{n}{2}-1} e^{\frac{-x}{2}}$，$0 \leq x < \infty$，$n \in N$，則稱其為卡方分配。

由上式可以看出，若隨機變數 X 服從 Gamma 分配且 $\alpha = \dfrac{n}{2}$，$\beta = 2$，則變為具有自由度 n 的卡方分配，即 $\Gamma(\dfrac{n}{2}, 2) = \chi^2_{(n)}$，所以 $\chi^2_{(2)} = \Gamma(1, 2)$，$\chi^2_{(1)} = \Gamma(\dfrac{1}{2}, 2)$。

> **💡 小補充**
>
> 學習數理統計的過程中，筆者只背記 Gamma 分配的 p.d.f. 而不背記卡方分配的 p.d.f.，因為由 $\Gamma(\dfrac{n}{2}, 2) = \chi^2_{(n)}$ 即可得出卡方分配。

(一) 期望值、變異數及動差母函數

期望值 $E(X) = \dfrac{dM_X(t)}{dt}\bigg|_{t=0} = \alpha\beta = \dfrac{n}{2} \times 2 = n$。

變異數 $V(X) = E(X^2) - (E(X))^2 = \alpha\beta^2 = \dfrac{n}{2} \times 2^2 = 2n$。

動差母函數 $M_X(t) = \left(\dfrac{1}{1-\beta t}\right)^{\alpha} = \left(\dfrac{1}{1-2t}\right)^{\frac{n}{2}}$。

> **💡 小補充**
>
> 設 $X \sim \chi^2_{(n)}$，$Y \sim \chi^2_{(m)}$，若 X 與 Y 獨立，$Z = X + Y$，則 $Z \sim \chi^2_{(n+m)}$。
>
> 若 $X_j \sim \chi^2_{(n_j)}$，$j = 1, 2, ..., k$，X_j 彼此獨立，$n = \displaystyle\sum_{j=1}^{k} n_j$，則 $Z = \displaystyle\sum_{j=1}^{k} X_j \sim \chi^2_{(n)}$。

(二) 常態分配與卡方分配之關係

1. 若 $X \sim N(\mu, \sigma^2)$，則 $Y = \left(\dfrac{X - \mu}{\sigma} \right)^2 \sim \chi^2_{(1)}$。

2. 若 $X_i \sim N(\mu_i, \sigma_i^2)$，$i = 1, 2, \ldots, n$，$X_i$ 彼此獨立，則 $\displaystyle\sum_{i=1}^{n} \left(\dfrac{X_i - \mu_i}{\sigma_i} \right)^2 \sim \chi^2_{(n)}$。

3. 若 $X_i \sim N(\mu, \sigma^2)$，$i = 1, 2, \ldots, n$，$X_i$ 彼此獨立且有共同之分配（independent identical distribution，i.i.d.），則 $\displaystyle\sum_{i=1}^{n} \left(\dfrac{X_i - \mu}{\sigma} \right)^2 \sim \chi^2_{(n)}$。

七、貝它分配（Beta distribution）

若隨機變數 X 之 p.d.f. 為 $f(x) = \dfrac{1}{B(\alpha, \beta)} x^{\alpha-1}(1-x)^{\beta-1}$，$0 \leq x \leq 1$，$\alpha > 0$，$\beta > 0$，則稱其為 Beta 分配，通常以 $Beta(\alpha, \beta)$ 表示。當 Beta 分配的 $\alpha = 1$，$\beta = 1$ 時，則 Beta 分配變成連續型均勻分配。即

$$f(x) = \frac{1}{B(\alpha, \beta)} x^{\alpha-1}(1-x)^{\beta-1} = \frac{1}{B(1,1)} x^{1-1}(1-x)^{1-1} = 1 \text{，} 0 \leq x \leq 1 \text{。}$$

(一) Beta 函數

$$B(\alpha, \beta) = \int_0^1 x^{\alpha-1}(1-x)^{\beta-1} dx \text{，} \alpha > 0 \text{，} \beta > 0$$

(二) Beta 函數性質

1. $B(\alpha, \beta) = \dfrac{\Gamma(\alpha)\Gamma(\beta)}{\Gamma(\alpha + \beta)}$。

2. $B(\alpha, \beta) = B(\beta, \alpha)$。因為 $B(\alpha, \beta) = \dfrac{\Gamma(\alpha)\Gamma(\beta)}{\Gamma(\alpha + \beta)} = \dfrac{\Gamma(\beta)\Gamma(\alpha)}{\Gamma(\beta + \alpha)} = B(\beta, \alpha)$。

3. $B(1,1) = \dfrac{\Gamma(1)\Gamma(1)}{\Gamma(1+1)} = \dfrac{\Gamma(1)\Gamma(1)}{\Gamma(2)} = \dfrac{1 \times 1}{1} = 1$。

(三) Beta 分配的期望值、變異數及動差母函數

期望值 $E(X) = \dfrac{\alpha}{\alpha + \beta}$ 。

變異數 $V(X) = \dfrac{\alpha\beta}{(\alpha + \beta)^2(\alpha + \beta + 1)}$ 。

動差母函數較複雜，請參閱數理統計書籍。

已知某城市每年新開速食店倒店的比例服從 Beta(1, 3)，試求：
1. 此城市每年新開速食店倒店的平均比例。
2. 此城市去年至少倒店比例 30% 的機率？

解 1. $X \sim Beta(1, 3)$，$E(X) = \dfrac{1}{1 + 3} = \dfrac{1}{4}$ 。

2. $P(X \geq 0.3) = \displaystyle\int_{0.3}^{1} \frac{1}{B(1,3)} x^{1-1}(1-x)^{3-1}dx = \int_{0.3}^{1} \frac{\Gamma(1+3)}{\Gamma(1)\Gamma(3)}(1-x)^2 dx$

$= \displaystyle\int_{0.3}^{1} \frac{3\,!}{2\,!}(1-x)^2 dx = \int_{0.3}^{1} 3\,(1-x)^2 dx = -\left[(1-x)^3 \Big|_{x=0.3}^{x=1}\right] = 0.7^3$ 。

八、指數分配（exponential distribution）

若隨機變數 X 之 p.d.f. 為 $f(x) = \lambda e^{-\lambda x}$，$0 \leq x < \infty$，$\lambda > 0$，則稱其為指數分配，通常以 $X \sim \varepsilon(\lambda)$ 表示。這裡 x 是發生一次之等候時間，λ 是單位時間內事件平均發生的次數，$\dfrac{1}{\lambda}$ 是事件發生一次所需的平均時間。

(一) 期望值、變異數及動差母函數

動差母函數 $M_X(t) = E(e^{tX}) = \displaystyle\int_0^\infty e^{tx}\lambda e^{-\lambda x}dx = \frac{\lambda}{\lambda - t}\int_0^\infty (\lambda - t)e^{-(\lambda - t)x}dx = \frac{\lambda}{\lambda - t}$ 。

期望值 $E(X) = \dfrac{dM_X(t)}{dt}\Big|_{t=0} = \lambda(\lambda - t)^{-2}\big|_{t=0} = \dfrac{1}{\lambda}$ 。

變異數 $V(X) = E(X^2) - (E(X))^2 = \dfrac{2}{\lambda^2} - \left(\dfrac{1}{\lambda}\right)^2 = \dfrac{1}{\lambda^2}$。

$E(X^2) = \dfrac{d^2 M_X(t)}{dt^2}\bigg|_{t=0} = 2\lambda(\lambda - t)^{-3}\big|_{t=0} = \dfrac{2}{\lambda^2}$。

小補充

Poisson 分配之 λ 是指在單位時間內或單位區域內感興趣的事件平均發生之次數；

Exponential 分配之 $\dfrac{1}{\lambda}$ 是指事件發生一次（這個人服務完，接著下一個客人得到服

務）所需的平均時間（客人等候服務的時間）。

(二) 指數分配之無憶性（memoryless property）

$P(X \geq (s+t) \mid X \geq s) = P(X \geq t)$，$s > 0$，$t > 0$。證明如下：

$f(x) = \lambda e^{-\lambda x}$，$x \geq 0$，$P(x \geq s) = \displaystyle\int_s^\infty \lambda e^{-\lambda x} dx = e^{-\lambda s}$ ，同理，

$P(X \geq t) = e^{-\lambda t}$，$P(X \geq (s+t)) = e^{-\lambda(s+t)}$，

$P(X \geq (s+t) \mid X \geq s) = \dfrac{P(X \geq (s+t), X \geq s)}{P(X \geq s)} = \dfrac{P(X \geq (s+t))}{P(X \geq s)}$

$= \dfrac{e^{-\lambda(s+t)}}{e^{-\lambda s}} = e^{-\lambda t} = P(X \geq t)$。

　　無憶性指的是事件發生機率和時間起點無關，只和時間的長度有關。某個電器已經用了一段時間（s 時），要再多用一段時間（t 時），這個電器要用超過 $(s+t)$ 時的機率，事實上就是這個電器使用超過 t 時的機率。

(三) 指數分配的另一表示方式

$f(x) = \dfrac{1}{\lambda} e^{\frac{-x}{\lambda}}$ ，$0 \leq x < \infty$，$\lambda > 0$，仍以 $X \sim \varepsilon(\lambda)$ 表示。如果 p.d.f. 是此型式，則期望值

$E(X) = \lambda$，變異數 $V(X) = \lambda^2$，動差母函數 $M_X(t) = \dfrac{1}{1 - \lambda t}$。

 例題37

設 $X \sim \varepsilon(\lambda)$，試求 X 值大於期望值的機率。

解 因為指數分配的期望值 $E(X) = \lambda$，所以 $P(X > \lambda) = \int\limits_{\lambda}^{\infty} \frac{1}{\lambda} e^{\frac{-1}{\lambda}x} dx = e^{-1}$。

 例題38

某電池壽命服從指數分配，平均壽命 5 年，試求：
1. 一年內平均壞掉幾顆電池？
2. 壽命超過十年的機率為何？
3. 壽命低於二年的機率為何？

解 1. 因為 $E(X) = \frac{1}{\lambda} = 5$，所以 $\lambda = 0.2$，一年內平均壞掉 0.2 顆電池。

2. $P(X > 10) = \int\limits_{10}^{\infty} \lambda e^{-\lambda x} dx = e^{-10\lambda} = e^{-2}$。

3. $P(X < 2) = 1 - \int\limits_{2}^{\infty} \lambda e^{-\lambda x} dx = 1 - e^{-2\lambda} = 1 - e^{-0.4}$。

(四) 指數分配兩種表示型式之比較

1. 若 $f(x) = \lambda e^{-\lambda x} \Rightarrow X \sim \varepsilon(\lambda) = \Gamma(1, \frac{1}{\lambda}) \Rightarrow \sum\limits_{i=1}^{n} X_i \sim \Gamma(n, \frac{1}{\lambda})$。

2. 若 $f(x) = \frac{1}{\lambda} e^{\frac{-x}{\lambda}} \Rightarrow X \sim \varepsilon(\lambda) = \Gamma(1, \lambda) \Rightarrow \sum\limits_{i=1}^{n} X_i \sim \Gamma(n, \lambda)$。

(五) χ^2 分配、指數分配及 Gamma 分配之互換

1. $\chi^2_{(n)} = \Gamma(\frac{n}{2}, 2)$。

2. $\chi^2_{(2n)} = \Gamma(n, 2)$。

3. $\varepsilon(1) = \Gamma(1，1) \neq \chi^2_{(1)}$。

4. $\varepsilon(2) = \Gamma(1，2) = \chi^2_{(2)}$。

小補充

Gamma 分配要與 χ^2 分配互通，前提必須 β 等於 2 才可以，所以 $\Gamma(1，1) \neq \chi^2_{(1)}$。再者，指數分配與 Gamma 分配之關係，只要 Gamma 分配的 α 等於 1（不管 β 值為何），便是指數分配。

5. 若 $X_i \sim \varepsilon(1)$，則 $\sum_{i=1}^{n} X_i \sim \Gamma(n，1)$。

6. 若 $X \sim \varepsilon(1)$，則 $2X \sim \varepsilon(2) = \Gamma(1，2) = \chi^2_{(2)}$，$2\sum_{i=1}^{n} X_i \sim \chi^2_{(2n)} = \Gamma(n，2)$。證明如下：

令 $2X = Y$，則 $\dfrac{dx}{dy} = \dfrac{1}{2}$，$g(y) = f(x)\left\|\dfrac{dx}{dy}\right\| = \dfrac{1}{2}e^{\frac{-y}{2}} = \varepsilon(2) = \Gamma(1，2) = \chi^2_{(2)}$，再依前述卡方

分配 (5) 的說明，即可得到 $2\sum_{i=1}^{n} X_i \sim \chi^2_{(2n)}$。

7. 若 $X \sim \varepsilon(\lambda)$，其 p.d.f. 為 $f(x) = \dfrac{1}{\lambda}e^{\frac{-x}{\lambda}}$，則 $\dfrac{2X}{\lambda} \sim \varepsilon(2) = \Gamma(1，2) = \chi^2_{(2)}$，

$\dfrac{2}{\lambda}\sum_{i=1}^{n} X_i \sim \chi^2_{(2n)} = \Gamma(n，2)$。證明如下：

令 $\dfrac{2X}{\lambda} = Y$，則 $\dfrac{dx}{dy} = \dfrac{\lambda}{2}$，$g(y) = f(x)\left\|\dfrac{dx}{dy}\right\| = \dfrac{1}{\lambda}e^{\frac{-y}{2}}\cdot\dfrac{\lambda}{2} = \dfrac{1}{2}e^{\frac{-y}{2}} = \varepsilon(2) = \Gamma(1，2) = \chi^2_{(2)}$

$\Rightarrow \dfrac{2}{\lambda}\sum_{i=1}^{n} X_i \sim \chi^2_{(2n)} = \Gamma(n，2)$。

小補充

上述皆假設 X_i 彼此獨立。證明方法可以參考 4-3 變數變換章節。

九、韋伯分配（**Weibull distribution**）

　　韋伯分配是瑞典物理學家 Waloddi Weibull 於 1939 年提出的，最初的應用是爲了發展有關強化材料的一些理論，現在則應用於可靠度理論與產品（如眞空管、機器）壽命相關的議題上。韋伯分配中有兩個參數，藉由不同的參數值可以描述某產品壽命週期中浴缸曲線（bathtub curve）的 3 個階段：預燒期（burn-in），穩定期（mature）與衰老期（wearout）。預燒期的預燒試驗爲可靠度測試的一種方式，主要在檢驗使用初期即損壞的產品，希望在出貨前予以剔除。預燒試驗的作法，即破壞性的檢測，通常是將產品置於極端的環境下，並施予產品使用過程中可能遇到的破壞性因素而使產品故障模式（Failure Model）提早顯現出來，達到篩選、剔除早期夭折產品之目的。若一連續型隨機變數 X 的 p.d.f 爲

$$f_X(x) = \begin{cases} \alpha(\dfrac{1}{\beta})^\alpha x^{\alpha-1} e^{-(x/\beta)^\alpha} & , \quad x \geq 0 \text{ 且 } \alpha, \beta \geq 0 \\ \\ 0 & , \quad x < 0 \end{cases}$$

則稱 X 服從韋伯分配，記做 $X \sim \text{Weibull}(\alpha, \beta)$，$\alpha$ 是形狀參數（shape parameter），β 是尺度參數（scale parameter）。

1. 當韋伯分配中的參數 $\alpha = 2$ 時，韋伯分配縮減爲下式

$$f_X(x) = \begin{cases} 2(1/\beta)^2 x e^{-(x/\beta)^2} & , \quad x \geq 0 \text{ 且 } \beta \geq 0 \\ 0 & , \quad x < 0 \end{cases},$$

這時 X 服從 Rayleigh 分配，記做 $X \sim \text{Rayleigh}(\beta)$。Rayleigh 分配另一型式爲

$$f_X(x) = \begin{cases} (2/\gamma) x e^{-(x^2/\gamma)} & , \quad x \geq 0 \text{ 且 } \gamma \geq 0 \\ 0 & , \quad x < 0 \end{cases},$$

2. 當韋伯分配中的參數 $\alpha = 1$ 時，韋伯分配縮減爲指數分配：

$$f_X(x) = \begin{cases} (1/\beta) e^{-(x/\beta)} & , \quad x \geq 0 \text{ 且 } \beta \geq 0 \\ 0 & , \quad x < 0 \end{cases}。$$

　　韋伯分配的特徵值：若 $X \sim \text{Weibull}(\alpha, \beta)$，則

1. $E(X) = \beta \, \Gamma(1 + \dfrac{1}{\alpha})$。

2. $E(X^k) = \beta^k \, \Gamma(1 + \dfrac{k}{\alpha})$。

3. $V(X) = \beta^2 \left[\Gamma(1 + \dfrac{2}{\alpha}) - \Gamma(1 + \dfrac{1}{\alpha})^2 \right]$。

十、連續型機率分配 Excel 作法

底下舉例說明連續型機率分配 Excel 作法。因為連續型隨機變數特定點的機率為 0，所以只介紹累加機率。

例題39

已知 $X \sim N(10, 3^2)$，試求 $P(X \leq 1)$ 的機率。

解

EXCEL 作法

1. 打開 Excel，將游標移至 A1 位格，選取「公式」、「f_x 插入函數」，再點選「或選取類別」中的「統計」及「NORM.DIST」，按「確定」。

2. 螢幕出現 NORM.DIST 視窗，在「X」中鍵入 1，在「Mean」中鍵入 10，在「Standard_dev」中鍵入 3，在「Cumulative」中鍵入 true，按「確定」，如下圖

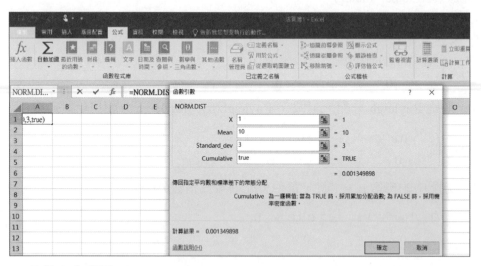

3. A1 位格上會出現 0.001349898。

小補充

1. 0.001349898 的幾何意義是在平均數 10，變異數 9 的常態分配曲線下，從 $-\infty$ 積分積到 1 的面積是 0.00135。

2. NORM.DIST 對話方塊「Cumulative」，亦可鍵入 1（以下不再贅述）。

 例題40

已知 $Z \sim N(0, 1^2)$，試求 $P(Z \leq 1.645)$ 的機率。

 解

EXCEL 作法

1. 打開 Excel，將游標移至 A1 位格，選取「公式」、「f_x 插入函數」，再點選「或 選取類別」中的「統計」及「NORM.S.DIST」，按「確定」。

2. 螢幕出現 NORM.S.DIST 視窗，在「Z」中鍵入 1.645，在「Cumulative」中鍵入 true，按「確定」。

3. A1 位格上會出現 0.950015。

💡**小補充**

0.950015 的幾何意義是在平均數 0，變異數 1 的標準常態分配曲線下，從 $-\infty$ 積分 積到 1.645 的面積是 0.950015。

 例題41

已知 $X \sim \varepsilon(2)$，試求 $P(X \leq 4)$ 的機率。

 解

EXCEL 作法

1. 打開 Excel，將游標移至 A1 位格，選取「公式」、「f_x 插入函數」，再點選「或 選取類別」中的「統計」及「EXPON.DIST」，按「確定」。

2. 螢幕出現 EXPON.DIST 視窗，在「X」中鍵入 4，在「Lambda」中鍵入 2，在 「Cumulative」中鍵入 true，按「確定」。

3. A1 位格上會出現 0.999665。

小補充

0.999665 的幾何意義是在 Lambda 2（即平均數為 2）的指數分配曲線下，從 0 積分積到 4 的面積是 0.999665。

 例題42

已知 $X \sim \Gamma(3, 2)$，試求 $P(X \leq 5)$ 的機率。

解

EXCEL 作法

1. 打開 Excel，將游標移至 A1 位格，選取「公式」、「f_x 插入函數」，再點選「或選取類別」中的「統計」及「GAMMA.DIST」，按「確定」。

2. 螢幕出現 GAMMA.DIST 視窗，在「X」中鍵入 5，在「Alpha」中鍵入 3，在「Beta」中鍵入 2，在「Cumulative」中鍵入 true，按「確定」。

3. A1 位格上會出現 0.456187。

小補充

0.456187 的幾何意義是在 Alpha 3，Beta 2 的珈瑪分配曲線下，從 0 積分積到 5 的面積是 0.456187。

例題43

試繪標準常態分配圖。

解

EXCEL 作法

1. 打開 Excel，將游標移至 A1 位格上並鍵入 – 4，接著按鍵盤上的 enter，再回到 A1 位格，選取「常用」、「填滿」、「數列」，在數列對話框中點選「欄」、「間距值」鍵入 0.1，「終止值」鍵入 4，按「確定」。

2. 將游標移至 B1 位格上，選取「公式」、「f_x 插入函數」，再點選「或選取類別」中的「統計」及「NORM.DIST」，按「確定」。

3. 螢幕出現 NORM.DIST 視窗，在「X」中鍵入 A1，在「Mean」中鍵入 0，在「Standard_dev」中鍵入 1，在「Cumulative」中鍵入 0，按「確定」。

4. 將游標移至 B1 位格右下角正方形黑點上，游標會出現黑色十字，快點滑鼠左鍵二下，即完成所有計算。

5. 將游標移至 C1 位格上，選取「插入」、「圖表」，「建議的圖表」，按「確定」，即出現下圖。

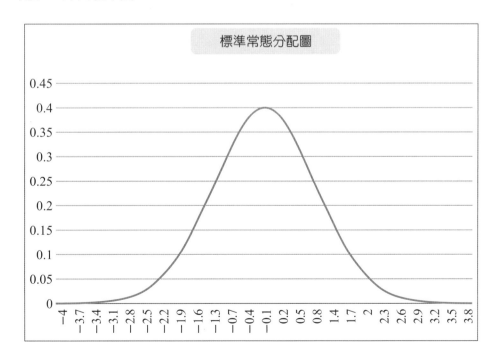

試繪下列不同的 α 值，但 β 皆為 1 的 Gamma 分配圖。

$\alpha = 1, \beta = 1$；$\alpha = 2, \beta = 1$；$\alpha = 4, \beta = 1$

EXCEL 作法

1. 打開 Excel，將游標移至 A1 位格上並鍵入 0，接著按鍵盤上的 enter，再回到 A1 位格，選取「常用」、「填滿」、「數列」，在數列對話框中點選「欄」、「間距值」鍵入 0.1，「終止值」鍵入 4，按「確定」。

2. 將游標移至 B1 位格上，選取「公式」、「f_x 插入函數」，再點選「或選取類別」中的「統計」及「GAMMA.DIST」，按「確定」。

3. 螢幕出現 GAMMA.DIST 視窗，在「X」中鍵入 A1，在「Alpha」中鍵入 1，在「Beta」中鍵入 1，在「Cumulative」中鍵入 0，按「確定」。

4. 將游標移至 B1 位格右下角正方形黑點上，游標會出現黑色十字，快點滑鼠左鍵二下，即完成所有計算。

5. 將游標移至 C1 位格上，步驟同前，也是最後選取「GAMMA.DIST」，按「確定」。

6. 螢幕出現 GAMMA.DIST 視窗，在「X」中鍵入 A1，在「Alpha」中鍵入 2，在「Beta」中鍵入 1，在「Cumulative」中鍵入 0，按「確定」。

7. 將游標移至 C1 位格右下角，當出現黑色十字時，快點滑鼠左鍵二下，即完成所有計算。

8. 將游標移至 D1 位格上，步驟同前，最後選取「GAMMA.DIST」，按「確定」。

9. 螢幕出現 GAMMA.DIST 視窗，在「X」中鍵入 A1，在「Alpha」中鍵入 4，在「Beta」中鍵入 1，在「Cumulative」中鍵入 0，按「確定」。

10. 將游標移至 D1 位格右下角，當出現黑色十字時，快點滑鼠左鍵二下，即完成所有計算。

11.將游標移至 E1 位格上，選取「插入」、「圖表」，「建議的圖表」，按「確定」，即出現下圖。

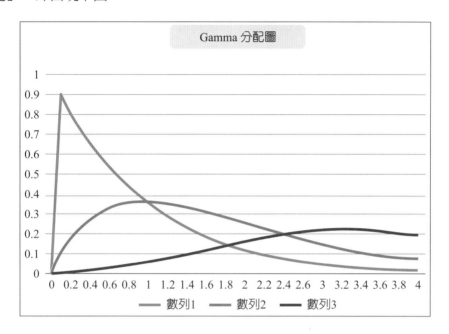

 例題45

試繪下列不同的 α 值、β 值的 Beta 分配圖。

$\alpha = 2, \beta = 2 \; ; \alpha = 3, \beta = 3 \; ; \alpha = 5, \beta = 3$

解

EXCEL 作法

1. 打開 Excel，將游標移至 A1 位格上並鍵入 0，接著按鍵盤上的 enter，再回到 A1 位格，選取「常用」、「填滿」、「數列」，在數列對話框中點選「欄」、「間距值」鍵入 0.01，「終止值」鍵入 1，按「確定」。

2. 將游標移至 B1 位格上，選取「公式」、「f_x 插入函數」，再點選「或選取類別」中的「統計」及「BETA.DIST」，按「確定」。

3. 螢幕出現 BETA.DIST 視窗，在「X」中鍵入 A1，在「Alpha」中鍵入 2，在「Beta」中鍵入 2，在「Cumulative」中鍵入 0，在「A」中鍵入 0，按「確定」。

4. 將游標移至 B1 位格右下角正方形黑點上,游標會出現黑色十字,快點滑鼠左鍵二下,即完成所有計算。

5. 將游標移至 C1 位格上,步驟同前,最後選取「BETA.DIST」,按「確定」。

6. 螢幕出現 BETA.DIST 視窗,在「X」中鍵入 A1,在「Alpha」中鍵入 3,在「Beta」中鍵入 3,在「Cumulative」中鍵入 0,在「A」中鍵入 0,按「確定」。

7. 將游標移至 C1 位格右下角,當出現黑色十字時,快點滑鼠左鍵二下,即完成所有計算。

8. 將游標移至 D1 位格上,步驟同前,最後選取「BETA.DIST」,按「確定」。

9. 螢幕出現 BETA.DIST 視窗,在「X」中鍵入 A1,在「Alpha」中鍵入 5,在「Beta」中鍵入 3,在「Cumulative」中鍵入 0,在「A」中鍵入 0,按「確定」。

10. 將游標移至 D1 位格右下角,當出現黑色十字時,快點滑鼠左鍵二下,即完成所有計算。

11. 將游標移至 E1 位格上,選取「插入」、「圖表」,「建議的圖表」,按「確定」,即出現下圖。

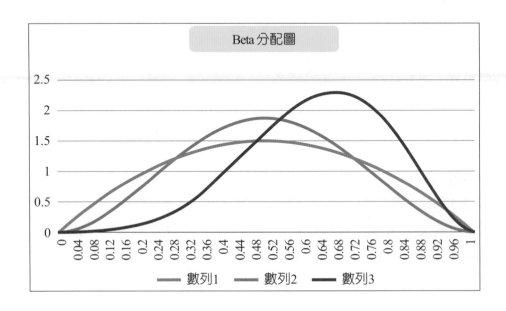

 例題46

試繪下列不同 α 值、β 值的 Weibull 分配圖。

$\alpha = 1, \beta = 1$；$\alpha = 2, \beta = 1$；$\alpha = 1, \beta = 2$；$\alpha = 2, \beta = 2$；$\alpha = 3, \beta = 5$

EXCEL 作法

1. 打開 Excel，將游標移至 A1 位格上並鍵入 0，接著按鍵盤上的 enter，再回到 A1 位格，選取「常用」、「填滿」、「數列」，在數列對話框中點選「欄」、「間距值」鍵入 0.1，「終止值」鍵入 10，按「確定」。

2. 將游標移至 B1 位格上，選取「公式」、「f_x 插入函數」，再點選「或選取類別」中的「統計」及「WEIBULL.DIST」，按「確定」。

3. 螢幕出現 WEIBULL.DIST 視窗，在「X」中鍵入 A1，在「Alpha」中鍵入 1，在「Beta」中鍵入 1，在「Cumulative」中鍵入 0，按「確定」。

4. 將游標移至 B1 位格右下角正方形黑點上，游標會出現黑色十字，快點滑鼠左鍵二下，即完成所有計算。

5. 將游標移至 C1 位格上，在「X」中鍵入 A1，在「Alpha」中鍵入 2，在「Beta」中鍵入 1，在「Cumulative」中鍵入 0，按「確定」。將游標移至 C1 位格右下角，步驟同前，…完成所有計算。

6. 將游標移至 D1 位格上，步驟同前，只是更改 α 值, β 值，…完成所有計算。

7. 將游標移至 E1 位格上，步驟同前，只是更改 α 值, β 值，…完成所有計算。

8. 將游標移至 F1 位格上，步驟同前，…完成所有計算。

9. 將游標移至 G1 位格上，選取「插入」、「圖表」，「建議的圖表」，按「確定」，即出現下圖。

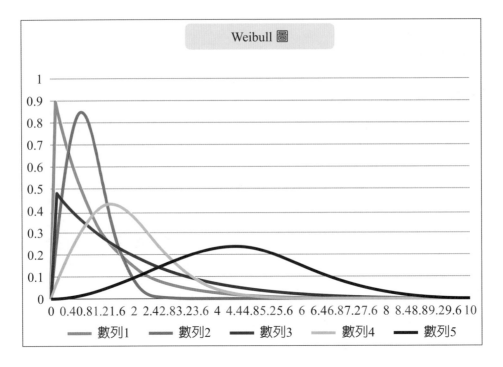

4-3 變數變換（選讀課程）

本節學習重點在如何求得新隨機變數的機率分配。作法是由已知的隨機變數之機率密度函數，求出另一隨機變數之機率密度函數，一般稱為變數變換法。除了變數變換法外，還有動差母函數法及分配函數法。

一、離散型變數變換

令 X 為一離散型隨機變數，其 p.d.f 為 $f(x)$，次令 $Y = h(X)$，X 與 Y 為一對一函數，若由 $Y = h(X)$ 解得 $X = u(Y)$，則函數 Y 的 p.d.f 為

$g(y) = P(Y = y) = P(X = u(Y) = x) = f(x) = f(u(Y))$。

 **例題47**

已知 X 為一隨機變數，其 p.d.f 如下：

$$f(x) = \begin{cases} \dfrac{3!}{x!(3-x)!}\left(\dfrac{2}{3}\right)^x\left(\dfrac{1}{3}\right)^{3-x} &, \quad x = 0,1,2,3 \\ 0 &, \quad otherwise \end{cases}$$

若 $Y = X^2$，則 Y 的 p.d.f 為何？

解 $g(y) = P(Y = y) = P(X^2 = y) = P(X = \sqrt{y}) + P(X = -\sqrt{y})$

$\qquad = P(X = \sqrt{y}) + 0 = P(X = \sqrt{y}) = f(\sqrt{y})$，

接著求 y 的範圍：

$x = 0$，則 $y = 0$；$x = 1$，則 $y = 1$；$x = 2$，則 $y = 4$；$x = 3$，則 $y = 9$。

所以，Y 的 p.d.f. 為 $g(y) = \dfrac{3!}{\sqrt{y}!(3-\sqrt{y})!}\left(\dfrac{2}{3}\right)^{\sqrt{y}}\left(\dfrac{1}{3}\right)^{3-\sqrt{y}}$，$y = 0,1,4,9$。

例題48

X 為一隨機變數，其 $f(x) = \dfrac{e^{-\lambda}\lambda^x}{x!}, x = 0,1,2,3,\cdots$，若 $Y = 4X$，則 Y 的 p.d.f. 為何？

解 $g(y) = P(Y = y) = P(4X = y) = P(X = \dfrac{y}{4}) = f(X = \dfrac{y}{4} = x) = f(x) = \dfrac{e^{-\lambda}\lambda^{\frac{y}{4}}}{(\dfrac{y}{4})!}$，

接著求 y 的範圍：

$x = 0$，則 $y = 0$；$x = 1$，則 $y = 4$；$x = 2$，則 $y = 8$；$x = 3$，則 $y = 12$，$\cdots$

所以，Y 的 p.d.f. 為 $g(y) = \dfrac{e^{-\lambda}\lambda^{\frac{y}{4}}}{(\dfrac{y}{4})!}, y = 0,\ 4,\ 8,\ 12,\cdots$

X 為一隨機變數，其 $f(x) = \dfrac{1}{3}$，$x = 1, 2, 3$，若 $Y = 2X + 1$，則 Y 的 p.d.f 為何？

解 $g(y) = P(Y = y) = P(X = \dfrac{y-1}{2}) = f(x = \dfrac{y-1}{2}) = f(x) = \dfrac{1}{3}$，

接著求 y 的範圍：

$x = 1$，則 $y = 3$；$x = 2$，則 $y = 5$；$x = 3$，則 $y = 7$。

所以，Y 的 p.d.f 為 $g(y) = \dfrac{1}{3}$，$y = 3, 5, 7$。

X 為一隨機變數，其 p.d.f 如下： $f(x) = \dfrac{|x|}{12}$，$x = -1, -2, -3, 1, 2, 3$，若 $Y = X^4$，則 Y 的 p.d.f 為何？

解 $g(y) = P(Y = y) = P(X^4 = y) = P(X = y^{\frac{1}{4}}) + P(X = -y^{\frac{1}{4}})$

$= f(X = y^{\frac{1}{4}}) + f(X = -y^{\frac{1}{4}}) = \dfrac{|y^{\frac{1}{4}}|}{12} + \dfrac{|-y^{\frac{1}{4}}|}{12} = \dfrac{2y^{\frac{1}{4}}}{12} = \dfrac{y^{\frac{1}{4}}}{6}$

接著求 y 的範圍：

$x = -1$，則 $y = (-1)^4 = 1$；$x = -2$，則 $y = (-2)^4 = 16$；$x = -3$，

則 $y = (-3)^4 = 81$；$x = 1$，則 $y = 1^4 = 1$；$x = 2$，則 $y = 2^4 = 16$；$x = 3$，則 $y = 3^4 = 81$。

所以，Y 的 p.d.f 為 $g(y) = \dfrac{y^{\frac{1}{4}}}{6}$，$y = 1, 16, 81$。

例題51

隨機變數 X_1、X_2、X_3，$f(0,0,0) = \dfrac{1}{8}$，$f(0,0,1) = \dfrac{3}{8}$，$f(0,1,1) = \dfrac{1}{8}$，

$f(1,0,0) = \dfrac{1}{8}$，$f(1,1,1) = \dfrac{1}{8}$，$f(1,0,1) = \dfrac{1}{8}$，令 $Y_1 = X_1 + X_2 + X_3$，Y_2
$= |X_3 - X_2|$，求 $g(y_1, y_2)$。

解

(x_1, x_2, x_3)	$f(x_1, x_2, x_3)$	$y_1 = x_1 + x_2 + x_3$	$y_2 = |x_3 - x_2|$	$g(y_1, y_2)$
(0,0,0)	0.125	0	0	0.125
(0,0,1)	0.375	1	1	0.375
(0,1,1)	0.125	2	0	0.125
(1,0,0)	0.125	1	0	0.125
(1,1,1)	0.125	3	0	0.125
(1,0,1)	0.125	2	1	0.125

所以，$g(y_1, y_2)$ p.d.f. 如下：

(y_1, y_2)	(0, 0)	(1, 0)	(2, 0)	(3, 0)	(2, 1)	(1, 1)
$g(y_1, y_2)$	0.125	0.125	0.125	0.125	0.125	0.375

二、連續型變數變換

令 X 為一連續型隨機變數，其 p.d.f 為 $f(x)$，又令 $Y = h(X)$，其中 X 與 Y 為一對一對應，若由 $Y = h(X)$ 解得 $X = u(Y)$，則 Y 的 p.d.f 為：

$$g(y) = f(x)\left\|\frac{dx}{dy}\right\| = f(u(Y))\left\|\frac{dx}{dy}\right\| = f(u(Y))|\,\mathrm{J}\,| \ ,$$

‖ ‖：外層的｜ ｜表絕對值，裡層的｜ ｜表行列式（determinant）。J 為 Jacobian，

如果是一維隨機變數，則 $\mathrm{J} = \left|\dfrac{dx}{dy}\right|$。如果是二維隨機變數，則 $\mathrm{J} = \begin{vmatrix} \dfrac{\partial x_1}{\partial y_1} & \dfrac{\partial x_1}{\partial y_2} \\ \dfrac{\partial x_2}{\partial y_1} & \dfrac{\partial x_2}{\partial y_2} \end{vmatrix} = $ 行列式值。

小補充

其實變數變換可以看成面積觀念的延伸，因為 $g(y)dy = f(x)dx \Rightarrow g(y) = f(x)\dfrac{dx}{dy}$。

這裡 $g(y)dy = $ 高$_y \times$ 底$_y = $ 面積 $= f(x)dx = $ 高$_x \times$ 底$_x$，例如 $0.8 \times 0.1 = 1.6 \times 0.05$

$\Rightarrow 0.8 = 1.6 \times \dfrac{0.05}{0.1}$，Jacobian 只是多了 $\| \quad \|$，那是為了確保轉換後函數為正。

例題52

X 為一隨機變數，其 p.d.f 如下：$f(x) = \begin{cases} 1, & 0 < x < 1 \\ 0, & otherwise \end{cases}$，若 $Y = -2\ln X$，

則 Y 的 p.d.f 為何？

解 $Y = -2\ln X \Rightarrow \dfrac{-1}{2}Y = \ln X \Rightarrow X = e^{\frac{-1}{2}Y} \Rightarrow \dfrac{dx}{dy} = \dfrac{-1}{2}e^{\frac{-1}{2}y}$，

$g(y) = f(x)\left\| \dfrac{dx}{dy} \right\| = f(u(Y))\left\| \dfrac{dx}{dy} \right\| = 1 \cdot \left| \dfrac{-1}{2}e^{\frac{-1}{2}y} \right| = \dfrac{1}{2}e^{\frac{-1}{2}y}$。

接著求 Y 的範圍：

當 x 趨近於 0，則 $Y = -2\ln X$ 趨近於無窮大；

當 x 趨近於 1，$Y = -2\ln X$ 趨近於 0。

所以，Y 的 p.d.f 為 $g(y) = \dfrac{1}{2}e^{\frac{-1}{2}Y}$，$y > 0$。

 例題53

X 為一隨機變數，其 p.d.f 如下：$f(x) = \begin{cases} 1, & 0 < x < 1 \\ 0, & otherwise \end{cases}$，若 $Y = -\dfrac{1}{\lambda}\ln(1-X)$

，則 Y 的 p.d.f 為何？

解 $Y = -\dfrac{1}{\lambda}\ln(1-X)$，$-\lambda Y = \ln(1-X)$，$X = 1 - e^{-\lambda Y}$，$\dfrac{dx}{dy} = \lambda e^{-\lambda Y}$，

所以 $g(y) = f(x)\left\|\dfrac{dx}{dy}\right\| = f(u(Y))\left\|\dfrac{dx}{dy}\right\| = 1 \cdot \left|\lambda e^{-\lambda Y}\right| = \lambda e^{-\lambda Y}$。

例題54

X 為一隨機變數，其 p.d.f 如下：$f(x) = 2xe^{-x^2}, x \geq 0$，求 $Y = X^2$ 的 p.d.f 為何？

解 $Y = X^2$，$Y^{\frac{1}{2}} = X$，$\dfrac{dx}{dy} = \dfrac{1}{2}y^{\frac{-1}{2}} = \dfrac{1}{2\sqrt{y}}$，

$g(y) = f(x)\left\|\dfrac{dx}{dy}\right\| = f(u(Y))\left\|\dfrac{dx}{dy}\right\| = 2\sqrt{y}e^{-y}\left|\dfrac{1}{2\sqrt{y}}\right| = e^{-y}$。

接著求 Y 的範圍：

因為 $x \geq 0$，所以 $y = x^2 \geq 0$。

因此，Y 的 p.d.f 為 $g(y) = e^{-y}$，$y \geq 0$。

例題55

X 為一隨機變數，其 p.d.f 如下：$f(x) = \begin{cases} \dfrac{1}{a}, & 0 < x < a \\ 0, & otherwise \end{cases}$，求 $Y = \dfrac{1}{X}$ 的 p.d.f

為何？

解 $Y = \dfrac{1}{X}$ ， $X = \dfrac{1}{Y}$ ， $\dfrac{dx}{dy} = \dfrac{-1}{y^2}$ ， $g(y) = f(x)\left\|\dfrac{dx}{dy}\right\| = f(u(Y))\left\|\dfrac{dx}{dy}\right\| = \dfrac{1}{a}\left|\dfrac{-1}{y^2}\right| = \dfrac{1}{ay^2}$ ，

接著求 Y 的範圍：

因為 $0 < x < a$ ，所以當 x 趨近於 0 ， y 趨近於無窮大，當 x 趨近於 a ， y 趨近於 $\dfrac{1}{a}$ ，

所以， Y 的 p.d.f 為 $g(y) = \dfrac{1}{ay^2}$ ， $\dfrac{1}{a} < y < \infty$ 。

例題56

> 兩獨立隨機變數 X_1 ， X_2 ，其 joint p.d.f 如下：
>
> $f(x_1, x_2) = \begin{cases} 1 & , \quad 0 < x_1 < 1, 0 < x_2 < 1 \\ 0 & , \qquad\qquad otherwise \end{cases}$ ，現 $Y_1 = X_1 + X_2$ ， $Y_2 = X_1 - X_2$ ，求
>
> $g(y_1, y_2)$ 、 $g(y_1)$ 及 $g(y_2)$ 。

解 $Y_1 + Y_2 = 2X_1$ ， $X_1 = \dfrac{1}{2}(Y_1 + Y_2)$ ； $Y_1 - Y_2 = 2X_2$ ， $X_2 = \dfrac{1}{2}(Y_1 - Y_2)$ ，

$g(y_1, y_2) = P(Y_1 = y_1, Y_2 = y_2) = P(X_1 + X_2 = y_1, X_1 - X_2 = y_2)$

$$= P(X_1 = \dfrac{y_1 + y_2}{2}, X_2 = \dfrac{y_1 - y_2}{2})$$

$$= f(x_1 = \dfrac{y_1 + y_2}{2}, x_2 = \dfrac{y_1 - y_2}{2}) \cdot |J|$$

$$= 1 \cdot |J| = \left|\dfrac{-1}{2}\right| = \dfrac{1}{2} ,$$

$$J = \begin{vmatrix} \dfrac{\partial x_1}{\partial y_1} & \dfrac{\partial x_1}{\partial y_2} \\ \dfrac{\partial x_2}{\partial y_1} & \dfrac{\partial x_2}{\partial y_2} \end{vmatrix} = \begin{vmatrix} \dfrac{1}{2} & \dfrac{1}{2} \\ \dfrac{1}{2} & -\dfrac{1}{2} \end{vmatrix} = \dfrac{1}{2} \times (\dfrac{-1}{2}) - \dfrac{1}{2} \times (\dfrac{1}{2}) = \dfrac{-1}{2} 。$$

接著求 Y 的範圍：

$0 < x_1 < 1$ ， $0 < x_1 = \dfrac{(y_1 + y_2)}{2} < 1$ ， $0 < (y_1 + y_2) < 2$ ，

$0 < x_2 < 1$ ， $0 < x_2 = \dfrac{(y_1 - y_2)}{2} < 1$ ， $0 < (y_1 - y_2) < 2$ ，

所以，$g(y_1, y_2) = \dfrac{1}{2}$，$0 < (y_1 + y_2) < 2$，$0 < (y_1 - y_2) < 2$

求 $g(y_1)$ 及 $g(y_2)$ 時，須先把 y_1, y_2 範圍標示出來，範圍由 4 條直線構成：$y_1 + y_2 = 0$，

$y_1 + y_2 = 2$，$y_1 - y_2 = 0$，$y_1 - y_2 = 2$。

求 $g(y_1)$ 時，其範圍分為 $0 < y_1 < 1$ 及 $1 < y_1 < 2$（如下圖）來探討：

當 $0 < y_1 < 1$，$g(y_1) = \displaystyle\int_{-y_1}^{y_1} \dfrac{1}{2}\, dy_2 = \dfrac{1}{2} y_2 \Big|_{y_2 = -y_1}^{y_2 = y_1} = y_1$。

當 $1 < y_1 < 2$ 時，$g(y_1) = \displaystyle\int_{y_1 - 2}^{2 - y_1} \dfrac{1}{2}\, dy_2 = 2 - y_1$。

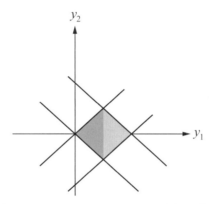

求 $g(y_2)$ 時，其範圍分為 $-1 < y_2 < 0$ 及 $0 < y_2 < 1$（如下圖）來探討：

當 $-1 < y_2 < 0$ 時，$g(y_2) = \displaystyle\int_{-y_2}^{2 + y_2} \dfrac{1}{2}\, dy_1 = y_2 + 1$，

當 $0 < y_2 < 1$ 時，$g(y_2) = \displaystyle\int_{y_2}^{2 - y_2} \dfrac{1}{2}\, dy_1 = 1 - y_2$。

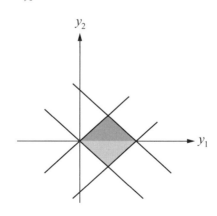

例題57

兩獨立隨機變數 Y_1，Y_2，其 Joint p.d.f 如下：

$$f(y_1, y_2) = \begin{cases} 3y_1 & , \quad 0 \leq y_2 \leq y_1 \leq 1 \\ 0 & , \quad otherwise \end{cases}$$，現 $U = Y_1 - Y_2$，$V = Y_1 + Y_2$，求 $g(u, v)$。

解 $U = Y_1 - Y_2$，$V = Y_1 + Y_2 \Rightarrow Y_1 = \frac{1}{2}(U + V)$，$Y_2 = \frac{1}{2}(V - U)$，

$$g(u, v) = P(U = u, V = v) = P(Y_1 - Y_2 = u, Y_1 + Y_2 = v) = P(Y_1 = \frac{u+v}{2}, Y_2 = \frac{v-u}{2})$$

$$= f(y_1 = \frac{u+v}{2}, y_2 = \frac{v-u}{2}) \cdot |J|$$

$$= 3 \cdot \frac{(u+v)}{2} \cdot |J| = 3 \cdot \frac{(u+v)}{2} \cdot \left| \frac{1}{2} \right| = \frac{3(u+v)}{4}$$，

$$J = \begin{vmatrix} \dfrac{\partial y_1}{\partial u} & \dfrac{\partial y_1}{\partial v} \\ \dfrac{\partial y_2}{\partial u} & \dfrac{\partial y_2}{\partial v} \end{vmatrix} = \begin{vmatrix} \dfrac{1}{2} & \dfrac{1}{2} \\ \dfrac{-1}{2} & \dfrac{1}{2} \end{vmatrix} = \frac{1}{2} \times \frac{1}{2} - \frac{1}{2} \times (\frac{-1}{2}) = \frac{1}{2}$$。

接著求範圍：

$0 \leq y_2 \leq y_1 \leq 1 \Rightarrow 0 \leq (v - u) \leq (v + u) \leq 2$。

所以，$g(u, v) = \dfrac{3(u+v)}{4}$，$0 \leq (v - u) \leq (v + u) \leq 2$。

三、動差母函數法

除了變數變換法外，還有動差母函數法和分配函數法可以求得新的隨機變數之分配。之前在介紹二項分配時，即提及利用動差母函數法可求得新隨機變數之分配。底下再舉例說明。

例題58

$X \sim P(\lambda_1)$，$Y \sim P(\lambda_2)$，且 X 與 Y 獨立，現 $W = X + Y$，則 W 的分配為何？

解 $M_w(t) = E(e^{tw}) = E(e^{t(X+Y)}) = E(e^{tX}e^{tY}) = E(e^{tX})E(e^{tY})$

$\quad\quad = M_X(t)M_Y(t) = e^{\lambda_1(e^t-1)}e^{\lambda_2(e^t-1)} = e^{(\lambda_1+\lambda_2)(e^t-1)}$，

所以，W 的分配為 Poisson 分配，即 $W \sim P(\lambda_1 + \lambda_2)$。

例題59

$X_1 \sim N(\mu_1, \sigma_1^2)$，$X_2 \sim N(\mu_2, \sigma_2^2)$，且 X_1 與 X_2 獨立，現 $Y = X_1 - X_2$，試問 Y 的分配為何？

解 $M_Y(t) = E(e^{tY}) = E(e^{t(X_1-X_2)}) = E(e^{tX_1})E(e^{-tX_2})$

$\quad\quad = M_{X_1}(t)M_{X_2}(-t) = e^{\mu_1 t + \frac{1}{2}\sigma_1^2 t^2} e^{-\mu_2 t + \frac{1}{2}\sigma_2^2 t^2} = e^{(\mu_1-\mu_2)t + \frac{1}{2}(\sigma_1^2+\sigma_2^2)t^2}$，

所以，Y 為常態分配，即 $Y \sim N(\mu_1 - \mu_2, \sigma_1^2 + \sigma_2^2)$。

四、分配函數法

分配函數法就是利用連續型累積分配函數 $F(x)$ 和機率密度函數 $f(x)$ 關係：

$\dfrac{dF(x)}{dx} = f(x)$，求得新隨機變數之機率分配。

例題60

X 為一隨機變數，其 p.d.f 如下：$f(x) = \begin{cases} \dfrac{1}{a}, & 0 < x < a \\ 0, & otherwise \end{cases}$，求 $Y = \dfrac{1}{X}$ 的 p.d.f 為何？

解 $F(y) = P(Y \leq y) = P(\frac{1}{X} \leq y)$

$$= P(\frac{1}{y} \leq X) = P(\frac{1}{y} \leq X \leq a) = \int_{1/y}^{a} \frac{1}{a}\, dx = \left[\frac{1}{a}x \Big|_{x=1/y}^{x=a} \right] = 1 - \frac{1}{ay} \text{ 。}$$

所以，$f(y) = \dfrac{dF(y)}{dy} = \dfrac{1}{ay^2}$ 。

接著求 Y 的範圍：

因為 $0 < x < a$，所以，

當 $x \to 0$，$y = \dfrac{1}{x} \to \infty$ ；

當 $x \to a$，$y = \dfrac{1}{x} \to \dfrac{1}{a}$ 。

所以，Y 的 p.d.f. 為 $f(y) = \dfrac{1}{ay^2}$ ，$\dfrac{1}{a} < y < \infty$ 。

例題61

X 為一隨機變數，其 p.d.f 如下： $f(x) = 2xe^{-x^2}, x \geq 0$ ，求 $Y = X^2$ 的 p.d.f 為何？

解 $F(y) = P(Y \leq y) = P(X^2 \leq y) = P(-\sqrt{y} \leq X \leq \sqrt{y}) = P(0 \leq X \leq \sqrt{y})$

$$= \int_{0}^{\sqrt{y}} 2xe^{-x^2}\, dx = 1 - e^{-y} \text{ 。}$$

所以，$f(y) = \dfrac{dF(y)}{dy} = e^{-y}$ 。

接著求 Y 的範圍：

因為 $x \geq 0$，所以 $y = x^2 \geq 0$，因此，Y 的 p.d.f 為 $f(y) = e^{-y}$，$y \geq 0$ 。

設 X 為連續型隨機變數，$F(x)$ 為其 C.D.F.，現 $Y = F(x)$，則 $Y \sim U(0, 1)$ ？

解 $F(y) = P(Y \leq y) = P(F(x) \leq y) = P(X \leq F^{-1}(y)) = F(F^{-1}(y)) = y$，

$f(y) = \dfrac{dF(y)}{dy} = 1$。因為 $0 \leq F(x) \leq 1$，所以 $0 \leq y \leq 1$，因此，$Y \sim U(0, 1)$。

讀者可能更感興趣的是常態分配與標準常態分配的轉換關係。

$X \sim N(\mu, \sigma^2)$，求 $Z = \dfrac{X - \mu}{\sigma}$ 的 p.d.f 為何？這可以由動差母函數方法或由變數變換求得。

解 1. $M_Z(t) = E(e^{tZ}) = E(e^{t(\frac{X-\mu}{\sigma})}) = e^{\frac{-t\mu}{\sigma}} M_X(t/\sigma) = e^{\frac{-t\mu}{\sigma}} M_X(t/\sigma) = e^{\frac{-t\mu}{\sigma}} e^{\frac{t\mu}{\sigma} + \frac{1}{2}\sigma^2 \frac{t^2}{\sigma^2}} = e^{\frac{1}{2}t^2}$

所以，Z 為標準常態分配，即 $Z \sim N(0, 1)$。

2. $Z = \dfrac{X - \mu}{\sigma} \Rightarrow X = \mu + Z\sigma \Rightarrow \dfrac{dx}{dz} = \sigma$

$g(z) = f(x) \left\| \dfrac{dx}{dz} \right\| = \dfrac{1}{\sqrt{2\pi}\sigma} e^{\frac{-1}{2}z^2} \cdot \sigma = \dfrac{1}{\sqrt{2\pi}} e^{\frac{-1}{2}z^2} \sim N(0, 1)$。

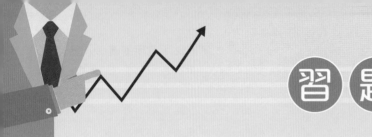

一、選擇題

1. 材料的特性成常態時，在平均值左右各一個標準差範圍內的觀察值佔全部的 68.3%，若二個標準差則佔全部的 95.4%；若三個標準差則佔全部的 99.7%。試問比平均值大二個標準差與平均值大三個標準差中間所涵蓋的觀察值佔全部的　(A) 81.85%　(B) 15.7%　(C) 13.35%　(D) 2.15%。

2. 關於常態分佈，下列哪一敘述為眞？

   (A) 整個分佈對稱於 $X = \mu$ 之縱軸　(B) 兩個反曲點分別位於 $\mu \pm \sigma$ 處　(C) 平均數 $\mu =$ 中位數 $Md =$ 眾數 M_o　(D) 95.44% 的個體分佈於 $\mu \pm 2\sigma$ 之間　(E) 以上皆是。

3. 若 X 為 $N(\mu_1, \sigma_1^2)$，Y 為 $N(\mu_2, \sigma_2^2)$，X 與 Y 獨立，a、b 為常數，$ab \neq 0$，則下列何者不是常態分佈？　(A) aX　(B) $Y + b$　(C) $aX + b$　(D) $aX + bY$　(E) XY。

二、問答題

4. 某路口發生事故的件數服從 Poisson 分配，而且每 3 小時平均 1 件，則

   (1) 6 小時內超過 2 件的機率？

   (2) 相連兩事故發生相隔不到 3 小時的機率？

5. 試就以下各項說明二項分配（binomial distribution）。

   (1) 意義（及如何形成）。

   (2) 機率方程式及變數範圍。

   (3) 不同成功機率值機率分配圖。

   (4) 何種條件可趨近常態分配。

6. 某投資者面臨兩個投資方案，A 方案的報酬呈一常態分配 $N(200, 5^2)$，B 方案的報酬亦呈常態分配 $N(210, 15^2)$，若投資者的效用函數為 $U(x) = -e^{-0.7x}$，其中 x 為報酬。

   (1) 若以期望效用作為投資決策依據，試問 A、B 方案何者較佳？

   (2) 若投資者效用函數為 $U(x) = 3x$，試問 A、B 方案何者為佳？

7. 若隨機變數 X 的分配為矩形分配，且其機率函數為：$f(x) = \dfrac{1}{k}$，$0 < x < k$，試求 k 之值，使 X 分配之期望值 $E(X)$ 與自由度 $df = 5$ 之卡方分配的期望值相等。

8. 某公司生產某種細繩，由過去之經驗知每一尺長內之不良品數 X，服從平均數 $\lambda = 2$ 之 Poisson 分配。若出售每一尺細繩之利潤為 Y，且 $Y = 50 - 2X - X^2$，試求售出一尺長細繩之期望利潤（Expected profit）為何？

9. 請查表找出 $P(-0.15 \leq Z \leq 1.60)$ 的值？滿足 $P(Z > z) = 0.025$ 之 z 值？

10. 設 $X \sim N(0.7, 9)$，$Y \sim N(1.4, 16)$，且 X 與 Y 獨立，試求 $P(-7.9 < X + Y < 12.1)$？

11. 設 $X \sim N(\mu, \sigma^2)$，若 $aX + b \sim N(0, 1)$，請求出 a 與 b？

12. 設 X 與 Y 皆為二項分配（Binomial Distribution），且互為獨立，其中 $X \sim B(4, 0.3)$，$Y \sim B(3, 0.3)$，現 $Z = X + Y$，試求 $P(Z = 1)$。

13. 設 X 為二項分配，且 $E(X) = 7$，$V(X) = 6$，試求 n 及 p 值為何？

5 Chapter

抽樣分配

　　從機率理論到統計應用，一個重要發展基礎就是抽樣方法的提出。從人力成本及時間來考量，在無法窮盡所有樣本下，從母體中抽出一些樣本（抽樣），自然是一個可行的方法。如果抽樣是隨機抽樣即可衍生出一些不同的抽樣分配，這時母體的機率分配將因抽樣以及不同的組成方式而產生了不同的抽樣分配，例如從母體常態分配中抽樣，可以衍生出 t 分配、χ^2 分配、F 分配等抽樣分配。抽樣分配另一個重要課題是提供假設檢定的理論基礎，試想不同的人去抽樣，抽出不同的樣本數，誰的結果可信，如何驗證？抽樣分配建立了驗證比較的基準。

重點名詞	
・隨機抽樣	・自由度
・中央極限定理	・t 分配
・χ^2 分配	・F 分配

中央極限定理

　　中央極限定理（central limit theorem）最早是由法國數學家棣莫弗（de Moivre）所提出的，但得以彰顯於世，則要拜法國數學家拉普拉斯（Laplace）的獨具慧眼，他在 1812 年發表的巨著 Théorie analytique des probabilités（法文）中提到了這個不為人知的理論。事實上，棣莫弗在 1733 年發表的論文中使用常態分布去估計大量拋擲硬幣出現正面次數的分布（即二項分配）。

　　拉普拉斯擴展了棣莫弗這個理論，以二項分配趨近常態分配。但如同棣莫弗一樣，拉普拉斯的發現在當時並未引起很大回響，直到 1901 年，俄國數學家里雅普諾夫（Lyapunov）以隨機變數定義中央極限定理才廣為人知。

　　棣莫佛－拉普拉斯定理可以說是中央極限定理的初型，也可以說是抽樣理論的首席定理，隨機系列標準化後以標準常態分配為其極限分配。

資料來源：https://en.wikipedia.org/wiki/Central_limit_theorem

5-1　抽樣方法（sampling methods）

一、普查與抽樣調查

(一) 普查（census）

普查係對母體的全部個體作調查，優缺點如下說明：

1. 優點

(1) 普查可以得到全面訊息，抽樣調查可能遺失重要訊息。

(2) 抽樣調查與母體間必有誤差存在，所以對於某些重要資料仍須仰賴普查。

2. 缺點

費時、費錢、費力。因為費時，所以普查結束後，得到的資料可能又已過時。

(二) 抽樣調查

抽樣調查是從母體中抽出少數個體作為樣本，利用樣本資料推估母體之調查方法。通常為了能夠精確地推論母體特性，必須先獲得能代表母體的代表性樣本，這有賴於適切的抽樣方法。

1. 優點

(1) 抽樣調查較普查節省人力、財力、物力等成本。

(2) 抽樣調查能迅速蒐集到資料。

(3) 在其它方法無法實施的情況下，可用抽樣調查來取得資料。

(4) 相對於普查而言，抽樣調查取得的資料較少，較少的資料可以更詳細的分析資料。

2. 缺點

(1) 設計、實施、分析較複雜。

(2) 母體變異數過大時，不適合使用。

二、抽樣方法

　　統計是一種推論（inference）的科學，由樣本統計量來推論母體參數。推論必須可信，否則失去它的意義。一般而言，樣本越具代表性，誤差越低，可信的程度就越高。統計學探討的信賴區間、顯著水準、型 I 錯誤、型 II 錯誤，這些都是在探討推論可以相信的程度。

　　下面我們用一則出自於美國文摘雜誌（Literary Digest）很有名的故事，來說明抽樣正確性的重要。1936 年，文摘雜誌進行一項預測美國總統選舉結果的計畫，預測贏家到底是時任總統羅斯福（Franklin Delano Roosevelt）還是堪薩斯州共和黨州長蘭登（Alfred M. Landon）。文摘雜誌蒐集一組數量龐大的樣本，共有一千萬人，不過真正回答問卷的大約兩百三十萬人，不願回答者可能與個人投票意向未明或無須透漏個人選項有關，所以拒絕回答。注意，這項調查填答的樣本比例偏低，使得調查結果產生偏差（biased），這是一個相當嚴重的問題。

　　另外還有一個影響調查結果的問題，該雜誌的選民樣本，是從電話號碼簿、汽車登記證、該雜誌的讀者群中選出，當時是一個電話及汽車尚不普及的年代，因此這群人顯然比較富有，且傾向投票給共和黨。因此在選民的樣本結構上，已經偏向某政黨支持者，所以其樣本不具有代表性。不具代表性，誤差越大，可信的程度就越低。（資料來源：https://en.wikipedia.org/wiki/United_States_presidential_election,_1936）

　　抽樣方法是獲得樣本資料的過程，推論結果是否準確與抽樣方法密不可分。一般常用的方法可分為隨機抽樣與非隨機抽樣，隨機抽樣因為抽出的樣本具有隨機性，可以用機率理論來探討，所以是抽樣理論探討的核心。以下分述之：

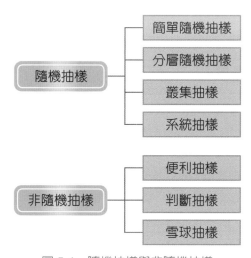

圖 5-1　隨機抽樣與非隨機抽樣

(一) 簡單隨機抽樣（simple random sampling）

母體內任一組樣本均有相同且獨立的機率被抽出。常用的方法有三種：

1. 抽籤

將母體所有個體加以編號，再以抽籤方式抽出。

2. 亂數表

由長串區組號碼隨機編列而成，每個區組由 5 列 5 行構成，有些統計書後附有亂數表。舉例來說，想從 600 名學生中抽出 50 人，先拿鉛筆在亂數表上隨意一點，從點到的地方開始往右算起，每隔 3 位數做切割，假設我們在亂數表上隨意一點點到 1 這個數字，以 1 為起點，往右依序為 129408130840436829167…，因為學生編號均為 3 位數，所以 129，408，130，840，436，829，167，…，凡號碼在 600 以內者均算被抽到了，像 129，408，130，436，167，…，都算被抽到了，如此繼續到抽足 50 人為止。

3. 電腦亂數產生器

可利用 Excel 或 R 軟體產生隨機亂數。舉例來說，要從員工編號 1 到 1000 號中，抽出 5 個員工出差。在 Excel 上的操作步驟為：點選「填滿」、「數列」功能（請參閱第一章），在 A 欄儲存格生成 1 到 1000，接著滑鼠移到 B1 儲存格，點選「資料」、「資料分析」、「抽樣」，在「抽樣」的對話框中輸入範圍「a1:a1000」、樣本數「5」按確定即可。

R 程式作法

R 程式

在 Source 程式編輯區鍵入

```
x=1:1000
sample(x,5)
```

注意：每次抽出的結果皆不同。

(二) 分層隨機抽樣法（stratified random sampling）

在抽樣前先將母體依性質、特徵或種類分成若干互斥的層別，再自每一層按照比例，利用簡單隨機抽樣法，抽取若干個體組成樣本，母體有若干層，樣本就有若干層。分層抽樣時要把握的原則為「層與層間儘可能變異性大，但層內儘可能變異性小」。

簡言之，其步驟主要有二，其一為區隔資料層，區隔原則為層內元素同質性要高，層間的差異性要大，其二為區隔後每層進行簡單隨機抽樣，循此作法，分層隨機抽樣的估計結果會比簡單隨機抽樣精確，至於各層中樣本個數的決定分法，有比例配置法與非比例配置法。

1. 比例配置法（proportional allocation）

各層中抽出的樣本數由各層所占的比例決定，成員較多的層別應抽出較多的樣本。

公式如下：

$$n_i = n \cdot \frac{N_i}{N} \quad , i = 1, 2, \cdots, k$$

n_i 表第 i 層所抽的樣本個數；N_i 表第 i 層的母體個數；N 表母體總數；n 表樣本總數

例題 1

有 A、B、C 三個母體，各有 200 人、300 人、500 人，現欲抽取 100 人為樣本，依比例配置法抽樣。

解 A 母體抽：$100 \times \dfrac{200}{(200+300+500)} = 20$ 人，

B 母體抽：$100 \times \dfrac{300}{(200+300+500)} = 30$ 人，

C 母體抽：$100 \times \dfrac{500}{(200+300+500)} = 50$ 人。

2. 非比例配置（disproportional allocation）

以比例配置法抽取樣本時，並未考慮各層別本身所含的變異程度。因此，非比例配置法把各層別的變異程度納入考量，即異質性越大的層別抽出較多的樣本，異質性越小的層別抽出較少的樣本，如此，才能抽出對母體有較大代表性的樣本。

公式如下：

$$n_i = n \times \frac{N_i \sigma_i}{\sum_{i=1}^{k} N_i \sigma_i} \text{，} \sigma_i \text{爲各層的標準差}$$

例題 2

有 A、B、C 三個母體，各有 200 人、300 人、500 人，A 母體標準差爲 2.5，B 母體標準差爲 5，C 母體標準差爲 4，現欲抽取 120 人爲樣本，依非比例配置法抽樣。

解 A 母體：$120 \times \dfrac{200 \times 2.5}{(200 \times 2.5 + 300 \times 5 + 500 \times 4)} = 15$ 人，

B 母體：$120 \times \dfrac{300 \times 5}{(200 \times 2.5 + 300 \times 5 + 500 \times 4)} = 45$ 人，

C 母體：$120 \times \dfrac{500 \times 4}{(200 \times 2.5 + 300 \times 5 + 500 \times 4)} = 60$ 人。

3. 叢集抽樣法（cluster sampling）

在抽樣前先將母體分成若干個叢集，以叢集爲抽樣單位，再用隨機抽樣法抽出叢集爲樣本。舉例來說，自 30 個學校隨機抽出 3 個學校，抽樣單位是「學校」；或自全校班級數中隨機抽出 5 班，抽樣單位是「班級」。叢集抽樣時要把握的原則爲「叢集與叢集間要盡量同質，叢集內之個體要盡量異質」。叢集抽樣其步驟主要有三個，先定義出母體的叢集數（例如臺灣現有的大專院校總數），再從中以簡單隨機抽樣抽出需要的叢集（例如臺灣大學某學系、臺南大學某學系），最後進行每一叢集內個體的普查（亦即該學系的每個學生皆須調查）。

4. 系統抽樣法（systematic sampling）

將母體所有的個體系統性排列，然後分成許多間隔，每隔若干個元素抽取一個爲樣本，稱爲系統抽樣法。作法爲先將母體依序排列（利用現成名冊、學籍簿、電話簿等）。再將母體分成 n 個等間隔的區間，每一區間大小爲 $k = N / n$，N 爲母體個數，n 爲樣本數。開始的第一區間用隨機抽樣法取一號碼爲起點，而後每隔 k 單位，取一樣本，共取 n 個樣本。舉例來說，自 1000 名學生抽出 200 人，因爲這 1000 名學生學籍號碼尾數已編妥，所以可利用這現成名冊來抽樣。現隨機取一號碼爲起點，再每隔 5 人（$k = N / n = 1000 / 200 = 5$）抽取一個，假設起點爲 3，則可以得到學籍號碼尾數 3，8，13，18，23，…，493，498 等共 200 個樣本。值得注意的是，此法不適用於放回式抽樣。又如果母體資料的排列具有週期性，則使用此法會造成嚴重的誤差，因爲即使抽了 30 個樣本，也會因週期性而其實只抽了少數個樣本甚至只有一個樣本。

以下介紹非隨機抽樣：

1. 便利抽樣（convenience sampling）

即就近抽樣，例如：街頭問卷調查，純粹以方便爲著眼點，選取的樣本不具有代表性。又如醫院以志願參與某項病理實驗的病人爲樣本，病人就在醫院裡，取樣方便、成本亦低，但樣本欠缺代表性。此法之抽樣誤差較大，結果亦不可靠。通常用在事前研究，小型研究採便利抽樣。

2. 判斷抽樣（judgement sampling）

由研究者或問卷設計者的主觀判斷來選擇樣本，例如：某研究者對某個地區消費行爲較爲熟悉，便判定針對此區來取樣。判斷抽樣因人爲意志的影響，所得到的樣本爲非隨機樣本，且易發生抽樣誤差。

3. 雪球抽樣（snowball sampling）

因爲研究議題涉及個人極私密情事，或母體中屬於此研究議題範疇的人數極其稀少，所以無法用隨機抽樣法抽取樣本，只好先從周邊認識的或別人推介的選出受訪者，再由這個受訪者所提供的資料去找其他受訪者，一個滾一個，如雪球般，樣本越滾越多。

5-2 抽樣分配

從母體中隨機抽出 n 個樣本（$x_1, x_2, ..., x_n$）出來，這個過程稱為抽樣。

抽樣的目的在於以樣本推估母體。例如：以樣本平均數推估母體平均數、以樣本比例推估母體比例、以樣本變異數推估母體變異數。作法是將抽出來的 n 個樣本計算它們的平均數 $\bar{X}$ 與變異數 S^2，假設重複抽樣 100 次，每次都是抽出 n 個樣本，自然得到 100 組的平均數與變異數。因為每次抽樣的資料是會變動的，所以平均數會變動（即 $\bar{X}$ 是隨機變數），變異數也是會變動的（即 S^2 是隨機變數）。既然 $\bar{X}$ 和 S^2 都是隨機變數，那它們的分配會是什麼樣子？

此外，我們感興趣的可能是某事件發生次數佔總次數的比例問題，如向廠商購買一批產品，其中瑕疵品佔總購買數量的比例問題（表示為 $\hat{p}$），或選民對某候選人的支持比例，這種樣本比例 $\hat{p}$ 的抽樣分配，其形狀又是什麼樣子？這些樣本平均數、樣本比例、樣本變異數的抽樣分配，是本章介紹的重點。

一、中央極限定理（central limit theorem，C.L.T.）

拉普拉斯（Pierre-Simon Laplace）於 1812 年發表了「中央極限定理」，對近代機率論與統計推論提供了大數觀察的理論法則。在母體分配未知情況下，從平均數 μ，變異數 σ^2 的母體中抽取大小為 n 的隨機樣本，若 n 足夠大，則 $\bar{X}$ 的抽樣分配趨近於常態分配，其平均數為 μ，變異數為 $\dfrac{\sigma^2}{n}$，即 $\bar{X} \overset{n \to \infty}{\sim} N(\mu, \dfrac{\sigma^2}{n})$。令 $Z = \dfrac{\bar{X} - \mu}{\sqrt{\dfrac{\sigma^2}{n}}} = \dfrac{\bar{X} - \mu}{\dfrac{\sigma}{\sqrt{n}}}$，則

$Z \sim N(0, 1)$，這裡 Z 是標準常態分配。應用上，樣本數 $n \geq 30$，就認為足夠大，其常態逼近情形會相當良好。

例題 3

從平均數 4，變異數 5 的母體中，抽取大小為 64 的隨機樣本，求此樣本平均數大於 3.5 且小於 4.2 的機率為何？

解 因為 $64 \geq 30$，根據中央極限定理會近似常態分配，所以，$\bar{X} \sim N(4, \dfrac{5}{64})$，

$$P(3.5 \leq \bar{X} \leq 4.2) = P(\dfrac{3.5-4}{\sqrt{\dfrac{5}{64}}} \leq \dfrac{\bar{X}-4}{\sqrt{\dfrac{5}{64}}} \leq \dfrac{4.2-4}{\sqrt{\dfrac{5}{64}}}) = P(\dfrac{3.5-4}{\sqrt{\dfrac{5}{64}}} \leq Z \leq \dfrac{4.2-4}{\sqrt{\dfrac{5}{64}}})$$

$$= P(-1.79 \leq Z \leq 0.716) = 0.7275 \circ$$

上面這個例子背後的理論是假設我們作了無窮多次抽樣，例題 3 只是其中的一次抽樣，我們每次抽樣 64 人，每次計算平均數，假設共作了 100 次，得到 100 個 $\bar{x}$，其直方圖中心點的位置會是在 4 的附近，而變異數會是 $\dfrac{5}{64}$，比原來的變異數 5 小很多，正如前面所提的，當樣本數愈大，$\bar{X}$ 的標準誤會愈小。

二、樣本平均數的抽樣分配

上述中央極限定理告訴我們，即使母體分配未知，只要樣本數 n 夠大，樣本平均數 $\bar{X}$ 的抽樣分配會趨近於常態分配。接著我們要介紹已知母體為常態分配，則不論樣本大小為何，$\bar{X}$ 的抽樣分配一定是常態分配，其平均數（期望值）為 μ，變異數為 $\dfrac{\sigma^2}{n}$。即：

$$X \sim N(\mu, \sigma^2) \implies \bar{X} \sim N(\mu, \dfrac{\sigma^2}{n}) \implies Z = \dfrac{\bar{X}-\mu}{\sqrt{\dfrac{\sigma^2}{n}}} = \dfrac{\bar{X}-\mu}{\dfrac{\sigma}{\sqrt{n}}} \sim N(0,1)$$

$$平均數\ E(\bar{X}) = E(\dfrac{\sum\limits_{i=1}^{n} X_i}{n}) = \dfrac{1}{n} E(\sum_{i=1}^{n} X_i) = \dfrac{1}{n} E(X_1 + X_2 + \cdots + X_n) = \dfrac{1}{n}(\mu + \mu + \cdots + \mu) = \mu$$

$$變異數 V(\bar{X}) = V(\frac{\sum\limits_{i=1}^{n} X_i}{n}) = \frac{1}{n^2} V(\sum\limits_{i=1}^{n} X_i) = \frac{1}{n^2} V(X_1 + X_2 + \cdots + X_n)$$

$$= \frac{1}{n^2}(\sigma^2 + \sigma^2 + \cdots + \sigma^2) = \frac{\sigma^2}{n}$$

💡 小補充

通常 $\bar{X}$ 的變異數 $\frac{\sigma^2}{n}$ 稱為變異誤，$\frac{\sigma}{\sqrt{n}}$ 稱為標準誤（standard error）。又 $\bar{X}$ 的變異數 $\frac{\sigma^2}{n}$ 會依樣本大小而定，當樣本愈大，$\bar{X}$ 的標準誤愈小。

三、樣本比例 $\hat{p}$ 的抽樣分配

若研究者想知道某候選人的支持率，採取全國性的普查費時費力，實行起來不太可能也沒必要。這時，研究者可以利用抽樣理論的方法，抽取樣本數為 n 的樣本，如此得到支持人數佔樣本數 n 的比例，假如依此重複作了無數次，即可得到支持率的抽樣機率分配，並求其平均數、變異數，我們稱此分配為樣本比例的抽樣分配。同理，我們也可以利用抽樣理論的方法，得到某電視節目收視率的抽樣分配、產品不良率的抽樣分配，藥品有效或無效的抽樣分配等等。樣本比例的抽樣分配應用非常廣泛，是實用上很重要的統計分析方法。

我們常在電視上聽到記者說抽樣誤差正負三個百分點、百分之九十五的信心水準下等術語，這些都是依循抽樣分配的觀念而來的。

(一) 樣本比例

設 X 為一隨機變數，令 $X = 1$ 表示成功（例如：支持某候選人、藥品有效、收看某電視節目等），$X = 0$ 表示失敗（例如：不支持某候選人、藥品無效、未收看某電視節目等），這時 X 為點二項分配。若隨機抽取 n 個樣本，記為 $x_1, x_2, ..., x_n$，則 n 個中成功所佔的比例為：

$$\hat{p} = \frac{k}{n} = \frac{\sum\limits_{i=1}^{n} x_i}{n} \text{ ，} k \text{ 爲成功的總數，且} \sum\limits_{i=1}^{n} x_i = k$$

(二) 樣本比例的平均數與變異數

樣本比例 $\hat{p}$ 的平均數：

$$E(\hat{p}) = E(\frac{\sum\limits_{i=1}^{n} X_i}{n}) = \frac{1}{n} E(X_1 + X_2 + \cdots + X_n) = \frac{1}{n}(p + p + \cdots + p) = p \text{ 。}$$

變異數會因母體是有限或無限而不同：

無限母體時：$\sigma_{\hat{p}}^2 = \dfrac{pq}{n}$ ，$\sigma_{\hat{p}} = \sqrt{\dfrac{pq}{n}}$

$$\sigma_{\hat{p}}^2 = V(\hat{p}) = V(\frac{\sum\limits_{i=1}^{n} X_i}{n}) = \frac{1}{n^2} V(X_1 + X_2 + \cdots + X_n)$$

$$= \frac{1}{n^2}(pq + pq + \cdots + pq) = \frac{pq}{n} \text{ 。}$$

有限母體時：$\sigma_{\hat{p}}^2 = \dfrac{N-n}{N-1} \cdot \dfrac{pq}{n}$ ，$\sigma_{\hat{p}} = \sqrt{\dfrac{N-n}{N-1} \cdot \dfrac{pq}{n}}$ 。

(三) 樣本比例的形狀

當 $np > 5$ 且 $nq > 5$ 時，依據中央極限定理，$\hat{p}$ 會趨近於常態分配。

$$\hat{p} \sim N(p, \frac{pq}{n}) \Rightarrow \frac{\hat{p} - p}{\sqrt{\dfrac{pq}{n}}} = Z \sim N(0, 1)$$

根據調查某地區支持某候選人的比例約 25%，今隨機抽取 100 人，試求至少有 20% 的人支持該候選人的機率是多少？

解 因為 $np = 100 \times 0.25 = 25 > 5$ 且 $nq = 100 \times 0.75 = 75 > 5$，依據中央極限定理，會趨近於常態分配。

$$P(\hat{p} \geq 0.2) = P\left(\frac{\hat{p} - p}{\sqrt{\dfrac{pq}{n}}} \geq \frac{0.2 - 0.25}{\sqrt{\dfrac{0.25 \times 0.75}{100}}}\right) = P(Z \geq -1.15) = 0.875 \text{。}$$

四、樣本變異數的抽樣分配

假如我們每次抽樣 120 人，並計算樣本變異數 S^2，共作了 100 次，得到 100 個 S^2 值，把這 100 個 S^2 值畫成直方圖，會是什麼樣子？是鐘形，還是其它樣子？統計學家花很長的時間找出 S^2 的抽樣分配——χ^2 分配（Chi-square distribution），要介紹 χ^2 分配，得先瞭解自由度的意義。

五、自由度（degree of freedom，df）

自由度的意思是可以自由變化的數值之數目。例如：$\sum_{i=1}^{5} x_i = 17$，自由度 $df = 5 - 1 = 4$。因為 $x_1 + x_2 + x_3 + x_4 + x_5 = 17$，假如我們已經知道其中 4 個值的和為 15，則剩下的值一定是 2，剩下的這一個值是無法自由變化的，所以自由度 $df = 5 - 1$。又如，$\sum_{i=1}^{7} x_i$ 的自由度為 $df = 7$，因為並沒有說和是多少，所以這 7 個數值是自由的任意值。

自由度在統計學上佔有很重要的地位，原因是自由度和不偏估計式（請參閱第六章）有關係。就樣本變異數而言，一個是 $s^2 = \dfrac{\sum\limits_{i=1}^{n}(X_i - \bar{X})^2}{n}$，另一個是 $S^2 = \dfrac{\sum\limits_{i=1}^{n}(X_i - \bar{X})^2}{n-1}$，推論統計學上最常使用的估計式是後者，理由為 S^2 是 σ^2 的不偏估計式，而分母的 $n-1$ 其實就是 χ^2 分配的自由度。

有了自由度的觀念後，底下我們將介紹三種最主要的抽樣分配：χ^2 分配、t 分配和 F 分配，它們的共通點是三者皆抽自常態分配母體。

5-3 三種與常態分配有關的抽樣分配

一、χ^2 分配

卡爾・皮爾森（Karl Pearson）於 1900 年提出「卡方分配」。方法是從平均數 μ，變異數 σ^2 的常態母體中，抽取大小為 n 的隨機樣本，則 $\sum\limits_{i=1}^{n}(\dfrac{X_i - \mu}{\sigma})^2$ 服從 χ^2 分配（自由度為 n）。即 $X_i \overset{iid}{\sim} N(\mu, \sigma^2)$，$i = 1, 2, \cdots, n$，則 $\sum\limits_{i=1}^{n}(\dfrac{X_i - \mu}{\sigma})^2 = \sum\limits_{i=1}^{n} Z_i^2 \sim \chi^2_{(n)}$，$\dfrac{X_i - \mu}{\sigma} = Z_i$。

另一種情況是母體平均數 μ 未知，以 $\bar{X}$ 估計之，則

$$\sum_{i=1}^{n}(\frac{X_i - \bar{X}}{\sigma})^2 = \frac{\sum\limits_{i=1}^{n}(X_i - \bar{X})^2}{\sigma^2} = \frac{(n-1)S^2}{\sigma^2} \sim \chi^2_{(n-1)}$$

一個自由度代表一條曲線，不同自由度有著不同的曲線。

1. 若隨機變數 X 的分配是 $N(\mu, \sigma^2)$，則 $(\dfrac{X - \mu}{\sigma})^2 = Z^2 \sim \chi^2_{(1)}$。

2. 若 $X_i \sim N(0, 1)$，$i = 1, 2, \cdots, k$，X_i，i.i.d.，則 $\sum\limits_{i=1}^{k} X_i^2 \sim \chi^2_{(k)}$。

3. 若隨機變數 X 的分配是 $N(0, 1)$，則 $X^2 \sim \chi^2_{(1)}$。

4. χ^2 分配的平均數等於它的自由度。

   若 $\sum\limits_{i=1}^{n} Z_i^2 \sim \chi^2_{(n)}$，則 $E(\sum\limits_{i=1}^{n} Z_i^2) = n$。假設 $Z^2 \sim \chi^2_{(1)}$，則 $E(Z^2) = 1$。

5. χ^2 分配的變異數等於它自由度的 2 倍。

   若 $\sum\limits_{i=1}^{n} Z_i^2 \sim \chi^2_{(n)}$，則 $V(\sum\limits_{i=1}^{n} Z_i^2) = 2n$。假設 $Z^2 \sim \chi^2_{(1)}$，則 $V(Z^2) = 2$。

6. 設 X 服從 $\chi^2_{(n_1)}$，Y 亦服從 $\chi^2_{(n_2)}$，且 X 和 Y 彼此獨立，現 $Z = X + Y$，則 $Z \sim \chi^2_{(n_1 + n_2)}$，這是 χ^2 分配的可加性，可推廣到變數更多的情況。

7. χ^2 分配的平均數等於它的自由度，這一性質正好可以用來證明 S^2 是 σ^2 的不偏估計式。

因 $E\left(\dfrac{(n-1)S^2}{\sigma^2}\right)=n-1$ ， $E\left(\dfrac{(n-1)S^2}{n-1}\right)=\sigma^2$ ，所以 $E(S^2)=\sigma^2$ 。

8. χ^2 分配的變異數等於 2 倍自由度，此性質可求算 S^2 的變異數。

$V\left(\dfrac{(n-1)S^2}{\sigma^2}\right)=2(n-1)$ ， $\dfrac{(n-1)^2}{\sigma^4}V(S^2)=2(n-1)$ ， $V(S^2)=\dfrac{2\sigma^4}{n-1}$ 。

9. χ^2 分配和 Gamma 分配之關係可以用來求算 σ 的不偏估計式。

因 $\dfrac{(n-1)S^2}{\sigma^2}\sim\chi^2_{(n-1)}=\Gamma(\dfrac{n-1}{2},2)$ ，令 $Y=\dfrac{(n-1)S^2}{\sigma^2}$ ，

則 $E(Y^{\frac{1}{2}})=E(\dfrac{\sqrt{n-1}\,S}{\sigma})=\dfrac{\Gamma(\dfrac{n-1}{2}+\dfrac{1}{2})}{\Gamma(\dfrac{n-1}{2})}2^{\frac{1}{2}}$ （請見 4-2 節，珈瑪分配的說明）。

所以 $E\left(\dfrac{\sqrt{n-1}\cdot\Gamma(\dfrac{n-1}{2})}{\sqrt{2}\cdot\Gamma(\dfrac{n}{2})}S\right)=E(cS)=\sigma$ 。

10. 如要畫出不同自由度 $df=5, df=1, df=10$ 的 χ^2 分配圖，其 R 程式如下：

R 程式作法

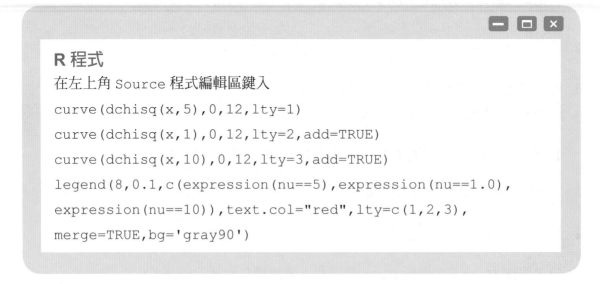

R 程式

在左上角 Source 程式編輯區鍵入

```
curve(dchisq(x,5),0,12,lty=1)
curve(dchisq(x,1),0,12,lty=2,add=TRUE)
curve(dchisq(x,10),0,12,lty=3,add=TRUE)
legend(8,0.1,c(expression(nu==5),expression(nu==1.0),
expression(nu==10)),text.col="red",lty=c(1,2,3),
merge=TRUE,bg='gray90')
```

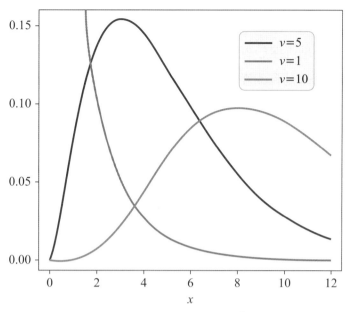

圖 5-2　$df=5, df=1, df=10$ 的 χ^2 分配圖

11. χ^2 分配的應用

(1) 應用於單一母體 σ^2 的估計與檢定。

(2) 應用於無母數檢定，例如獨立性檢定、適合度檢定等。

(3) 由 χ^2 分配可以導出 t 分配和 F 分配。

12. χ^2 分配查表

欲查 $\chi^2_{(0.025,29)}$ 的值，先翻到 χ^2 表，找到自由度 29，再對應到 0.025，即可找到 $\chi^2_{(0.025,29)}=45.72$。因 χ^2 為右偏態分佈並非對稱，所以欲查 $\chi^2_{(0.975,29)}$，須找到自由度 29，再對應到 0.975，得到 $\chi^2_{(0.975,29)}=16.05$。

R 程式作法

R 程式

欲查 $\chi^2_{(0.025,29)}$、$\chi^2_{(0.975,29)}$ 的值，則分別在 Source 編輯區鍵入

```
qchisq(0.975,29)
qchisq(0.025,29)
```

二、t 分配

威廉・高斯（Gosset，1876-1937），牛津大學畢業，1899 年加入了基尼斯釀造廠成為一位釀酒師，他很快地沉迷於實驗以了解最適合釀酒的大麥、蛇麻子果實種類是哪些。他很清楚田野實驗的結果是會改變的，統計推論可以揭露改變背後的原因。

但高斯遭遇了在使用 Z 檢定時碰到的問題：他並不知道母體標準差。更甚者，田野實驗僅提供了少數觀察值，在 Z 統計式中僅僅用 S 代替 σ 並且聲稱這個結果大概近似常態，這個說法並不夠精確。因此 Gosset 提出了最關鍵問題：$\dfrac{\bar{X}-\mu}{S/\sqrt{n}}$ 真正的抽樣分配是什麼？ 1908 年基尼斯釀造廠允許高斯發表他的研究心得，但是不得使用他的本名。他用了 student 這個筆名，所以 t 檢定有時也稱作 student t 檢定。

Gosset 研究發現當樣本數很大（$n \geq 30$）時，$\dfrac{\bar{X}-\mu}{S/\sqrt{n}}$ 會與標準常態分配非常接近，但當樣本數很小時（$n < 30$），$\dfrac{\bar{X}-\mu}{S/\sqrt{n}}$ 不再是標準常態分配，而是 t 分配。

t 分配推導過程是這樣的：假設母體為常態分配 $N(\mu, \sigma^2)$，從這個分配中抽取 n 個樣本，計算它們的平均數 $\bar{X}$，則 $\bar{X} \sim N(\mu, \dfrac{\sigma^2}{n})$，令 $Z = \dfrac{\bar{X}-\mu}{\sigma/\sqrt{n}}$，可得 $Z \sim N(0, 1)$。又令 $Y = \displaystyle\sum_{i=1}^{n}(\dfrac{X_i - \bar{X}}{\sigma})^2$，則 $Y \sim \chi^2_{(n-1)}$，這裡 Z 和 Y 彼此獨立（因為 $\bar{X}$ 和 S^2 獨立，所以 Z 和 Y 亦獨立），再把 Z 和 Y 相除，得到

$$t = \frac{Z}{\sqrt{\dfrac{Y}{n-1}}} = \frac{\dfrac{\bar{X}-\mu}{\sigma/\sqrt{n}}}{\sqrt{\dfrac{\displaystyle\sum_{i=1}^{n}(\dfrac{X_i-\bar{X}}{\sigma})^2}{n-1}}} = \frac{\dfrac{\bar{X}-\mu}{\sigma/\sqrt{n}}}{\sqrt{\dfrac{(n-1)S^2}{\sigma^2}}{n-1}}} = \frac{\dfrac{\bar{X}-\mu}{\sigma/\sqrt{n}}}{\sqrt{\dfrac{S^2}{\sigma^2}}} = \frac{\bar{X}-\mu}{\dfrac{S}{\sqrt{n}}}$$

此即自由度 $n-1$ 的 t 分配，簡單地說，當 $n < 30$ 且母體標準差 σ 未知時，則

$$\frac{\bar{X}-\mu}{S/\sqrt{n}} \sim t_{(n-1)}。$$

(一) t 分配的性質

1. t 分配圖形左右對稱，中心點為 0，與標準常態分配圖形近似。但有二個不同之處，一是 t 分配兩端較標準常態分配兩端高，二是 t 分配中央部份較標準常態分配中央部份低（如圖 5-3 所示）。

2. 從變動性來看，t 值依 $\bar{X}$ 及 S^2 的變動而定；$Z = \dfrac{\bar{X} - \mu}{\sigma / \sqrt{n}}$ 僅依 $\bar{X}$ 的變動而定，所以 t 值較具變動性。

3. t 分配平均數 $E(t) = 0$，變異數 $V(t) = \dfrac{df}{df - 2}$，$df > 2$。

4. 標準常態分配曲線只有一個，但 t 分配曲線是一族。t 分配一個自由度就有一條曲線，不同自由度有著不同的曲線，當自由度越大時，分配越集中，也越接近標準常態分配。

R 程式作法

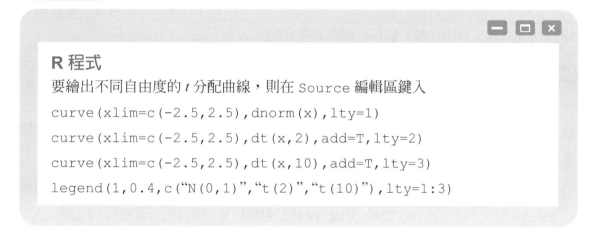

R 程式

要繪出不同自由度的 t 分配曲線，則在 Source 編輯區鍵入

```
curve(xlim=c(-2.5,2.5),dnorm(x),lty=1)
curve(xlim=c(-2.5,2.5),dt(x,2),add=T,lty=2)
curve(xlim=c(-2.5,2.5),dt(x,10),add=T,lty=3)
legend(1,0.4,c("N(0,1)","t(2)","t(10)"),lty=1:3)
```

♦ R 程式說明

xlim=c(-2.5,2.5) → x 範圍。

dnorm(x) → 標準常態分配之機率密度。

dt(x,2) → $t_{(2)}$ 分配之機率密度。

add=T → 多圖並呈。

lty=1, 2, 3 → 圖形實線、虛線、點線。

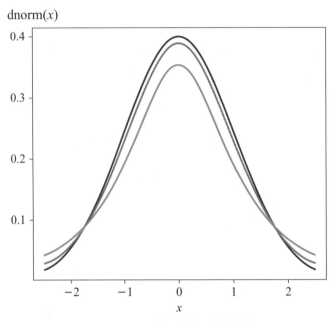

圖 5-3　不同自由度的 t 分配曲線

上圖最上面曲線是標準常態分配，中間是自由度 10 的 t 分配曲線，最底下是自由度 2 的 t 分配曲線。自由度越大越接近標準常態分配。

(二) t 分配查表

欲查自由度 $df = 10$，$\alpha = 0.1$ 的 t 值，先翻到 t 分配表，找到自由度 10，對應到 $\alpha = 0.1$，即可找到 $t_{(0.1,\ 10)} = 1.372$，幾何意義為在自由度 10 的 t 分配曲線下，大於 1.372 的機率是 0.1，又因為 t 分配對稱於 0，所以小於 -1.372 的機率也是 0.1。

如果欲查自由度 $df = 10$，$\alpha = 0.025$ 的 t 值，翻到 t 分配表，找到自由度 10，對應到 $\alpha = 0.025$，可找到 $t_{(0.025,\ 10)} = 2.228$，又因為 t 分配對稱於 0，所以另一個點為 -2.228。

R 程式作法

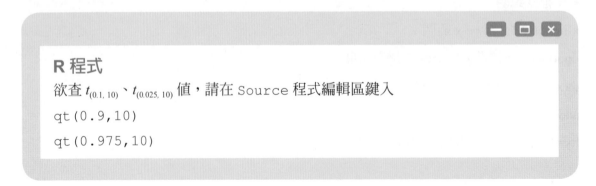

R 程式

欲查 $t_{(0.1,\ 10)}$、$t_{(0.025,\ 10)}$ 值，請在 Source 程式編輯區鍵入

```
qt(0.9,10)
qt(0.975,10)
```

三、F 分配

假設有兩個常態母體，$X_i \overset{iid}{\sim} N(\mu_X, \sigma_X^2)$，$Y_i \overset{iid}{\sim} N(\mu_Y, \sigma_Y^2)$，各自從中抽取 n_1 和 n_2 個

樣本，經由前面的介紹，我們知道 $\chi_1^2 = \dfrac{(n_1-1)S_X^2}{\sigma_X^2} \sim \chi_{(n_1-1)}^2$，$\chi_2^2 = \dfrac{(n_2-1)S_Y^2}{\sigma_Y^2} \sim \chi_{(n_2-1)}^2$，現

把二式相除得到

$$F = \frac{\dfrac{\chi_1^2}{(n_1-1)}}{\dfrac{\chi_2^2}{(n_2-1)}} = \frac{\dfrac{(n_1-1)S_X^2}{\sigma_X^2}}{\dfrac{(n_2-1)S_Y^2}{\sigma_Y^2}} = \frac{\dfrac{S_X^2}{\sigma_X^2}}{\dfrac{S_Y^2}{\sigma_Y^2}} = \frac{S_X^2 \sigma_Y^2}{S_Y^2 \sigma_X^2}$$

F 的 p.d.f. 為 $f(F) = \dfrac{\Gamma(\dfrac{n_1-n_2-2}{2})}{\Gamma(\dfrac{n_1-1}{2})\Gamma(\dfrac{n_2-1}{2})} (\dfrac{n_1-1}{n_1-1})^{\frac{n_1-1}{2}} F^{\frac{n_1-1}{2}-1} (1 + \dfrac{n_1-1}{n_1-1} F)^{\frac{-(n_1+n_2-2)}{2}}$，$F > 0$。

(一) F 分配的性質

1. F 值恆為正數（$F > 0$），其形狀為右偏態。

2. $F_{(1-\alpha, n_1-1, n_2-1)} = \dfrac{1}{F_{(\alpha, n_2-1, n_1-1)}}$。例如，$F_{(0.975, 10, 7)} = \dfrac{1}{F_{(0.025, 7, 10)}} = \dfrac{1}{3.95} = 0.25$。

3. $F = \dfrac{\dfrac{\chi_1^2}{(n_1-1)}}{\dfrac{\chi_2^2}{(n_2-1)}}$，表示 F 分配具有二個自由度 (n_1-1, n_2-1)。不同的自由度，有著不同的

   F 曲線。

4. 若 $F = \dfrac{\dfrac{\chi_2^2}{(n_2-1)}}{\dfrac{\chi_1^2}{(n_1-1)}}$，則 F 分配的自由度為（n_2-1, n_1-1）。

5. $F_{(\alpha, 1, n-1)} = t_{(\alpha/2, n-1)}^2$。因 $t = \dfrac{Z}{\sqrt{\dfrac{Y}{n-1}}}$，$t^2 = \dfrac{Z^2}{\dfrac{Y}{n-1}} = \dfrac{\dfrac{Z^2}{1}}{\dfrac{Y}{n-1}} \sim F_{(1, n-1)}$，$Z \sim N(0,1)$，$Z^2 \sim \chi_{(1)}^2$，

   $Y \sim \chi_{(n-1)}^2$。

6. F 分配主要應用於變異數分析及兩母體變異數的估計及檢定。

(二) F 分配查表

現在欲查 $F_{(0.05,\,7,\,11)}$ 的值，首先翻到 $\alpha = 0.05$ 的 F 分配表，找出分子的自由度 $df_1 = 7$，再對應到分母的自由度 $df_2 = 11$，交叉位置的值為 3.01，即 $F_{(0.05,\,7,\,11)} = 3.01$。

(三) F 分配和 z 分配、χ^2 分配、t 分配的關係

1. 若 $\chi_1^2 \sim \chi_{(1)}^2$，$\chi_2^2 \sim \chi_{(1)}^2$，則 $F = \dfrac{\dfrac{\chi_1^2}{1}}{\dfrac{\chi_2^2}{1}} = \dfrac{Z_1^2}{Z_2^2}$。

2. 若 $\chi_1^2 \sim \chi_{(1)}^2$，$\chi_2^2 \sim \chi_{(df_2)}^2$，則 $F = \dfrac{\dfrac{\chi_1^2}{1}}{\dfrac{\chi_2^2}{df_2}} = \dfrac{Z_1^2}{\dfrac{\chi_2^2}{df_2}} = (t_{(df_2)})^2$。反之，若 $\chi_1^2 \sim \chi_{(df_1)}^2$，$\chi_2^2 \sim \chi_{(1)}^2$，

則 $F = \dfrac{\dfrac{\chi_1^2}{df_1}}{\dfrac{\chi_2^2}{1}} = \dfrac{\dfrac{\chi_1^2}{df_1}}{Z_2^2} = \dfrac{1}{\dfrac{Z_2^2}{\dfrac{\chi_1^2}{df_1}}} = \dfrac{1}{(t_{(df_1)})^2}$。

3. 若 $\chi_1^2 \sim \chi_{(1)}^2$，$\chi_2^2 \sim \chi_{(\infty)}^2$，則 $F = \dfrac{\dfrac{\chi_1^2}{1}}{1} = \chi_1^2 = Z_1^2$。反之，若 $\chi_1^2 \sim \chi_{(\infty)}^2$，$\chi_2^2 \sim \chi_{(1)}^2$，

則 $F = \dfrac{1}{\dfrac{\chi_2^2}{1}} = \dfrac{1}{Z_2^2}$。

4. 若 $\chi_1^2 \sim \chi_{(df_1)}^2$，$\chi_2^2 \sim \chi_{(\infty)}^2$，則 $F = \dfrac{\dfrac{\chi_1^2}{df_1}}{1} = \dfrac{\chi_1^2}{df_1}$。反之，若 $\chi_1^2 \sim \chi_{(\infty)}^2$，$\chi_2^2 \sim \chi_{(df_2)}^2$，

則 $F = \dfrac{1}{\dfrac{\chi_2^2}{df_2}} = \dfrac{df_2}{\chi_2^2}$。

習題

一、選擇題

1. 下列何者分佈為左偏分佈？

   (A) χ^2 分佈　(B) t 分佈　(C) z 分佈　(D) F 分佈　(E) 以上皆非。

二、問答題

2. 以下各分配何者為樣本分配（sample distribution），何者為抽樣分配（sampling distribution）？二項分配，t 分配，波桑分配，F 分配。

3. 試就自由度、對稱性、值域範圍比較常態分配，t 分配，F 分配。

4. 某政黨進行立法委員選舉黨內提名電話民意調查，在高雄市預定抽出 4000 個樣本，假定高雄市電話號碼簿住宅部共有 500 頁，每頁有 4 欄，每欄有 60 個電話號碼，若由您主持該項調查，您要如何進行抽樣，以抽出一個具有代表性的樣本？（戶內是否抽樣請一併考慮）

5. 若 A 廠牌每支的燈管壽命均服從平均數 7.2 月，標準差為 3 月之 Uniform distribution。B 廠商每支燈管壽命則服從於平均數 7 月，標準差為 4 月之 Exponential distribution。且 A、B 兩廠牌燈管壽命獨立。今某人若購買 A 廠牌 81 支、B 廠牌 100 支，求：

   (1) 此人所購買 B 廠牌燈管之平均壽命至少為 7.2 月的機率為何？

   (2) A 廠牌樣本比 B 廠牌樣本平均壽命長 0.1 個月以上的機率為何？

   (3) A、B 至少有一廠牌的平均壽命超過 7.4 月的機率為何？

6. 何謂統計量（statistic）？請舉一例說明。

7. 抽樣分配（sampling distribution）之意義與目的為何？

8. 某飲料公司生產 1250c.c. 瓶裝飲料，假設每瓶的容量服從常態分佈 $N(1250, (50)^2)$，而每箱飲料有 12 瓶。

   (1) 如規格上註明每瓶容量不足 1200c.c. 時可要求退貨，試問任一瓶被退貨的機率為何？

(2) 如規格上註明每箱總容量不足 14500c.c. 時可要求退貨，試問任一箱飲料被退貨的機率為何？

(3) 如公司希望被退貨的機率小於 2%，問該公司應如何規定每箱退貨的標準容量？

9. 已知一母體包含 0，1，2，3 四個數字，現以返回方式抽取 $n = 2$ 的樣本：

(1) 列出所有可能的樣本，並計算 $\bar{X}$ 及 S^2。

(2) 求樣本平均數 $\bar{X}$ 的抽樣分配。

(3) 求 S^2 的抽樣分配。

10. 請查表找出 $df = 6$，$P(t < b) = 0.95$，b 值是多少？

11. 請查表找出 $df = 15$，$P(-b < t < b) = 0.95$，b 值是多少？

12. 請查表找出 $df = 10$，$P(t > 2.764)$ 是多少？

13. 請查表找出 $F_{(0.01, 24, 15)}$ 及 $F_{(0.99, 24, 15)}$ 各是多少？

14. 請查表找出 $F_{(0.05, 3.17)}$ 及 $F_{(0.95, 3.17)}$ 各是多少？

15. 請查表找出 $\chi^2_{(0.95, 10)}$ 是多少？

16. 請查表找出 $\chi^2_{(0.01, 15)}$ 是多少？

17. 請查表找出 $df = 15$，$P(\chi^2 > c) = 0.05$，c 值是多少？

18. 請簡述您將如何進行臺灣地區電話隨機撥號抽樣之民意調查研究，以及對民調結果如何作統計分析。

NOTE

6 Chapter

區間估計

我們利用樣本平均數 $\overline{X}$ 來估計母體平均數 μ，利用樣本變異數 S^2 來估計母體變異數 σ^2，這種用樣本統計量來估計母體未知參數的方法，所依據的理論是抽樣分配，抽樣分配使得我們可以在某特定的信賴信數（confidence coefficient）下作統計推論，統計推論的兩個主要範疇是估計和檢定。本章先介紹估計，下一章節介紹檢定。

重點名詞	
• 不偏性	• 有效性
• 一致性	• 充分性
• 有最大概似估計法	• 動差法

傑西・尼曼 (Jerzy Neyman，1894-1981)

　　尼曼是一位波蘭數學家和統計學家，前半生時間在歐洲度過，後半生時間遷居美國。他在波蘭華沙接受教育，取得博士學位後在一家農業研究機構工作。1927 年，尼曼去了巴黎，遇到了艾肯・皮爾森（Egon Pearson），因此對統計學產生極大的興趣。1928 年，他和艾肯・皮爾森合作寫了一些論文，這些論文就是後人熟知的 Neyman-Pearson Lemma。

　　1934 年，尼曼前往英國，信賴區間就是在這時候被提出，當時艾肯·皮爾森已經是倫敦大學學院的統計系主任。不過，艾肯・皮爾森和羅納德·費雪（Ronald A Fisher）嚴重不和，費雪是一位學理嚴謹的人，不喜歡尼曼處理檢定的方式，甚至認為尼曼和艾肯的論文是一堆垃圾，尼曼自然是激烈地回應並和艾肯兩人另創期刊。1938 年，尼曼受邀任教於加州大學柏克萊分校。他將信賴區間導入統計學中的假設檢定，並和艾肯共同提出了虛無假設。

　　1940 年在一次柏克萊的演講中，尼曼提到兩個未解決的問題，包括 Gosset 的 t 檢定問題，有趣的是這兩個問題被學生 George B Dantzig 解決了。尼曼主動發表了 Dantzig 的論文，推動了 Dantzig 的職業生涯。1950 年，法國統計學家 Lucien Le Cam 接受尼曼的邀請，到柏克萊演講，此次演講也讓 Lucien Le Cam 遷居柏克萊長達 50 年之久。在當時統計實驗室尚未成為統計部門時，尼曼邀請 Lucien Le Cam 擔任實驗室主任，尤其發揮了重要作用。幾年後，尼曼成為該部門的第一任負責人。1979 年，尼曼被選為皇家學會會員。1981 年去世，他的貢獻在於假設檢定，信賴區間和擴展的卡方分配，他將數學的嚴謹性用於統計基礎。

　　尼曼和費雪兩人雖然學術上紛紛攘攘，但被後人並列為現代統計學的創立者。本章主要介紹信賴區間，下一章節則介紹假設檢定，這當中不難看到兩位創立者對於區間估計以及假設檢定的一些想法。

資料來源：https://www.umass.edu/wsp/resources/tales/neyman.html

6-1 估計（estimation）

依據抽樣分配原理，用樣本統計量來推測母體參數的方法，稱為估計。估計分為點估計與區間估計。

1. 點估計（point Estimation）

取一統計量，得到一數值，以此值來估計未知的母體參數，稱為點估計。

2. 區間估計（interval estimation）

因為點估計只以一個數值來推估母體未知參數，不能指出估計的精確度及可靠度（參閱第七章），因此有區間估計的提出，區間估計係根據事先決定的信賴係數（$1 - \alpha$）及樣本資料，求算出兩個數值，構成一個區間，藉以推估未知母數落在此區間的可信賴程度。區間估計又稱為信賴區間（confidence interval，C.I.）。通常把信賴係數設為 0.9、0.95 或 0.975。

3. 估計式（estimator）

用來估計未知母數的統計量（statistics）稱為估計式。例如，用 $\overline{X}$ 來估計母數 μ，$\overline{X}$ 稱為估計式。

4. 估計值（estimate）

將樣本值代入估計式所得之數值，即為估計值。如：$\overline{x} = 3$，3 稱為估計值。

6-2 評估優良估計式的準則

評估優良估計式的準則有四個：不偏性、有效性、一致性、充分性。

一、不偏性（unbiased）

若 $\hat{\theta}$ 為 θ 之估計式，且滿足 $E(\hat{\theta}) = \theta$，則稱 $\hat{\theta}$ 為 θ 之不偏估計式。

例題 1

設 $X_i \overset{iid}{\sim} B(1, p)$，試證：

1. $\hat{p}$ 是 p 不偏估計式？

2. $\dfrac{\hat{p}(1-\hat{p})}{n-1}$ 是 $\dfrac{p(1-p)}{n}$ 不偏估計式？

解 1. $E(\hat{p}) = E(\bar{X}) = \dfrac{1}{n} E(\sum\limits_{i=1}^{n} X_i) = \dfrac{1}{n} E(X_1 + X_2 + \cdots + X_n) = \dfrac{1}{n}(p + p + \cdots + p) = p$，所以

$\hat{p}$ 是 p 的不偏估計式。

2. $E\left(\dfrac{\hat{p}(1-\hat{p})}{n-1}\right) = \dfrac{1}{n-1} E(\hat{p}(1-\hat{p})) = \dfrac{1}{n-1} E(\hat{p} - \hat{p}^2) = \dfrac{1}{n-1}(E(\hat{p}) - E(\hat{p}^2))$

$= \dfrac{1}{n-1}\left(p - \dfrac{p(1-p)}{n} - p^2 \right) = \dfrac{p(1-p)}{n}$ ，

所以 $\dfrac{\hat{p}(1-\hat{p})}{n-1}$ 是 $\dfrac{p(1-p)}{n}$ 的不偏估計式。其中，

$E(\hat{p}^2) = V(\hat{p}) + (E(\hat{p}))^2 = V(\bar{X}) + (p)^2 = \dfrac{1}{n^2} V(\sum\limits_{i=1}^{n} X_i) + p^2$

$= \dfrac{1}{n^2}(p(1-p) + p(1-p) + \cdots + p(1-p)) + p^2 = \dfrac{p(1-p)}{n} + p^2$ 。

例題 2

設 $X_i \overset{iid}{\sim} N(\mu, \sigma^2)$，試證：

1. $\bar{X}$ 是 μ 不偏估計式？

2. s^2 是 σ^2 偏差估計式？

解 1. $E(\overline{X}) = \dfrac{1}{n} E(X_1 + X_2 + \cdots + X_n) = \dfrac{1}{n}(\mu + \mu + \cdots + \mu) = \dfrac{1}{n}(n\mu) = \mu$

2. $s^2 = \dfrac{\sum\limits_{i=1}^{n}(X_i - \overline{X})^2}{n} = \dfrac{(n-1)S^2}{n} \Rightarrow E(s^2) = E\left(\dfrac{(n-1)S^2}{n}\right) = \dfrac{(n-1)\sigma^2}{n}$ ，

所以 s^2 並不是 σ^2 的不偏估計式。

二、有效性（efficient）

在樣本數一樣的條件下，具有最小變異數的不偏估計式稱為有效估計式。換言之，有效估計式應符合下列二條件：

1. $E(\hat{\theta}) = \theta$
2. $V(\hat{\theta})$ 為最小

(一) 相對有效性（relative efficiency）

已知 $\hat{\theta}_1$ 與 $\hat{\theta}_2$ 皆為 θ 的不偏估計式，若 $\dfrac{V(\hat{\theta}_1)}{V(\hat{\theta}_2)} < 1$，則 $\hat{\theta}_1$ 為相對有效估計式。

例題 3

設 $X_i \overset{iid}{\sim} N(\mu, \sigma^2)$，試證樣本平均數 $\overline{X}$ 相對中位數 Md 而言為有效估計式。

解 $\overline{X}$ 的平均數為 $E(\overline{X}) = \mu$，變異數 $V(\overline{X}) = \dfrac{\sigma^2}{n}$ ，

Md 的平均數為 $E(Md) = \mu$，變異數 $V(Md) = \dfrac{\pi}{2}\dfrac{\sigma^2}{n}$ ，

兩者都是 μ 的不偏估計式，但 $\dfrac{V(\overline{X})}{V(Md)} = \dfrac{\dfrac{\sigma^2}{n}}{\dfrac{\pi}{2}\dfrac{\sigma^2}{n}} = \dfrac{2}{\pi} < 1$，所以 $\overline{X}$ 為相對有效估計式。

例題 4

設 $X_i \overset{iid}{\sim} N(\mu, \sigma^2)$，試討論下列三個估計式之有效性

1. $\hat{\theta}_1 = \dfrac{(X_1 + X_2 + X_3)}{3} = \overline{X}$。

2. $\hat{\theta}_2 = \dfrac{X_1}{3} + X_2 - \dfrac{X_3}{3}$。

3. $\hat{\theta}_3 = \dfrac{X_1}{6} + \dfrac{X_2}{2} + \dfrac{X_3}{3}$。

解　$E(\hat{\theta}_1) = \dfrac{1}{3} E(X_1 + X_2 + X_3) = \dfrac{1}{3}(3\mu) = \mu$

$E(\hat{\theta}_2) = E(\dfrac{X_1}{3} + X_2 - \dfrac{X_3}{3}) = \dfrac{\mu}{3} + \mu - \dfrac{\mu}{3} = \mu$

$E(\hat{\theta}_3) = E(\dfrac{X_1}{6} + \dfrac{X_2}{2} + \dfrac{X_3}{3}) = \dfrac{\mu}{6} + \dfrac{\mu}{2} + \dfrac{\mu}{3} = \mu$

$V(\hat{\theta}_1) = V(\dfrac{X_1 + X_2 + X_3}{3}) = \dfrac{1}{9}(\sigma^2 + \sigma^2 + \sigma^2) = \dfrac{\sigma^2}{3}$

$V(\hat{\theta}_2) = V\left(\dfrac{X_1}{3} + X_2 - \dfrac{X_3}{3}\right) = \dfrac{\sigma^2}{9} + \sigma^2 + \dfrac{\sigma^2}{9} = \dfrac{11\sigma^2}{9}$

$V(\hat{\theta}_3) = V(\dfrac{X_1}{6} + \dfrac{X_2}{2} + \dfrac{X_3}{3}) = \dfrac{\sigma^2}{36} + \dfrac{\sigma^2}{4} + \dfrac{\sigma^2}{9} = \dfrac{14\sigma^2}{36}$

因為 $\dfrac{\sigma^2}{3} < \dfrac{14\sigma^2}{36} < \dfrac{11\sigma^2}{9}$，所以 $\hat{\theta}_1 = \overline{X}$ 為最有效性估計式。

(二) 最小變異不偏估計式（min variance unbiased estimator，M.V.U.E）

若 $\hat{\theta}$ 是 θ 所有不偏估計式中，變異數最小者，則稱 $\hat{\theta}$ 為 M.V.U.E。即 M.V.U.E 應符合下列二條件：

1. $E(\hat{\theta}) = \theta$。

2. $V(\hat{\theta}) = Min(\theta^*)$，這裡 θ^* 表 θ 的所有不偏估計式。

(三)Rao － Cramer 不等式

若 $\hat{\theta}$ 為 θ 的不偏估計式，則 $\hat{\theta}$ 的變異數：

$$V(\hat{\theta}) \geq \frac{1}{nE\left[\left(\dfrac{\partial \ln f(x_i,\theta)}{\partial \theta}\right)^2\right]} \text{，稱為 Rao-Cramer 不等式。}$$

1. 若 $V(\hat{\theta}) = \dfrac{1}{nE\left[\left(\dfrac{\partial \ln f(x_i,\theta)}{\partial \theta}\right)^2\right]}$ ，則稱為 C.R.L.B（Cramer-Rao lower bound），即 C.R.L.B

是 $V(\hat{\theta})$ 的下界。

2. 若 $V(\hat{\theta}) = C.R.L.B$ ，則 $\hat{\theta}$ 具有有效性。

例題 5

設 $X_i \overset{iid}{\sim} B(1,p)$ ，試證 $\hat{p}$ 是 p 的 M.V.U.E ？

解 $f(x) = p^x q^{1-x}$ ，取對數，$\ln f(x) = x \cdot \ln p + (1-x) \cdot \ln q$ ，

$$\frac{\partial \ln f(x)}{\partial p} = x \cdot \frac{1}{p} + (1-x) \cdot \frac{-1}{q} = \frac{x-p}{pq} \text{ ，}$$

所以，$C.R.L.B = \dfrac{1}{nE\left[\dfrac{X-p}{pq}\right]^2} = \dfrac{1}{\dfrac{n}{pq}} = \dfrac{pq}{n} = V(\hat{p})$ 。

$$E\left[\frac{X-p}{pq}\right]^2 = E\left[\frac{(X-p)^2}{p^2 q^2}\right] = \frac{1}{p^2 q^2}E(X-p)^2 = \frac{V(X)}{p^2 q^2} = \frac{pq}{p^2 q^2} = \frac{1}{pq} \text{ 。}$$

因為 $\dfrac{pq}{n}$ 是最小變異數，所以 $\hat{p}$ 是 p 的 M.V.U.E。

三、一致性（consistency）

若 $\hat{\theta}$ 為 θ 之估計式，且滿足

1. $\lim\limits_{n\to\infty} P(|\hat{\theta}-\theta|<\varepsilon)\to 1$，或

2. $\lim\limits_{n\to\infty} E(\hat{\theta})=\theta$，$\lim\limits_{n\to\infty} V(\hat{\theta})=0$，則稱 $\hat{\theta}$ 為 θ 的一致性估計式。

 例題6

設 $X_i \overset{iid}{\sim} N(\mu,\sigma^2)$，試證 S^2 是 σ^2 的一致性估計式。

解 1. 因為 $\dfrac{(n-1)S^2}{\sigma^2} \sim \chi^2_{(n-1)}$，$E\left(\dfrac{(n-1)S^2}{\sigma^2}\right)=n-1$，所以 $E(S^2)=\sigma^2$。

2. $\dfrac{(n-1)S^2}{\sigma^2} \sim \chi^2_{(n-1)}$，$V\left(\dfrac{(n-1)S^2}{\sigma^2}\right)=2(n-1)$，$\dfrac{(n-1)^2}{\sigma^4}V(S^2)=2(n-1)$，

$V(S^2)=\dfrac{2\sigma^4}{(n-1)^2}(n-1)=\dfrac{2\sigma^4}{n-1}$。

當 $n\to\infty$ 時，$\lim\limits_{n\to\infty} V(S^2)=0$。所以 S^2 是 σ^2 的一致性估計式。

 例題7

假設母體分配函數未知，若 μ 和 σ^2 皆存在，試證 $\overline{X}$ 是 μ 的一致性估計式。

解 由契比雪夫不等式（Chebyshev's inequality）得知，

$P[|X-u|\ge c]=P[|X-u|^2\ge c^2]\le \dfrac{E(X-u)^2}{c^2}$

$\Rightarrow P[|\overline{X}-u|\ge\varepsilon]\le \dfrac{E(\overline{X}-u)^2}{\varepsilon^2}=\dfrac{V(\overline{X})}{\varepsilon^2}=\dfrac{\sigma^2}{n\varepsilon^2}=0$，當 $n\to\infty$ 時，

$\Rightarrow P[|\overline{X}-u|<\varepsilon]\to 1$。

設 $X_i \overset{iid}{\sim} B(1,p)$，試證 $\widehat{P}$ 是 p 的一致性估計式。

解 $E(\widehat{P}) = \frac{1}{n}E(\sum_{i=1}^{n}X_i) = \frac{1}{n}E(X_1 + X_2 + \cdots + X_n) = \frac{1}{n}(p + p + \cdots + p) = p$ 。

$V(\widehat{P}) = \frac{1}{n^2}V(\sum_{i=1}^{n}X_i) = \frac{1}{n^2}V(X_1 + X_2 + \cdots + X_n) = \frac{1}{n^2}(pq + pq + \cdots + pq) = \frac{pq}{n}$ 。

當 $n \to \infty$ 時，$\lim\limits_{n \to \infty} V(\widehat{P}) = 0$，所以 $\widehat{P}$ 是 p 的一致性估計式。

設 $X_i \overset{iid}{\sim} P(\lambda)$，現有二個估計式 $\hat{\lambda}_1 = X_1$，$\hat{\lambda}_2 = \overline{X}$，它們皆為 λ 的不偏估計式，試說明為何 $\hat{\lambda}_2$ 優於 $\hat{\lambda}_1$。

解 $E(\hat{\lambda}_1) = E(X_1) = \lambda$ 。

$E(\hat{\lambda}_2) = E(\overline{X}) = \frac{1}{n}E(\sum_{i=1}^{n}X_i) = \frac{1}{n}E(X_1 + X_2 + \cdots + X_n) = \lambda$ 。

兩者皆為 λ 的不偏估計式，但 $V(\hat{\lambda}_1) = V(X_1) = \lambda$ 。

$V(\hat{\lambda}_2) = V(\overline{X}) = \frac{1}{n^2}V(\sum_{i=1}^{n}X_i) = \frac{1}{n^2}V(X_1 + X_2 + \cdots + X_n) = \frac{1}{n^2}(\lambda + \lambda + \cdots + \lambda) = \frac{\lambda}{n}$ 。

當 $n \to \infty$ 時，$\lim\limits_{n \to \infty} V(\hat{\lambda}_2) = 0$，所以 $\hat{\lambda}_2$ 是 λ 的一致性估計式，$\hat{\lambda}_2$ 優於 $\hat{\lambda}_1$。

 例題10

設 $X_i \overset{iid}{\sim} N(\mu, \sigma^2)$ ，現有二個估計式 $\widehat{X}_1 = \dfrac{nX_1}{2n-1} + \displaystyle\sum_{i=2}^{n} \dfrac{X_i}{2n-1}$ ，

$\widehat{X}_2 = \dfrac{2X_n}{n+1} + \displaystyle\sum_{i=1}^{n-1} \dfrac{X_i}{n+1}$ ，試問這二個估計式它們的不偏性、一致性、有效性為何？

解 1. $E(\widehat{X}_1) = E\left(\dfrac{nX_1}{2n-1} + \displaystyle\sum_{i=2}^{n} \dfrac{X_i}{2n-1}\right) = \dfrac{n}{2n-1} E(X_1) + \dfrac{1}{2n-1} E\left(\displaystyle\sum_{i=2}^{n} X_i\right)$

$\qquad = \dfrac{n}{2n-1} \mu + \dfrac{1}{2n-1} E(X_2 + X_3 + \cdots + X_n) = \dfrac{n\mu}{2n-1} + \dfrac{1}{2n-1}(\mu + \mu + \cdots + \mu)$

$\qquad = \dfrac{n\mu}{2n-1} + \dfrac{(n-1)\mu}{2n-1} = \mu$ （$\widehat{X}_1$ 具不偏性）

$\quad E(\widehat{X}_2) = E\left(\dfrac{2X_n}{n+1} + \displaystyle\sum_{i=1}^{n-1} \dfrac{X_i}{n+1}\right) = \dfrac{2}{n+1} E(X_n) + \dfrac{1}{n+1} E\left(\displaystyle\sum_{i=1}^{n-1} X_i\right)$

$\qquad = \dfrac{2}{n+1} \mu + \dfrac{1}{n+1} E(X_1 + X_2 + \cdots + X_{n-1}) = \dfrac{2\mu}{n+1} + \dfrac{1}{n+1}(\mu + \mu + \cdots + \mu)$

$\qquad = \dfrac{2\mu}{n+1} + \dfrac{(n-1)\mu}{n+1} = \mu$ （$\widehat{X}_2$ 具不偏性）

2. $V(\widehat{X}_1) = V\left(\dfrac{nX_1}{2n-1} + \displaystyle\sum_{i=2}^{n} \dfrac{X_i}{2n-1}\right) = \dfrac{n^2}{(2n-1)^2} V(X_1) + \dfrac{1}{(2n-1)^2} V\left(\displaystyle\sum_{i=2}^{n} X_i\right)$

$\qquad = \dfrac{n^2}{(2n-1)^2} \sigma^2 + \dfrac{1}{(2n-1)^2}(\sigma^2 + \sigma^2 + \cdots + \sigma^2)$

$\qquad = \dfrac{n^2 \sigma^2}{(2n-1)^2} + \dfrac{(n-1)\sigma^2}{(2n-1)^2} = \dfrac{(n^2 + n - 1)}{(2n-1)^2} \sigma^2$

$\quad \displaystyle\lim_{n \to \infty} V(\widehat{X}_1) = \lim_{n \to \infty} \dfrac{(n^2 + n - 1)}{(2n-1)^2} \sigma^2 = \dfrac{2}{8} \sigma^2 = \dfrac{1}{4} \sigma^2 \neq 0$ （$\widehat{X}_1$ 不具一致性）

$$V(\widehat{X}_2) = V(\frac{2X_n}{n+1} + \sum_{i=1}^{n-1}\frac{X_i}{n+1}) = \frac{2^2}{(n+1)^2}V(X_n) + \frac{1}{(n+1)^2}V(\sum_{i=1}^{n-1}X_i)$$

$$= \frac{2^2}{(n+1)^2}\sigma^2 + \frac{1}{(n+1)^2}(\sigma^2 + \sigma^2 + \cdots + \sigma^2)$$

$$= \frac{2^2}{(n+1)^2}\sigma^2 + \frac{(n-1)\sigma^2}{(n+1)^2} = \frac{(n+3)\sigma^2}{(n+1)^2}$$

$$\lim_{n\to\infty}V(\widehat{X}_2) = \lim_{n\to\infty}\frac{(n+3)}{(n+1)^2}\sigma^2 = 0 \quad (\widehat{X}_2\text{具一致性})$$

3. 由 $\lim_{n\to\infty}V(\widehat{X}_1) \neq 0$，$\lim_{n\to\infty}V(\widehat{X}_2) = 0$，可以推測 $V(\widehat{X}_1) > V(\widehat{X}_2)$，所以 $V(\widehat{X}_2)$ 相對有效性

四、充分性（sufficiency）

若一樣本統計量能提供被估計母數 θ 之最多訊息者，稱為 θ 的充分統計量。

分解定理（factorization theorem）：若隨機變數 X 的 p.d.f. 為 $f(x;\theta)$，θ 為母體未知參數，從中抽出一組隨機樣本，其聯合機率密度函數，即概似函數（likelihood function）

$$f(x_1, x_2, ..., x_n; \theta) = f(x_1;\theta) \cdot f(x_2;\theta) ... f(x_n;\theta)$$

假如概似函數可以分解成 $f(x_1, x_2, \cdots, x_n; \theta) = g(\widehat{\theta}, \theta)\, h(x_1, x_2, \cdots, x_n)$，其中 $h(x_1, x_2, ..., x_n)$ 與 θ 無關，則稱 $\hat{\theta}$ 為 θ 的充分統計量。

 例題11

隨機變數 X 的 p.d.f. 為 $f(x) = \theta e^{-\theta x}$，$x > 0$，$\theta > 0$，若 $Y = \sum_{i=1}^{n}X_i$，則 Y 是 θ 之充分統計量。

解 $f(x_1, x_2, \cdots, x_n; \theta) = f(x_1;\theta) \cdot f(x_2;\theta) \cdots f(x_n;\theta)$

$$= \theta e^{-\theta x_1} \cdot \theta e^{-\theta x_2} \cdot \cdots \cdot \theta e^{-\theta x_n} = \theta^n e^{-\theta\sum_{i=1}^{n}x_i} = g(\hat{\theta}, \theta)\, h(x_1, x_2, \cdots, x_n)，$$

這裡，$g(\hat{\theta}, \theta) = \theta^n e^{-\theta\sum_{i=1}^{n}x_i}$，$h(x_1, x_2, ..., x_n) = 1$。

因為 $h(x_1, x_2, ..., x_n)$ 與 θ 無關，所以，$\sum_{i=1}^{n}X_i$ 是 θ 之充分統計量。

例題12

隨機變數 X 的 p.d.f. 為 $f(x) = \dfrac{\theta^x e^{-\theta}}{x!}$ ，$\theta > 0$ ，若 $Y = \sum\limits_{i=1}^{n} X_i$ ，則 Y 是 θ 之充分統計量。

解 $f(x_1, x_2, \cdots, x_n; \theta) = f(x_1; \theta) \cdot f(x_2; \theta) \cdots f(x_n; \theta) = \dfrac{\theta^{x_1} e^{-\theta}}{x_1!} \cdot \dfrac{\theta^{x_2} e^{-\theta}}{x_2!} \cdots \dfrac{\theta^{x_n} e^{-\theta}}{x_n!}$

$$= \theta^{\sum\limits_{i=1}^{n} x_i} e^{-n\theta} \left(\frac{1}{x_1!} \cdot \frac{1}{x_2!} \cdots \frac{1}{x_n!} \right) = g(\hat{\theta}, \theta)\, h(x_1, x_2, \cdots, x_n) \text{ ，}$$

這裡，$g(\hat{\theta}, \theta) = \theta^{\sum\limits_{i=1}^{n} x_i} e^{-n\theta}$ ，$h(x_1, x_2, \cdots, x_n) = \left(\dfrac{1}{x_1!} \cdot \dfrac{1}{x_2!} \cdots \dfrac{1}{x_n!} \right)$

因為 $h(x_1, x_2, ..., x_n)$ 與 θ 無關，所以，$\sum\limits_{i=1}^{n} X_i$ 是 θ 之充分統計量。

6-3 尋求統計量的方法

尋求統計量的方法有最大概似估計法（maximum likelihood estimator，M.L.E.）、動差法（method of moment）、最小平方法（method of least square）等。

一、最大概似估計法

(一) 概似函數

抽樣前的聯合機率密度函數是機率函數，抽樣後的聯合機率密度函數為概似函數。抽樣前的機率函數是母體 θ 已知，抽樣後的概似函數是樣本 $x_1, x_2, ..., x_n$ 已知，但 θ 未知。我們將概似函數表為 θ 的函數：$L(\theta) = L(x_1, x_2, ..., x_n; \theta)$。

(二) 最大概似估計式

1. 若 $x_1, x_2, \cdots, x_n$ 由 $f(x\,;\theta)$ 中抽出，則其概似函數

$$L(\theta) = L(x_1, x_2, \cdots, x_n\,;\theta) = \prod_{i=1}^{n} f(x_i\,;\theta)。$$

   如果 θ 之估計式 $\hat{\theta}$ 可使概似函數 $L(\theta)$ 為最大，則稱 $\hat{\theta}$ 為 θ 之最大概似估計式。

2. 最大概似估計式之求法：

   (1) $\displaystyle L(\theta) = \prod_{i=1}^{n} f(x_i;\theta)$

   (2) 令 $\dfrac{\partial L(\theta)}{\partial \theta} = 0$，求極值。

   (3) 驗証 $\dfrac{\partial^2 L(\theta)}{\partial \theta^2} < 0$ 是否成立。

💡 小補充

1. 某些分配無法由 $\dfrac{\partial L(\theta)}{\partial \theta} = 0$ 求得，這時須用討論法。

2. 真正在求算時常以 $\dfrac{\partial \ln L(\theta)}{\partial \theta} = 0$ 替代 $\dfrac{\partial L(\theta)}{\partial \theta} = 0$，理由是取對數後運算較簡便，而且不會影響結果。因為 $\dfrac{\partial \ln L(\theta)}{\partial \theta} = \dfrac{1}{L} \cdot \dfrac{\partial L(\theta)}{\partial \theta} = 0$，其中 $\dfrac{1}{L}$ 不為 0，所以還是 $\dfrac{\partial L(\theta)}{\partial \theta} = 0$。

例題13

假如 $X \sim B(1, \theta)$，求 θ 的 M.L.E ？

解 $\displaystyle L(\theta) = \prod_{i=1}^{n} f(x_i;\theta) = (\theta^{x_1}(1-\theta)^{1-x_1})(\theta^{x_2}(1-\theta)^{1-x_2})\cdots(\theta^{x_n}(1-\theta)^{1-x_n}) = \theta^{\sum\limits_{i=1}^{n} x_i}(1-\theta)^{n-\sum\limits_{i=1}^{n} x_i}$

接著取對數

$$\ln L(\theta) = \ln(\theta^{\sum_{i=1}^{n} x_i}(1-\theta)^{n-\sum_{i=1}^{n} x_i}) = \ln(\theta^{\sum_{i=1}^{n} x_i}) + \ln((1-\theta)^{n-\sum_{i=1}^{n} x_i})$$

$$= (\sum_{i=1}^{n} x_i)\ln(\theta) + (n-\sum_{i=1}^{n} x_i)\ln(1-\theta) \quad,$$

$$\Rightarrow \frac{\partial \ln L(\theta)}{\partial \theta} = (\sum_{i=1}^{n} x_i)\frac{1}{\theta} + (n-\sum_{i=1}^{n} x_i)\frac{-1}{(1-\theta)} = \frac{\sum_{i=1}^{n} x_i}{\theta} - \frac{(n-\sum_{i=1}^{n} x_i)}{(1-\theta)} = 0$$

$$\Rightarrow \frac{(1-\theta)\sum_{i=1}^{n} x_i - \theta(n-\sum_{i=1}^{n} x_i)}{\theta(1-\theta)} = 0$$

$$\Rightarrow (1-\theta)\sum_{i=1}^{n} x_i - \theta(n-\sum_{i=1}^{n} x_i) = \sum_{i=1}^{n} x_i - \theta\sum_{i=1}^{n} x_i - n\theta + \theta\sum_{i=1}^{n} x_i = 0$$

$$\Rightarrow \sum_{i=1}^{n} x_i = n\theta \Rightarrow \theta = \frac{\sum_{i=1}^{n} x_i}{n} = \overline{x} \quad, \quad \text{又} \quad \frac{\partial^2 L(\theta)}{\partial \theta^2} < 0 \quad,$$

所以，$\overline{x}$ 是 θ 的 M.L.E。

例題14

設 $x_1, x_2, \ldots, x_m$ 來自分配 $f(x) = \dfrac{\theta}{(x+1)^{\theta+1}}$，$x > 0$ 之隨機樣本，試求 θ 之最大可能估計值（maximum likelihood estimator）。

解 概似函數

$$L(\theta) = \prod_{i=1}^{m} \frac{\theta}{(x_i+1)^{\theta+1}} = \frac{\theta}{(x_1+1)^{\theta+1}} \cdot \frac{\theta}{(x_2+1)^{\theta+1}} \cdots \frac{\theta}{(x_m+1)^{\theta+1}}$$

$$= \frac{1}{\left((x_1+1)(x_2+1)\cdots(x_m+1)\right)^{\theta+1}}\theta^m$$

$$\ln L(\theta) = \ln\left(\frac{1}{\left((x_1+1)(x_2+1)\cdots(x_m+1)\right)^{\theta+1}}\theta^m\right)$$

$$= \ln\left(\frac{1}{\left((x_1+1)(x_2+1)\cdots(x_m+1)\right)^{\theta+1}}\right) + m\ln(\theta)$$

$$= \ln\left((x_1+1)(x_2+1)\cdots(x_m+1)\right)^{-(\theta+1)} + m\ln(\theta)$$

$$= -(\theta+1)\left[\ln(x_1+1)+\ln(x_2+1)+\cdots+\ln(x_m+1)\right] + m\ln\theta$$

$$= m\ln\theta - (\theta+1)\sum_{i=1}^{m}\ln(x_i+1) \; \circ$$

$$\frac{d\ln L(\theta)}{d\theta} = \frac{m}{\theta} - \sum_{i=1}^{m}\ln(x_i+1) = 0 \Rightarrow \frac{m}{\theta} - \frac{\theta\displaystyle\sum_{i=1}^{m}\ln(x_i+1)}{\theta} = 0$$

$$\Rightarrow m = \theta\sum_{i=1}^{m}\ln(x_i+1) \Rightarrow \theta = \frac{m}{\displaystyle\sum_{i=1}^{m}\ln(x_i+1)} \; ,$$

所以，$\hat{\theta} = \dfrac{m}{\displaystyle\sum_{i=1}^{m}\ln(x_i+1)}$ 是 θ 的 M.L.E。

 例題15

設 $X_i \overset{iid}{\sim} N(\mu,\sigma^2)$，參數 (μ,σ^2) 未知，試求 $\theta\,(\mu,\sigma^2)$ 之最大概似估計式。

解 $L(\theta) = \prod_{i=1}^{n} f(x_i;\theta) = \dfrac{1}{\sqrt{2\pi}\sigma} e^{-\frac{1}{2}(\frac{x_1-\mu}{\sigma})^2} \cdot \dfrac{1}{\sqrt{2\pi}\sigma} e^{-\frac{1}{2}(\frac{x_2-\mu}{\sigma})^2} \cdots \dfrac{1}{\sqrt{2\pi}\sigma} e^{-\frac{1}{2}(\frac{x_n-\mu}{\sigma})^2}$

$$= \frac{1}{(\sqrt{2\pi}\sigma)^n} e^{-\frac{1}{2}\sum_{i=1}^{n}(\frac{x_i-\mu}{\sigma})^2}$$

接著 $\ln L(\theta) = \ln\left(\dfrac{1}{(\sqrt{2\pi}\sigma)^n}\right) - \dfrac{\displaystyle\sum_{i=1}^{n}(x_i-\mu)^2}{2\sigma^2} = -\dfrac{n}{2}\ln(2\pi) - \dfrac{n}{2}\ln(\sigma^2) - \dfrac{\displaystyle\sum_{i=1}^{n}(x_i-\mu)^2}{2\sigma^2}$

$$\frac{\partial \ln L(\theta)}{\partial \mu} = \frac{2\sum\limits_{i=1}^{n}(x_i - \mu)}{2\sigma^2} = 0 \Rightarrow \sum\limits_{i=1}^{n}(x_i - \mu) = 0 \Rightarrow \mu = \sum\limits_{i=1}^{n}\frac{x_i}{n} = \bar{x}$$

$$\frac{\partial \ln L(\theta)}{\partial \sigma^2} = -\frac{n}{2\sigma^2} + \frac{\sum\limits_{i=1}^{n}(x_i - \mu)^2}{2\sigma^4} = 0 \Rightarrow \sigma^2 = \frac{\sum\limits_{i=1}^{n}(x_i - \mu)^2}{n} = \frac{\sum\limits_{i=1}^{n}(x_i - \bar{x})^2}{n} \ \circ$$

(三) 最大概似估計式之性質

1. M.L.E 不一定具有不偏性。

2. M.L.E 不一定具有一致性。

3. 若 X 的 p.d.f. 為指數族（exponential family），且母數有充分統計量，則 M.L.E 必是該充分統計量的函數。

 例題16

> 假如 $X_i \overset{iid}{\sim} U(\alpha, \beta)$，求 α，β 的 M.L.E？

解 $L(\alpha, \beta) = L(x_1, x_2, \cdots, x_n; \alpha, \beta) = (\frac{1}{\beta - \alpha})^n$，

$\ln L(\alpha, \beta) = -n \ln(\beta - \alpha)$，$\dfrac{\partial \ln L(\alpha, \beta)}{\partial \beta} = \dfrac{-n}{\beta - \alpha} = 0$，

$\dfrac{\partial \ln L(\alpha, \beta)}{\partial \alpha} = \dfrac{n}{\beta - \alpha} = 0$，無法由微分求得，利用討論得之。

因為 $\alpha < x_i < \beta$，所以，$\hat{\alpha} = Min(x_1, x_2, ..., x_n) = X_{(1)}$，

$$\hat{\beta} = Max(x_1, x_2, ..., x_n) = X_{(n)} \ \circ$$

小補充

由這個例子我們還可推導出 $E(\hat{\alpha}) \neq \alpha$，$E(\hat{\beta}) \neq \beta$。所以 $\hat{\alpha}$ 及 $\hat{\beta}$ 雖是 M.L.E 但不具有不偏性。

假如 $X_i \overset{iid}{\sim} U(\theta-1, \theta+1)$ ，求 θ 的 M.L.E ？

解 $L(\theta) = L(x_1, x_2, \cdots, x_n; \theta) = \left(\dfrac{1}{(\theta+1)-(\theta-1)} \right)^n = \left(\dfrac{1}{2} \right)^n$ ，

$\ln L(\theta) = -n \ln(2)$ ， $\dfrac{d \ln L(\theta)}{d\beta} = 0$ ，無法由微分求得，利用討論得之。

因為 $\theta - 1 < x_i < \theta + 1$ ，所以， $(\hat{\theta}-1) = Min(x_1, x_2, ..., x_n) = X_{(1)}$ ， $\hat{\theta} = X_{(1)} + 1$ 。

又 $(\hat{\theta}+1) = Max(x_1, x_2, ..., x_n) = X_{(n)}$ ， $\hat{\theta} = X_{(n)} - 1$ 。利用線性方式，

可得 $\hat{\theta} = a(X_{(1)}+1) + (1-a)(X_{(n)}-1)$ ， $0 \le a \le 1$ ，通常取 $a = \dfrac{1}{2}$ ，

得到 θ 的 M.L.E $\hat{\theta} = \dfrac{(X_{(1)} + X_{(n)})}{2}$ ，即 $X_{(1)}$ 和 $X_{(n)}$ 的平均數。由於估計式一為 $\hat{\theta} = X_{(1)} + 1$ ，

一為 $\hat{\theta} = X_{(n)} - 1$ ，有二個，所以不具有一致性。雖是 M.L.E 但不具有一致性。

二、動差法（method of moment）

利用動差法求算估計式時，係利用樣本動差與母體動差之關係：

$$E(X^k) = \frac{\sum\limits_{i=1}^{n} x_i^k}{n}$$

所以，一級動差時 $E(X) = \dfrac{\sum\limits_{i=1}^{n} x_i}{n}$ ，二級動差時 $E(X^2) = \dfrac{\sum\limits_{i=1}^{n} x_i^2}{n}$ ，

三級動差時 $E(X^3) = \dfrac{\sum\limits_{i=1}^{n} x_i^3}{n}$ ，依此類推。

例題18

$x_1, x_2, ..., x_n$ 為抽自 $f(x) = \theta x^{\theta-1}$，$0 < x < 1$，$\theta > 0$ 的隨機樣本，試利用動差法求算 θ 之估計式？

解 $E(X) = \int_0^1 xf(x)dx = \int_0^1 x\theta\ x^{\theta-1}dx = \left[\dfrac{\theta}{\theta+1}x^{\theta+1}\Big|_{x=0}^{x=1}\right] = \dfrac{\theta}{\theta+1} = \overline{x}$，所以 $\tilde{\theta} = \dfrac{\overline{x}}{1-\overline{x}}$。

例題19

$X_i \overset{iid}{\sim} U(0, \theta)$，試求 θ 之動差估計式？

解 $E(X) = \int_0^\theta xf(x)\ dx = \int_0^\theta x\dfrac{1}{\theta}\ dx = \dfrac{\theta}{2} = \overline{x}$，所以 $\tilde{\theta} = 2\overline{x}$。

例題20

若 $X_i \overset{iid}{\sim} N(100, \sigma^2)$，試利用動差法求算 σ^2 之估計式？

解 $\sigma^2 = E(X - E(X))^2 = E(X^2) - \mu^2 = E(X^2) - 100^2 = \dfrac{\sum_{i=1}^n x_i^2}{n} - 100^2$，

所以動差估計式 $\tilde{\sigma}^2 = \dfrac{\sum_{i=1}^n x_i^2}{n} - 100^2$。

三、最小平方法（method of least square）

最小平方法在本書第九章會有詳細的介紹。迴歸模式追求的目標，在使迴歸模式誤差平方和為最小，最小平方法就是在誤差平方和為最小的條件下，找出參數估計值。最小平方法和最大概似估計式兩者最大不同在於：最小平方法不須先知道母體分配，但最

大概似估計式必須先知道母體分配（例如常態分配），再由概似函數，利用微分方法找出極值。

6-4 區間估計（interval estimation）

根據信賴係數及樣本資料，求算出兩個數值，便構成一個區間，藉以推估未知母數落在此區間的估計方法稱為區間估計，又稱為信賴區間。

例如，母體平均數的區間估計為 $(\overline{X} - z_{(\alpha/2)} \frac{\sigma}{\sqrt{n}}, \ \overline{X} + z_{(\alpha/2)} \frac{\sigma}{\sqrt{n}})$，括號裡有兩個數值，一個是下界 $\overline{X} - z_{(\alpha/2)} \frac{\sigma}{\sqrt{n}}$，一個是上界 $\overline{X} + z_{(\alpha/2)} \frac{\sigma}{\sqrt{n}}$。

1. 信賴區間的長度：上界減下界，所以，樣本平均數的區間長度為

$$(\overline{X} + z_{(\alpha/2)} \frac{\sigma}{\sqrt{n}}) - (\overline{X} - z_{(\alpha/2)} \frac{\sigma}{\sqrt{n}}) = 2 \cdot z_{(\alpha/2)} \frac{\sigma}{\sqrt{n}} 。$$

2. 信賴係數 $1 - \alpha$ 越大，信賴區間的長度越長。

3. 信賴區間亦可表示成：$\overline{X} \pm z_{(\alpha/2)} \frac{\sigma}{\sqrt{n}}$ 或 $\overline{X} - z_{(\alpha/2)} \frac{\sigma}{\sqrt{n}} \le \mu \le \overline{X} + z_{(\alpha/2)} \frac{\sigma}{\sqrt{n}}$。

一、影響信賴區間長短的因素

由上面例子，我們不難發現信賴區間之 $\frac{\sigma}{\sqrt{n}}$、n、α、$\frac{\alpha}{2}$，這些都會影響到信賴區間的長短，像 $\frac{\sigma}{\sqrt{n}}$ 是標準誤，它隨著點估計式不同而有所變化，亦隨著樣本數 n 不同而不同。α 亦會影響到信賴區間的長短，因為 α 越大，信賴係數 $1 - \alpha$ 越小，信賴區間就越短，反之信賴區間就越長。而好的區間估計是在信賴係數固定下，區間的長度越短越好，所以在求信賴區間時，取兩端機率各為 $\frac{\alpha}{2}$（加起來還是 α），這時信賴區間最短。底下分述之：

(一) 點估計式

　　若點估計式不同，則其抽樣分配不同，標準誤也會不同，因而影響信賴區間的長短。以 $X_i \overset{iid}{\sim} N(\mu, \sigma^2)$ 為例，求樣本平均數及中位數所建立的母體 μ 的 95% 信賴區間。

　　樣本平均數時：$E(\overline{X}) = \mu$，$V(\overline{X}) = \dfrac{\sigma^2}{n}$，所以 μ 的 95% 信賴區間為

$$\overline{X} - 1.96 \frac{\sigma}{\sqrt{n}} < \mu < \overline{X} + 1.96 \frac{\sigma}{\sqrt{n}} \, 。$$

　　中位數時：$E(Md) = \mu$，$V(Md) = \dfrac{\pi}{2} \dfrac{\sigma^2}{n}$，所以 μ 的 95% 信賴區間為

$$Md - 1.96 \frac{\sqrt{\pi}}{\sqrt{2}} \frac{\sigma}{\sqrt{n}} < \mu < Md + 1.96 \frac{\sqrt{\pi}}{\sqrt{2}} \frac{\sigma}{\sqrt{n}} \, 。$$

　　顯然估計式不同，信賴區間也不同。

(二) 樣本數大小

　　樣本大小會影響到標準誤（$\dfrac{\sigma}{\sqrt{n}}$）的大小。n 越大，標準誤越小，信賴區間長度越短。反之，n 越小，標準誤越大，信賴區間長度越長。

(三) 信賴係數大小

　　其它條件不變下，信賴係數愈大，信賴區間長度愈長。例如，信賴係數 95%，則 μ 的信賴區間長度為 $3.92 \dfrac{\sigma}{\sqrt{n}}$，若信賴係數為 90%，則 μ 的信賴區間長度為 $3.29 \dfrac{\sigma}{\sqrt{n}}$。

(四) 信賴區間界限

1. 雙尾：$P(\hat{\theta}_1 \leq \theta \leq \hat{\theta}_2) = 1 - \alpha$。
2. 單尾：$P(-\infty < \theta \leq \hat{\theta}_2^*) = 1 - \alpha$。
3. 單尾：$P(\hat{\theta}_1^* \leq \theta < \infty) = 1 - \alpha$。

　　上面三者的信賴係數雖然都是 $1 - \alpha$，但顯然雙尾的信賴區間長度（即 $\hat{\theta}_2 - \hat{\theta}_1$）比單尾更小（2. 和 3. 的區間長度都是 ∞），從統計的觀點來看，我們追求的是在同一信賴係數下，信賴區間長度越短越好。信賴係數是可靠度，信賴區間是精確度。可靠度由面積來衡量，精確度由橫軸區間長短來衡量。在面積同樣是 0.95 的信賴係數下，我們追求的是精確的程度，也就是信賴區間長度越短越好。

二、各種區間估計

　　統計推論中最常使用的方法是信賴區間和顯著性檢定。底下將依序介紹 (1) 單一母體變異數 σ^2 (2) 兩母體變異數比 σ_1^2 / σ_2^2 (3) 單一母體平均數 μ　(4) 兩母體平均數差 $(\mu_1 - \mu_2)$ (5) 單一母體比例 p　(6) 兩母體比例差 $(p_1 - p_2)$ 之區間估計。

　　值得一提的是，為什麼兩母體平均數，求的是差？而兩母體變異數求的是比？經驗告訴我們，如果想知道兩數是否相等？一個方法是比較「差」，$a - b = 0$；另一個方法是看「比」，$a / b = 1$，$b \neq 0$。兩獨立母體平均數看的是「差」，這是因為兩母體平均數之差有機率分配可求導；兩獨立母體變異數不看它們的「差」，是因為找不到兩母體變異數差的統計機率分配，但找得到兩母體變異數比的分配，也就是著名的 F 分配來求導。

(一) 單一母體變異數 σ^2 的區間估計

　　設隨機變數 $X_i \overset{iid}{\sim} N(\mu, \sigma^2)$，$i = 1, 2, ..., n$。現欲作 σ^2 的區間估計，分別就 μ 未知或已知討論如下。

1. μ 未知時，σ^2 的區間估計

　　因為 $\dfrac{(n-1)S^2}{\sigma^2} \sim \chi^2_{(n-1)}$，所以，$\sigma^2$ 的區間估計可由卡方分配求導，

$$\Rightarrow P\left[\chi^2_{(1-\alpha/2,\, n-1)} \leq \frac{(n-1)S^2}{\sigma^2} \leq \chi^2_{(\alpha/2,\, n-1)} \right] = 1 - \alpha \ ,$$

$$\Rightarrow \frac{(n-1)S^2}{\chi^2_{(\alpha/2, n-1)}} \leq \sigma^2 \leq \frac{(n-1)S^2}{\chi^2_{(1-\alpha/2, n-1)}} \ , \ \text{這裡}, \ S^2 = \frac{\displaystyle\sum_{i=1}^{n}(X_i - \bar{X})^2}{n-1} \ 。$$

📣 例題21

從一常態母體中抽出 20 個隨機樣本，求得其不偏樣本變異數 $S^2 = 40$，試求其母體變異數之 95% 信賴區間。

解 查表得 $\chi^2_{(0.975,19)} = 8.910$，$\chi^2_{(0.025,19)} = 32.9$。又 $n = 20$，$S^2 = 40$，在 95% 之信賴度下，

σ^2 之信賴區間為 $\dfrac{(n-1)S^2}{\chi^2_{(0.025,19)}} \le \sigma^2 \le \dfrac{(n-1)S^2}{\chi^2_{(0.975,19)}}$

$\dfrac{19 \times 40}{32.9} \le \sigma^2 \le \dfrac{19 \times 40}{8.910}$

$23.1 \le \sigma^2 \le 85.3$。

R 程式作法

R 程式

在 `Source` 區鍵入

```
S2=40
n=20
(n-1)*S2/qchisq(0.05/2,n-1)
(n-1)*S2/qchisq(1-0.05/2,n-1)
```

---

2. μ 已知時，σ^2 的區間估計

因為 $\dfrac{\sum_{i=1}^{n}(X_i - \mu)^2}{\sigma^2} \sim \chi^2_{(n)} \Rightarrow \dfrac{\sum_{i=1}^{n}(X_i - \mu)^2}{\chi^2_{(\alpha/2,n)}} \le \sigma^2 \le \dfrac{\sum_{i=1}^{n}(X_i - \mu)^2}{\chi^2_{(1-\alpha/2,n)}}$。

(二) 兩母體變異數比 $\frac{\sigma_1^2}{\sigma_2^2}$ 的區間估計

設隨機變數 $X_i \overset{iid}{\sim} N(\mu_1, \sigma_1^2)$ ，$i = 1, 2, ..., n_1$，隨機變數 $Y_j \overset{iid}{\sim} N(\mu_2, \sigma_2^2)$ ，$j = 1, 2, ...,$ n_2。現欲作兩母體變異數比 $\frac{\sigma_1^2}{\sigma_2^2}$ 的區間估計，分 μ_1、μ_2 未知或已知討論如下。

1. 當母體 μ_1、μ_2 未知時

令 $\chi_1^2 = \dfrac{(n_1-1)S_1^2}{\sigma_1^2}$ ，$\chi_2^2 = \dfrac{(n_2-1)S_2^2}{\sigma_2^2}$ ，這裡，$S_1^2 = \dfrac{\sum\limits_{i=1}^{n_1}(X_i - \bar{X})^2}{n_1 - 1}$ ，

$S_2^2 = \dfrac{\sum\limits_{j=1}^{n_2}(Y_j - \bar{Y})^2}{n_2 - 1}$ ，則 $F = \dfrac{\dfrac{\chi_1^2}{n_1 - 1}}{\dfrac{\chi_2^2}{n_2 - 1}} = \dfrac{\dfrac{(n_1-1)S_1^2}{\sigma_1^2}}{\dfrac{(n_2-1)S_2^2}{\sigma_2^2}} = \dfrac{\sigma_2^2 S_1^2}{\sigma_1^2 S_2^2}$ ，

$P\left[F_{(1-\alpha/2, n_1-1, n_2-1)} \leq \dfrac{\sigma_2^2 S_1^2}{\sigma_1^2 S_2^2} \leq F_{(\alpha/2, n_1-1, n_2-1)} \right] = 1 - \alpha$ ，

所以，兩母體變異數比的區間估計為

$$\frac{S_1^2}{S_2^2} \frac{1}{F_{(\alpha/2, n_1-1, n_2-1)}} \leq \frac{\sigma_1^2}{\sigma_2^2} \leq \frac{S_1^2}{S_2^2} F_{(\alpha/2, n_2-1, n_1-1)}$$

 例題22

人資部門想了解訓練成效，從 A 單位隨機抽取 10 個樣本，得到學員積分分別為 19, 17, 14, 11, 15, 12, 13, 16, 15, 19，從 B 單位隨機抽取 12 個樣本，得到學員積分分別為 12, 9, 7, 6, 5, 8, 10, 13, 3, 7, 13, 14，試求兩母體變異數比的 95% 信賴區間估計。

解 經筆算可得 $S_1^2 = 7.433$ ，$S_2^2 = 12.4469$ ，又查表得 $F_{(0.025,\ 10-1,\ 12-1)} = 3.59$ ，

$F_{(0.025,\ 12-1,\ 10-1)} = 3.912$ ，由公式

$$\Rightarrow \frac{S_1^2}{S_2^2} \frac{1}{F_{(\alpha/2,n_1-1,n_2-1)}} = \frac{7.433}{12.4469} \times \frac{1}{3.59} = 0.166$$

$$\Rightarrow \frac{S_1^2}{S_2^2} F_{(\alpha/2,n_2-1,n_1-1)} = \frac{7.433}{12.4469} \times 3.912 = 2.336$$

$$\Rightarrow 0.166 \le \frac{\sigma_1^2}{\sigma_2^2} \le 2.336 \text{ 。}$$

R 程式作法

> ### R 程式
>
> 在 Source 區鍵入
>
> ```
> x=c(19,17,14,11,15,12,13,16,15,19)
> y=c(12,9,7,6,5,8,10,13,3,7,13,14)
> F1=qf(0.975,10-1,12-1)
> F2=qf(0.025,10-1,12-1)
> confint=c(lower=(var(x)/var(y))/F1,
>           upper=(var(x)/var(y))/F2)
> confint
> ```

2. 當母體 $\mu_1 \cdot \mu_2$ 已知時

令 $\chi_1^2 = \dfrac{n_1 s_1^2}{\sigma_1^2}$ ， $\chi_2^2 = \dfrac{n_2 s_2^2}{\sigma_2^2}$ ，這裡， $s_1^2 = \dfrac{\displaystyle\sum_{i=1}^{n_1}(X_i - \mu_1)^2}{n_1}$ ， $s_2^2 = \dfrac{\displaystyle\sum_{j=1}^{n_2}(Y_j - \mu_2)^2}{n_2}$ ，則

$$F = \frac{\dfrac{\chi_1^2}{n_1}}{\dfrac{\chi_2^2}{n_2}} = \frac{\dfrac{n_1 s_1^2}{\sigma_1^2}}{\dfrac{n_2 s_2^2}{\sigma_2^2}} = \frac{\sigma_2^2 s_1^2}{\sigma_1^2 s_2^2} \quad , \quad P\left[F_{(1-\alpha/2,n_1,n_2)} \le \frac{\sigma_2^2 s_1^2}{\sigma_1^2 s_2^2} \le F_{(\alpha/2,n_1,n_2)} \right] = 1 - \alpha \quad ,$$

所以，兩母體變異數比的區間估計為

$$\frac{s_1^2}{s_2^2}\frac{1}{F_{(\alpha/2,n_1,n_2)}} \le \frac{\sigma_1^2}{\sigma_2^2} \le \frac{s_1^2}{s_2^2}F_{(\alpha/2,n_2,n_1)}$$

(三) 單一母體平均數 μ 的區間估計

設隨機變數 $X_i \overset{iid}{\sim} N(\mu,\sigma^2)$，$i = 1, 2, ..., n$。現欲作 μ 的區間估計，分下面三種情形討論之。

1. σ^2 已知時，不論樣本大小爲何，都用 z 分配

因爲 $\overline{X} \sim N(\mu,\dfrac{\sigma^2}{n})$，$Z = \dfrac{\overline{X}-\mu}{\dfrac{\sigma}{\sqrt{n}}} \sim N(0,1)$，

$$P\left[-z_{(\alpha/2)} \le \frac{\overline{X}-\mu}{\dfrac{\sigma}{\sqrt{n}}} \le z_{(\alpha/2)}\right] = 1-\alpha \ ,$$

所以，母體平均數的區間估計爲

$$\overline{X} - z_{(\alpha/2)}\frac{\sigma}{\sqrt{n}} \le \mu \le \overline{X} + z_{(\alpha/2)}\frac{\sigma}{\sqrt{n}}$$，此爲無限母體時適用。

如果是有限母體，則區間估計爲

$$\overline{X} - z_{(\alpha/2)}\sqrt{\frac{N-n}{N-1}}\frac{\sigma}{\sqrt{n}} \le \mu \le \overline{X} + z_{(\alpha/2)}\sqrt{\frac{N-n}{N-1}}\frac{\sigma}{\sqrt{n}} \ 。$$

2. σ^2 未知但 $n \ge 30$ 時，用 z 分配

這時 σ^2 以 $S^2 = \dfrac{\displaystyle\sum_{i=1}^{n}(X_i-\bar{X})^2}{n-1}$ 替代。所以，無限母體 μ 的區間估計

$$\overline{X} - z_{(\alpha/2)}\frac{S}{\sqrt{n}} \le \mu \le \overline{X} + z_{(\alpha/2)}\frac{S}{\sqrt{n}} \ 。$$

而有限母體 μ 的區間估計爲

$$\overline{X} - z_{(\alpha/2)}\sqrt{\frac{N-n}{N-1}}\frac{S}{\sqrt{n}} \le \mu \le \overline{X} + z_{(\alpha/2)}\sqrt{\frac{N-n}{N-1}}\frac{S}{\sqrt{n}} \ 。$$

3. σ^2 未知，且 $n < 30$，用 t 分配

因為 $t = \dfrac{\overline{X} - \mu}{\dfrac{S}{\sqrt{n}}}$ ，自由度 $= n - 1$，

$$P\left[-t_{(\alpha/2, n-1)} \leq \frac{\overline{X} - \mu}{\dfrac{S}{\sqrt{n}}} \leq t_{(\alpha/2, n-1)} \right] = 1 - \alpha \quad ,$$

所以，μ 的區間估計

$$\overline{X} - t_{(\alpha/2, n-1)} \frac{S}{\sqrt{n}} \leq \mu \leq \overline{X} + t_{(\alpha/2, n-1)} \frac{S}{\sqrt{n}} \quad 。$$

 例題23

品管部門想了解產品 x 之品質水準，特從生產線上隨機抽取 10 個樣本，測得其重量分別為 24，26，32，25，34，28，21，33，30 與 25 克，試以 95% 信賴區間求產品平均重量之範圍。

解 $\overline{x} = \dfrac{24 + 26 + 32 + \cdots + 30 + 25}{10} = 27.8$

$S^2 = \dfrac{\displaystyle\sum_{i=1}^{n}(X_i - \overline{X})^2}{n-1} = \dfrac{167.6}{9} = 18.622$ ，$S = 4.315$，

而 $t_{(0.025,\, 9)} = 2.262$，故平均重量 95% 信賴區間為

$$\overline{X} - 2.262 \times \frac{4.315}{\sqrt{10}} \leq \mu \leq \overline{X} + 2.262 \times \frac{4.315}{\sqrt{10}} \quad ，24.71 \leq \mu \leq 30.886 \quad 。$$

R 程式作法

R 程式

方法 1，在 Source 區鍵入

```
internet=c(24,26,32,25,34,28,21,33,30,25)
mean(internet)
sqrt(var(internet))
t.test(internet,conf.level=0.95)$conf.int
```

R 程式

方法 2，在 Source 區鍵入

```
internet=c(24,26,32,25,34,28,21,33,30,25)
mean(internet)-qt(1-0.05/2,9)*sqrt(var(internet))/
sqrt(10)
mean(internet)+qt(1-0.05/2,9)*sqrt(var(internet))/
sqrt(10)
```

 例題24

設有一隨機樣本抽自常態分配，若 μ 及 σ^2 均未知，但吾人求得

$$\overline{X} = 67 \ , \ S^{2^*} = \frac{\sum_{i=1}^{12}(X_i - \overline{X})^2}{n} = 119 \ ,$$

1. 求 μ 之 95% 信賴區間。

2. 求 σ^2 之 95% 信賴區間。

解 1. 在 σ^2 未知且 $n < 30$ 情形下，μ 之 95% 信賴區間為

$$\overline{X} - t_{(0.025,11)} \frac{S}{\sqrt{n}} \le \mu \le \overline{X} + t_{(0.025,11)} \frac{S}{\sqrt{n}}$$

這裡，$S = \sqrt{S^2} = \sqrt{\dfrac{\sum\limits_{i=1}^{n}(X_i - \overline{X})^2}{n-1}} = \sqrt{\dfrac{n}{n-1} S^{2^*}}$，所以，

$$67 - 2.201 \times \frac{\sqrt{\frac{12}{11} \times 119}}{\sqrt{12}} \le \mu \le 67 + 2.201 \times \frac{\sqrt{\frac{12}{11} \times 119}}{\sqrt{12}} \ ,$$

$59.76 \le \mu \le 74.24$。

2. μ 未知時，σ^2 之 95% 信賴區間為

$$\chi^2_{(0.975,11)} \ '' \ \frac{nS^{2^*}}{\sigma^2} \ '' \ \chi^2_{(0.025,11)}$$

$$\frac{12S^{2^*}}{\chi^2_{(0.025,11)}} \le \sigma^2 \le \frac{12S^{2^*}}{\chi^2_{(0.975,11)}}$$

$$\frac{12 \times 119}{21.92} \le \sigma^2 \le \frac{12 \times 119}{3.816}$$

$65.14 \le \sigma^2 \le 374.2$。

(四) 兩母體平均數差 $\mu_1 - \mu_2$ 的區間估計

設隨機變數，$X_{1i} \overset{iid}{\sim} N(\mu_1, \sigma_1^2)$，$i = 1, 2, ..., n_1$，隨機變數 $X_{2j} \overset{iid}{\sim} N(\mu_2, \sigma_2^2)$，$j = 1, 2, ...,$ n_2。現欲作兩母體均數差 $(\mu_1 - \mu_2)$ 的區間估計，分下列五種情形加以討論。

1. σ_1^2 與 σ_2^2 已知時，不論樣本大小為何，都用 z 分配，

因為 $E(\overline{X}_1 - \overline{X}_2) = \mu_1 - \mu_2$，$V(\overline{X}_1 - \overline{X}_2) = \dfrac{\sigma_1^2}{n_1} + \dfrac{\sigma_2^2}{n_2}$，

$$P\left[-z_{(\alpha/2)} \le \frac{(\overline{X}_1 - \overline{X}_2) - (\mu_1 - \mu_2)}{\sqrt{\dfrac{\sigma_1^2}{n_1} + \dfrac{\sigma_2^2}{n_2}}} \le z_{(\alpha/2)} \right] = 1 - \alpha \ ,$$

所以，$(\mu_1 - \mu_2)$ 的區間估計為

$$(\overline{X}_1 - \overline{X}_2) - z_{(\alpha/2)} \sqrt{\frac{\sigma_1^2}{n_1} + \frac{\sigma_2^2}{n_2}} \leq (\mu_1 - \mu_2) \leq (\overline{X}_1 - \overline{X}_2) + z_{(\alpha/2)} \sqrt{\frac{\sigma_1^2}{n_1} + \frac{\sigma_2^2}{n_2}} \quad 。$$

2. σ_1^2 與 σ_2^2 未知，但 $n_1 \geq 30$、$n_2 \geq 30$，仍用 z 分配，

這時 σ_1^2 以 S_1^2 替代，σ_2^2 以 S_2^2 替代。可得 $(\mu_1 - \mu_2)$ 的區間估計為

$$(\overline{X}_1 - \overline{X}_2) - z_{(\alpha/2)} \sqrt{\frac{S_1^2}{n_1} + \frac{S_2^2}{n_2}} \leq (\mu_1 - \mu_2) \leq (\overline{X}_1 - \overline{X}_2) + z_{(\alpha/2)} \sqrt{\frac{S_1^2}{n_1} + \frac{S_2^2}{n_2}}$$

3. σ_1^2 與 σ_2^2 未知，$n_1 < 30$、$n_2 < 30$，但 $\sigma_1^2 = \sigma_2^2$，用 t 分配，可得 $(\mu_1 - \mu_2)$ 的區間估計為

$$(\overline{X}_1 - \overline{X}_2) - t_{(\alpha/2, df)} \sqrt{\frac{S_p^2}{n_1} + \frac{S_p^2}{n_2}} \leq (\mu_1 - \mu_2) \leq (\overline{X}_1 - \overline{X}_2) + t_{(\alpha/2, df)} \sqrt{\frac{S_p^2}{n_1} + \frac{S_p^2}{n_2}}$$

這裡，$S_p^2 = \dfrac{(n_1 - 1)S_1^2 + (n_2 - 1)S_2^2}{(n_1 - 1) + (n_2 - 1)}$，$t$ 分配之自由度 $= n_1 + n_2 - 2$。

 例題25

品管部門從 A、B 生產線隨機各抽取 10 個、12 個樣本，測得 A 生產線數據為 61, 65, 57, 56, 64, 57, 65, 55, 67, 60 克，B 生產線為 56, 66, 57, 56, 63, 61, 66, 61, 62, 55, 62, 55 克，試以 95% 信賴區間求產品平均重量之範圍（已知 $\sigma_1^2 = \sigma_2^2$）。

解

R 程式作法

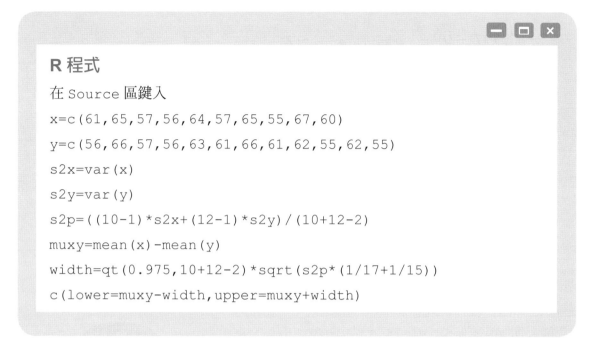

R 程式

在 Source 區鍵入

```
x=c(61,65,57,56,64,57,65,55,67,60)
y=c(56,66,57,56,63,61,66,61,62,55,62,55)
s2x=var(x)
s2y=var(y)
s2p=((10-1)*s2x+(12-1)*s2y)/(10+12-2)
muxy=mean(x)-mean(y)
width=qt(0.975,10+12-2)*sqrt(s2p*(1/17+1/15))
c(lower=muxy-width,upper=muxy+width)
```

♦ **R 結果**

    lower   upper

-2.400485   3.800485

4. σ_1^2 與 σ_2^2 未知，$n_1 < 30$、$n_2 < 30$，$\sigma_1^2 \neq \sigma_2^2$，用 t 分配，
   可得 $(\mu_1 - \mu_2)$ 的區間估計為

$$(\bar{X}_1 - \bar{X}_2) - t_{(\alpha/2, df)} \sqrt{\frac{S_1^2}{n_1} + \frac{S_2^2}{n_2}} \leq (\mu_1 - \mu_2) \leq (\bar{X}_1 - \bar{X}_2) + t_{(\alpha/2, df)} \sqrt{\frac{S_1^2}{n_1} + \frac{S_2^2}{n_2}} \ ,$$

這裡，t 分配 $df = \dfrac{\left(\dfrac{S_1^2}{n_1} + \dfrac{S_2^2}{n_2}\right)^2}{\dfrac{(S_1^2/n_1)^2}{n_1 - 1} + \dfrac{(S_2^2/n_2)^2}{n_2 - 1}} =$ 取最接近的正整數。

5. 常態母體變異數未知，小樣本且樣本為成對抽取，用 t 分配，
   成對抽取為不獨立樣本，$n_1 = n_2 = n$，

$$t = \frac{\bar{D} - \mu(D)}{\sqrt{\frac{S^2(D)}{n}}}$$，這裡，$\bar{D} = \frac{\sum_{i=1}^{n} D_i}{n} = \bar{X}_1 - \bar{X}_2$，$D_i = X_{1i} - X_{2i}$，$E(\bar{D}) = \mu(D)$，

$$S^2(D) = \frac{\sum_{i=1}^{n}(D_i - \bar{D})^2}{n-1}$$，t 分配自由度 $= n - 1$，

所以，$P\left[-t_{(\alpha/2,n-1)} \leq \frac{\bar{D} - \mu(D)}{\frac{S(D)}{\sqrt{n}}} \leq t_{(\alpha/2,n-1)} \right] = 1 - \alpha$，

可得 $\mu(D)$ 的區間估計爲 $\bar{D} - t_{(\alpha/2,n-1)} \frac{S(D)}{\sqrt{n}} \leq \mu(D) \leq \bar{D} + t_{(\alpha/2,n-1)} \frac{S(D)}{\sqrt{n}}$。

 例題26

已知成員前後測成績如下，試求前後差異的 98% 信賴區間？

前：76, 60, 85, 58, 91, 75, 82, 64, 79, 88

後：81, 52, 87, 70, 86, 77, 90, 63, 85, 83

 解

R 程式作法

R 程式

在 Source 區鍵入

```
x=c(76,60,85,58,91,75,82,64,79,88)
y=c(81,52,87,70,86,77,90,63,85,83)
D=x-y
muxy=mean(D)
width=qt(0.99,10-1)*sd(D)/sqrt(10)
c(lower=muxy-width,upper=muxy+width)
```

◆ R 結果

    lower   upper

-7.292814   4.092814

(五) 單一母體比例 p 的區間估計

這裡只考慮大樣本時（$n \geq 30$），$\widehat{p} = \dfrac{\sum\limits_{i=1}^{n} X_i}{n}$，$E(\widehat{p}) = p$，$V(\widehat{p}) = \dfrac{pq}{n}$，

$P\left[-z_{(\alpha/2)} \leq \dfrac{\widehat{p} - p}{\sqrt{\dfrac{pq}{n}}} \leq z_{(\alpha/2)} \right] = 1 - \alpha$，因 p 未知，使得 $\sqrt{\dfrac{pq}{n}}$ 無法求得，所以，以 $\widehat{p}$ 替

代 p，得 $\widehat{p} - z_{(\alpha/2)} \sqrt{\dfrac{\widehat{p}\widehat{q}}{n}} \leq p \leq \widehat{p} + z_{(\alpha/2)} \sqrt{\dfrac{\widehat{p}\widehat{q}}{n}}$。

(六) 兩母體比例差 $(p_1 - p_2)$ 的區間估計

$E(\widehat{p}_1 - \widehat{p}_2) = p_1 - p_2$，$V(\widehat{p}_1 - \widehat{p}_2) = \dfrac{p_1 q_1}{n_1} + \dfrac{p_2 q_2}{n_2}$，

$P\left[-z_{(\alpha/2)} \leq \dfrac{(\widehat{p}_1 - \widehat{p}_2) - (p_1 - p_2)}{\sqrt{\dfrac{p_1 q_1}{n_1} + \dfrac{p_2 q_2}{n_2}}} \leq z_{(\alpha/2)} \right] = 1 - \alpha$，因 p_1、p_2 未知，使得

$\sqrt{\dfrac{p_1 q_1}{n_1} + \dfrac{p_2 q_2}{n_2}}$ 無法求得，所以，以 $\widehat{p}_1$ 替代 p_1、$\widehat{p}_2$ 替代 p_2，得

$(\widehat{p}_1 - \widehat{p}_2) - z_{(\alpha/2)} \sqrt{\dfrac{\widehat{p}_1 \widehat{q}_1}{n_1} + \dfrac{\widehat{p}_2 \widehat{q}_2}{n_2}} \leq (p_1 - p_2) \leq (\widehat{p}_1 - \widehat{p}_2) + z_{(\alpha/2)} \sqrt{\dfrac{\widehat{p}_1 \widehat{q}_1}{n_1} + \dfrac{\widehat{p}_2 \widehat{q}_2}{n_2}}$。

例題27

為衡量公司打字小姐之工作負荷，觀測員在一星期中隨機觀測 400 次，結果有 100 次打字小姐閒著無事，試推定此打字小姐工作負荷之 95% 信賴區間。

解 設 p 表工作負荷的程度，p 值愈大，表示工作負荷愈重。

$\hat{P} = \dfrac{k}{n}$，n 表試驗或觀測之次數，k 表工作之次數。由於觀察的次數相當大，

故由中央極限定理知 $\dfrac{\dfrac{k}{n} - p}{\sqrt{\dfrac{pq}{n}}} \sim N(0,1)$，因此 p 之 95% 信賴區間為

$\dfrac{k}{n} - z_{(0.025)} \sqrt{\dfrac{pq}{n}} \le p \le \dfrac{k}{n} + z_{(0.025)} \sqrt{\dfrac{pq}{n}}$ ，

$\dfrac{300}{400} - 1.96 \times \sqrt{\dfrac{\dfrac{3}{4} \times \dfrac{1}{4}}{400}} \le p \le \dfrac{300}{400} + 1.96 \times \sqrt{\dfrac{\dfrac{3}{4} \times \dfrac{1}{4}}{400}}$ ，

$0.7076 \le p \le 0.7924$。

6-5 樣本與誤差之關係

一、由 $|\overline{X} - \mu|$ 求樣本數的大小

由前面 μ 的區間估計：$\overline{X} - z_{(\alpha/2)} \dfrac{\sigma}{\sqrt{n}} \le \mu \le \overline{X} + z_{(\alpha/2)} \dfrac{\sigma}{\sqrt{n}}$，我們可以得到

$|\overline{X} - \mu| \le z_{(\alpha/2)} \dfrac{\sigma}{\sqrt{n}}$，我們把 $|\overline{X} - \mu|$ 稱為誤差 e，即 $e \le z_{(\alpha/2)} \dfrac{\sigma}{\sqrt{n}}$，由誤差 e 可以求出樣本

n 的大小。考慮 $e = z_{(\alpha/2)} \dfrac{\sigma}{\sqrt{n}} \Rightarrow \sqrt{n} = z_{(\alpha/2)} \dfrac{\sigma}{e} \Rightarrow n = \left(z_{(\alpha/2)} \dfrac{\sigma}{e} \right)^2$。

如果母體標準差 σ 未知，n 大於 30，則以標準差 S 來代替 σ。

例題28

某研究者正在研究汽車每公升可跑的里程數，若欲使 $\bar{x}$ 與 μ 之差不超過 2 公里的信賴度為 95%，已知 $\sigma = 5$，問樣本至少應為多少？

解 $z_{(\alpha/2)} = z_{(.05/2)} = z_{(0.025)} = 1.96$，$n = \left(1.96 \times \dfrac{5}{2}\right)^2 = 24.01$，所以至少應抽樣 25 個。

二、由 $|\hat{p} - p|$ 求樣本數的大小

由前面母體比例 p 的區間估計我們知道，原本為：

$$\hat{p} - z_{(\alpha/2)}\sqrt{\frac{pq}{n}} \le p \le \hat{p} + z_{(\alpha/2)}\sqrt{\frac{pq}{n}} \ ,$$

但因 pq 無法求得，改以 $\hat{p}\hat{q}$ 替代而為：

$$\hat{p} - z_{(\alpha/2)}\sqrt{\frac{\hat{p}\hat{q}}{n}} \le p \le \hat{p} + z_{(\alpha/2)}\sqrt{\frac{\hat{p}\hat{q}}{n}} \ ,$$

由此式我們可以得到誤差 $e = |\hat{p} - p| \le z_{(\alpha/2)}\sqrt{\dfrac{\hat{p}\hat{q}}{n}}$。

考慮 $e = z_{(\alpha/2)}\sqrt{\dfrac{\hat{p}\hat{q}}{n}} \Rightarrow \sqrt{n} = z_{(\alpha/2)}\dfrac{\sqrt{\hat{p}\hat{q}}}{e} \Rightarrow n = \left(z_{(\alpha/2)}\dfrac{\sqrt{\hat{p}\hat{q}}}{e}\right)^2$。

這裡要注意的是如果沒有母體比例的訊息，甚至連樣本比例都闕如，則取 $p = 0.5$ 替代，即 $n = \left(z_{(\alpha/2)}\dfrac{\sqrt{0.5 \cdot 0.5}}{e}\right)^2$。

小補充

取 $p = 0.5$ 是對樣本數最大的估計。因為令

$$y = pq = p(1-p) = p - p^2 \Rightarrow \frac{dy}{dp} = 1 - 2p = 0 \text{，} p = 0.5$$

$\Rightarrow \frac{d^2 y}{dp^2} = -2 < 0$，所以 $p = 0.5$ 為極大值 $\Rightarrow q = 0.5$，$pq = 0.25$，也就是 pq 最大值是 0.25。這好比一道小學數學題目，已知長加寬的和為 1，試求面積最大是多少？答案是正方形面積最大。這裡把長加寬的和看成 $p + q = 1$，面積看成 pq，正方形是 $p = q$，也就是 $p = q = 0.5$，面積 0.25 是最大的。

例題29

研究者想了解儲蓄家庭占總家庭之樣本比例 $\hat{p}$ 與母體比例 p 之誤差不超過 0.03，而有 95% 的信賴度，如果對於比例無所悉，試求樣本數 n 應該為多少？如果 $\hat{p} = 0.4$，試求樣本數 n 應該多少？

解 1. $n = \dfrac{(1.96)^2 \times 0.5 \times 0.5}{(0.03)^2} = 1067.11$，所以至少應抽樣 1067 個。

2. $n = \dfrac{(1.96)^2 \times 0.4 \times 0.6}{(0.03)^2} = 1024.42$，所以至少應抽樣 1025 個。

 **例題30**

為了解支持的候選人在未來的二個月後能否當選，內部民調中心希望樣本支持率與母體 p 之誤差不大於 0.05，而有 96% 的信賴度，試問樣本數應取多少？

解 $P(|\hat{p} - p| < 0.05) = 0.96$ ， $n = \dfrac{z_{(0.02)}^2 \times 0.5 \times 0.5}{e^2} = \dfrac{(2.054)^2 \times 0.25}{(0.05)^2} = 422$ 。

 **例題31**

台灣地區滿 16 歲以上的人約一千三百萬位，為估計這些人抽煙的比例 p，現隨機抽出樣本數 n 的一組樣本，設 x 為樣本中抽菸的人數。

1. 假定 $n = 1000$ 人，$x = 330$ 人，且 $P(|\hat{p} - p| \le d) = 0.95$，試求估計誤差界限 d 之值。

2. 於 1. 中，倘希望 $d = 0.02$，$n = 1000$ 是否足夠？若不夠，大約需再增加多少樣本數？

3. 如果對於比例無所悉，則需多少樣本數？

解 1. $\hat{p} = \dfrac{330}{1000} = 0.33$ ， $d = z_{(\alpha/2)} \sqrt{\dfrac{\hat{p}\hat{q}}{n}} = 1.96 \times \sqrt{\dfrac{0.33 \times 0.67}{1000}} = 0.029$ 。

2. 依 1. 中樣本比例求算，則 $n = \dfrac{(1.96)^2 \times 0.33 \times 0.67}{(0.02)^2} = 2123.4$，此時須再增加 1124 個樣本。

3. 對於比例無所悉時，$n = \dfrac{(1.96)^2 \times 0.5 \times 0.5}{(0.02)^2} = 2401$，此時須再增加 1401 個樣本。

1. 寫出下列統計推論中常用到的名詞之定義：

   (1) 不偏估計量。

   (2) 一致估計量。

   (3) 充分估計量。

   (4) 顯著水準。

   (5) 信賴區間。

2. 某電子零件之壽命（以小時計）服從如下之機率密度函數：$f(x) \dfrac{1}{\theta^2} x e^{-\frac{x}{\theta}}$，$x > 0$，令 $\hat{\theta}$ 為 θ 之最大概似估計量（maximum likelihood estimator），今若分別獨立地檢驗三個此種零件，得其壽命分別 123，128，133 小時。

   (1) 試求母體 θ 之最大概似估計值。

   (2) 求平均數 $\mu_{\hat{\theta}}$ 及變異數 $\sigma_{\hat{\theta}}^2$。

3. 某隨機變數 T 具有下列之機率密度函數：$f(t) = \dfrac{1}{\theta^2} \cdot t \cdot \exp(-\dfrac{t}{\theta})$，$t > 0$，試求 θ 之最大概似估計量（maximum likelihood estimator）。

4. 今隨機樣本 $X_1, X_2, \ldots, X_n$ 係抽自一母群體分配

   $$f(x;\theta) = \dfrac{x}{\theta} \exp(-\dfrac{x^2}{2\theta})$$，$x > 0$

   (1) 證明 $E(X^2) = 2\theta$。

   (2) 找出 θ 的一個不偏估計式。

5. 有一野生動物保育工作者至阿里山上對某一種野生動物進行族群調查。假設阿里山某一種野生動物之總頭數為 N，此保育工作者前次曾經在阿里山上捕獲 n_1 頭，而在做上記號後將其放生；此次捕獲之頭數為 n_2 頭，其中已有記號者有 m 頭，試問在阿里山上此野生動物之總頭數之最大概似估計量為何？（必須明確寫出概似函數）。

6. 將台灣分成四個不同型態的區域，每個隨機區 16 戶調查結果如下：

區域	總戶數（十萬）	平均收入（千／月）	標準差
I 經貿中心	6	30	15
II 行政中心	12	22	8
III 地方市鎮	10	15	6
IV 農村與鄉間	12	11	5

(1) 依上列資料推測台灣地區每戶平均每月平均值 μ 及變異數 σ^2。

(2) 在一定信賴係數下，若希望 μ 估計誤差減少一半，則抽樣樣本應增加多少倍？

(3) 以 $\alpha = 0.05$ 檢定區域 II 與 III 平均收入是否有差異？（學過第七章後再回來求算）

(4) 設母體常態，且平均數與變異數均為表中所示，今有一戶來自區域 II 被誤認為來自區域 III 的機率多大？

7. 假設 $X_i \sim N(\mu, \sigma^2)$，$i = 1, 2, \ldots, n$，且彼此獨立。試以最大概似估計法估計常態分配的平均數和變異數分別為：

$$\hat{\mu} = \frac{\sum_{i=1}^{n} X_i}{n} = \overline{X} \text{ 和 } \hat{\sigma}^2 = \frac{\sum_{i=1}^{n} (X_i - \overline{X})^2}{n} \text{ 。}$$

假設檢定

　　本章要介紹的兩大主軸，一是單一母體的參數檢定，二是兩母體參數間是否有顯著差異的檢定。母體的參數指的是母體平均數、母體比例、母體變異數。單一母體檢定，我們要檢定的是母體參數是否等於某個數值（例如母體比例 = 0.6），兩母體的檢定，我們要檢定的是兩母體平均數間是否存在差異（例如甲乙兩者相等，還是甲大於乙或小於乙）的假設檢定。統計比較是統計學的主要用途之一，我們會想比較兩班數學平均成績、會想比較兩廠區平均產量，這是母體平均數的檢定；或是會想比較選民支持率、會想比較電視收視率，這是母體比例的檢定。

　　這一章我們將學習如何以客觀而有意義的方式進行比較（從設定虛無假設、到選用適當的統計方法、最後進行臨界值的判定），及發現兩個母體間顯著的統計差距。學習本章時，要把握幾個原則，母體變異數知道還是未知、是大樣本還是小樣本、是獨立樣本還是成對樣本，不同的情況必須選用不同的檢定公式。

重點名詞	
• 虛無假設	• 對立假設
• 型 I 錯誤	• 型 II 錯誤
• 顯著水準	• 檢定力
• 成對樣本檢定	• 兩母體平均數差的檢定
• 兩母體變異數的比較檢定	• 兩母體比例差的檢定

犯案機率

　　1964 年，一名婦女延著加州 San Pedro 某條小徑回家途中遭到搶劫。經一段時間，警方逮補了 Janet Collins，並用搶劫罪名起訴她。這個案例引來不少關注，主要是因為它使用了機率，透過對一項機率大小的解讀，來判定嫌犯是否有罪。法庭傳喚一位當地數學系的老師計算這項機率，得出其他人犯下該搶案的比例為 1 比 12,000,000，也就是其他人犯下該搶案的機率非常低，Collins 非常有可能是那個作案者，因此被判有罪。加州高等法院後來對原判決翻案，原因是該項機率的計算不正確。這位數學老師將許多組成事件的出現機率相乘，他把金髮女性、開一輛黃色車子、被目擊與一位非裔男子同行、該名男子蓄鬍等事件皆視為獨立事件，是非常嚴重的錯誤。

　　另一個案例於 1999 年，英國一位婦女 Sally Clark，她的第一個小孩，出生幾個星期後離奇死亡，醫生查不出死亡原因，只診斷出一種叫 SIDS（嬰兒猝死綜合症）的罕見疾病，隨後 Clark 再次懷孕，第二個孩子也是出生幾個星期後死亡，再次被診斷為 SIDS。這個事件引起了警方的注意，警方認為二個孩子有可能是「被猝死」的，於是將 Clark 逮捕。在法庭上，檢方引用醫生的證明，聲稱 SIDS 這種病的發病率很低，而且不是遺傳疾病，兩個孩子都死亡（看作獨立事件）的機率只有 1 比 7,300,000。和上面加州劫案一樣，機率再次被當作做關鍵證據，認定 Clark 殺死孩子罪行成立，被送入監獄。但這個判決後來也被推翻了，Clark 被無罪釋放。

　　這二個案例都是本章假設檢定非常好的例子。法律一開始要先設定被告是無罪的（innocent），直到找到證據，才能證明被告有罪（guilty）。虛無假設（null hypothesis）就是假設被告無罪，檢方及警察要做的事就是上窮碧落找被告的犯罪證據，一旦證據齊全，被告無罪被推翻，我們才能認定對立假設（alternative hypothesis）成立。我們希望將無辜者定罪的錯誤判決的機率越小越好，也就是說，當虛無假設為真時，拒絕虛無假設的機率要非常小（被告真的是無罪的，我們不應該誤判啊！）。

資料來源：W. Fairley & F. Mosteller .1994. A conversation about Collins, University of Chicago Law Review 41(2), 242-253. 及 http://songshuhui.net/archives/78532。

7-1 何謂檢定

　　假設檢定是先對母體參數提出一假設或看法，再根據樣本統計量去檢定母體參數是否符合此一假設，以決定拒絕或不拒絕此一假設。實際進行檢定時，須建立兩個假設，一個是虛無假設（null hypothesis），表為 H_0；另一個是對立假設（alternative hypothesis），表為 H_1。

一、虛無假設

　　虛無假設的建立，根據 Fisher 的觀念，把想要拒絕的假設放在虛無假設。舉例來說，廠商宣稱他們的產品零瑕疵，以消費者立場來說，我們會很想拒絕廠商零瑕疵的宣稱，所以，虛無假設 H_0：產品零瑕疵；對立假設 H_1：產品有瑕疵。

二、對立假設

　　要如何建立對立假設？舉例來說，有人想驗證現在的大二學生平均身高較 10 年前大二學生的平均身高 165 公分還要高，於是隨機抽樣大二的學生，計算他們的平均身高，得到 167 公分，因為樣本計算出來的結果 167 公分大於 10 年前的 165 公分，所以，對立假設 H_1：$\mu > 165$，反之，虛無假設 H_0：$\mu \leq 165$（讀者必須注意，題目有列出樣本平均數或變異數等數值時，要從對立假設 H_1 建立起，否則容易設定錯誤）。建立假設後，接著要做假設檢定，這將面臨拒絕 H_0 或不拒絕 H_0 的決策，而決策可能會犯兩種錯誤。

三、兩種錯誤

　　在做假設檢定時，通常是根據一組隨機樣本的測試結果（統計量）來作檢定的。問題是只要沒有普查整個母體，就有可能作出錯誤的決策。在統計學上有二種錯誤的決策，一種是虛無假設 H_0 為真，研究者卻作出拒絕 H_0 的決策，這種情形稱為型 I 錯誤（type I error）。因為 H_0 為真，照理說我們不應該拒絕 H_0，結果我們竟然拒絕了，表示我們犯了錯誤，所以「型 I 錯誤」指的是研究者不應該去拒絕真實的 H_0。另一種是當 H_0 為假，研究者卻作出不拒絕 H_0 的決策，這種情形稱為型 II 錯誤（type II error）。因為 H_0 為假，照理說應該拒絕 H_0，結果我們竟然沒有拒絕它，表示我們犯了錯誤。這裡「型 II 錯誤」指的是研究者不應該沒有拒絕錯誤的 H_0，底下分述之：

四、型 I 錯誤的機率

當 H_0 為眞卻拒絕 H_0，犯這種型 I 錯誤的機率，通常以 α 來表示：

$\alpha = P(\text{Type I error}) = P(rej\ H_0 \mid H_0\ is\ true)$

α 又稱為顯著水準（significance level），理由是如果樣本觀察值落入拒絕域，則表示樣本觀察值和 H_0 所宣稱的值有顯著的差異，此種差異在統計上稱為顯著差異（statistically significant difference）。通常 α 值設為 10%，5%，1%。在電腦報表上，常會看到計算出來的 P 值右上角有 * 記號，這表示檢定結果達到顯著水準，也就是 P 值小於 α 值，所以達到顯著水準意思就是拒絕 H_0。反之，P 值 $\geq \alpha$ 值，表示檢定結果：不拒絕 H_0。通常統計檢定結果我們會說「不拒絕 H_0」，而非「接受 H_0」，因為「不拒絕」和「接受」在統計學上是有些差別的，不拒絕 H_0 意思是就這次（只做一次）蒐集來的資料而言，我們沒有充分的證據可以拒絕 H_0，例如 P 值是 6%，而 α 值 5%，檢定結果我們不拒絕 H_0，但也很難就這次的結果證明 H_0 是對的（沒有拒絕 H_0，並不證明 H_0 恆為眞）。

五、型 II 錯誤的機率

當 H_0 為假（即 H_1 為眞）卻不拒絕 H_0，犯這種型 II 錯誤的機率，通常以 β 表示：

$\beta = P(\text{Type II error}) = P(Accept\ H_0 \mid H_0\ is\ false)$

從上面的說明可以知道，在假設檢定中，有可能發生型 I 或型 II 錯誤。研究者一旦作出拒絕 H_0 的決策，那麼就有可能犯了型 I 錯誤，反之，如果作出接受 H_0 的決策，那麼就有可能犯了型 II 錯誤。一般來說，犯型 I 錯誤的後果會比犯型 II 錯誤的後果嚴重，因此我們往往希望型 I 錯誤的 α 較小較好。

以刑案來說，H_0：嫌犯無罪，H_1：嫌犯有罪，這時型 I 錯誤的意思是嫌犯無罪是眞的，但法官卻判他有罪（造成冤獄），因為人命關天，明明嫌犯無罪卻判他有罪，這種冤獄我們當然希望越少越好，所以把 α 設得小一些。準此而言，顯著水準 α 大小的決定，端視型 I 錯誤所造成的後果、損失的程度以及當事者願承擔的風險而定。如果犯型 I 錯誤的後果較嚴重，那麼 α 值就要設得較小些。（美國的法律認為被告是無罪的，除非有超乎合理的懷疑，才能證明被告有罪。一開始都是假設被告無罪，這是虛無的假設，而且認定虛無假設是對的，直到我們能證明有超乎合理的懷疑，並得到證據證明對立假設是對的，即被告有罪成立）。型 I、型 II 錯誤之說明整理如下：

表 7-1　型 I、型 II 錯誤之說明圖

		真實情況	
		H_0 為真	H_1 為真
決策	不拒絕 H_0	$1-\alpha$（正確機率）	β（型 II 錯誤）
	拒絕 H_0	α（型 I 錯誤）	$1-\beta$（正確機率，檢定力）

　　由上表可知，$1-\alpha$ 和 $1-\beta$ 都是正確的機率，但為何只稱 $1-\beta$ 為檢定力（power of test）呢？這要回到 Fisher 的觀念：把要拒絕的假設放在虛無假設。換言之，我們會去做檢定，其實內心裏面是不相信對方所陳述的事項，才會大費周章驗證，所以我們希望檢定結果是：拒絕虛無假設。舉例來說，廠商宣稱他們的產品零瑕疵，以我們消費者立場，我們希望抽取到瑕疵品，來拒絕廠商零瑕疵的宣稱，這樣的檢定是具有檢定力的，也是我們消費者為何要作檢定的原因。所以什麼叫「檢定力」，簡單地說，就是正確地拒絕虛無假設，即

$$1-\beta = P(rej\ H_0 \mid H_0\ is\ false)$$

六、α 與 β 的關係

　　前面提到，做假設檢定時可能發生型 I 錯誤或型 II 錯誤，通常會先決定 α，一旦 α 決定了，臨界點也就決定了，這時就可以進行檢定，此種方法是在一定的 α 下求 β 最小的檢定方法（即先控制好發生型 I 錯錯誤的最大機率）。至於 α 與 β 的關係，我們當然希望 α 與 β 兩者愈小愈好（因為 α 與 β 都是錯誤的機率，我們當然希望錯誤的機率愈小愈好），問題是若 α 變小，則會使 β 變大，反之若將 α 變大，則會使 β 變小，亦即在其他條件固定不變下，無法同時使 α 與 β 都變小，除非增加樣本數，才能同時使 α 與 β 都變小。

七、單尾檢定與雙尾檢定

　　假設檢定時，我們要先確立在作此檢定時該使用何種抽樣分配，並決定 α 值。α 值是面積，它可能在抽樣分配的左側也可能在右側，也可能兩側都有（各為 $\dfrac{\alpha}{2}$）。在左側的 α 值，是在此分配函數下，由 $-\infty$ 到某個點所圍成的面積，這個點我們稱為臨界值

（critical point），也就是從 $-\infty$ 一直到臨界值爲止所圍成的面積 α，我們稱爲拒絕域，凡是樣本計算結果值小於 α（拒絕域），結論就是拒絕 H_0。同理，在右側的 α 值，是在此分配函數下，由某個點到 ∞ 所圍成的面積，這個點我們亦稱爲臨界值，以此臨界值爲起點一直到 ∞ 所圍成的面積，我們稱爲拒絕域，凡是樣本計算結果值小於 α（拒絕域），結論也是拒絕 H_0。

　　拒絕域到底是在左側還是在右側，是依對立假設而定的，當對立假設的符號爲 "<" 時，拒絕域要畫在該抽樣分配圖形的左側，臨界值亦在左側，稱此爲左尾檢定（a left-tailed test）。當對立假設的符號爲 ">" 時，拒絕域在抽樣分配圖形的右尾，臨界值亦在右尾，此爲右尾檢定（a right-tailed test）。不論是左尾檢定還是右尾檢定都只有一個臨界值（一個拒絕域），因此都稱爲單尾檢定（one tailed test）。當對立假設的符號爲 "≠" 時，抽樣分配的左右雙側各有一個拒絕域，臨界值也是左右雙側各有一個，稱爲雙尾檢定（two tailed test）。在左側的拒絕域面積只有 $\dfrac{\alpha}{2}$，在右側的拒絕域面積也是只有 $\dfrac{\alpha}{2}$。底下以平均數爲例，在 σ^2 已知的條件下，探討單尾檢定與雙尾檢定的情形：

八、左尾檢定

$H_0 : u \geq u_0$

$H_1 : u < u_0$

要作此檢定，須知 $\overline{X}$ 的抽樣分配（因爲 $\overline{X}$ 是 μ 的不偏估計式，要檢定 μ，當然須知 $\overline{X}$ 的分配），再把 $\overline{X}$ 的分配轉換成 $Z = \dfrac{\overline{X} - \mu}{\sigma / \sqrt{n}}$。因爲對立假設的符號爲 "<"，所以拒絕域在左尾，臨界值亦在左尾（如下圖 7-1）。如果計算出來的 Z 值小於臨界值，則結論就是拒絕 H_0，否則不拒絕 H_0（讀者要記住，對立假設 H_1 出現小於符號時，即爲左尾檢定）。

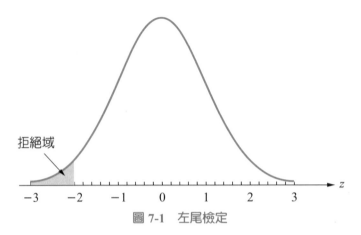

圖 7-1　左尾檢定

九、右尾檢定

$H_0 : u \leq u_0$

$H_1 : u > u_0$

因為對立假設的符號為 ">"，所以拒絕域在右尾，臨界值亦在右尾（如下圖 7-2）。

如果 $Z = \dfrac{\overline{X} - \mu}{\sigma / \sqrt{n}}$ 計算出來的值大於臨界值，也就是落在拒絕域，則結論就是拒絕 H_0，否

則不拒絕 H_0（讀者要記住，對立假設 H_1 出現大於符號時，即為右尾檢定）。

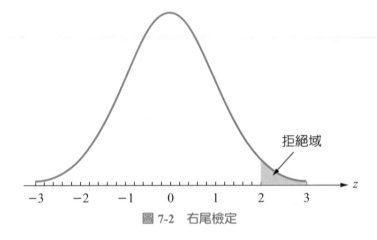

圖 7-2　右尾檢定

十、雙尾檢定

$H_0 : u = u_0$

$H_1 : u \neq u_0$

當對立假設有 $\neq$ 的符號時，即為雙尾檢定，此時拒絕域左右各一（如下圖 7-3），左邊拒絕域的面積等於 $\dfrac{\alpha}{2}$，右邊拒絕域的面積亦等於 $\dfrac{\alpha}{2}$，兩個拒絕域的面積總和等於 α。左邊的臨界值稱為下臨界值，右邊的臨界值稱為上臨界值（讀者要記住，對立假設 H_1 出現不等於符號時，即為雙尾檢定。總之，不論是左尾檢定、右尾檢定或雙尾檢定都是看對立假設 H_1 來決定）。

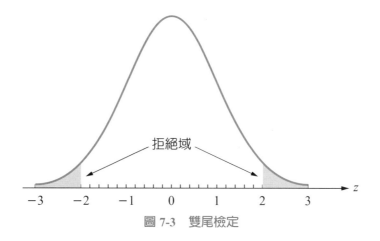

圖 7-3　雙尾檢定

7-2 單一母體平均數 μ 的檢定

單一母體平均數 μ 的檢定，根據已知條件的不同而有不同處理方式。

一、σ^2 已知

(一) 右尾檢定

1. $H_0 : \mu \leq \mu_0$

   $H_1 : \mu > \mu_0$

2. 檢定公式：

$$Z = \frac{\overline{X} - \mu}{\sigma / \sqrt{n}}$$

3. 決策法則：當 $z > z_{(\alpha)}$ 時，則拒絕 H_0；反之，則不拒絕 H_0。

(二) 左尾檢定

1.
$$H_0 : \mu \geq \mu_0$$
$$H_1 : \mu < \mu_0$$

2. 檢定公式：

$$Z = \frac{\overline{X} - \mu}{\sigma / \sqrt{n}}$$

3. 決策法則：當 $z < -z_{(\alpha)}$ 時，則拒絕 H_0；反之，則不拒絕 H_0。

(三) 雙尾檢定

1.
$$H_0 : \mu = \mu_0$$
$$H_1 : \mu \neq \mu_0$$

2. 檢定公式：

$$Z = \frac{\overline{X} - \mu}{\sigma / \sqrt{n}}$$

3. 決策法則：當 $z > z_{(\alpha/2)}$ 或 $z < -z_{(\alpha/2)}$ 時，則拒絕 H_0；反之，則不拒絕 H_0。

二、σ^2 未知，但 $n \geq 30$

(一) 右尾檢定

1.
$$H_0 : \mu \leq \mu_0$$
$$H_1 : \mu > \mu_0$$

2. 檢定公式：

$$Z = \frac{\overline{X} - \mu}{S / \sqrt{n}}$$

3. 決策法則：當 $z > z_{(\alpha)}$ 時，則拒絕 H_0；反之，則不拒絕 H_0。

(二) 左尾檢定

1. $H_0 : \mu \geq \mu_0$
   $H_1 : \mu < \mu_0$

2. 檢定公式：

$$Z = \frac{\overline{X} - \mu}{S / \sqrt{n}}$$

3. 決策法則：當 $z < - z_{(\alpha)}$ 時，則拒絕 H_0；反之，則不拒絕 H_0。

(三) 雙尾檢定

1. $H_0 : \mu = \mu_0$
   $H_1 : \mu \neq \mu_0$

2. 檢定公式：

$$Z = \frac{\overline{X} - \mu}{S / \sqrt{n}}$$

3. 決策法則：當 $z > z_{(\alpha/2)}$ 或 $z < - z_{(\alpha/2)}$ 時，則拒絕 H_0；反之，則不拒絕 H_0。

三、σ^2 未知，且 $n < 30$

(一) 右尾檢定

1. $H_0 : \mu \leq \mu_0$
   $H_1 : \mu > \mu_0$

2. 檢定公式：

$$t = \frac{\overline{X} - \mu}{S / \sqrt{n}} \text{，自由度} = n - 1$$

3. 決策法則：當 $t > t_{(\alpha, n-1)}$ 時，則拒絕 H_0；反之，則不拒絕 H_0。

(二) 左尾檢定

1. $H_0 : \mu \geq \mu_0$
   $H_1 : \mu < \mu_0$

2. 檢定公式：

$$t = \frac{\overline{X} - \mu}{S / \sqrt{n}} \text{，自由度} = n - 1$$

3. 決策法則：當 $t < -t_{(\alpha,\, n-1)}$ 時，則拒絕 H_0；反之，則不拒絕 H_0。

(三) 雙尾檢定

1. $H_0 : \mu = \mu_0$
   $H_1 : \mu \neq \mu_0$

2. 檢定公式：

$$t = \frac{\overline{X} - \mu}{S / \sqrt{n}} \text{，自由度} = n - 1$$

3. 決策法則：當 $t > t_{(\alpha/2,\, n-1)}$ 或 $t < -t_{(\alpha/2,\, n-1)}$ 時，則拒絕 H_0；反之，則不拒絕 H_0。

 例題 1

從 $\mu = 100$，$\sigma^2 = 15^2$ 的常態母體中，隨機抽取 10 個樣本，得到結果分別為 94，102，96，108，104，118，112，98，100，106，試檢定 $\mu = 100$ 是否成立？（$\alpha = 0.05$）

解 解法一：本例為 σ^2 已知且為雙尾檢定

1. $H_0 : \mu = 100$
   $H_1 : \mu \neq 100$

2. $Z = \dfrac{\overline{X} - \mu}{\sigma / \sqrt{n}} = \dfrac{103.8 - 100}{15 / \sqrt{10}} = 0.801$，

   這裡，$\overline{X} = (94 + 102 + \cdots + 106) / 10 = 103.8$，

3. $\because 0.801 < z_{(0.05/2)} = 1.96$，$\therefore$ 不拒絕 H_0，即不拒絕 $\mu = 100$ 這樣的宣稱。

◆ 解法一分析

1. 母體變異數 σ^2 已知，不論樣本大小都用常態 Z 檢定。

2. 本例在檢定「$\mu = 100$ 是否成立」，並未特別強調一定高於或低於 100，因此是沒有方向性的假設檢定。

3. 如何用 R 查臨界值。

R 程式作法

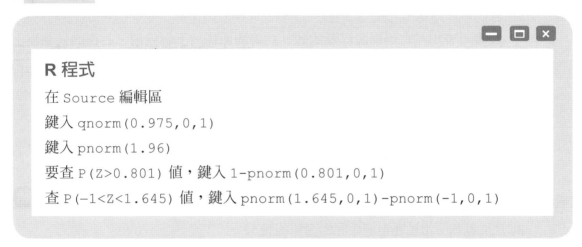

R 程式

在 Source 編輯區

鍵入 qnorm(0.975,0,1)

鍵入 pnorm(1.96)

要查 P(Z>0.801) 值，鍵入 1-pnorm(0.801,0,1)

查 P(–1<Z<1.645) 值，鍵入 pnorm(1.645,0,1)-pnorm(-1,0,1)

解法二：底下用機率值（P - value，簡稱 P 值）法求解

機率值 $= 2P(\overline{X} > 103.8 \,|\, H_0 : \mu = 100)$

$$= 2P(\frac{\overline{X} - \mu}{\sigma / \sqrt{n}} > \frac{103.8 - 100}{15 / \sqrt{10}} \,|\, H_0 : \mu = 100)$$

$$= 2P(Z > \frac{103.8 - 100}{15 / \sqrt{10}} \,|\, H_0 : \mu = 100)$$

$$= 2P(Z > 0.801 \,|\, H_0 : \mu = 100)$$

$$= 2 \times 0.2115 = 0.423 > \alpha = 0.05 \text{，} \therefore \text{不拒絕 } H_0 \text{。}$$

◆ 解法二分析

1. 統計套裝軟體在檢定方面的程式輸出都會提供 P 值，其計算公式就是上述解法二。至於為什麼 P 前面乘以 2，這是因為對立假設 $H_1 : \mu \neq 100$ 中的 "$\neq$"。不等於有二種情形：大於或小於。

2. 如何畫出拒絕區呢？作法是根據題目給的 α 及對立假設情況來判斷的，對立假設（H_1）有三種情況：

(1) 如果對立假設是 ">"，則 α 全放置於右端，這時透過查表可查出這個臨界點的值，如果計算出來的 z 值大於這個臨界值，則拒絕 H_0。

(2) 如果對立假設是 "<"，則 α 全放置於左端，這時透過查表可查出這個臨界點，如果計算出來的 z 值小於這個臨界點，則拒絕 H_0。

(3) 如果對立假設是 "≠"，則將 α 平均分置左右兩尾端，即各為 $\alpha / 2$，這時透過查表可查出左右兩個臨界點的值，左邊的值稱為下臨界值，右邊的值稱為上臨界值，如果計算出來的 z 值是正值，而且大於上臨界值（本例 1.96），則拒絕虛無假設。如果計算出來的 z 值是負值，而且小於下臨界值（− 1.96），也是拒絕虛無假設。

3. 解法一是比較點的位置（本例 1.96）。點的檢定口訣：右尾檢定時，計算出來的值越大越要拒絕虛無假設；左尾檢定時，計算出來的值越小越要拒絕虛無假設。讀者不難理解，計算出來的值越大時或越小時，其實都是離中間的 0（或說中間的 H_0）甚遠，當然要拒絕中間的虛無假設。

4. 解法二是比較面積（p- 值）的大小，如果計算出來的面積小於顯著水準值（本例 $\alpha = 0.05$），則拒絕虛無假設（試想 α 是拒絕虛無假設的機率值，比 α 小的 p- 值當然也是拒絕虛無假設）。

Excel 作法

1. 打開 Excel，在 A1 位格鍵入 94、在 A2 位格鍵入 102，以此類推至 A10 位格鍵入 106。

2. 將游標移至 B1 位格上，選取「公式」、「f_x 插入函數」，點選「或選取類別」中的「統計」、「選取函數」中的「ZTEST」，按「確定」。

3. 螢幕出現 ZTEST 視窗，在「Array」中鍵入 a1:a10；在「X」中鍵入 100（即虛無假設 $H_0 : \mu = 100$）；在「Sigma」中鍵入 sqrt(225)，也可以鍵入 15；按「確定」。

4. B1 位格上會出現 0.2115。

♦ Excel 作法分析

因爲題目設定的顯著水準爲 0.05，且本例爲雙尾檢定，所以如果 B1 位格上出現的值 ≥ 0.025，則不拒絕虛無假設，反之則拒絕虛無假設。現在出現的值爲 0.2115 大於 0.025，所以我們無法拒絕虛無假設。

 例題 2

從 $\mu = 100$，$\sigma^2 = 15^2$ 常態母體中，隨機抽取 8 個樣本，結果分別爲 104，94，108，106，102，96，98，100，試檢定平均數高於 100 的說法能否得到支持？（$\alpha = 0.05$）

解 解法一：本例爲 σ^2 已知且爲右尾檢定

1. $H_0 : \mu \leq 100$
   $H_1 : \mu > 100$

2. $Z = \dfrac{\overline{X} - \mu}{\sigma / \sqrt{n}} = \dfrac{101 - 100}{15 / \sqrt{8}} = 0.18856$，這裡，$\overline{X} = (104 + 94 + \cdots + 100)/8 = 101$。

3. $\because 0.18856 < Z_{(0.05)} = 1.645$　$\therefore$ 不拒絕 H_0。

♦ 解法一分析

1. 本例雖爲小樣本但母體變異數 σ^2 已知，故採 Z 檢定。

2. 本例檢定強調方向性（平均數高於 100）。本例中樣本平均數是 101 大於母體平均數 100，所以對立假設寫法爲 $H_1 : \mu > 100$。

解法二：P - value 法

機率值 $= P(\overline{X} > 101 | H_0 : \mu \leq 100) = P(\dfrac{\overline{X} - \mu}{\sigma / \sqrt{n}} > \dfrac{101 - 100}{15 / \sqrt{8}} | H_0 : \mu \leq 100)$

$= P(Z > \dfrac{101 - 100}{15 / \sqrt{8}} | H_0 : \mu \leq 100) = P(Z > 0.18856 | H_0 : \mu \leq 100) = 0.4252$。

$\because 0.4252 > \alpha = 0.05$，$\therefore$ 不拒絕 H_0。

♦ 解法二分析

讀者也許會發現 H_0 是 $\mu \le 100$，但在計算 $\dfrac{\overline{X} - \mu}{\sigma / \sqrt{n}}$ 時，μ 是以 100 代入的，那麼 μ 小於 100 的部分到哪裡去了？邏輯是這樣考慮的：假定在 μ 等於 100 情況下，檢定結果是拒絕虛無假設，那麼 μ 小於 100 的部分，更會拒絕虛無假設；反之檢定結果是不拒絕虛無假設，那麼小於 100 的部分，就更不會拒絕虛無假設了，所以我們只需考慮 μ 等於 100 即可。再者，式子中到底是要寫 $\overline{X} > 101$ 還是要寫 $\overline{X} \le 101$，什麼時候寫大於？什麼時候寫小於等於？其實是依據對立假設來寫，現對立假設 H_1 是大於，那就是寫 $\overline{X} > 101$。為什麼呢？我們前面提到機率值和 α 之比較，什麼是 α？$\alpha = P(rej\ H_0 \mid H_0\ is\ true)$，既然機率值是在和 α 作比較，當然要在條件相同的情況下才能互相比較，也就是要在拒絕虛無假設的情況下來比較，虛無假設被拒絕當然就是要從對立假設 H_1 的觀點來計算機率值。

Excel 作法

1. 打開 Excel，在 A1 位格鍵入 104、在 A2 位格鍵入 94、以此類推至 A8 位格鍵入 100。

2. 將游標移至 B1 位格上，選取「公式」、「f_x 插入函數」，點選「或選取類別」中的「統計」、「選取函數」中的「ZTEST」，按「確定」。

3. 螢幕出現 ZTEST 視窗，在「Array」中鍵入 a1:a8；在「X」中鍵入 100；在「Sigma」中鍵入 sqrt (225)，也可以直接鍵入 15，按「確定」。

4. B1 位格上會出現 0.4252。

♦ Excel 作法分析

因為設定 0.05 顯著水準，且是單尾檢定，所以如果 B1 位格上出現的值 ≥ 0.05，則不拒絕虛無假設，現出現的值為 0.4252 大於 0.05，所以不拒絕虛無假設。

例題 3

某研究者認為運動型的人學習能力較低。從運動型的受試者中隨機抽取 50 人，計算他們的學習成績，得到平均數 $\overline{X} = 96$，標準差 $S = 15$，試問運動型的人平均成績低於 100 的看法是否成立？ $\alpha = 0.05$

解 本例為 σ^2 未知且為左尾檢定

1. $H_0 : \mu \geq 100$
   $H_1 : \mu < 100$

2. $Z = \dfrac{\overline{X} - \mu}{S / \sqrt{n}} = \dfrac{96 - 100}{15 / \sqrt{50}} = -1.8856$，

3. $\because -1.8856 < -z_{(0.95)} = -1.645$，$\therefore$ 拒絕 H_0。

♦ 解法分析

1. 本題強調方向性，所以統計假設寫法仿前述，依題目中的樣本值來寫對立假設（H_1），本例中樣本平均數是 96 小於 100，所以對立假設寫法為 $H_1 : \mu < 100$。

2. 本題母體變異數 σ^2 未知但因樣本為大樣本，所以仍以 Z 檢定行之。

3. 對於未知的母體變異數 σ^2 我們以樣本變異數 S^2 估計之，本例中已將標準差 S 算出來，樣本變異數 S^2 只須平方即可，如果題目沒有列出標準差的值，則需要自己計算，其公式為 $S = \sqrt{\dfrac{\sum\limits_{i=1}^{n}(X_i - \overline{X})^2}{n-1}}$，當然這時題目會列出每個觀察到的樣本值以便我們計算。

例題 4

某研究者從常態母體中隨機抽取 10 個樣本，得到樣本值分別為 106，102，98，100，104，98，100，110，112，90，試檢定平均數高於 100 的說法能否得到支持？（$\alpha = 0.05$）

解 解法一：本例為 σ^2 未知、小樣本且為右尾檢定。

1. $H_0 : \mu \leq 100$
   $H_1 : \mu > 100$

2. $t = \dfrac{\overline{X} - \mu}{S / \sqrt{n}} = \dfrac{102 - 100}{6.394 / \sqrt{10}} = 0.9891$，

   這裡，$\overline{X} = (106 + 102 + \cdots + 90)/10 = 102$，

   $$S = \sqrt{\dfrac{\sum_{i=1}^{n}(X_i - \overline{X})^2}{n-1}} = \sqrt{\dfrac{(106-102)^2 + (102-102)^2 + \cdots + (112-102)^2 + (90-102)^2}{10-1}}$$

   $= 6.394$，自由度 $= n - 1 = 9$。

3. $\therefore 0.9891 < t_{(0.05,\ 9)} = 1.833$，$\therefore$ 不拒絕 H_0。

◆ **解法一分析**

1. 本例為小樣本且母體變異數 σ^2 未知，故採 t 檢定。

2. 本例檢定強調方向性，依樣本資料來寫對立假設（H_1），本例中樣本平均數是 102 大於 100，所以對立假設寫成 $H_1 : \mu > 100$。

解法二：P - value 法

機率值 $= P(\overline{X} > 102 | H_0 : \mu \leq 100, df = 9)$

$\quad = P(\dfrac{\overline{X} - \mu}{S / \sqrt{n}} > \dfrac{102 - 100}{6.394 / \sqrt{10}} | H_0 : \mu \leq 100, df = 9)$

$\quad = P(t > \dfrac{102 - 100}{6.394 / \sqrt{10}} | H_0 : \mu \leq 100, df = 9)$

$\quad = P(t > 0.9891 | H_0 : \mu \leq 100, df = 9) = 0.1742 > \alpha = 0.05$，

$\therefore$ 不拒絕 H_0

♦ **解法二分析**

在求算機率值時，$P(\overline{X} > 102 \mid H_0 : \mu \le 100, df = 9)$ 式子中到底是要寫 $\overline{X} > 102$ 還是要寫 $\overline{X} \le 102$，其實是依據對立假設來寫的，現對立假設 H_1 是大於，那就是寫 $\overline{X} > 102$。為什麼呢？我們前面提到機率值和 α 之比較，$\alpha = P(rej\ H_0 \mid H_0\ is\ true)$，既然是拒絕虛無假設，那麼在求算機率值時就須依據對立假設來計算。

Excel 作法

1. 打開 Excel，在 A1 位格鍵入 106、在 A2 位格鍵入 102、以此類推至 A10 位格鍵入 90。

2. 將游標移至 B1 位格上，點選「公式」、「f_x 插入函數」，點選「或選取類別中」中的「統計」、「選取函數」中的「TDIST」，按「確定」。

3. 螢幕出現 TDIST 視窗，在「X」中鍵入 0.9891，這是我們求出的 t 值，在「Deg_ freedom」中鍵入 9，在「Tails」中鍵入 1，表示單尾檢定（如果是雙尾檢定則鍵入 2），按「確定」。

4. B1 位格上會出現 0.1742。

♦ **Excel 作法分析**

題目開始即設定 0.05 顯著水準，且是單尾檢定，所以如果 B1 位格上出現的值 $\ge$ 0.05，則不拒絕虛無假設，現出現的值為 0.1742 大於 0.05，所以不拒絕虛無假設。

SAS 作法

在 SAS 編輯視窗（EDITOR）鍵入下列式子

```
data aa;
input x @@;
diff = x-100;
cards;
  106
  102
  98
  100
```

```
        104
        98
        100
        110
        112
        90
         ;
    proc means n std t prt;
    var diff;
    run;
```

◆ SAS 結果

結果會在 OUTPUT 視窗呈現

The SAS System

N	Std Dev	T	Prob>|T|
10	6.3944420	0.9890707	0.3485

◆ SAS 結果分析

表中 Prob > $|T|$ 即 p - value，不過呈現的是雙尾檢定時的機率值，因本例為單尾檢定，所以取 0.3485 的一半得到 0.1742。因為 0.1742 大於 $\alpha = 0.05$，所以不拒絕虛無假設。表上 Std Dev 即標準差 S；表上 T 值，即筆算出來的 t 值。另外，編輯 SAS 程式時英文字母大寫或小寫皆可。

R 程式作法

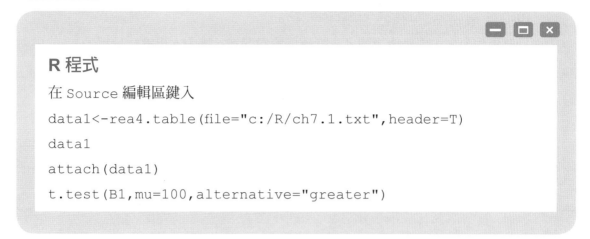

```
R 程式
在 Source 編輯區鍵入
data1<-rea4.table(file="c:/R/ch7.1.txt",header=T)
data1
attach(data1)
t.test(B1,mu=100,alternative="greater")
```

♦ R 程式結果

A1	B1
1	106
2	102
3	98
4	100
5	104
6	98
7	100
8	110
9	112
10	90

\>

One Sample t-test

data: B1

t = 0.98907, df = 9, p-value = 0.1742

alternative hypothesis: true mean is greater than 100

95 percent confidence interval:

98.29326   Inf

sample estimates:

mean of x

     102

\## 上面把結果列出來主要是要讓讀者先把這些資料存進 c 槽中，再進行分析

\## alternative="greater" 適用於 $H_1 : \mu > 100$

\## alternative="less" 適用於 $H_1 : \mu < 100$

\## alternative="two.sided" 適用於 $H_1 : \mu \neq 100$

 例題 5

> 某種文件申請需費時 58min，現以電腦改進後隨機取 12 件，平均需 50min，標準差 14.4min，以 $\alpha = 0.05$ 檢定，申請時間是否縮短？

1. $H_0 : \mu \geq 58$
   $H_1 : \mu < 58$

2. $t = \dfrac{\overline{X} - \mu}{\dfrac{S}{\sqrt{n}}} = \dfrac{50 - 58}{\dfrac{14.4}{\sqrt{12}}} = -1.92$，自由度 $= n - 1 = 11$，

3. $\because -1.92 < -t_{(0.05,\ 11)} = -1.796$，$\therefore$拒絕 H_0。

 例題 6

> 一燈泡工廠所生產的燈泡壽命近常態分配，且平均壽命 900hr，今隨機取 30 個燈泡得平均壽命 888hr，標準差 40hr，以 $\alpha = 0.02$ 檢定其所稱 900hr 是否正確？

1. $H_0 : \mu \geq 900$
   $H_1 : \mu < 900$

2. $Z = \dfrac{\overline{X} - \mu}{\dfrac{S}{\sqrt{n}}} = \dfrac{888 - 900}{\dfrac{40}{\sqrt{30}}} = -1.643$，

3. $\because -1.643 > -z_{(0.08)} = -2.055$，$\therefore$不拒絕 H_0。

7-3 兩母體平均數差 $\mu_1 - \mu_2$ 的檢定

$\mu_1 - \mu_2$ 的檢定，依已知條件的不同而有不同的處理方式。

一、σ_1^2、σ_2^2 已知，不論樣本大小為何，都用 Z 檢定

(一) 右尾檢定

1. $H_0 : \mu_1 - \mu_2 \leq c$
   $H_1 : \mu_1 - \mu_2 > c$

2. 檢定公式：

$$Z = \frac{(\overline{X}_1 - \overline{X}_2) - (\mu_1 - \mu_2)}{\sqrt{\dfrac{\sigma_1^2}{n_1} + \dfrac{\sigma_2^2}{n_2}}}$$

3. 決策法則：當 $z > z_{(\alpha)}$ 時，則拒絕 H_0；反之，則不拒絕 H_0。

(二) 左尾檢定

1. $H_0 : \mu_1 - \mu_2 \geq c$
   $H_1 : \mu_1 - \mu_2 < c$

2. 檢定公式：

$$Z = \frac{(\overline{X}_1 - \overline{X}_2) - (\mu_1 - \mu_2)}{\sqrt{\dfrac{\sigma_1^2}{n_1} + \dfrac{\sigma_2^2}{n_2}}}$$

3. 決策法則：當 $z < - z_{(\alpha)}$ 時，則拒絕 H_0；反之，則不拒絕 H_0。

(三) 雙尾檢定

1.
$H_0 : \mu_1 - \mu_2 = c$
$H_1 : \mu_1 - \mu_2 \neq c$

2. 檢定公式：

$$Z = \frac{(\overline{X}_1 - \overline{X}_2) - (\mu_1 - \mu_2)}{\sqrt{\dfrac{\sigma_1^2}{n_1} + \dfrac{\sigma_2^2}{n_2}}}$$

3. 決策法則：當 $z > z_{(\alpha/2)}$ 或 $z < - z_{(\alpha/2)}$ 時，則拒絕 H_0；反之，則不拒絕 H_0。

二、σ_1^2 與 σ_2^2 未知，但 $n_1 \geq 30$、$n_2 \geq 30$，用 Z 檢定

(一) 右尾檢定

1.
$H_0 : \mu_1 - \mu_2 \leq c$
$H_1 : \mu_1 - \mu_2 > c$

2. 檢定公式：

$$Z = \frac{(\overline{X}_1 - \overline{X}_2) - (\mu_1 - \mu_2)}{\sqrt{\dfrac{S_1^2}{n_1} + \dfrac{S_2^2}{n_2}}} \ , \quad \overline{X}_1 = \frac{X_{11} + X_{12} + \cdots + X_{1n_1}}{n_1} \ , \quad S_1^2 = \frac{\displaystyle\sum_{i=1}^{n_1}(X_{1i} - \overline{X}_1)^2}{n_1 - 1}$$

$$\overline{X}_2 = \frac{X_{21} + X_{22} + \cdots + X_{2n_2}}{n_2} \ , \quad S_2^2 = \frac{\displaystyle\sum_{i=1}^{n_2}(X_{2i} - \overline{X}_2)^2}{n_2 - 1}$$

3. 決策法則：當 $z > z_{(\alpha)}$ 時，則拒絕 H_0；反之，則不拒絕 H_0。

(二) 左尾檢定

1.
$H_0 : \mu_1 - \mu_2 \geq c$
$H_1 : \mu_1 - \mu_2 < c$

2. 檢定公式：

$$Z = \frac{(\overline{X}_1 - \overline{X}_2) - (\mu_1 - \mu_2)}{\sqrt{\dfrac{S_1^2}{n_1} + \dfrac{S_2^2}{n_2}}} \quad , \quad \overline{X}_1 \text{，} \overline{X}_2 \text{，} S_1^2 \text{，} S_2^2 \text{ 作法同上}$$

3. 決策法則：當 $z < -z_{(\alpha)}$ 時，則拒絕 H_0；反之，則不拒絕 H_0。

(三) 雙尾檢定

1.
$H_0 : \mu_1 - \mu_2 = c$
$H_1 : \mu_1 - \mu_2 \neq c$

2. 檢定公式：

$$Z = \frac{(\overline{X}_1 - \overline{X}_2) - (\mu_1 - \mu_2)}{\sqrt{\dfrac{S_1^2}{n_1} + \dfrac{S_2^2}{n_2}}} \quad , \quad \overline{X}_1 \text{，} \overline{X}_2 \text{，} S_1^2 \text{，} S_2^2 \text{ 作法同上}$$

3. 決策法則：當 $z > z_{(\alpha/2)}$ 或 $z < -z_{(\alpha/2)}$ 時，則拒絕 H_0；反之，則不拒絕 H_0。

三、σ_1^2 與 σ_2^2 未知，$n_1 < 30$、$n_2 < 30$，但 $\sigma_1^2 = \sigma_2^2$，這時用 t 檢定

本條件要先檢定 σ_1^2 和 σ_2^2 是否相等，檢定方法為 F 檢定，見下節介紹。確定 $\sigma_1^2 = \sigma_2^2$ 後方可使用 S_p^2；或兩母體皆近似常態且 $n_1 = n_2$ 亦可視作 $\sigma_1^2 = \sigma_2^2$，可使用 S_p^2。

(一) 右尾檢定

1.
$H_0 : \mu_1 - \mu_2 \leq c$
$H_1 : \mu_1 - \mu_2 > c$

2. 檢定公式：

$$t = \frac{(\overline{X}_1 - \overline{X}_2) - (\mu_1 - \mu_2)}{\sqrt{\dfrac{S_p^2}{n_1} + \dfrac{S_p^2}{n_2}}} \text{ 這裡 , } S_p^2 = \frac{(n_1 - 1)S_1^2 + (n_2 - 1)S_2^2}{(n_1 - 1) + (n_2 - 1)} \text{ , 自由度} = n_1 + n_2 - 2$$

3. 決策法則：當 $t > t_{(\alpha, n_1 + n_2 - 2)}$ 時，則拒絕 H_0；反之，則不拒絕 H_0。

(二) 左尾檢定

1.
$H_0 : \mu_1 - \mu_2 \geq c$
$H_1 : \mu_1 - \mu_2 < c$

2. 檢定公式：

$$t = \frac{(\overline{X}_1 - \overline{X}_2) - (\mu_1 - \mu_2)}{\sqrt{\dfrac{S_p^2}{n_1} + \dfrac{S_p^2}{n_2}}} \text{ 這裡 , } S_p^2 = \frac{(n_1 - 1)S_1^2 + (n_2 - 1)S_2^2}{(n_1 - 1) + (n_2 - 1)} \text{ , 自由度} = n_1 + n_2 - 2$$

3. 決策法則：當 $t < -t_{(\alpha, n_1 + n_2 - 2)}$ 時，則拒絕 H_0；反之，則不拒絕 H_0。

(三) 雙尾檢定

1.
$H_0 : \mu_1 - \mu_2 = c$
$H_1 : \mu_1 - \mu_2 \neq c$

2. 檢定公式：

$$t = \frac{(\overline{X}_1 - \overline{X}_2) - (\mu_1 - \mu_2)}{\sqrt{\dfrac{S_p^2}{n_1} + \dfrac{S_p^2}{n_2}}} \text{ 這裡 , } S_p^2 = \frac{(n_1 - 1)S_1^2 + (n_2 - 1)S_2^2}{(n_1 - 1) + (n_2 - 1)} \text{ , 自由度} = n_1 + n_2 - 2$$

3. 決策法則：當 $t > t_{(\alpha/2, n_1 + n_2 - 2)}$ 或 $t < -t_{(\alpha/2, n_1 + n_2 - 2)}$ 時，則拒絕 H_0；反之，則不拒絕 H_0。

四、σ_1^2 與 σ_2^2 未知，$n_1 < 30$、$n_2 < 30$，$\sigma_1^2 \neq \sigma_2^2$ ，這時用 t 檢定

(一) 右尾檢定

1. $H_0 : \mu_1 - \mu_2 \leq c$
$H_1 : \mu_1 - \mu_2 > c$

2. 檢定公式：

$$t = \frac{(\overline{X}_1 - \overline{X}_2) - (\mu_1 - \mu_2)}{\sqrt{\dfrac{S_1^2}{n_1} + \dfrac{S_2^2}{n_2}}} \quad , \text{自由度 } df = \frac{\left(\dfrac{S_1^2}{n_1} + \dfrac{S_2^2}{n_2}\right)^2}{\dfrac{(S_1^2/n_1)^2}{n_1 - 1} + \dfrac{(S_2^2/n_2)^2}{n_2 - 1}} = \text{最接近的整數}$$

3. 決策法則：當 $t > t_{(\alpha, df)}$ 時，則拒絕 H_0；反之，則不拒絕 H_0。

(二) 左尾檢定

1. $H_0 : \mu_1 - \mu_2 \geq c$
$H_1 : \mu_1 - \mu_2 < c$

2. 檢定公式：

$$t = \frac{(\overline{X}_1 - \overline{X}_2) - (\mu_1 - \mu_2)}{\sqrt{\dfrac{S_1^2}{n_1} + \dfrac{S_2^2}{n_2}}} \quad , \text{自由度 } df = \frac{\left(\dfrac{S_1^2}{n_1} + \dfrac{S_2^2}{n_2}\right)^2}{\dfrac{(S_1^2/n_1)^2}{n_1 - 1} + \dfrac{(S_2^2/n_2)^2}{n_2 - 1}} = \text{最接近的整數}$$

3. 決策法則：當 $t < - t_{(\alpha, df)}$ 時，則拒絕 H_0；反之，則不拒絕 H_0。

(三) 雙尾檢定

1. $H_0 : \mu_1 - \mu_2 = c$
$H_1 : \mu_1 - \mu_2 \neq c$

2. 檢定公式：

$$t = \frac{(\overline{X}_1 - \overline{X}_2) - (\mu_1 - \mu_2)}{\sqrt{\dfrac{S_1^2}{n_1} + \dfrac{S_2^2}{n_2}}} \quad , \text{自由度 } df = \frac{\left(\dfrac{S_1^2}{n_1} + \dfrac{S_2^2}{n_2}\right)^2}{\dfrac{(S_1^2/n_1)^2}{n_1 - 1} + \dfrac{(S_2^2/n_2)^2}{n_2 - 1}} = \text{最接近的整數}$$

3. 決策法則：當 $t > t_{(\alpha/2, df)}$ 或 $t < - t_{(\alpha/2, df)}$ 時，則拒絕 H_0；反之，則不拒絕 H_0。

五、母體變異數未知，樣本為小樣本且成對抽取，這時用 t 檢定

(一) 右尾檢定

1.
$H_0 : \mu(D) \leq c$
$H_1 : \mu(D) > c$

2. 檢定公式：

$$t = \frac{\overline{D} - \mu(D)}{\sqrt{\dfrac{S^2(D)}{n}}} \text{，其中，} \overline{D} = \frac{\sum\limits_{i=1}^{n} D_i}{n} = \overline{X}_1 - \overline{X}_2 \text{，} D_i = X_{1i} - X_{2i} \text{，} E(\overline{D}) = \mu(D) \text{，}$$

$$S^2(D) = \frac{\sum\limits_{i=1}^{n} (D_i - \overline{D})^2}{n-1} \text{，自由度} = n - 1$$

3. 決策法則：當 $t < t_{(\alpha,\, n-1)}$ 時，則拒絕 H_0；反之，則不拒絕 H_0。

(二) 左尾檢定

1.
$H_0 : \mu_1 - \mu_2 \geq c$
$H_1 : \mu_1 - \mu_2 < c$

2. 檢定公式：

$$t = \frac{\overline{D} - \mu(D)}{\sqrt{\dfrac{S^2(D)}{n}}} \text{，這裡，} \overline{D} = \frac{\sum\limits_{i=1}^{n} D_i}{n} = \overline{X}_1 - \overline{X}_2 \text{，} D_i = X_{1i} - X_{2i} \text{，} E\ (\overline{D}) = \mu(D) \text{，}$$

$$S^2(D) = \frac{\sum\limits_{i=1}^{n} (D_i - \overline{D})^2}{n-1} \text{，自由度} = n - 1$$

3. 決策法則：當 $t < -\, t_{(\alpha,\, n-1)}$ 時，則拒絕 H_0；反之，則不拒絕 H_0。

(三) 雙尾檢定

1.
$H_0 : \mu_1 - \mu_2 = c$
$H_1 : \mu_1 - \mu_2 \neq c$

2. 檢定公式：

$$t = \frac{\overline{D} - \mu(D)}{\sqrt{\dfrac{S^2(D)}{n}}} \text{，其中，} \overline{D} = \frac{\sum\limits_{i=1}^{n} D_i}{n} = \overline{X}_1 - \overline{X}_2 \text{，} D_i = X_{1i} - X_{2i} \text{，} E(\overline{D}) = \mu(D) \text{，}$$

$$S^2(D) = \frac{\sum\limits_{i=1}^{n}(D_i - \overline{D})^2}{n-1} \text{，自由度} = n - 1 \text{，}$$

3. 決策法則：當 $t > t_{(\alpha/2,\, n-1)}$ 或 $t < - t_{(\alpha/2,\, n-1)}$ 時，則拒絕 H_0；反之，則不拒絕 H_0。

 例題 7

某心理測驗學家正進行一項研究計畫，經施測後隨機抽取甲組 42 名學生得到平均數 85，隨機抽取乙組 39 名學生得到平均數 87，由該測驗常模查知甲組變異數為 18.97，乙組的變異數為 19.31，試問甲乙組該測驗平均數是否有顯著差異？（$\alpha = 0.05$）

解 本例 σ_1^2 與 σ_2^2 已知。

設 μ_1、μ_2 分別表示甲、乙組之測驗平均數，則

1.
$\begin{array}{l} H_0 : \mu_1 = \mu_2 \\ H_1 : \mu_1 \neq \mu_2 \end{array}$ 或 $\begin{array}{l} H_0 : \mu_1 - \mu_2 = 0 \\ H_1 : \mu_1 - \mu_2 \neq 0 \end{array}$

2. $Z = \dfrac{(\overline{X}_1 - \overline{X}_2) - (\mu_1 - \mu_2)}{\sqrt{\dfrac{\sigma_1^2}{n_1} + \dfrac{\sigma_2^2}{n_2}}} \overset{H_0}{=} \dfrac{(\overline{X}_1 - \overline{X}_2) - (0)}{\sqrt{\dfrac{\sigma_1^2}{n_1} + \dfrac{\sigma_2^2}{n_2}}} = \dfrac{(85 - 87) - 0}{\sqrt{\dfrac{18.97}{42} + \dfrac{19.31}{39}}} = -2.0554$ ，

3. $\because -2.0554 < -z_{(0.05/2)} = -1.96$，$\therefore$ 拒絕 H_0。

♦ 解法分析

1. 兩母體變異數皆已知，不論樣本大小都用常態 Z 檢定。

2. 本例在檢定「是否有顯著差異？」，因此是沒有方向性的假設檢定。

同上例，隨機抽取甲組中的 11 名學生得到成績為 82，78，84，71，79，77，84，78，81，87，81，隨機抽取乙組中的 9 名學生得到成績為 80，77，82，81，73，74，81，76，69，甲組常模變異數仍然為 18.97，乙組的變異數為 19.31，試問該測驗平均數甲組優於乙組的說法能否成立？（$\alpha = 0.05$）

解 解法一：設 μ_1、μ_2 分別表示甲、乙組之測驗平均數，則

1.
$$H_0 : \mu_1 \le \mu_2 \quad H_0 : \mu_1 - \mu_2 \le 0$$
$$\text{或}$$
$$H_1 : \mu_1 > \mu_2 \quad H_1 : \mu_1 - \mu_2 > 0$$

2.
$$Z = \frac{(\overline{X}_1 - \overline{X}_2) - (\mu_1 - \mu_2)}{\sqrt{\dfrac{\sigma_1^2}{n_1} + \dfrac{\sigma_2^2}{n_2}}} \overset{H_0}{=} \frac{(\overline{X}_1 - \overline{X}_2) - (0)}{\sqrt{\dfrac{\sigma_1^2}{n_1} + \dfrac{\sigma_2^2}{n_2}}} = \frac{(80.182 - 77) - 0}{\sqrt{\dfrac{18.97}{11} + \dfrac{19.31}{9}}} = 1.61739 ,$$

$\overline{X}_1 = (82 + 78 + \cdots + 81)/11 = 80.182$ ， $\overline{X}_2 = (80 + 77 + \cdots + 69)/9 = 77$ 。

3. $\because 1.61739 < z_{(0.050)} = 1.645$ ，$\therefore$ 不拒絕 H_0。

♦ 解法一分析

1. 本例雖為小樣本但兩母體變異數均已知，故採 Z 檢定。

2. 本檢定強調方向性，所以依據樣本值來寫 H_1，例題中甲組平均數 80.182 大於乙組平均數 77，所以，$H_1 : \mu_1 - \mu_2 > 0$。

3. 式子中「$\overset{H_0}{=}$」意思是「在 H_0 為真的情況下」，也就是在 H_0 為真下，我們依據樣本值來作檢定。例子中 H_0 是 $\mu_1 - \mu_2 \le 0$，我們只取 $\mu_1 - \mu_2$ 等於 0 來計算，至於 $\mu_1 - \mu_2$ 小於 0 的部分，是這樣考慮的：假定在 $\mu_1 - \mu_2$ 等於 0 情況下，檢定結果是拒絕虛無假設，那麼 $\mu_1 - \mu_2$ 小於 0 的部分，更會拒絕虛無假設；反之檢定結

果不拒絕虛無假設，那麼小於 0 的部分，就更不會拒絕虛無假設了，所以我們只需考慮 $\mu_1 - \mu_2$ 等於 0 即可（有些書上直接就寫這樣 $\begin{matrix} H_0 : \mu_1 - \mu_2 = 0 \\ H_1 : \mu_1 - \mu_2 > 0 \end{matrix}$）。再者，為什麼是「在 H_0 為真的情況下」？因為題目給定 $\alpha = 0.05$，什麼是 α？它的定義是 $P(rej\ H_0 \mid H_0\ is\ true)$，即在 H_0 為真的情況下，我們作假設檢定，此次檢定作出拒絕虛無假設的犯錯機率為 α。

解法二：P - value

$$= P(\overline{X}_1 - \overline{X}_2 > 3.182 \mid H_0 : \mu_1 - \mu_2 \leq 0)$$

$$= P\left(\frac{(\overline{X}_1 - \overline{X}_2) - (\mu_1 - \mu_2)}{\sqrt{\dfrac{\sigma_1^2}{n_1} + \dfrac{\sigma_2^2}{n_2}}} > \frac{3.182 - 0}{\sqrt{\dfrac{18.97}{11} + \dfrac{19.31}{9}}} \middle| H_0 : \mu_1 - \mu_2 \leq 0 \right)$$

$$= P(Z > 1.61739 \mid H_0 : \mu_1 - \mu_2 \leq 0) = 0.052897 > \alpha = 0.05 ,$$

$\therefore$ 不拒絕 H_0。

Excel 作法

1. 點選 Excel，在 A1 位格鍵入甲組、在 A2 位格鍵入 82、在 A3 位格鍵入 78、以此類推至 A12 位格鍵入 81；在 B1 位格鍵入乙組、在 B2 位格鍵入 80、在 B3 位格鍵入 77、以此類推至 B10 位格鍵入 69。

2. 將游標移至 C1 位格上，選取「資料」、「資料分析」，再點選「Z 檢定：兩母體平均數差異檢定」，按「確定」。

3. 螢幕出現「Z 檢定：兩母體平均數差異檢定」視窗，在「變數 1 的範圍 (1)」中鍵入 a1:a12（不可以鍵入 a2:a12，否則結果會不同），在「變數 2 的範圍 (2)」中鍵入 b1:b10（不可以鍵入 b2:b10），在「假設的均數差 (P)」中鍵入 0，在「變數 1 的變異數（已知）(V)」中鍵入 18.97，在「變數 2 的變異數（已知）(A)」中鍵入 19.31，在「標記」前打勾，在「α(A)」中鍵入 0.05，在「新工作表」中鍵入你想給定的名稱（如第三次作業 Z 檢定），按「確定」。

4. 螢幕會出現下面結果：

Z 檢定：兩個母體平均數差異檢定		
	甲組	乙組
平均數	80.18181818	77
已知的變異數	18.97	19.31
觀察值個數	11	9
假設的均數差	0	
Z	1.617387972	
P（Z<=z）單尾	0.052897273	
臨界值：單尾	1.644853	
P（Z<=z）雙尾	0.105794545	
臨界值：雙尾	1.959961082	

♦ Excel 作法分析

1. 因為本例是單尾檢定，所以我們只需看報表上「臨界值：單尾」的值，我們計算出來的 Z 值約為 1.61739 並未大於臨界值 1.644853，所以不拒絕 $H_0 : \mu_1 - \mu_2 \leq 0$。

2. 解法二的機率值即報表上的「$P(Z <= z)$ 單尾」值 0.0528972739（約 0.052897），讀者可能疑問解法二的機率 $P(Z > 1.61739 \mid H_0 : \mu_1 - \mu_2 \leq 0)$ 中出現的是 ">"，而「$P(Z <= z)$ 單尾」中出現的卻是 "≤"，為什麼兩者值是一樣的呢？這是因為標準常態分配是對稱的，所以兩尾端這部分的面積（黑影部分）是相等的。以微積分的觀點來看，解法二的機率值是從 1.61739 到 ∞ 之積分（右尾黑影部分的面積），而「$P(Z <= z)$ 單尾」值則是從 $-∞$ 到 -1.61739 之積分（左尾黑影部分的面積），兩者積出來的面積是一樣的。這裡要再次說明一個觀念，即對連續型隨機變數之分配（例如標準常態分配）而言，有沒有等號對求算機率值是沒有影響的，因為連續型隨機變數等於某一點的機率為 0，即 $P(Z = -1.6174) = 0$，$P(Z = 1.6174) = 0$。不過對間斷型隨機變數之分配（例如二項分配）而言，是有影響的，因為間斷型隨機變數等號的哪一點是有機率的。

 例題 9

某公司用甲乙二種加工法生產零件，今從採甲加工法的員工中隨機抽取 45 人，得到每人平均生產量為 70.8 件 / 時，標準差為 8.4 件 / 時，從乙加工法員工中隨機抽取 55 人，得到每人平均生產量為 73.8 件 / 時，標準差為 8.8 件 / 時，試以顯著水準 $\alpha = 0.05$ 檢定乙加工法平均生產量是否較甲加工法為高？

解 本例 σ_1^2、σ_2^2 未知但樣本為大樣本

設 μ_1、μ_2 分別表示甲、乙二種加工法每人平均生產量，則

1. $\begin{array}{l} H_0 : \mu_1 \geq \mu_2 \\ H_1 : \mu_1 < \mu_2 \end{array}$ 或 $\begin{array}{l} H_0 : \mu_1 - \mu_2 \geq 0 \\ H_1 : \mu_1 - \mu_2 < 0 \end{array}$

2. $Z = \dfrac{(\overline{X}_1 - \overline{X}_2) - (\mu_1 - \mu_2)}{\sqrt{\dfrac{S_1^2}{n_1} + \dfrac{S_2^2}{n_2}}} \overset{H_0}{=} \dfrac{(\overline{X}_1 - \overline{X}_2) - (0)}{\sqrt{\dfrac{S_1^2}{n_1} + \dfrac{S_2^2}{n_2}}} = \dfrac{(70.8 - 73.8) - 0}{\sqrt{\dfrac{8.4^2}{45} + \dfrac{8.8^2}{55}}} = -1.739$

3. $\because -1.739 < -z_{(0.05)} = -1.645$，$\therefore$ 拒絕 H_0，即乙加工法平均生產量較甲加工法為高。

♦ 解法分析

1. 本例雖母體變異數均未知但為大樣本，故採 Z 檢定。

2. 本例檢定強調方向性，所以依題目中的樣本值來寫對立假設（H_1），例子中甲加工法每小時樣本平均數為 70.8 件小於乙加工法每小時樣本平均數 73.8 件，即 70.8 − 73.8 < 0，所以 $H_1 : \mu_1 - \mu_2 < 0$。

 例題 10

自 A 廠生產燈泡隨機取 80 個，平均壽命 1237hr，標準差 94hr，B 工廠隨機取 60 個平均壽命 1008hr，標準差 68hr，A 的價格比 B 貴，除非 A 的壽命比 B 長 200hr 以上才划算，由以上數據，做何決定？（$\alpha = 0.01$）

1.
$$H_0 : \mu_A - \mu_B \le 200$$
$$H_1 : \mu_A - \mu_B \ge 200$$

2. $Z = \dfrac{(1237 - 1008) - 200}{\sqrt{\dfrac{94^2}{80} + \dfrac{68^2}{60}}} = 2.12$

3. $\because 2.12 < z_{(0.01)} = 2.326$，$\therefore$ 不拒絕 H_0。

某研究者正在主持「薪資結構與性別角色關係」的研究計畫，他抽訪某公司 11 位男作業員，16 位女作業員，得到男作業員平均薪資 20400，標準差為 1100，女作業員平均薪資 19850，標準差為 1350，假設母體皆為常態分配，試以 $\alpha = 0.1$ 檢定二母體之變異數是否相等？並以 $\alpha = 0.1$ 檢定男女作業員薪資是否有顯著的差異？

解 設 σ_1^2、σ_2^2 分別表示男女作業員薪資母體變異數，則

1. $\begin{matrix} H_0 : \sigma_1^2 = \sigma_2^2 \\ H_1 : \sigma_1^2 \ne \sigma_2^2 \end{matrix}$ 或 $\begin{matrix} H_0 : \sigma_1^2 - \sigma_2^2 = 0 \\ H_1 : \sigma_1^2 - \sigma_2^2 \ne 0 \end{matrix}$

2. $F = \dfrac{S_1^2}{S_2^2} = \dfrac{1100^2}{1350^2} = 0.664$，

3. 查 F 表，$F_{(\alpha/2 \,;\, v_1 \,,\, v_2)} = F_{(0.1/2 \,;\, 10 \,,\, 15)} = 2.54$，

$F_{(1-\alpha/2 \,;\, v_1 \,,\, v_2)} = \dfrac{1}{F_{(\alpha/2 \,;\, v_2 \,,\, v_1)}} = \dfrac{1}{F_{(0.1/2 \,;\, 15 \,,\, 10)}} = \dfrac{1}{2.85} = 0.351$，

4. 因為 $0.351 < 0.664 < 2.54$，所以，不拒絕 H_0。

又設 μ_1、μ_2 分別表示男、女作業員平均薪資，則

1. $\begin{matrix} H_0 : \mu_1 = \mu_2 \\ H_1 : \mu_1 \ne \mu_2 \end{matrix}$ 或 $\begin{matrix} H_0 : \mu_1 - \mu_2 = 0 \\ H_1 : \mu_1 - \mu_2 \ne 0 \end{matrix}$

2. $t = \dfrac{(\overline{X}_1 - \overline{X}_2) - (\mu_1 - \mu_2)}{\sqrt{\dfrac{S_p^2}{n_1} + \dfrac{S_p^2}{n_2}}} \overset{H_0}{=} \dfrac{(\overline{X}_1 - \overline{X}_2) - (0)}{\sqrt{\dfrac{S_p^2}{n_1} + \dfrac{S_p^2}{n_2}}} = \dfrac{(20400 - 19850) - (0)}{\sqrt{\dfrac{1577500}{11} + \dfrac{1577500}{16}}}$

$= 1.1031 < t_{(0.1/2\ ,\ 25)} = 1.708$ ，

$S_p^2 = \dfrac{(n_1 - 1)S_1^2 + (n_2 - 1)S_2^2}{(n_1 - 1) + (n_2 - 1)} = \dfrac{(11 - 1)(1100^2) + (16 - 1)(1350^2)}{(11 - 1) + (16 - 1)} = 1577500$ ，

3. $\therefore$ 不拒絕 H_0，即男女作業員平均薪資沒有顯著差異。

♦ **解法分析**

要先作兩變異數是否相等的檢定，如果相等才可使用 S_p^2。又因為是雙尾檢定，所以有二個臨界點，$F_{(\alpha/2\,;\,v_1,v_2)}$ 及 $F_{(1-\alpha/2\,;\,v_1,v_2)}$，通常查表只能查到一個。另一個則要自己計算，公式是 $F_{(1-\alpha/2\,;\,v_1,v_2)} = \dfrac{1}{F_{(\alpha/2\,;\,v_1,v_2)}}$，要注意 v_1 和 v_2 前後順序是互換的。

 例題12

為了了解哪一種訓練法，職員的學習效果較好，於是進行一項實驗，期末測得其學習效果。甲種訓練法：68，77，81，79，74，80，66，79，81，72，83，78，76。乙種訓練法：89，78，91，87，77，88，87，90，79，87，76。假設學習效果之分配為常態，試以 $\alpha = 0.1$ 檢定甲乙兩種訓練法職員學習效果是否有顯著的差異？

解 題目並沒有說兩變異數相等，所以要先作兩變異數是否相等的檢定，設 σ_1^2、σ_2^2 分別表示甲乙兩種訓練法職員學習效果之母體變異數，則

1. $\begin{array}{l} H_0 : \sigma_1^2 = \sigma_2^2 \\ H_1 : \sigma_1^2 \neq \sigma_2^2 \end{array}$ 或 $\begin{array}{l} H_0 : \sigma_1^2 - \sigma_2^2 = 0 \\ H_1 : \sigma_1^2 - \sigma_2^2 \neq 0 \end{array}$

2. $F = \dfrac{S_1^2}{S_2^2} = \dfrac{26.6026}{32.4727} = 0.8192279$ ，

$S_1^2 = \dfrac{\sum\limits_{i=1}^{n_1}(X_{1i} - \overline{X}_1)^2}{n_1 - 1} = \dfrac{(68 - 76.4615)^2 + \cdots + (76 - 76.4615)^2}{13 - 1} = 26.6026$ ，

$$\overline{X}_1 = (68+77+\cdots+76)/13 = 76.4615 \ ;$$

$$S_2^2 = \frac{\sum_{i=1}^{n_2}(X_{2i}-\overline{X}_2)^2}{n_2-1} = \frac{(89-84.4545)^2+\cdots+(76-84.4545)^2}{11-1} = 32.4727 \ ,$$

$$\overline{X}_2 = (89+78+\cdots+76)/11 = 84.4545 \ ;$$

3. 查 F 表，$F_{(\alpha/2\ ;\ v_1\ ,\ v_2)} = F_{(0.1/2\ ;\ 12\ ,\ 10)} = 2.91$ ，

$$F_{(1-\alpha/2\ ;\ v_1\ ,\ v_2)} = \frac{1}{F_{(\alpha/2\ ;\ v_2\ ,\ v_1)}} = \frac{1}{F_{(0.1/2\ ;\ 10\ ,\ 12)}} = \frac{1}{2.75} = 0.363 \ ,$$

4. 因為 $0.363 < 0.8192279 < 2.91$，所以不拒絕 H_0。

接著檢定甲乙兩種訓練法職員學習效果是否有顯著差異，設 μ_1、μ_2 分別表示甲乙兩種訓練法職員學習平均效果，則

1. $\begin{array}{l} H_0 : \mu_1 = \mu_2 \\ H_1 : \mu_1 \neq \mu_2 \end{array}$ 或 $\begin{array}{l} H_0 : \mu_1 - \mu_2 = 0 \\ H_1 : \mu_1 - \mu_2 \neq 0 \end{array}$

2. $t = \dfrac{(\overline{X}_1-\overline{X}_2)-(\mu_1-\mu_2)}{\sqrt{\dfrac{S_p^2}{n_1}+\dfrac{S_p^2}{n_2}}} \overset{H_0}{=} \dfrac{(\overline{X}_1-\overline{X}_2)-(0)}{\sqrt{\dfrac{S_p^2}{n_1}+\dfrac{S_p^2}{n_2}}} = \dfrac{(76.4615-84.4545)-(0)}{\sqrt{\dfrac{29.2708}{13}+\dfrac{29.2708}{11}}}$

$$= -3.6062 < -t_{(0.1/2\ ,\ 22)} = -1.7171 \ ,$$

$$S_p^2 = \frac{(n_1-1)S_1^2+(n_2-1)S_2^2}{(n_1-1)+(n_2-1)} = \frac{(13-1)(26.6026)+(11-1)(32.4727)}{(13-1)+(11-1)} = 29.2708$$

3. $\therefore$ 拒絕 H_0，即兩種訓練法職員學習效果有顯著差異。

Excel 作法一

先檢定兩母體變異數是否相等。

1. 打開 Excel，在 A1 位格鍵入甲訓練法、在 A2 位格鍵入 68、在 A3 位格鍵入 77、以此類推至 A14 位格鍵入 76；在 B1 位格鍵入乙訓練法、在 B2 位格鍵入 89、在 B3 位格鍵入 78、以此類推至 B12 位格鍵入 76。

2. 將游標移至 C1 位格上，選取「資料」、「資料分析」，再點選「F 檢定：兩個常態母體變異數的檢定」，按「確定」。

3. 螢幕出現「F 檢定：兩個常態母體變異數的檢定」視窗，在「變數 1 的範圍 (1)」中鍵入 a1:a14（不可以鍵入 a2:a14，否則結果會不同），在「變數 2 的範圍 (2)」中鍵入 b1:b12（不可以鍵入 b2:b12），在「標記」前打勾，在「α($\underline{A}$)」中鍵入 0.05，在「新工作表」中鍵入你想給定的名稱（如第四次作業），按「確定」。

4. 螢幕出現下表資料。

F 檢定：兩個常態母體變異數的檢定		
	甲訓練法	乙訓練法
平均數	76.46153846	84.45454545
變異數	26.6025641	32.47272727
觀察值個數	13	11
自由度	12	10
F	0.819227898	
P（F<=f）單尾	0.366496296	
臨界值：單尾	0.36318859	

5. 再點選下方的 Sheet1，回到 C1 位格上，選取「工具」中的「資料分析」，回到「F 檢定：兩 ... 檢定」，按「確定」。螢幕會再出現剛才「F 檢定：兩 ... 檢定」視窗，只更改「α($\underline{A}$)」這裡，重新鍵入 0.95，其他不變，按「確定」。螢幕出現下表資料：

F 檢定：兩個常態母體變異數的檢定		
	甲訓練法	乙訓練法
平均數	76.46153846	84.45454545
變異數	26.6025641	32.47272727
觀察值個數	13	11
自由度	12	10
F	0.819227898	
P（F<=f）單尾	0.366496296	
臨界值：單尾	2.912976527	

小補充

上下這二個表不同的地方，只有最後一行「臨界值：單尾」，上表出現的是 0.36318859，下表出現的是 2.912976527，這兩個值就是例 12 解法一中的那兩個臨界值。

◆ **Excel 作法一分析**

1. 依據 P 值決策規則，當 $P(F < F_0) < \dfrac{\alpha}{2}$ 或 $P(F > F_0) < \dfrac{\alpha}{2}$ 時，拒絕 H_0，現 P 值為

   $0.366496 > \dfrac{\alpha}{2} = 0.05$，所以不拒絕虛無假設。

2. 機率值 0.366496，可以由 Excel 查出來，查法如下：「點選 Excel」，「公式」、「f_x 插入函數」，點選「或選取類別」中的「統計」、「選取函數」中的「FDIST」，按「確定」，出現「FDIST 視窗」，在「X」鍵入 0.8192279，在「Deg_freedom1」鍵入 12，在「Deg_freedom2」鍵入 10，螢幕出現「0.633504」，亦即 $P(F > 0.8192279) = 0.633504$，再計算 $(1 - 0.633504)$ 即可得到 0.366496。

3. 自由度 $v_1 = n_1 - 1 = 13 - 1 = 12$，$v_2 = n_2 - 1 = 11 - 1 = 10$。

Excel 作法二

一旦檢定結果確定兩母體變異數相等，接著我們可以檢定甲乙兩種訓練法職員學習效果是否有顯著差異？

1. 同前述將資料鍵入完成，並將游標移至 C1 位格上，選取「資料」、「資料分析」，再點選「t 檢定：兩個母體平均數差的檢定，假設變異數相等」，按「確定」。

2. 螢幕出現「t 檢定：兩個母體平均數差的檢定，假設變異數相等」視窗，在「變數 1 的範圍 (1)」中鍵入 a1:a14，在「變數 2 的範圍 (2)」中鍵入 b1:b12，在「假設的均數差 (P)」中鍵入 0，在「標記」前打勾，在「α(A)」中鍵入 0.1，在「新工作表」中鍵入你想給定的名稱（如 t 檢定），按「確定」。

3. 螢幕會出現下表資料。

t 檢定：兩個母體平均數差的檢定，假設變異數相等		
	甲訓練法	乙訓練法
平均數	76.46153846	84.45454545
變異數	26.6025641	32.47272727
觀察值個數	13	11
Pooled 變異數	29.27082009	
假設的均數差	0	
自由度	22	
t 統計	− 3.606244313	
P（T<=t）單尾	0.000783854	
臨界值：單尾	1.321236596	
P（T<=t）雙尾	0.001567708	
臨界值：雙尾	1.717144187	

♦ **Excel 作法二分析**

1. 報表上「Pooled 變異數」就是解法一中的 S_p^2。報表上「假設的均數差」意思就是 $H_0 : \mu_1 - \mu_2 = 0$。報表上自由度 $= n_1 + n_2 - 2 = 13 + 11 - 2 = 22$。

2. 因為本題是雙尾檢定，所以我們只看報表上「臨界值：雙尾」列出來的值（約為 1.7171），意思是雙尾檢定時，右邊臨界值是 1.7171，左邊臨界值是 − 1.7171，現「t 統計」值約為 − 3.6062 小於 − 1.7171，所以拒絕虛無假設。

3. 所有報表上「臨界值：單尾」、「臨界值：雙尾」這些列出來的值可以由 Excel 查出來，以本例「臨界值：雙尾」來說明，查詢步驟如下：「點選 Excel」，「插入」，「函數」，點選「函數類別中的統計」及「函數名稱中 TINV」，按「確定」，螢幕出現「TINV 視窗」，在「Probability」鍵入 0.1，在「De_freedom」鍵入 22，螢幕出現「1.717144」，也就是說，左尾面積為 0.05 時臨界點是 − 1.7171，右尾面積為 0.05 時臨界點是 1.7171，兩尾端面積合計是 0.1。

R 程式

在 Source 區鍵入

```
x=c(68,77,81,79,74,80,66,79,81,72,83,78,76)
y=c(89,78,91,87,77,88,87,90,79,87,76)
var.test(x,y,ratio=1,alternative=c("two.sided"),conf.
level=0.9)
t.test(x,y,var.equal=T,conf.level=0.9)
```

♦ R 結果

F test to compare two variances

data: x and y

F = 0.81923, num df = 12, denom df = 10, p-value = 0.733

alternative hypothesis: true ratio of variances is not equal to 1

90 percent confidence interval:

 0.2812339 2.2556513

sample estimates:

ratio of variances

          0.8192279

> t.test(x,y,var.equal=T,conf.level=0.9)

    Two Sample t-test

data: x and y

t = -3.6062, df = 22, p-value = 0.001568

alternative hypothesis: true difference in means is not equal to 0

90 percent confidence interval:

-11.798946 -4.187068

sample estimates:

mean of x mean of y

  76.46154 84.45455

例題13

同上例我們重新取樣，得到兩種訓練法職員期末學習效果：

甲訓練法：78，77，89，79，84，81，76，87，90，93

乙訓練法：58，67，95，87，77，94，63，90，62，71

假設學習效果之分配為常態，試以 $\alpha = 0.1$ 檢定甲乙兩種訓練法職員學習效果是否有顯著的差異？

解 先檢定兩母體變異數是否相等，設 σ_1^2、σ_2^2 分別表示甲乙兩種訓練法職員學習效果之母體變異數，則

1. $\begin{array}{l} H_0 : \sigma_1^2 = \sigma_2^2 \\ H_1 : \sigma_1^2 \neq \sigma_2^2 \end{array}$ 或 $\begin{array}{l} H_0 : \sigma_1^2 - \sigma_2^2 = 0 \\ H_1 : \sigma_1^2 - \sigma_2^2 \neq 0 \end{array}$

2. $F = \dfrac{S_1^2}{S_2^2} = \dfrac{36.7111}{199.6} = 0.1839234$

$$S_1^2 = \frac{\displaystyle\sum_{i=1}^{n_1}(X_{1i} - \bar{X}_1)^2}{n_1 - 1} = \frac{(78-83.4)^2 + (77-83.4)^2 + \cdots + (93-83.4)^2}{10-1} = 36.7111$$

$$\bar{X}_1 = (78 + 77 + \cdots + 93)/10 = 83.4 \text{，}$$

$$S_2^2 = \frac{\displaystyle\sum_{i=1}^{n_2}(X_{2i} - \bar{X}_2)^2}{n_2 - 1} = \frac{(58-76.4)^2 + (67-76.4)^2 + \cdots + (71-76.4)^2}{10-1} = 199.6 \text{，}$$

$$\bar{X}_2 = (58 + 67 + \cdots + 71)/10 = 76.4 \text{。}$$

3. 查 F 表

$$F_{(1-\alpha/2\,;\,v_1,\,v_2)} = \frac{1}{F_{(\alpha/2\,;\,v_2,\,v_1)}} = \frac{1}{F_{(0.1/2\,;\,9,\,9)}} = \frac{1}{3.18} = 0.3145 \text{，}$$

$$F_{(\alpha/2\,;\,v_1,\,v_2)} = F_{(0.1/2\,;\,9,\,9)} = 3.18 \text{。}$$

因為 $0.1839234 < 0.3145$，所以拒絕 H_0，即兩變異數不相等。

接著檢定甲乙兩種訓練法職員學習效果是否有顯著差異，設 μ_1、μ_2 分別表示甲乙兩種訓練法職員學習平均效果，則

1. $\begin{array}{l} H_0 : \mu_1 = \mu_2 \\ H_1 : \mu_1 \neq \mu_2 \end{array}$ 或 $\begin{array}{l} H_0 : \mu_1 - \mu_2 = 0 \\ H_1 : \mu_1 - \mu_2 \neq 0 \end{array}$

2. $t = \dfrac{(\overline{X}_1 - \overline{X}_2) - (\mu_1 - \mu_2)}{\sqrt{\dfrac{S_1^2}{n_1} + \dfrac{S_2^2}{n_2}}} \overset{H_0}{=} \dfrac{(\overline{X}_1 - \overline{X}_2) - (0)}{\sqrt{\dfrac{S_1^2}{n_1} + \dfrac{S_2^2}{n_2}}} = \dfrac{(83.4 - 76.4) - (0)}{\sqrt{\dfrac{36.7111}{10} + \dfrac{199.6}{10}}}$

$= 1.439978 < t_{(0.1/2,\ 12)} = 1.782$，

其中，自由度 $= \dfrac{\left(\dfrac{36.7111}{10} + \dfrac{199.6}{10}\right)^2}{\dfrac{(36.7111/10)^2}{10-1} + \dfrac{(199.6/10)^2}{10-1}} = 12.20$（取 12）

3. $\therefore$ 不拒絕 H_0，即兩種訓練法職員學習效果沒有顯著差異。

Excel 作法一

先檢定兩母體變異數是否相等？

1. 打開 Excel，在 A1 位格鍵入甲訓練法、在 A2 位格鍵入 78、在 A3 位格鍵入 77、以此類推至 A11 位格鍵入 93；在 B1 位格鍵入乙訓練法、在 B2 位格鍵入 58、以此類推至 B11 位格鍵入 71。

2. 將游標移至 C1 位格上，選取「資料」、「資料分析」，再點選「F 檢定：兩個常態母體變異數的檢定」，按「確定」。

3. 螢幕出現「F 檢定：兩個常態母體變異數的檢定」視窗，在「變數 1 的範圍 (1)」中鍵入 a1:a11，在「變數 2 的範圍 (2)」中鍵入 b1:b11，在「標記」前打勾，在「α(A)」中鍵入 0.05，在「新工作表」中鍵入你想給定的名稱（如 F 檢定），按「確定」。

4. 螢幕出現下表資料

F 檢定：兩個常態母體變異數的檢定		
	甲訓練法	乙訓練法
平均數	83.4	76.4
變異數	36.71111111	199.6
觀察值個數	10	10
自由度	9	9
F	0.183923402	
P（F<=f）單尾	0.009477474	
臨界值：單尾	0.314575	

5. 再點選下方的 Sheet1，回到 C1 位格上，選取「工具」中的「資料分析」，回到「F 檢定：兩 ... 檢定」，按「確定」。螢幕會再出現剛才「F 檢定：兩 ... 檢定」視窗，只更改「α(A)」這裡，重新鍵入 0.95，其它不變，按「確定」。螢幕出現下表資料：

F 檢定：兩個常態母體變異數的檢定		
	甲訓練法	乙訓練法
平均數	83.4	76.4
變異數	36.71111111	199.6
觀察值個數	10	10
自由度	9	9
F	0.183923402	
P（F<=f）單尾	0.009477474	
臨界值：單尾	3.178897	

小補充

上下這二個表可以讓我們找到檢定時要用到的兩個臨界值。上表出現的是 0.314575，下表出現的是 3.178897，這兩個值就是解法一中的那兩個臨界值。

◆ **Excel 作法一分析**

1. 依據 P 值法決策規則，當 $P(F < F_0) < \dfrac{\alpha}{2}$ 或 $P(F > F_0) < \dfrac{\alpha}{2}$ 時，拒絕 H_0，現 P 值為 $0.009477 < \dfrac{\alpha}{2} = 0.05$，所以拒絕虛無假設。

2. 機率值 0.009477，可以由 Excel 查出來，查詢步驟如下：點選 Excel，「公式」，「f_x 插入函數」，點選「或選取類別」中的「統計」及「FDIST」，按「確定」，螢幕出現「FDIST 視窗」，在「X」鍵入 0.1839234, 在「Deg_freedom1」鍵入 9，在「Deg_freedom2」鍵入 9，螢幕出 現「0.990523」，再計算 (1 − 0.990523) 即可得到 0.009477。

3. 自由度 $v_1 = n_1 - 1 = 10 - 1 = 9$，$v_2 = n_2 - 1 = 10 - 1 = 9$。

Excel 作法二

上述檢定結果知道兩母體變異數不相等，接著我們檢定甲乙兩種訓練法職員學習效果是否有顯著差異？

1. 同作法一將資料鍵入完成。

2. 將游標移至 C1 位格上，選取「資料」、「資料分析」，再點選「t 檢定：兩個母體平均數差的檢定，假設變異數不相等」，按「確定」。

3. 螢幕出現「t 檢定：兩個母體平均數差的檢定，假設變異數不相等」視窗，在「變數 1 的範圍 (1)」中鍵入 a1:a11，在「變數 2 的範圍 (2)」中鍵入 b1:b11，在「假設的均數差 (P)」中鍵入 0，在「標記」前打勾，在「$\alpha(\underline{A})$」中鍵入 0.1，在「新工作表」中鍵入你想給定的名稱（如變異數不等 t 檢定），按「確定」。

4. 螢幕會出現下表資料

t 檢定：兩個母體平均數差的檢定，假設變異數不相等		
	甲訓練法	乙訓練法
平均數	83.4	76.4
變異數	36.71111111	199.6
觀察值個數	10	10
假設的均數差	0	
自由度	12	
t 統計	1.439978371	
P（T<=t）單尾	0.087724358	
臨界值：單尾	1.356218036	
P（T<=t）雙尾	0.175448717	
臨界值：雙尾	1.782286745	

♦ **Excel 作法二分析**

1. 報表上「假設的均數差」意思就是 $H_0 : \mu_1 - \mu_2 = 0$；「自由度 12」是利用公式

$$\frac{\left(\dfrac{S_1^2}{n_1} + \dfrac{S_2^2}{n_2}\right)^2}{\dfrac{(S_1^2 / n_1)^2}{n_1 - 1} + \dfrac{(S_2^2 / n_2)^2}{n_2 - 1}} \text{ 算出來的。}$$

2. 「臨界值：雙尾」列出來的值約為 1.782，表示雙尾檢定時，左邊臨界值是 – 1.782，右邊臨界值是 1.782，現報表上「t 統計」值約為 1.439978 小於 1.782，所以不拒絕虛無假設。所有報表上「臨界值：單尾」、「臨界值：雙尾」這些列出來的值都可以由 Excel 查出來，以本例「臨界值：雙尾」來說明，查詢步驟如下：點選 Excel，「公式」，「f_x 插入函數」，點選「或選取類別」中的「統計」及「TINV」，按「確定」，出現「TINV 視窗」，在「Probability」鍵入 0.1，在「De_freedom」鍵入 12，螢幕出現「1.782287」，也就是左尾面積為 0.05 時臨界點是 – 1.782，右尾面積為 0.05 時臨界點是 1.782，兩尾端面積合計是 0.1。

R 程式作法

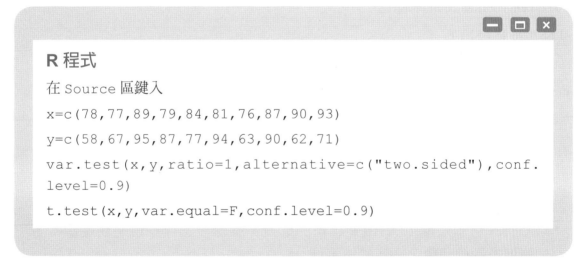

R 程式

在 Source 區鍵入

```
x=c(78,77,89,79,84,81,76,87,90,93)
y=c(58,67,95,87,77,94,63,90,62,71)
var.test(x,y,ratio=1,alternative=c("two.sided"),conf.level=0.9)
t.test(x,y,var.equal=F,conf.level=0.9)
```

◆ R 結果

F test to compare two variances

data: x and y

F=0.18392, num df=9, denom df=9, p-value=0.01895

alternative hypothesis: true ratio of variances is not equal to 1

90 percent confidence interval:

0.05785769 0.58467284

sample estimates:

ratio of variances

0.1839234

Welch Two Sample t-test

data: x and y

t=1.44, df=12.202, p-value=0.175

alternative hypothesis: true difference in means is not equal to 0

90 percent confidence interval:

-1.652076 15.652076

sample estimates:

mean of x mean of y

83.4   76.4

 例題14

某部門主管想知道 13 名接受訓練的成員，訓練後工作表現是否進步？下列資料是訓練前後之績效評估表現：

成員	1	2	3	4	5	6	7	8	9	10	11	12	13
訓練前	82	72	71	60	97	86	66	47	90	94	57	91	90
訓練後	83	70	92	68	87	73	75	65	93	96	60	84	83

試以 $\alpha = 0.01$ 檢定訓練是否有效？

解 本例為母體變異數未知，樣本為小樣本且成對抽取

1. $H_0 : \mu\ (D) = 0$
   $H_1 : \mu\ (D) \neq 0$

2. $t = \dfrac{\overline{D} - \mu(D)}{\sqrt{\dfrac{S^2(D)}{n}}} \overset{H_0}{=} \dfrac{\overline{D} - 0}{\sqrt{\dfrac{S^2(D)}{n}}} = \dfrac{-2}{\sqrt{\dfrac{104.3333}{13}}} = -0.70598 > -t_{(0.01/2\ ,\ 12)} = -3.054537$ ，

$D_i = X_{1i} - X_{2i}$ ，如下表所列

成員	1	2	3	4	5	6	7	8	9	10	11	12	13
訓練前	82	72	71	60	97	86	66	47	90	94	57	91	90
訓練後	83	70	92	68	87	73	75	65	93	96	60	84	83
D_i	−1	2	−21	−8	10	13	−9	−18	−3	−2	−3	7	7

$$\overline{D} = \frac{\sum\limits_{i=1}^{n} D_i}{n} = \frac{(-1 + 2 + \cdots + 7)}{13} = -2 \text{ ,}$$

$$S^2(D) = \frac{\sum\limits_{i=1}^{n}(D_i - \overline{D})^2}{n-1} = \frac{(-1 - (-2))^2 + (2 - (-2))^2 + \cdots + (7 - (-2))^2}{13 - 1} = 104.3333 \text{ 。}$$

3. ∴不拒絕 H_0 ，即訓練並沒有顯著效果。

成對比較的應用極為廣泛，舉凡心臟病新藥是否有效、減肥藥是否有效、期中期末考成績是否進步，這些都可藉由本檢定方法來判定。

Excel 作法

1. 打開 Excel，在 A1 位格鍵入訓練前、在 A2 位格鍵入 82、在 A3 位格鍵入 72、以此類推至 A14 位格鍵入 90；在 B1 位格鍵入訓練後、在 B2 位格鍵入 83、在 B3 位格鍵入 70、以此類推至 B14 位格鍵入 83。

2. 將游標移至 C1 位格上，選取「資料」、「資料分析」，再點選「t 檢定：成對母體平均數差異檢定」，按「確定」。

3. 螢幕出現「t 檢定：成對母體平均數差異檢定」視窗，在「變數 1 的範圍 (1)」中鍵入 a1:a14，在「變數 2 的範圍 (2)」中鍵入 b1:b14，在「假設的均數差」中鍵入 0，在「標記」前打勾，在「$\alpha(\underline{A})$」中鍵入 0.01，在「新工作表」中鍵入你想給定的名稱（如成對抽取 t 檢定），按「確定」。

4. 螢幕出現下表資料。

t 檢定：成對母體平均數差異檢定		
	訓練前	訓練後
平均數	77.15384615	79.15384615
變異數	258.3076923	132.1410256
觀察值個數	13	13
皮耳森相關係數	0.774325762	
假設的均數差	0	
自由度	12	
t 統計	-0.705976314	
P（T<=t）單尾	0.246840769	
臨界值：單尾	2.680990291	
P（T<=t）雙尾	0.49368153899	
臨界值：雙尾	3.0545379559	

♦ Excel 作法分析

1. 報表上列有前測變異數（258.3076923）及後測變異數（132.1410256），但並未列出 $S^2(D)$ 值，要算出 $S^2(D)$ 值可以見例題解法。

2. 皮耳森相關係數約 0.774325，表示訓練前分數和訓練後分數成正相關，即訓練前分數越高，訓練後的分數也普遍越高。

3. P（T<=t）單尾的值約 0.24684，這值是如何算出來的？我們看例題解法的對立假設 $H_0 : \mu(D) \neq 0$（訓練前和訓練後平均分數差異不等於 0），不等於 0 有可能是訓練前平均分數遠大於訓練後平均分數（$\mu_1 > \mu_2$），或者是訓練前平均分數遠小於訓練後平均分數（$\mu_1 < \mu_2$）。Excel 這裡的作法是 $H_1 : \mu_1 < \mu_2$（即樣本值訓練前平均分數 77.1538 小於訓練後平均分數 79.15384），因此單尾機率值

$$= P(\overline{D} < -2 \mid H_0 : \mu(D) = 0, df = 12)$$

$$= P\left(\frac{\overline{D} - \mu(D)}{\sqrt{S^2(D)} / \sqrt{n}} < \frac{-2 - 0}{\sqrt{104.3333} / \sqrt{13}} \,\middle|\, H_0 : \mu(D) = 0, df = 12 \right)$$

$$= P(t < -0.705976 \mid H_0 : \mu(D) = 0, df = 12) = 0.24684 \ 。$$

雙尾檢定時則為 $2 \times 0.24684 = 0.49367 > \alpha = 0.01$，所以不拒絕虛無假設。這裡 $p(t < -0.705976 \mid H_0 : \mu(D) = 0, df = 12) = 0.24684$ 可以由 Excel 查出來，步驟如下：「點選 Excel」，「插入」，「函數」，點選「函數類別中的統計」及「函數名稱中 TDIST」，按「確定」，出現「TDIST 視窗」，在「X」鍵入 0.705976（不可鍵入 – 705976，因為 Excel 內建 t 分配機率值算法是從 0 到 ∞ 間的積分），在「Deg_freedom」鍵入 12，在「Tails」鍵入 1，螢幕出現「0.24684」。意思是在自由度 12 的 t 分配曲線下，從 0.705976 到 ∞ 間的積分值是 0.24684，因為 t 分配是對稱的分配，因此從 – ∞ 積分積到 – 0.705976 的積分值等於從 0.705976 到 ∞ 間的積分值。

4. 本例為雙尾檢定，所以我們只需對照報表上「臨界值：雙尾」的值即可，「臨界值：雙尾」的值約為 3.05453，表示左邊臨界值是 – 3.05453，右邊臨界值是 3.05453，現「t 統計」值約為 – 0.70598 大於 – 3.05453，所以不拒絕虛無假設。

SAS 程式作法

在 SAS 編輯視窗（EDITOR）鍵入下列敘述

```
data aa;
input x1 x2;
diff=x1-x2;
cards;
82 83
72 70
71 92
60 68
97 87
86 73
66 75
47 65
90 93
94 96
57 60
91 84
```

```
90 83

;

proc means n mean std stderr t prt;

var diff;

run;
```

♦ SAS 結果

結果呈現在（OUTPUT）視窗

The SAS System

Analysis Variable : DIFF

N	Mean	Std Dev	Std Error	T	Prob>|T|
13	-2.00	10.2143690	2.8329562	-0.7059763	0.4937

♦ SAS 結果分析

1. 報表上列出的 Mean $= \overline{D} = \dfrac{\sum\limits_{i=1}^{n} D_i}{n} = \dfrac{(-1+2+\cdots+7)}{13} = -2$。

2. 報表上列出的 Std Dev $= \sqrt{S^2(D)} = \sqrt{104.3333} = 10.21436$ 值。

3. 報表上列出的 Std Error $= \sqrt{S^2(D)/13} = \sqrt{104.3333/13} = 2.83295$。

4. T 值（-0.7059763）之算法詳見例題 14 解法。

5. Prob $> |T|$ 之值 0.4937 是如何算出來的？詳見前述【Excel 結果分析】。

6. 成對抽取的 t 檢定語法是 proc means …。

R 程式作法

R 程式

在 Source 區鍵入

```
x=c(82,72,71,60,97,86,66,47,90,94,57,91,90)
y=c(83,70,92,68,87,73,75,65,93,96,60,84,83)
t.test(x,y,paired=T,var.equal=T,alternative="two.sided",
mu=0,conf.level=0.99)
```

♦ R 結果

Paired t-test

data: x and y

t = -0.70598, df = 12, p-value = 0.4937

alternative hypothesis: true difference in means is not equal to 0

99 percent confidence interval:

-10.653377   6.653377

sample estimates:

mean of the differences

$\qquad$ -2

注意：程式中的 alternative="two.sided" 可改成

alternative="greater"（當 $H_1 : \mu(D) > 0$ 時）

alternative="less"（當 $H_1 : \mu(D) < 0$ 時）

mu=0 亦可改成 mu=3 或其他數字。

六、當 $\mu_1 - \mu_2 \neq 0$ 時之檢定

上述關於兩母體均數差的檢定，所舉的例子都是兩均數差等於 0 的情形，讀者可能

會誤以爲檢定式分子部分都是減去 0，例如 $Z = \dfrac{(\overline{X}_1 - \overline{X}_2) - 0}{\sqrt{\dfrac{\sigma_1^2}{n_1} + \dfrac{\sigma_1^2}{n_2}}}$ 或 $t = \dfrac{(\overline{X}_1 - \overline{X}_2) - 0}{\sqrt{\dfrac{S_p^2}{n_1} + \dfrac{S_p^2}{n_2}}}$ ，…，其

實不然。以下我們舉均數差不等於 0 的情形，看這種情況下，檢定式是如何建立的？

從甲教學法學生成績中隨機抽取 80 個爲一樣本，其平均數爲 84.6，標準
差爲 5.32，從乙教學法學生成績中隨機抽取 70 個爲一樣本，其平均數爲
71.8，標準差爲 5.86，研究者宣稱甲教學法學生平均成績超過乙教學法的
學生平均成績 10 分以上，試以 $\alpha = 0.01$ 檢定研究者的宣稱能否得到支持？

解 以 μ_1 及 μ_2 分別代表甲教學法學生平均成績及乙教學法的學生平均成績，則

1. $\begin{aligned} H_0 &: \mu_1 - \mu_2 \leq 10 \\ H_1 &: \mu_1 - \mu_2 > 10 \end{aligned}$ 或 $\begin{aligned} H_0 &: \mu_1 \leq \mu_2 + 10 \\ H_1 &: \mu_1 > \mu_2 + 10 \end{aligned}$

2. $Z = \dfrac{(\overline{X}_1 - \overline{X}_2) - (\mu_1 - \mu_2)}{\sqrt{\dfrac{S_1^2}{n_1} + \dfrac{S_2^2}{n_2}}} \overset{H_0}{=} \dfrac{(\overline{X}_1 - \overline{X}_2) - (10)}{\sqrt{\dfrac{S_1^2}{n_1} + \dfrac{S_2^2}{n_2}}}$

$$= \dfrac{(84.6 - 71.8) - (10)}{\sqrt{\dfrac{5.32^2}{80} + \dfrac{5.86^2}{70}}} = \dfrac{2.8}{\sqrt{\dfrac{5.32^2}{80} + \dfrac{5.86^2}{70}}} = 3.0471 > z_{(0.01)} = 2.326 \text{ 。}$$

3. ∴拒絕 H_0，即研究者的宣稱得到支持。

◆ 解法分析

雖然母體變異數未知，但爲大樣本，所以採 Z 檢定。和之前檢定式最大不同在於：
本例分子部分是減去 10，不是減去 0。至於檢定假設依據樣本值甲教學法學生平均
成績爲 84.6 大於乙教學法學生平均成績 71.89，所以對立假設 H_1 爲 $\mu_1 > \mu_2$。

 例題16

為了要了解甲乙兩家廠商生產的燈泡壽命，哪一家生產的燈泡壽命較長，於是進行隨機取樣，測得各燈泡壽命如下：

甲廠商：3800，4200，3500，3700，3500，3600，4200，4100

乙廠商：3900，3300，3100，3000，3700，3000，3200，4000

假設燈泡壽命之分配為常態，試以 $\alpha = 0.1$ 檢定甲廠商生產的燈泡平均壽命超過乙廠商生產的燈泡平均壽命 400 小時以上？

解 先檢定兩母體變異數是否相等？設 σ_1^2、σ_2^2 分別表示甲、乙廠商生產的燈泡壽命之母體變異數，則

1. $H_0 : \sigma_1^2 = \sigma_2^2$ 或 $H_0 : \sigma_1^2 - \sigma_2^2 = 0$
   $H_1 : \sigma_1^2 \neq \sigma_2^2$ $H_1 : \sigma_1^2 - \sigma_2^2 \neq 0$

2. $F = \dfrac{S_1^2}{S_2^2} = \dfrac{90714.2857}{165714.2857} = 0.547414$ ，

   $S_1^2 = \dfrac{(3800-3825)^2 + (4200-3825)^2 + \cdots + (4100-3825)^2}{8-1} = 90714.2857$

   $\bar{X}_1 = \dfrac{(3800+4200+\cdots+4100)}{8} = 3825$

   $S_2^2 = \dfrac{(3900-3400)^2 + (3300-3400)^2 + \cdots + (4000-3400)^2}{8-1} = 165714.2857$

   $\bar{X}_2 = \dfrac{(3900+3300+\cdots+4000)}{8} = 3400$

3. 查 F 表，$F_{(\alpha/2,\, v_1,\, v_2)} = F_{(0.1/2,\, 7,\, 7)} = 3.79$

   $F_{(1-\alpha/2,\, v_1,\, v_2)} = \dfrac{1}{F_{(\alpha/2,\, v_2,\, v_1)}} = \dfrac{1}{F_{(0.1/2,\, 7,\, 7)}} = \dfrac{1}{3.79} = 0.264$

4. 因為 $0.264 < 0.547414 < 3.79$，所以不拒絕 H_0，即兩母體變異數有可能相等。

接著檢定甲廠商生產的燈泡平均壽命超過乙廠商生產的燈泡平均壽命 400 小時以上，設 μ_1、μ_2 分別表示甲、乙廠商生產的燈泡平均壽命，則

1.
$H_0 : \mu_1 - \mu_2 \le 400$

$H_1 : \mu_1 - \mu_2 > 400$

2. $t = \dfrac{(\overline{X}_1 - \overline{X}_2) - (\mu_1 - \mu_2)}{\sqrt{\dfrac{S_p^2}{n_1} + \dfrac{S_p^2}{n_2}}} \overset{H_0}{=} \dfrac{(\overline{X}_1 - \overline{X}_2) - (400)}{\sqrt{S_p^2(\dfrac{1}{n_1} + \dfrac{1}{n_2})}}$

$= \dfrac{(3825 - 3400) - (400)}{\sqrt{128214.2857 \cdot (\dfrac{1}{8} + \dfrac{1}{8})}} = 0.139637 < t_{(1-0.1, 14)} = 1.345$,

$S_p^2 = \dfrac{(n_1 - 1)S_1^2 + (n_2 - 1)S_2^2}{(n_1 - 1) + (n_2 - 1)} = \dfrac{(8-1)(90714.2857) + (8-1)(165714.2857)}{(8-1) + (8-1)} = 128214.2857$

3. $\therefore$ 不拒絕 H_0，即甲廠商生產的燈泡平均壽命並未明顯超過乙廠商生產的燈泡平均壽命 400 小時以上。

♦ 解法分析

因為題目並沒有告訴我們兩母體變異數是否相等，所以我們要先作兩變異數是否相等的檢定，現經檢定確立兩變異數是相等的，所以使用 S_p^2。此外，檢定式分子部分是減去 400，不是減去 0。

Excel 作法一

先檢定兩母體變異數是否相等？

1. 打開 Excel，在 A1 位格鍵入廠商甲、在 A2 位格鍵入 3800、在 A3 位格鍵入 4200、以此類推至 A9 位格鍵入 4100；在 B1 位格鍵入廠商乙、在 B2 位格鍵入 3900、在 B3 位格鍵入 3300、以此類推至 B9 位格鍵入 4000。

2. 游標移至 C1 位格上，選取「資料」、「資料分析」，再點選「F 檢定：兩個常態母體變異數的檢定」，按「確定」。

3. 出現「F 檢定：兩個常態母體變異數的檢定」視窗，在「變數 1 的範圍 (1)」中鍵入 a1:a9，在「變數 2 的範圍 (2)」中鍵入 b1:b9，在「標記」前打勾，在「α(A)」中鍵入 0.05，在「新工作表」中鍵入想給定的名稱（如作業 6），按「確定」。

4. 出現下表資料。

F 檢定：兩個常態母體變異數的檢定		
	廠商甲	廠商乙
平均數	3825	3400
變異數	90714.28571	165714.2857
觀察值個數	8	8
自由度	7	7
F	0.547413793	
P（F<=f）單尾	0.22251159	
臨界值：單尾	0.264058109	

5. 再點選下方的 Sheet1，回到 C1 位格上，選取「資料」、「資料分析」，回到「F 檢定：兩 … 檢定」，按「確定」。螢幕會再出現剛才「F 檢定：兩 … 檢定」視窗，只更改「α(A)」這裡，重新鍵入 0.95，其它不變，按「確定」。螢幕出現下表資料：

F 檢定：兩個常態母體變異數的檢定		
	廠商甲	廠商乙
平均數	3825	3400
變異數	90714.28571	165714.2857
觀察值個數	8	8
自由度	7	7
F	0.547413793	
P（F<=f）單尾	0.22251159	
臨界值：單尾	3.787050673	

> **小補充**
>
> 上下這二個表可以讓我們找到檢定時要用到的兩個臨界值。上表出現的是 0.264058109，下表出現的是 3.787050673，這兩個值就是本例解法中的那兩個臨界值。

◆ Excel 作法一分析

1. 依據 P 值法決策規則，當 $P(F < F_0) < \dfrac{\alpha}{2}$ 或 $P(F > F_0) < \dfrac{\alpha}{2}$ 時，則拒絕 H_0，現 P 值 為 $0.22251 > \dfrac{\alpha}{2} = 0.05$，所以不拒絕虛無假設。

2. 這裡 0.22251，可以由 Excel 查出來，步驟如下：點選 Excel、「公式」、「f_x 插入函數」，點選「或選取類別」中的「統計」及「F.DIST」，按「確定」。出現「FDIST 視窗」，在「X」鍵入 0.547414，在「Deg_freedom1」鍵入 7，在「Deg_freedom2」鍵入 7，螢幕出現「0.777488」，再計算 (1 – 0.777488) 即可得到 0.222512。

3. 自由度 $v_1 = n_1 - 1 = 8 - 1 = 7$，$v_2 = n_2 - 1 = 8 - 1 = 7$。

Excel 作法二

一旦檢定結果確定兩母體變異數相等，接著我們檢定甲、乙廠商生產的燈泡平均壽命是否有顯著差異？

1. 如【Excel 作法一】先將資料鍵入完成。

2. 將游標移至 C1 位格上，選取「資料」、「資料分析」，再點選「t 檢定：兩個母體平均數差的檢定，假設變異數相等」，按「確定」。

3. 螢幕出現「t 檢定：兩個母體平均數差的檢定，假設變異數相等」視窗，在「變數 1 的範圍 (1)」中鍵入 a1:a9，在「變數 2 的範圍 (2)」中鍵入 b1:b9，在「假設的均數差 (P)」中鍵入 400，在「標記」前打勾，在「α(A)」中鍵入 0.1，在「新工作表」中鍵入你想給定的名稱（如 t 檢定），按「確定」。

4. 螢幕會出現下表資料。

t 檢定：兩個母體平均數差的檢定，假設變異數相等		
	廠商甲	廠商乙
平均數	3825	3400
變異數	90714.28571	165714.2857
觀察值個數	8	8
Pooled 變異數	128214.2857	
假設的均數差	400	
自由度	14	
t 統計	0.139637413	
P（T<=t）單尾	0.445467711	
臨界值：單尾	1.345031251	
P（T<=t）雙尾	0.890935423	
臨界值：雙尾	1.76130925	

♦ Excel 作法二分析

1. 報表上和之前比較不同的是「假設的均數差」是 400，不是之前我們常看到的 0；
   報表上「Pooled 變異數」即 S_P^2。

2. 報表上 P（T<=t）單尾的值（約 0.445468）是如何算出來的？我們看對立假設
   $H_1 : \mu_1 - \mu_2 > 400$（兩母體均數差 425 大於 400），所以機率值

$$= P((\overline{X}_1 - \overline{X}_2) > 425 | H_0 : \mu_1 - \mu_2 \leq 400, df = 14)$$

$$= P(\frac{(\overline{X}_1 - \overline{X}_2) - (\mu_1 - \mu_2)}{\sqrt{S_P^2(\frac{1}{n_1} + \frac{1}{n_2})}} > \frac{(425) - (400)}{\sqrt{128214.2857 \cdot (\frac{1}{8} + \frac{1}{8})}} | H_0 : \mu_1 - \mu_2 \leq 400, df = 14)$$

$$= P(t > 0.139637 | H_0 : \mu_1 - \mu_2 \leq 400, df = 14) = 0.445468 \text{ 。}$$

值得注意的是：

$$P((\overline{X}_1 - \overline{X}_2) > 425 | H_0 : \mu_1 - \mu_2 \leq 400, df = 14)$$

$$\neq P((\overline{X}_1 - \overline{X}_2) < -425 | H_0 : \mu_1 - \mu_2 \leq 400, df = 14) ,$$

這是因為虛無假設不同。之前討論的虛無假設為 $H_0 : \mu_1 - \mu_2 \leq 0$，現在是 $H_0 : \mu_1 - \mu_2 \leq 400$，所以兩端面積不一樣。

七、影響檢定力之因素

之前我們介紹了檢定力的定義：「正確地拒絕虛無假設的機率」，為什麼是拒絕虛無假設而不是拒絕對立假設呢？因為假設檢定的寫法是把想拒絕的擺在虛無假設，我們目的就是希望找出證據來拒絕虛無假設，一旦我們的證據是正確無誤的，我們就是正確地拒絕了虛無假設。檢定力 $1 - \beta = P(rej\ H_0 | H_0\ is\ false)$，正好能反映出假設檢定的效力大小，故稱 $1 - \beta$ 為檢定力。我們先看例子：

> 一位環境論者主張優裕環境可以提高兒童智力，乃自環境優裕的家庭中隨機抽取 98 名兒童進行智力測驗。他利用比西智慧量表（$\mu = 100, \sigma = 16$），測得結果 $\overline{X} = 103$。問是否可以支持環境優裕兒童的平均智商高於 100 的說法？$\alpha = 0.01$（資料來源：林清山，民 81，第 229 頁）

 1. $H_0 : \mu \leq 100$
   $H_1 : \mu > 100$

2. $Z = \dfrac{\overline{X} - \mu}{\sigma / \sqrt{n}} = \dfrac{103 - 100}{16 / \sqrt{98}} = 1.86$

3. 查標準常態分配表 $z_{(0.01)} = 2.33$

4. 因為 $1.86 < 2.33$，所以不拒絕 H_0，即環境優裕兒童的平均智力高於一般兒童平均智力的說法無法獲得支持。

在這個例子裡，我們檢定結果是不拒絕虛無假設，惟不拒絕虛無假設而事實上虛無假設是假的時，我們便犯了型 II 錯誤（β），這時 β 的機率是多少呢？檢定力 $1 - \beta$ 又是

多少？根據定義：檢定力是虛無假設爲假，我們拒絕虛無假設的機率，既然虛無假設爲假，那就表示 $H_1 : \mu > 100$ 爲眞，亦即 101，102，103… 這些都符合大於 100 的條件，因此我們想知道 101 時檢定力是多少？ 102 時檢定力是多少？ 103 時檢定力又是多少？倘若我們想知道的是 103 時的檢定力，則該如何計算？

首先我們從 α 已知思考起，α 已知可以提供什麼訊息？提供臨界點的位置。由例題 17 的對立假設，我們知道是右尾檢定，題目給我們的顯著水準 $\alpha = 0.01$（黑影的面積），那麼臨界點是多少呢？經查標準常態分配表我們知道約爲 2.33，2.33 是從標準常態分配來看的。如果從樣本平均數（$\overline{X}$）的分配來看，$\overline{X}$ 值等於多少會是標準常態分配的值 2.33 呢？公式：

$$Z = \frac{\overline{X} - \mu}{\sigma / \sqrt{n}} \overset{H_0}{=} \frac{\overline{X} - 100}{16 / \sqrt{98}} = 2.33 \Rightarrow \overline{X} = 2.33 \times 16 / \sqrt{98} + 100 = 103.7658 \text{。}$$

這表示假設檢定時從標準常態分配來看，如果計算出來的 z 值大於 2.33 那麼決策規則就是拒絕虛無假設，從樣本平均數（$\overline{X}$）來看，如果 $\overline{X}$ 值大於 103.7658，那麼決策規則就是拒絕虛無假設。找出臨界點後，接著我們想知道 103 時的檢定力是多少？

$$1 - \beta = P(rejH_0 | H_0 \text{ is false}) = P(\overline{X} > 103.7658 | H_1 : \mu = 103)$$

$$= P\left(\frac{\overline{X} - \mu}{\sigma / \sqrt{n}} > \frac{103.7658 - 103}{16 / \sqrt{98}} \Big| H_1 : \mu = 103 \right) = P(Z > 0.47 | H_1 : \mu = 103) = 0.3192 \text{，}$$

所以，103 時的檢定力爲 0.3192。如果是 102 時檢定力又是多少呢？

$$1 - \beta = P(rejH_0 | H_0 \text{ is false}) = P(\overline{X} > 103.7658 | H_1 : \mu = 102)$$

$$= P\left(\frac{\overline{X} - \mu}{\sigma / \sqrt{n}} > \frac{103.7658 - 102}{16 / \sqrt{98}} \Big| H_1 : \mu = 102 \right)$$

$$= P(Z > 1.09 | H_1 : \mu = 102) = 0.1379 \text{，}$$

所以，102 時的檢定力爲 0.1379。如果是 101 時檢定力又是多少呢？

$$1 - \beta = P(rejH_0 | H_0 \text{ is false}) = P(\overline{X} > 103.7658 | H_1 : \mu = 101)$$

$$= P\left(\frac{\overline{X} - \mu}{\sigma / \sqrt{n}} > \frac{103.7658 - 101}{16 / \sqrt{98}} \Big| H_1 : \mu = 101 \right)$$

$$= P(Z > 1.71 | H_1 : \mu = 101) = 0.0436 \text{。}$$

> ### 小補充
>
> 如果要查出 $P(Z > 0.47)$、$P(Z > 1.09)$ 或 $P(Z > 1.71)$ 這些機率值？可以由書後附錄表查出來，也可以由 Excel 查出來，打開 Excel，點選「公式」、「f_x 插入函數」、點選「或選取類別」中的「統計」及「NORMS.DIST」，按「確定」，螢幕出現 NORMSDIST 視窗，在「Z」欄中鍵入 0.47，按「確定」，螢幕出現 0.6808，再算出 1-0.6808 即可得到 0.3192 的值；同理，依循上述步驟，只在「Z」欄中改鍵入 1.09，按「確定」，螢幕出現 0.8621，再算出 1-0.8621 即可得到 0.1379 的值；又在「Z」欄中改鍵入 1.71，按「確定」，螢幕出現 0.9564，再算出 1-0.9564 即可得到 0.0436 的值。

SAS 程式作法

```
data aa;
x0=100;
x1=103;
n=98;
s=16;
se=s /sqrt(n);
z=probit(0.99);
z0=((z*se+x0)-x1)/se;
power=1-probnorm(z0);
proc print;
run;
```

♦ **SAS 結果**

The SAS System

OBS	X0	X1	N	S	SE	Z	Z0	POWER
1	100	103	98	16	1.61624	2.32635	0.47019	0.31911

♦ **SAS 結果分析**

1. 報表上 POWER 為 0.31911 和前面 0.3192 稍有差微，這是因為一個是從 2.33 開始計算，一個是電腦自己的值 2.32635 開始計算。

2. 程式 z=probit(0.99) 意思是標準常態分配曲線下從 − ∞ 開始積分積到 z 時面積是 0.99，那麼這個 z 值是多少？答案是 z 值為 2.32635（約為 2.33）。本題是單尾檢定，如果是雙尾檢定則改為 z=probit(0.995)。

3. 程式 z0=((z*se+x0)-x1)/se 中 z*se+x0 意思是 $2.33 \times 16 / \sqrt{98} + 100$。

4. 程式 power=1-probnorm(z0)，現 z0 是 0.47019，所以 probnorm(z0) 意思是標準常態分配曲線下從 − ∞ 積分積到 0.47019 時面積是 0.68089，得到 power = 1 − 0.68089 = 0.31911。

5. 要計算 102 時檢定力是多少？只須改程式中 x1=102；要計算 101 時之檢定力只須改程式中 x1=101，其它都不變。

 **例題18**

從平均數為 μ，變異數為 81 的常態母體中抽取一組隨機樣本（$n = 100$），現欲利用此樣本來檢定 $H_0 : \mu \le 75$ 及 $H_1 : \mu > 75$，

1. 若已知顯著水準 $\alpha = 0.05$，試找出樣本平均數 $\overline{X}$ 值大於多少才可以拒絕虛無假設？

2. 當 $\mu = 78$ 時試求此檢定之檢定力為何？

3. 若此次抽樣的樣本平均數為 78，則機率值（P - value）為何？

解 1. 查標準常態分配表，我們得到右尾檢定時顯著水準 $\alpha = 0.05$，臨界值約為 1.645，

$$Z = \frac{\overline{X} - \mu}{\sigma / \sqrt{n}} \overset{H_0}{=} \frac{\overline{X} - 75}{9 / \sqrt{100}} = 1.645$$

$\Rightarrow \overline{X} = 1.645 \times 9 / \sqrt{100} + 75 = 76.4805$，

所以，樣本平均數大於 76.4805 時便拒絕虛無假設。

2. 檢定力

$$1-\beta = P(rejH_0|H_0 \ is \ false) = P(\overline{X} > 76.4805|H_1:\mu = 78 \ )$$

$$= P\left(\frac{\overline{X}-\mu}{\sigma/\sqrt{n}} > \frac{76.4805-78}{9/\sqrt{100}}\Big|H_1:\mu = 78\right) = P(Z > -1.688|H_1:\mu = 78) = 0.9543$$

所以，當 $\mu = 78$ 時檢定力為 0.9543。

3. 機率值 $= P\left(\overline{X} > 78|H_0:\mu = 75 \ \right) = P\left(\frac{\overline{X}-\mu}{\sigma/\sqrt{n}} > \frac{78-75}{9/\sqrt{100}}\Big|H_0:\mu = 75\right)$

$$= P(Z > 3.333|H_0:\mu = 75) = 0.00043 \quad 。$$

至此，讀者應該可以分辨清楚檢定力和機率值（P - value）的差異。就本例來說，檢定力是考慮 $\overline{X}$ 大於臨界值（76.4805）的機率，而機率值是考慮 $\overline{X}$ 大於抽樣值（78）的機率；此外，檢定力是建立在 H_1 為眞的前提下，而機率值是建立在 H_0 為眞的前提下。

SAS 程式作法

```
data aa;
x0=75;
x1=78;
n=100;
s=9;
se=s /sqrt(n);
z=probit(0.95);
xbar= z*se+x0;
z0=( xbar-x1)/se;
z1=( x1-x0)/se;
power=1-probnorm(z0);
pvalue=1-probnorm(z1);
proc print;
run;
```

♦ **SAS 結果**

The SAS System

OBS ... SE	Z	XBAR	Z0	Z1	POWER	PVALUE
1 ... 0.9	1.645	76.4804	-1.68848	3.33333	0.95434	.00042906

最後，影響統計檢定力的因素有哪些？又如何增加統計檢定力？影響統計檢定力的因素至少有三：

1. 母數值的大小（μ_0）

2. 顯著水準（α）

3. 樣本大小（n）

為什麼這三者會影響統計檢定力？由前面的說明我們知道母數 μ 為 103、102、101 時，檢定力大小各不相同，可見母數值的大小會影響統計檢定力。同時我們也提到檢定力是在已知顯著水準 α 下，經統計檢定而拒絕虛無假設的機率，所以計算檢定力時，顯著水準 α 不同（例如由原先的 $\alpha = 0.01$ 變為更小的 $\alpha = 0.001$），臨界點位置不同了，檢定力當然也不同，所以我們說顯著水準 α 會影響統計檢定力。最後樣本大小也會影響統計檢定力（讀者試以 $\overline{X}$ 為例，$\overline{X} \sim N(\mu, \sigma^2/n)$，當樣本數 n 越大時，變異誤 σ^2/n 就越小，變異誤越小，圖形就越高聳，如圖 7-4 的 b 圖），因為當我們把母數 μ 固定，顯著水準也固定時，樣本數越大，檢定力就會越大，因為樣本數越大，type II error 之 β 越小（圖形高聳造成），這時 $\beta_2 < \beta_1$，所以 $(1 - \beta_2) > (1 - \beta_1)$。

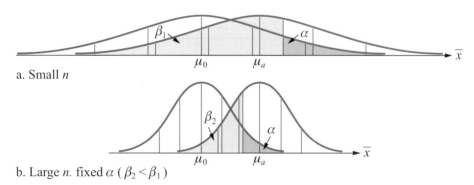

圖 7-4　檢定力圖

　　至於如何增加統計檢定力？其實就是從影響統計檢定力的因素探討起

1. 增加樣本數（n），在固定的臨界點下，當樣本數增加，會使 α 及 β 同時降低，β 降低也就是統計檢定力增加。

2. 如果我們固定的是樣本數，則檢定力會隨著顯著水準（α）增加而增加，以例題 18 之右尾檢定為例，顯著水準（α）增加，右尾面積越大，臨界點越往左移，這時 β 面積就會越小，β 越小，檢定力 $1-\beta$ 就越大。

3. 在其它條件不變下，當對立假設的母數值距離虛無假設的母數值越來越遠時，檢定力也會越來越大（因為相對於虛無假設的母數值 100 而言，對立假設母數值 103 時檢定力大於 102 時，102 時檢定力又大於 101 時，所以說距離虛無假設的母數值越遠檢定力越大）。

例題19

某公司宣稱研究成功的合成線平均負擔 24 磅拉力，為檢定 $H_0 : \mu = 24$ 磅，$H_1 : \mu < 24$ 磅，隨機取 50 條線檢定，其標準差 0.5 磅。臨界點 $\overline{X} = 23.9$，若 H_0 為真，求 Type I error。若 $H_0 : \mu = 24$ 磅，$H_1 : \mu = 23.8$ 磅，求 Type II error。

 解

1. $H_0 : \mu = 24.0$
   $H_1 : \mu = 23.8$

2. $\alpha = P(rej\ H_0 | H_0\ is\ true) = P(\overline{X} < 23.9 | \mu = 24)$

$$= P\left(\frac{\overline{X} - 24}{\frac{0.5}{\sqrt{50}}} < \frac{23.9 - 24}{\frac{0.5}{\sqrt{50}}} \right) = P(Z < -1.414) = 0.0796$$

$\beta = P(Accept\ H_0 | H_0\ is\ false) = P(\overline{X} > 23.9 | \mu = 23.8)$

$$= P\left(\frac{\overline{X} - 23.8}{\frac{0.5}{\sqrt{50}}} > \frac{23.9 - 23.8}{\frac{0.5}{\sqrt{50}}} \right) = P(Z > 1.414) = 0.0796 \text{。}$$

7-4 單一母體變異數 σ^2 的檢定

單一母體變異數 σ^2 的檢定就 μ 已知或未知加以討論。

一、μ 已知時

(一) 右尾檢定

1. $H_0 : \sigma^2 \leq \sigma_0^2$
   $H_1 : \sigma^2 > \sigma_0^2$

2. 檢定公式：

$$\chi^2 = \frac{ns^2}{\sigma_0^2} \text{，自由度} = n \text{，} s^2 = \frac{\sum_{i=1}^{n}(X_i - \mu)^2}{n}$$

3. 決策法則：當 $\chi^2 > \chi^2_{(\alpha,n)}$ 時，則拒絕 H_0；反之，則不拒絕 H_0。

(二) 左尾檢定

1. $H_0 : \sigma^2 \geq \sigma_0^2$
   $H_1 : \sigma^2 < \sigma_0^2$

2. 檢定公式：

$$\chi^2 = \frac{ns^2}{\sigma_0^2} \text{，自由度} = n \text{，} s^2 = \frac{\sum_{i=1}^{n}(X_i - \mu)^2}{n}$$

3. 決策法則：當 $\chi^2 > \chi^2_{(1-\alpha,n)}$ 時，則拒絕 H_0；反之，則不拒絕 H_0。

(三) 雙尾檢定

1.
$H_0 : \sigma^2 = \sigma_0^2$
$H_1 : \sigma^2 \neq \sigma_0^2$

2. 檢定公式：

$$\chi^2 = \frac{ns^2}{\sigma_0^2} \text{，自由度} = n \text{，} s^2 = \frac{\sum_{i=1}^{n}(X_i - \mu)^2}{n}$$

3. 決策法則：當 $\chi^2 > \chi^2_{(\alpha/2, n)}$ 或 $\chi^2 < \chi^2_{(1-\alpha/2, n)}$ 時，則拒絕 H_0；反之，則不拒絕 H_0。

二、μ 未知時

(一) 右尾檢定

1.
$H_0 : \sigma^2 \leq \sigma_0^2$
$H_1 : \sigma^2 > \sigma_0^2$

2. 檢定公式：

$$\chi^2 = \frac{(n-1)S^2}{\sigma_0^2} \text{，自由度} = n - 1 \text{，} S^2 = \frac{\sum_{i=1}^{n}(X_i - \bar{X})^2}{n-1}$$

3. 決策法則：當 $\chi^2 > \chi^2_{(\alpha, n-1)}$ 時，則拒絕 H_0；反之，則不拒絕 H_0。

(二) 左尾檢定

1.
$H_0 : \sigma^2 \geq \sigma_0^2$
$H_1 : \sigma^2 < \sigma_0^2$

2. 檢定公式：

$$\chi^2 = \frac{(n-1)S^2}{\sigma_0^2} \text{，自由度} = n = -1 \text{，} S^2 = \frac{\sum_{i=1}^{n}(X_i - \bar{X})^2}{n-1}$$

3. 決策法則：當 $\chi^2 < \chi^2_{(1-\alpha, n-1)}$ 時，則拒絕 H_0；反之，則不拒絕 H_0。

(三) 雙尾檢定

1. $H_0 : \sigma^2 = \sigma_0^2$
   $H_1 : \sigma^2 \neq \sigma_0^2$

2. 檢定公式:

$$\chi^2 = \frac{(n-1)S^2}{\sigma_0^2} \text{ , 自由度} = n-1 \text{ , } S^2 = \frac{\sum\limits_{i=1}^{n}(X_i - \bar{X})^2}{n-1}$$

3. 決策法則:當 $\chi^2 > \chi^2_{(\alpha/2, n-1)}$ 或 $\chi^2 < \chi^2_{(1-\alpha/2, n-1)}$ 時,則拒絕 H_0;反之,則不拒絕 H_0。

 例題20

某工廠宣稱生產的 A 產品壽命變異數為 2500,現抽查 30 支得標準差 64,請問是否同意工廠宣稱? $\alpha = 0.05$

 解 1. $H_0 : \sigma^2 = 2500$
   $H_1 : \sigma^2 \neq 2500$

2. 檢定公式: $\chi^2 = \frac{(n-1)S^2}{\sigma_0^2} = \frac{(30-1)64^2}{2500} = 47.51$

3. 因為 $47.51 > \chi^2_{(0.025, 29)} = 45.7222$,所以拒絕 H_0,也就是不同意工廠的宣稱。

 例題21

某工廠宣稱 B 產品壽命變異數為 225,現隨機抽取 10 個樣本,得到 90,100,98,102,104,110,112,98,100,106,試檢定工廠宣稱是否成立? $\alpha = 0.05$

 解 1. $H_0 : \sigma^2 = 225$
   $H_1 : \sigma^2 \neq 225$

2. 檢定公式：$\chi^2 = \dfrac{(n-1)S^2}{\sigma_0^2} = \dfrac{(10-1)\times 40.89}{225} = 1.636$

這裡，$\overline{X} = (90+100+\cdots+106)/10 = 102$，

$S^2 = \dfrac{(90-102)^2+(100-102)^2+\cdots+(106-102)^2}{10-1} = 40.89$

3. 因為 $1.636 < \chi^2_{(0.025,\,9)} = 19.023$，所以不拒絕 H_0，也就是同意工廠的宣稱。

R 程式作法

R 程式

```
n=10
x=c(90,100,98,102,104,110,112,98,100,106)
sigma2=225
s2=var(x)
s2
test1=(n-1)*s2/sigma2
c1=qchisq(0.025,n-1)
c2=qchisq(0.975,n-1)
cat(test1)
cat(c1,c2)
if(test1< c1 && test1>c2){
  cat(" 拒絕 H0!\n")
} else {
  cat(" 不拒絕 H0!\n")
}
```

7-5 兩母體變異數的比較檢定

　　兩母體變異數的比較檢定，依兩母體 μ_1、μ_2 未知時或兩母體 μ_1、μ_2 已知時，而有不同的處理方式。此外，我們也探討像是 $H_0 : 2\sigma_1^2 \le 1.5\sigma_2^2$ 這種情況的檢定，以及相依樣本時，兩母體變異數的檢定。

一、μ_1、μ_2 未知時

(一) 右尾檢定

1. $H_0 : \sigma_1^2 \le \sigma_2^2$
   $H_1 : \sigma_1^2 > \sigma_2^2$

2. 檢定公式：

$$F = \frac{S_1^2}{S_2^2} \text{，自由度 } v_1 = n_1 - 1 \text{，} v_2 = n_2 - 1 \text{，這裡，} S_1^2 = \frac{\sum_{i=1}^{n_1}(X_{1i} - \bar{X}_1)^2}{n_1 - 1} \text{，}$$

$$\bar{X}_1 = \frac{\sum_{i=1}^{n_1} X_{1i}}{n_1} \text{，} S_2^2 = \frac{\sum_{i=1}^{n_2}(X_{2i} - \bar{X}_2)^2}{n_2 - 1} \text{，} \bar{X}_2 = \frac{\sum_{i=1}^{n_2} X_{2i}}{n_2}$$

3. 決策法則：當 $F > F_{(\alpha, v_1, v_2)}$ 時，則拒絕 H_0；反之，則不拒絕 H_0。

(二) 左尾檢定

1. $H_0 : \sigma_1^2 \ge \sigma_2^2$
   $H_1 : \sigma_1^2 < \sigma_2^2$

2. 檢定公式：

$$F = \frac{S_1^2}{S_2^2} \text{，自由度 } v_1 = n_1 - 1 \text{，} v_2 = n_2 - 1 \text{，} S_1^2 \text{、} S_2^2 \text{同上}$$

3. 決策法則：當 $F < F_{(1-\alpha, v_1, v_2)}$ 時，則拒絕 H_0；反之，則不拒絕 H_0。

(三) 雙尾檢定

1. $H_0 : \sigma_1^2 = \sigma_2^2$
   $H_1 : \sigma_1^2 \neq \sigma_2^2$

2. 檢定公式：

> $F = \dfrac{S_1^2}{S_2^2}$，自由度 $v_1 = n_1 - 1$，$v_2 = n_2 - 1$，S_1^2、S_2^2 同上

3. 決策法則：當 $F > F_{(\alpha/2, v_1, v_2)}$ 或 $F < F_{(1-\alpha/2, v_1, v_2)}$ 時，則拒絕 H_0；反之，則不拒絕 H_0。

二、μ_1、μ_2 已知時

μ_1、μ_2 已知時的處理方式，只需更動上述兩個地方，一是檢定公式更改為：

> $F = \dfrac{s_1^2}{s_2^2}$，$s_1^2 = \dfrac{\sum\limits_{i=1}^{n_1}(X_{1i} - \mu_1)^2}{n_1}$，$s_2^2 = \dfrac{\sum\limits_{i=1}^{n_2}(X_{2i} - \mu_2)^2}{n_2}$

二是有關自由度的部份更改為 $v_1 = n_1$，$v_2 = n_2$ 即可。

例題22

> 從兩不同常態母體隨機抽出樣本，
>
> 甲：79，71，87，82，73，84，82，88，83。
>
> 乙：72，86，89，85，81，74，73。
>
> 試以 $\alpha = 0.05$ 檢定這兩母體的分散情形是否一樣？

解 1. $H_0 : \sigma_1^2 = \sigma_2^2$ 或 $H_0 : \sigma_1^2 - \sigma_2^2 = 0$
     $H_1 : \sigma_1^2 \neq \sigma_2^2$ 或 $H_1 : \sigma_1^2 - \sigma_2^2 \neq 0$

2. $F = \dfrac{S_1^2}{S_2^2} = \dfrac{33.5}{48.6667} = 0.688356$，

   $S_1^2 = \dfrac{(79-81)^2 + (71-81)^2 + \cdots + (83-81)^2}{9-1} = 33.5$，$\bar{X}_1 = \dfrac{(79+71+\cdots+83)}{9} = 81$，

$$S_2^2 = \frac{(72-80)^2 + (86-80)^2 + \cdots + (73-80)^2}{7-1} = 48.6667 \text{ ，}$$

$$\bar{X}_2 = \frac{(72+86+\cdots+73)}{7} = 80 \text{ 。}$$

3. 查 F 表，$F_{(\alpha/2\,;\,v_1,\,v_2)} = F_{(0.05/2,\,8,\,6)} = 5.60$ ，

$$F_{(1-\alpha/2,\,v_1,\,v_2)} = \frac{1}{F_{(\alpha/2,\,v_2,\,v_1)}} = \frac{1}{F_{(0.05/2,\,6,\,8)}} = \frac{1}{4.65} = 0.215 \text{ 。}$$

4. 因為 $0.215 < 0.688356 < 5.60$，所以不拒絕 H_0，即兩母體變異數相等。

Excel 作法

1. 打開 Excel，在 A1 位格鍵入甲、在 A2 位格鍵入 79、在 A3 位格鍵入 71、以此類推至 A10 位格鍵入 83；在 B1 位格鍵入乙、在 B2 位格鍵入 72、在 B3 位格鍵入 86、以此類推至 B8 位格鍵入 73。

2. 將游標移至 C1 位格上，選取「資料」、「資料分析」，再點選「F 檢定：兩個常態母體變異數的檢定」，按「確定」。

3. 螢幕出現「F 檢定：兩個常態母體變異數的檢定」視窗，在「變數 1 的範圍 (1)」中鍵入 a1:a10（不可以鍵入 a2:a10，否則結果會不同），在「變數 2 的範圍 (2)」中鍵入 b1:b8 （不可以鍵入 b2:b8），在「標記」前打勾，在「$\alpha(\underline{A})$」中鍵入 0.025，在「新工作表」中鍵入你想給定的名稱（如 F 檢定），按「確定」。

4. 螢幕出現下表資料。

F 檢定：兩個常態母體變異數的檢定		
	甲種教學法	乙種教學法
平均數	81	80
變異數	33.5	48.66667
觀察值個數	9	7
自由度	8	6
F	0.688356	
P（F<=f）單尾	0.30447	
臨界值：單尾	0.214975	

5. 再點選下方的 Sheet1，回到 C1 位格上，選取「資料」、「資料分析」，回到「F 檢定：兩 … 檢定」，按「確定」。螢幕會再出現剛才「F 檢定：兩 … 檢定」視窗，只更改「α（A）」這裡，重新鍵入 0.975，其它不變，按「確定」。

6. 螢幕出現下表資料：

F 檢定：兩個常態母體變異數的檢定		
	甲種教學法	乙種教學法
平均數	81	80
變異數	33.5	48.66667
觀察值個數	9	7
自由度	8	6
F	0.688356	
P（F<=f）單尾	0.30448	
臨界值：單尾	5.599645	

小補充

這兩個表不同的只有最後一行「臨界值：單尾」，上表出現的是 0.214975，下表出現的是 5.599645，這兩個值就是臨界值。

♦ **Excel 作法分析**

1. 根據 P 值法，雙尾檢定時，如果 $P(F < F_0) < \dfrac{\alpha}{2}$ 或 $P(F > F_0) < \dfrac{\alpha}{2}$，則拒絕虛無假設，現機率值 $0.30448 > \dfrac{\alpha}{2} = 0.025$，所以不拒絕虛無假設。

2. 報表上 P（F<=f）單尾的值約 0.30448，可由 Excel 查出來，查詢步驟如下：點選 Excel，「公式」，「f_x 插入函數」，點選「或選取類別」中的「統計」及「F.DIST」，按「確定」，螢幕出現「FDIST 視窗」，在「X」鍵入 0.688356，在「Deg_freedom1」鍵入 8，在「Deg_freedom2」鍵入 6，螢幕出現「0.69552」，再計算 $(1 - 0.69552)$ 即可得到 0.30448。

3. 自由度 $v_1 = n_1 - 1 = 9 - 1 = 8$，$v_2 = n_2 - 1 = 7 - 1 = 6$。

例題23

兩獨立樣本

甲：16，7，8，20，7，6，12，10，20，11。

乙：7，8，9，5，11，8，6，12，10，8。

是抽自兩不同常態母體，試以 $\alpha = 0.05$ 檢定甲母體變異數大於乙母體變異數的說法能否成立？

解 解法一：本例在檢定兩體變異數時強調方向性

1. $H_0 : \sigma_1^2 \leq \sigma_2^2$ 或 $H_0 : \sigma_1^2 - \sigma_2^2 \leq 0$
   $H_1 : \sigma_1^2 > \sigma_2^2$ 　 $H_1 : \sigma_1^2 - \sigma_2^2 > 0$

2. $F = \dfrac{S_1^2}{S_2^2} = \dfrac{27.7889}{4.7111} = 5.89858$

   這裡，$S_1^2 = \dfrac{(16-11.7)^2 + (7-11.7)^2 + \cdots + (11-11.7)^2}{10-1} = 27.7889$，

   $\bar{X}_1 = \dfrac{(16+7+\cdots+11)}{10} = 11.7$ ，$S_2^2 = \dfrac{(7-8.4)^2 + (8-8.4)^2 + \cdots + (8-8.4)^2}{10-1} = 4.7111$，

   $\bar{X}_2 = \dfrac{(7+8+\cdots+8)}{10} = 8.4$ 。

3. 查 F 表，$F_{(\alpha \,;\, v_1 ,\, v_2)} = F_{(0.05 \,;\, 9 ,9)} = 3.18$ 。

4. 因為 $5.89858 > 3.18$，所以拒絕 H_0，即甲母體變異數大於乙母體變異數。

解法二：

1. $H_0 : \sigma_2^2 \geq \sigma_1^2$ 或 $H_0 : \sigma_2^2 - \sigma_1^2 \geq 0$
   $H_1 : \sigma_2^2 < \sigma_1^2$ 　 $H_1 : \sigma_2^2 - \sigma_1^2 < 0$

2. $F = \dfrac{S_2^2}{S_1^2} = \dfrac{4.7111}{27.7889} = 0.169532$

   這裡，S_1^2，$\bar{X}_1$，S_2^2，$\bar{X}_2$ 同解法一所列。

3. 查 F 表，$F_{(1-\alpha \,;\, v_1 ,\, v_2)} = F_{(1-0.05 \,;\, 9 ,9)} = 0.31457$ 。

4. 因為 $0.169532 < 0.31457$，所以拒絕 H_0，即乙母體變異數小於甲母體變異數。

♦ 解法分析

其實只要解法一即可檢定出甲母體變異數是否大於乙母體變異數，之所以又列出解法二是為了配合 Excel 作法，因為 Excel 報表列出「P（F<=f）單尾」值，也就是左尾檢定。解法一是右尾檢定，解法二是左尾檢定，不論是右尾檢定還是左尾檢定並不會影響檢定結果。值得注意的是當 F 檢定由 $F = \dfrac{S_1^2}{S_2^2}$ 變更為 $F = \dfrac{S_2^2}{S_1^2}$ 時，要注意自由度互相調換的問題。此外，因為本例在檢定兩母體變異數時強調方向性，所以要根據我們計算出來的樣本結果，來寫對立假設。現 $S_1^2 = 27.7889$，$S_2^2 = 4.7111$，$S_1^2 > S_2^2$，所以對立假設要寫 $H_1 : \sigma_1^2 > \sigma_2^2$。

Excel 作法

1. 打開 Excel，在 A1 位格鍵入乙、在 A2 位格鍵入 7、在 A3 位格鍵入 8、以此類推至 A11 位格鍵入 8；在 B1 位格鍵入甲、在 B2 位格鍵入 16、在 B3 位格鍵入 7、以此類推至 B11 位格鍵入 11。

2. 將游標移至 C1 位格上，選取「工具」中的「資料分析」，再點選「F 檢定：兩個常態母體變異數的檢定」，按「確定」。

3. 螢幕出現「F 檢定：兩個常態母體變異數的檢定」視窗，在「變數 1 的範圍 (1)」中鍵入 a1:a11，在「變數 2 的範圍 (2)」中鍵入 b1:b11，在「標記」前打勾，在「α(A)」中鍵入 0.05，在「新工作表」中鍵入你想給定的名稱（如左尾 F 檢定），按「確定」。

4. 螢幕出現下表資料。

F 檢定：兩個常態母體變異數的檢定		
	乙	甲
平均數	8.4	11.7
變異數	4.711111111	27.78888889
觀察值個數	10	10
自由度	9	9
F	0.169532	
P（F<=f）單尾	0.007176188	
臨界值：單尾	0.314575	

♦ Excel 作法分析

1. 因為本例是單尾檢定，所以我們只在「$\alpha(\underline{A})$」中鍵入 0.05 即可。如果是雙尾檢定，要先把 α 除以 2，再分二次在「$\alpha(\underline{A})$」中分別鍵入 0.025 及 0.975。

2. 根據 P 值法，左尾檢定時，如果 $P(F < F_0) < \alpha$，則拒絕虛無假設，現機率值為 $0.007176 < \alpha = 0.05$，所以拒絕虛無假設。

3. 機率值 0.007176 可以由 Excel 查出來，查詢步驟如下：點選 Excel，「公式」，「f_x 插入函數」，點選「或選取類別」中的「統計」及「F.DIST」，按「確定」，出現「F.DIST 視窗」，在「X」鍵入 0.169532，在「Deg_freedom1」鍵入 9，在「Deg_freedom2」鍵入 9，螢幕出現「0.992824」，再計算 (1 – 0.992824) 即可得到 0.007176。

4. 自由度 $v_1 = n_1 - 1 = 10 - 1 = 9$，$v_2 = n_2 - 1 = 10 - 1 = 9$。

三、檢定 $2\sigma_1^2 \le 1.5\sigma_2^2$

要注意的是：並非兩母體變異數的檢定都是在檢定 $\sigma_1^2 > \sigma_2^2$，$\sigma_1^2 < \sigma_2^2$ 或 $\sigma_1^2 = \sigma_2^2$，也有可能是要檢定 $2\sigma_1^2 \le 1.5\sigma_2^2$，遇到這樣情況該如何檢定呢？這要回到 F 的定義來作，首先要化為 $\sigma_1^2 \le \dfrac{1.5}{2}\sigma_2^2$ 這樣的型式，則檢定公式 $F = \dfrac{S_1^2}{\dfrac{1.5}{2}S_2^2}$，底下舉例說明。

 **例題24**

令 $X_1, X_2, ..., X_n$ 是取自常態分配 $N(\mu_1, \sigma_1^2)$ 的一組隨機樣本，$Y_1, Y_2, ..., Y_m$ 是取自常態分配 $N(\mu_2, \sigma_2^2)$ 的一組隨機樣本，彼此獨立。現樣本大小 $n = m = 16$，樣本變異數 $S_1^2 = 64$，$S_2^2 = 49$，試以顯著水準 $\alpha = 0.05$ 檢定下列式子能否成立：
$$H_0: \quad 3\sigma_1^2 \le 2\sigma_2^2$$
$$H_1: \quad 3\sigma_1^2 > 2\sigma_2^2$$

1.
$H_0: \ 3\sigma_1^2 \leq 2\sigma_2^2$
$H_1: \ 3\sigma_1^2 > 2\sigma_2^2$

2. 由虛無假設 $H_0: 3\sigma_1^2 \leq 2\sigma_2^2 \Rightarrow H_0: \sigma_1^2 \leq \dfrac{2}{3}\sigma_2^2$，

$\Rightarrow F = \dfrac{S_1^2}{\dfrac{2}{3}S_2^2} = \dfrac{3S_1^2}{2S_2^2} = \dfrac{3\times 64}{2\times 49} = 1.9592$。

3. 查 F 表，$F_{(\alpha \ ; \ \nu_1 \ , \ \nu_2)} = F_{(0.05 \ ; \ 15 \ , 15)} = 2.40$。

4. 因為 $1.9592 < 2.40$，所以，不拒絕 H_0。

四、相依樣本時，兩母體變異數的檢定

最後我們介紹相依樣本時，兩母體變異數的比較檢定。獨立樣本時，兩母體變異數的比較檢定為 F 檢定，但相依樣本時，兩母體變異數的比較檢定卻是 t 檢定。這裡相依樣本兩母體變異數的 t 檢定，除了要知道各自的樣本變異數外，還須知道兩者的相關係數 (r)，公式如下：

$$t = \frac{S_1^2 - S_2^2}{\sqrt{4S_1^2 S_2^2 \dfrac{(1-r^2)}{n-2}}} \ , \ \text{自由度} = n-2$$

 例題25

回到本章【例題 14】訓練前、訓練後樣本變異數分別為 258.308、132.141，前後兩次測驗之皮耳森相關係數為 0.7743，試問訓練前測驗成績是否較訓練後參差不齊？（$\alpha = 0.05$）

解 令 σ_1^2、σ_2^2 分別表示訓練前、訓練後之母體變異數，本例強調方向性（是否較參差不齊），所以

1.
$H_0: \ \sigma_1^2 \leq \sigma_2^2$
$H_1: \ \sigma_1^2 > \sigma_2^2$

2. 檢定式 $t = \dfrac{S_1^2 - S_2^2}{\sqrt{4S_1^2 S_2^2 \dfrac{(1-r^2)}{n-2}}} = \dfrac{258.308 - 132.141}{\sqrt{4(258.308)(132.141)\dfrac{(1-0.7743^2)}{13-2}}} = 1.7895$。

3. 查 t 表，$t_{(0.05,\,11)} = 1.796$。

4. 因為 $1.7895 < 1.796$，所以，不拒絕 H_0，即訓練前測驗成績並未較訓練後參差不齊。

7-6 母體比例 p 的檢定

　　母體比例 p 的檢定，根據大樣本或是小樣本的不同而有不同的處理方式，不過這裡只考慮大樣本（$n \geq 30$），這時以常態分配處理。

$$\widehat{P} = \frac{1}{n}\sum_{i=1}^{n} X_i \;,\; E(\widehat{P}) = p \;,\; V(\widehat{P}) = \frac{pq}{n} \;,\; Z = \frac{\widehat{P}-p}{\sqrt{\dfrac{pq}{n}}}$$

(一) 右尾檢定

1. $H_0 : p \leq p_0$
   $H_1 : p > p_0$

2. 檢定公式：

$$Z = \frac{\widehat{P}-p_0}{\sqrt{\dfrac{p_0 q_0}{n}}}$$

3. 決策法則：當 $z > z_{(\alpha)}$ 時，則拒絕 H_0；反之，則不拒絕 H_0。

(二) 左尾檢定

1. $H_0 : p \geq p_0$
   $H_1 : p < p_0$

2. 檢定公式：

$$Z = \frac{\widehat{P} - p_0}{\sqrt{\dfrac{p_0 q_0}{n}}}$$

3. 決策法則：當 $z < -z_{(1-\alpha)}$ 時，則拒絕 H_0；反之，則不拒絕 H_0。

(三) 雙尾檢定

1. $H_0 : p = p_0$
   $H_1 : p \neq p_0$

2. 檢定公式：

$$Z = \frac{\widehat{P} - p_0}{\sqrt{\dfrac{p_0 q_0}{n}}}$$

3. 決策法則：當 $z > z_{(\alpha/2)}$ 或 $z < -z_{(\alpha/2)}$ 時，拒絕 H_0；反之，則不拒絕 H_0。

例題26

從某區域隨機取 100 人，其中有 70 人有彩頻手機，是否可由此資料推論，全域中超過 60% 的人有彩頻手機？（ $\alpha = 0.1$ ）。

解 1. $H_0 : p \leq 0.6$
   $H_1 : p > 0.6$

2. 檢定公式：

$$Z = \frac{\widehat{P} - p_0}{\sqrt{\dfrac{p_0 q_0}{n}}} = \frac{0.7 - 0.6}{\sqrt{\dfrac{0.6 \times 0.4}{100}}} = 2.04$$

3. $\because 2.04 > z_{(\alpha)} = z_{(0.1)} = 1.281$，所以，拒絕 H_0。

R 程式作法

R 程式

```
prop.test(70,100,p=0.6,alternative="greater",conf.level=
0.9,correct=F)
```

7-7 兩母體比例差 $p_1 - p_2$ 的檢定

兩母體比例差 $(p_1 - p_2)$ 的檢定，分成 $H_0 : p_1 - p_2 \neq 0$ 及 $H_0 : p_1 - p_2 = 0$ 兩種情形討論。這裡仍只考慮大樣本（$n \geq 30$）時，以常態分配處理。

$$\hat{p}_1 = \frac{1}{n_1} \sum_{i=1}^{n_1} X_{1i} \ , \ \hat{p}_2 = \frac{1}{n_2} \sum_{i=1}^{n_2} X_{2i} \ ,$$

$$E(\hat{p}_1 - \hat{p}_2) = p_1 - p_2 \ , \ V(\hat{p}_1 - \hat{p}_2) = \frac{p_1 q_1}{n_1} + \frac{p_2 q_2}{n_2}$$

我們先介紹 $p_1 - p_2 \neq 0$ 的情況：

(一) 右尾檢定

1. $\begin{aligned} H_0 &: p_1 - p_2 \leq \theta_0 \\ H_1 &: p_1 - p_2 > \theta_0 \end{aligned}$，這裡 $\theta_0 \neq 0$，

2. 檢定公式：

$$Z = \frac{(\hat{p}_1 - \hat{p}_2) - (p_1 - p_2)}{\sqrt{\dfrac{\hat{p}_1 \hat{q}_1}{n_1} + \dfrac{\hat{p}_2 \hat{q}_2}{n_2}}}$$

3. **決策法則**：當 $z > z_{(\alpha)}$ 時，則拒絕 H_0；反之，則不拒絕 H_0。

(二) 左尾檢定

1.
$H_0 : p_1 - p_2 \geq \theta_0$
$H_1 : p_1 - p_2 < \theta_0$

2. 檢定公式：

$$Z = \frac{(\hat{p}_1 - \hat{p}_2) - (p_1 - p_2)}{\sqrt{\dfrac{\hat{p}_1 \hat{q}_1}{n_1} + \dfrac{\hat{p}_2 \hat{q}_2}{n_2}}}$$

3. 決策法則：當 $z < -z_{(\alpha)}$ 時，則拒絕 H_0；反之，則不拒絕 H_0。

(三) 雙尾檢定

1.
$H_0 : p_1 - p_2 = \theta_0$
$H_1 : p_1 - p_2 \neq \theta_0$

2. 檢定公式：

$$Z = \frac{(\hat{p}_1 - \hat{p}_2) - (p_1 - p_2)}{\sqrt{\dfrac{\hat{p}_1 \hat{q}_1}{n_1} + \dfrac{\hat{p}_2 \hat{q}_2}{n_2}}}$$

3. 決策法則：當 $z > z_{(\alpha/2)}$ 或 $z < -z_{(\alpha/2)}$ 時，則拒絕 H_0；反之，則不拒絕 H_0。

接著我們介紹 $p_1 - p_2 = 0$ 的情況

(一) 右尾檢定

1.
$H_0 : p_1 - p_2 \leq 0$
$H_1 : p_1 - p_2 > 0$

2. 檢定公式：

$$Z = \frac{(\hat{p}_1 - \hat{p}_2) - (p_1 - p_2)}{\sqrt{\dfrac{\hat{p}\hat{q}}{n_1} + \dfrac{\hat{p}\hat{q}}{n_2}}} \ , \ \hat{p} = \frac{\sum\limits_{i=1}^{n_1} X_{1i} + \sum\limits_{i=1}^{n_2} X_{2i}}{n_1 + n_2} \ , \ \hat{q} = 1 - \hat{p}$$

3. 決策法則：當 $z > z_{(1-\alpha)}$ 時，則拒絕 H_0；反之，則不拒絕 H_0。

(二) 左尾檢定

1.
$H_0 : p_1 - p_2 \geq 0$
$H_1 : p_1 - p_2 < 0$

2. 檢定公式：

$$Z = \frac{(\hat{p}_1 - \hat{p}_2) - (p_1 - p_2)}{\sqrt{\dfrac{\hat{p}\hat{q}}{n_1} + \dfrac{\hat{p}\hat{q}}{n_2}}} \ ，\ \hat{p} \ 、 \hat{q} \ 同上$$

3. 決策法則：當 $z < -z_{(\alpha)}$ 時，則拒絕 H_0；反之，則不拒絕 H_0。

(三) 雙尾檢定

1.
$H_0 : p_1 - p_2 = 0$
$H_1 : p_1 - p_2 \neq 0$

2. 檢定公式：

$$Z = \frac{(\hat{p}_1 - \hat{p}_2) - (p_1 - p_2)}{\sqrt{\dfrac{\hat{p}\hat{q}}{n_1} + \dfrac{\hat{p}\hat{q}}{n_2}}} \ ，\ \hat{p} \ 、 \hat{q} \ 同上$$

3. 決策法則：當 $z > z_{(\alpha/2)}$ 或 $z < -z_{(\alpha/2)}$ 時，拒絕 H_0；反之，則不拒絕 H_0。

 例題27

> 欲檢定甲區與乙區擁有彩頻手機比例是否相同，在甲區取 500 戶，有彩頻手機者 326 戶，乙區取 300 戶，有彩頻手機者 176 戶，以 $\alpha = 0.05$ 檢定之。

解 1.
$H_0 : p_1 - p_2 = 0$
$H_1 : p_1 - p_2 \neq 0$

2. 檢定公式：

$$Z = \frac{(\hat{P}_1 - \hat{P}_2) - (p_1 - p_2)}{\sqrt{\dfrac{\hat{p}\hat{q}}{n_1} + \dfrac{\hat{p}\hat{q}}{n_2}}} = \frac{(\dfrac{326}{500} - \dfrac{176}{300}) - 0}{\sqrt{(\dfrac{502}{800} \cdot \dfrac{298}{800})(\dfrac{1}{500} + \dfrac{1}{300})}} = 1.774 \ ，$$

$$\hat{p} = \frac{\sum_{i=1}^{n_1} X_{1i} + \sum_{i=1}^{n_2} X_{2i}}{n_1 + n_2} = \frac{326 + 176}{500 + 300} = \frac{502}{800} \quad, \quad \hat{q} = \frac{298}{800} \quad 。$$

3. 因為 $1.774 < z_{(0.025)} = 1.96$，所以不拒絕 H_0。

R 程式作法

R 程式

```
x<-c(326,176)
n<-c(500,300)
prop.test(x,n,alternative="two.sided",conf.level=0.95,
correct=T)
```

 例題28

某產品商人宣稱女人比男人多 10% 愛用，現女生 200 人中有 42 人愛用，男生 150 人中有 18 人愛用，試以 $\alpha = 0.06$ 檢定此商人宣稱是否正確？

解 1. $H_0 : p_1 - p_2 \geq 0.1$
$H_1 : p_1 - p_2 < 0.1$

2. 檢定公式：$Z = \dfrac{(\hat{p}_1 - \hat{p}_2) - (p_1 - p_2)}{\sqrt{\dfrac{\hat{p}_1 \hat{q}_1}{n_1} + \dfrac{\hat{p}_2 \hat{q}_2}{n_2}}} = \dfrac{(\dfrac{42}{200} - \dfrac{18}{150}) - 0.1}{\sqrt{\dfrac{1}{200}(\dfrac{42}{200} \cdot \dfrac{158}{200}) + \dfrac{1}{150}(\dfrac{18}{150} \cdot \dfrac{132}{150})}} = -0.255$，

$\hat{p}_1 = \dfrac{42}{200}$，$\hat{p}_2 = \dfrac{18}{150}$。

3. 因為 $-0.255 > -z_{(0.06)} = -1.881$，所以不拒絕 H_0。

1. 電腦管理人員認爲員工每週使用電子信箱的平均時間爲 14 小時，標準差則爲 5 小時，且大致具有常態分佈。40 位員工的使用時間如下：

8.2	7.4	9.6	12.8	22.4	6.2	8.7	9.7	12.4	10.6
1.2	18.6	3.3	15.7	18.4	12.4	15.9	19.4	12.8	20.4
12.3	11.3	10.9	18.4	14.3	16.2	6.7	13.9	18.3	19.2
14.3	14.9	16.7	11.3	18.4	18.8	20.4	12.4	18.1	20.1

請問在 0.05 之顯著水準之下，管理員之認知是否正確？

2. 交通大學學生之平均身高是否爲 170 公分？今隨機抽取 100 位學生，請具體說明如何以統計檢定回答此一問題。

3. 請舉例說明 paired t-test 與 two-sample t-test 的差異。

4. 大華公司製造的水餃平均每個重 20 公克，標準差爲 0.5 公克，且水餃重量分佈呈常態。若每包水餃有 25 個水餃，一包水餃重量規格訂爲 500 ± 10 公克，請問：

   (1) 一位顧客會因買到的一包大華水餃重量過輕不合規格而抱怨的機率有多少？

   (2) 有人懷疑大華公司平均每包水餃重量不到 500 公克，隨機抽樣大華公司 36 包水餃，結果每包水餃平均重量是 499 公克，標準差是 3 公克。請問是否有證據說此人所懷疑是對的？ ($\alpha = 0.05$)

   (3) 由 (2) 的資料求大華公司每包水餃平均重量的 95% 信賴區間？

5. 承翰要估計摩托車騎士闖紅燈的比例，在 95% 信心水準下，他願意接受的最大誤差爲正副 5 個百分點，求所須之樣本大小，若

   (1) 他對闖紅燈比例毫無所知。

   (2) 他相信闖紅燈比例在 30% 左右。

6. 研究員想瞭解某藥丸是否會造成病人血壓降低的副作用，他設計一項研究，先量出 9 位二十歲左右婦女之血壓，之後，要求她們定時服用藥丸 6 個月，再量血壓，數據如下：

	病人								
	1	2	3	4	5	6	7	8	9
服藥前	80	73	72	83	77	82	79	85	69
服藥後	74	74	70	77	75	80	77	86	64

(1) 數據是否支持藥丸有降低血壓副作用的論點？取 $\alpha = 0.05$。

(2) 陳述對分配的假設。

7. 假設臺中市之號誌化路口之平均延滯呈常態分配，其平均延滯為 $\mu = 240$ 秒，標準差為 30 秒。今由交通局引進號誌連鎖電腦控制後，認為可減少路口之延滯。若抽取 10 個路口測知其平均延滯為 120 秒，且標準差仍為 30 秒，則：

(1) 以 $\alpha = 0.05$，試檢定號誌連鎖電腦控制後是否改善延滯情形？

(2) 若 $\mu = 180$ 秒，則型 II 誤差之機率為何？

(3) 若將 n 增至 20 個路口，且測得知平均延滯為 120 秒，請回答 (1) 及 (2) 問題。

8. 你是先鋒食品公司企劃部門的主管，受命主持一市場調查，以瞭解公司某一新產品之顧客偏好率。

(1) 試闡述你理想中的抽樣設計。

(2) 若你採用隨機抽樣法，並希望據所得之樣本比率推估該新產品之真正顧客偏好率，其誤差在 3% 內之機率為 0.99 時，則樣本大小應為何？

(3) 若調查得該公司與競爭之對手公司各 100 位消費者之同型產品偏好率分別為 0.20 與 0.18，試以 $\alpha = 0.01$ 判斷該兩比率之差異在統計上有無意義。

9. 某大學學生身高 X 服從常態分配，平均數 μ 為 160，且已知標準差 $\sigma = 8$ 公分。今隨機抽取 25 位該校學生以檢定 $H_0 : u \leq 160$；$H_1 : u > 160$。若已知棄卻域

$C = \{\overline{X} \mid \overline{X} \geq 163.2\}$。試求

(1) 試問此題之顯著水準為何？當 $u = 165$ 時其檢定力（power）為何？

(2) 若希望隨機樣本之平均 $\overline{X}$ 與 u 相差不過 3 公分之機率至少為 0.95，那麼抽出的學生數至少應為多少？

10. 由變異數是 25，平均數 μ 未知的常態母體中，隨機抽取大小為 n 的一組樣本，在顯著水準 $\alpha = 0.05\ldots$ 下，欲檢定 $H_0 : u = 30$ 對 $H_1 : u > 30$

(1) 試寫出此檢定的棄卻域（rejection region）。

(2) 若樣本數 $n = 25$，求 $u = 33$ 時此檢定的檢定力（power）。

(3) 若欲使 $u = 33$ 時的檢定力達到 0.97，試問至少須取多少個樣本？

11. 若某公司有幾萬名員工，分成生產、行銷、研發 3 個部門，公司經理想知道員工對公司某項政策是否贊成，做抽樣調查，各部門贊成與否人數統計如下：$\alpha = 0.05$

	生產	行銷	研發	
贊成	80	60	30	170
不贊成	70	40	20	130
C	150	100	50	300

(1) 是否有證據說公司員工贊成此項政策的比率超過 50%？

(2) 是否有證據說生產部門在贊成此項政策的比率少於其他部門？

(3) 是否有證據說公司 3 個部門贊成此政策的比例不一致？

變異數分析

　　假設研究者想知道三種不同的教學方法，對學生而言，是否學習效果都一樣（即比較平均數是否都相等），如果依照之前第七章兩均數差之檢定法，採兩兩比較，則須檢定三次，先檢定教學方法一和教學方法二，再檢定教學方法二和教學方法三，最後檢定教學方法一和教學方法三，這在教學方法少時還可行，如果教學方法很多時，採兩兩比較，顯然費時費力，要避開這樣的煩瑣，可以使用變異數分析（analysis of variance，ANOVA）之 F 檢定來做。

　　這之間有什麼差別？就樣本統計量而言，採兩均數差之 Z 或 t 檢定時，是取一級動差（$\bar{X}_1, \bar{X}_2, \cdots$ 等平均數）。採變異數分析之 F 檢定，是取二級動差（MS_b, MS_w 等均方）。二級動差是變異的觀念，所以 ANOVA 主要概念是將資料變異來源區分為兩部份：一是組間變異——不同處理間的變異；一是組內變異——相同處理內的變異。然後根據組間變異與組內變異之大小來判斷虛無假設是否成立。一般常用的變異數分析有單因子變異數分析及二因子變異數分析，其中二因子變異數分析又分為無重複二因子變異數分析及重複二因子變異數分析。

　　一如前面章節對於實例的說明順序，先介紹筆算，再依序 Excel 分析、SAS 分析，最後 R 分析。讀者閱讀本書時，可以將筆算結果與各軟體分析結果相比較，即可瞭然於心，要注意的是，並非每個實例都涵蓋這三個軟體分析，未提及者讀者可以自行觸類旁通。

重點名詞	
• 單因子變異數分析	• 組間變異
• 組內變異	• 受試者間變異
• 處理變異	• 二因子變異數分析
• 交互作用	• 主要效果

Bancroft 圖書館內的銅盤

1936 年夏天，Beryle Shinn 在攀爬 Point San Quentin 及 San Francisco Bay 高地時，意外拾獲一只上面刻有文字的銅盤，數年後加州大學柏克萊分校歷史系教授 Herbert E. Bolton 輾轉耳聞這個銅盤。文獻上對於銅盤的最早紀錄出現在 Francis Drake 爵士的全球航行日誌裡，日誌裡寫著他在 1579 年進入一處隱匿的地方（即今之北加州海岸），整修船隻時，曾留下一只記載這件事的銅盤。Bolton 教授在看過這個銅盤後，宣稱：「這個被遺落的世界上最古老寶藏之一，顯然已經被發現了。」

但隨之而來的是，許多教授質疑這個銅盤的真實性，因為銅盤上的文字字型及格式，都跟當時的伊莉莎白一世的風格不同。即便如此，這個銅盤仍被存放在加州大學的 Bancroft 圖書館內展示。問題是有關這個銅盤的風風雨雨，並未因館存靜展而平息紛爭。情勢所逼下，Bancroft 館方主動尋求黃銅金屬結構的科學性證據。1976 年，館方在銅盤上挖了幾個洞，將取得的黃銅粒子樣本送到牛津大學考古研究實驗室與另外二組隨機取得的樣本（一組是二十世紀的黃銅，一組是來自英國，於 1540 年至 1720 年間產出的黃銅）進行統計比較分析。這三組樣本經過統計分析後，得到的結論是：Shinn 銅盤的平均鋅含量與二十世紀黃銅的平均鋅含量相等，卻與 16 至 18 世紀黃銅的平均鋅含量有很大的不同，幾乎可以斷定這個銅盤是偽造品。

在這個例子中，我們可以像第七章介紹的，一次只比較二組的平均含量是否相同，也可以像這章要介紹的變異數分析，一次比較三組（或以上）的平均含量是否相同。變異數分析除了可以一次比較三組以上，亦可藉由事後比較，讓研究者能更深入了解不同組別間更細項的差異。

資料來源：https://www.amazon.com/Plate-Brass-Reexamined-Supplementary-University/dp/B002XSCZGE

8-1 獨立樣本單因子變異數分析

變異數分析必須符合兩個重要假設：

1. 從個別母體來的樣本皆是獨立隨機樣本。

2. 各個母體皆服從常態分配，其平均數可以不同，但所有母體變異數須相等。

　　之所以要有這兩個假設，主要是因為當虛無假設成立時，這兩個假設使得變異數分析所使用的檢定統計量服從 F 分配。假如所有母體分配是極度偏右、偏左或者母體變異數並不是全部相等，那麼就不應該採用變異數分析。

　　假設現有 k（$k \geq 3$）個母體，變異數皆相等（$\sigma_1^2 = \sigma_2^2 = \cdots = \sigma_k^2 = \sigma^2$），且分別來自常態母體。茲欲檢定其 k 個母體的平均數是否相等？

$H_0 : \mu_1 = \mu_2 = \cdots = \mu_k = \mu$

$H_1 :$ 母體平均數不全相等

　　從 k 個母體中，每個母體均取 n 個樣本（每個母體抽取的樣本數亦可不同，這時以 n_i 表示，$i = 1, 2, \cdots, k$，觀察值總數 $= n_1 + n_2 + \cdots + n_k = N$），令 $X_{ij} =$ 第 i 個母體第 j 個觀察值，$i = 1, 2, \cdots, k$，$j = 1, 2, \cdots, n$，觀察值總數 $= nk$，$X_{ij} = \mu_i + \varepsilon_{ij}$，這裡 ε_{ij} 滿足：$\varepsilon_{ij} \overset{iid}{\sim} N(0, \sigma^2)$，$\varepsilon_{ij}$ 稱為隨機誤差（random error）。

　　前面提到，變異數分析是取二級動差來作的，也就是離均差平方和的觀念。單因子變異數分析的離均差平方和可以分成三類，它們的關係：$SS_t = SS_b + SS_w$。

$$SS_t = \sum_{i=1}^{k} \sum_{j=1}^{n} (X_{ij} - \overline{\overline{X}})^2 = \sum_{i=1}^{k} \sum_{j=1}^{n} X_{ij}^2 - \frac{\left(\sum_{i=1}^{k} \sum_{j=1}^{n} X_{ij} \right)^2}{nk} \text{，這裡，} \overline{\overline{X}} = \frac{\sum_{i=1}^{k} \sum_{j=1}^{n} X_{ij}}{nk}$$

$SS_t =$ 總離均差平方和 $=$ 總變異（亦有將此項寫成 SST 者，T 為 Total 之縮寫）

$$SS_b = \sum_{i=1}^{k} \sum_{j=1}^{n} (\overline{X}_{i\cdot} - \overline{\overline{X}})^2 = \sum_{i=1}^{k} \frac{T_{i\cdot}^2}{n} - \frac{\left(\sum_{i=1}^{k} \sum_{j=1}^{n} X_{ij} \right)^2}{nk} \text{，這裡，} \overline{X}_{i\cdot} = \frac{\sum_{j=1}^{n} X_{ij}}{n} \text{，} T_{i\cdot} = \sum_{j=1}^{n} X_{ij} \text{。}$$

$SS_b =$ 組間離均差平方和 $=$ 組間變異（亦有寫成 SSC 者，C 為 Column 之縮寫）

$$SS_w = \sum_{i=1}^{k}\sum_{j=1}^{n}(X_{ij} - \bar{X}_{i\cdot})^2$$

$SS_w =$ 組內離均差平方和 = 組內變異（亦有寫成 SSE 者，E 為 Error 之縮寫）

進一步將離均差平方和分別除以 σ^2，可得：

$$\frac{\sum_{i=1}^{k}\sum_{j=1}^{n}(X_{ij} - \bar{\bar{X}})^2}{\sigma^2} = \frac{SS_t}{\sigma^2} \sim \chi^2_{(nk-1)} \ ;$$

$$\frac{\sum_{i=1}^{k}\sum_{j=1}^{n}(\bar{X}_{i\cdot} - \bar{\bar{X}})^2}{\sigma^2} = \frac{SS_b}{\sigma^2} \sim \chi^2_{(k-1)} \ , \ \text{當 } H_0 \text{ 為眞時；}$$

$$\frac{\sum_{i=1}^{k}\sum_{j=1}^{n}(X_{ij} - \bar{X}_{i\cdot})^2}{\sigma^2} = \frac{SS_w}{\sigma^2} \sim \chi^2_{(k(n-1))} \ \circ$$

依據 F 分配定義，$F \overset{H_0}{=} \dfrac{\dfrac{\frac{SS_b}{\sigma^2}}{k-1}}{\dfrac{\frac{SS_w}{\sigma^2}}{k(n-1)}} = \dfrac{\dfrac{SS_b}{k-1}}{\dfrac{SS_w}{k(n-1)}} = \dfrac{MS_b}{MS_w} \ \circ$

現把變異數分析一些計算整理如下：

ANOVA

變異來源	SS	df	MS	F
組間	SS_b	$k-1$	MS_b	$F = \dfrac{MS_b}{MS_w}$
組內	SS_w	$k(n-1)$	MS_w	
總和	SS_t	$nk-1$		

當 $F = \dfrac{MS_b}{MS_w} > F_{(\alpha, k-1, k(n-1))}$，則拒絕 H_0。

小補充

1. 變異數分析為右尾檢定，這從檢定式 $F = \dfrac{MS_b}{MS_w}$ 可以看出來，當 MS_b 遠大於 MS_w 時，$\dfrac{MS_b}{MS_w}$ 就越大，F 值越大，表示越要拒絕虛無假設，所以是右尾檢定。MS_b 遠大於 MS_w，意思是 MS_b 很大，組間離均差平方和很大，這意味著各組平均數差異很顯著，所以各組平均數不太可能相等。所以越要拒絕 $H_0 : \mu_1 = \mu_2 = \cdots = \mu_k = \mu$ 這樣的宣告。

2. $MS_b = \dfrac{SS_b}{k-1}$，$MS_w = \dfrac{SS_w}{k(n-1)}$。

3. MS_w 是 σ^2 的不偏估計式，因為 $\dfrac{SS_w}{\sigma^2} \sim \chi^2_{(k(n-1))}$，

   $$E(\dfrac{SS_w}{\sigma^2}) = k(n-1) \ \Rightarrow \ E(\dfrac{SS_w}{k(n-1)}) = E(MS_w) = \sigma^2 \text{。}$$

4. 在拒絕 H_0 時，無法得知其母體內部均數的情形（只知道母體平均數不全相等，但究竟是哪幾個不等則不得而知）。

一、各組人數相同時

　　這裡先探討各組人數相同時離均差平方和的算法及 ANOVA 檢定，接著再探討各組人數不同時的作法。

例題 1

研究者想知道目前員工的 4 種訓練方法，是否訓練效果都一樣，經施測得到資料如下：

訓練方法 1	訓練方法 2	訓練方法 3	訓練方法 4
76	79	83	93
85	87	76	74
66	73	65	85
68	76	87	88
64	68	74	78

試以 $\alpha = 0.05$ 檢定這 4 種訓練方法平均訓練效果是否有差異？

解 我們先計算各行的和

訓練方法 1	訓練方法 2	訓練方法 3	訓練方法 4
76	79	83	93
85	87	76	74
66	73	65	85
68	76	87	88
64	68	74	78
359	383	385	418

令 μ_1、μ_2、μ_3、μ_4 分別表示訓練方法 1、2、3、4 之母體平均效果，則

1. H_0：$\mu_1 = \mu_2 = \mu_3 = \mu_4$

   H_1：至少有一不等

2. 計算離均差平方和

$$SS_t = \sum_{i=1}^{k} \sum_{j=1}^{n} X_{ij}^2 - \frac{\left(\sum_{i=1}^{k} \sum_{j=1}^{n} X_{ij} \right)^2}{nk}$$

$$= \left(76^2 + 85^2 + 66^2 + \cdots + 88^2 + 78^2 \right) - \frac{\left(76 + 85 + 66 + \cdots + 88 + 78 \right)^2}{20}$$

$$= 120729 - \frac{(1545)^2}{20} = 1377.75 \text{，} df_t = nk - 1 = 20 - 1 = 19$$

$$SS_b = \sum_{i=1}^{k} \frac{T_{i\cdot}^2}{n} - \frac{\left(\sum_{i=1}^{k} \sum_{j=1}^{n} X_{ij} \right)^2}{nk}$$

$$= \left(\frac{359^2}{5} + \frac{383^2}{5} + \frac{385^2}{5} + \frac{418^2}{5} \right) - \frac{\left(76 + 85 + 66 + \cdots + 88 + 78 \right)^2}{20}$$

$$= 352.55$$

$df_b = k - 1 = 4 - 1 = 3$

$SS_w = SS_t - SS_b = 1377.75 - 352.55 = 1025.2$，$df_w = (n - 1) - (k - 1) = 19 - 3 = 16$。

3. 計算檢定式 $F = \dfrac{MS_b}{MS_w} = \dfrac{SS_b / df_b}{SS_w / df_w} = \dfrac{352.55 / 3}{1025.2 / 16} = 1.83$。

4. 查 F 表，$F_{(\alpha,\,v_1,\,v_2)} = F_{(0.05,\,3,\,16)} = 3.238867$，因爲 $1.83 < 3.238867$，所以不拒絕虛無假設，即這 4 種訓練方法平均訓練效果沒有差異。

5. 作 ANOVA 表

變異來源	SS	df	MS	F
組間	352.55	3	117.5167	1.834049
組內	1025.2	16	64.075	
總和	1377.75	19		

◆ 解法分析

1. SS_t 稱爲總離均差平方和（或稱總變異），SS_b 稱爲組間離均差平方和（或稱組間變異），SS_w 稱爲組內離均差平方和（或稱組內變異）。MS_b 稱爲組間均方，MS_w 稱爲組內均方。

2. 變異數分析檢定式 $F = \dfrac{MS_b}{MS_w}$ 和之前「$F = \dfrac{S_1^2}{S_2^2}$」是一樣的觀念。S_1^2、S_2^2 母體 1、母體 2 之樣本變異數，MS_b、MS_w 亦爲樣本變異數的意涵。只不過 $F = \dfrac{MS_b}{MS_w}$ 是在檢定 $H_0 : \mu_1 = \mu_2 = \mu_3 = \mu_4$，$F = \dfrac{S_1^2}{S_2^2}$ 是在檢定 $H_0 : \sigma_1^2 = \sigma_2^2$，前面已提過變異數分析在檢定各組母體平均數是否相等時是以二級動差（MS_b、MS_w 等均方）觀念來作的。

3. $F_{(1-\alpha,\,v_1,\,v_2)} = F_{(1-0.05,\,3,\,16)} = 3.238867$，可以由書後附錄表查出來，或由 Excel 查出來，查法步驟如下：「點選 Excel」，「公式」，「f_x 插入函數」，點選函數類別中的「統計」及「FINV」，按「確定」，出現「FINV 視窗」，在「Probability」處鍵入 0.05，在「Deg_freedom1」處鍵入 3，在「Deg_freedom2」處鍵入 16，按「確定」，螢幕出現「3.238867」。

EXCEL 作法

1. 開啓 Excel，在工作表 A1 位格鍵入訓練 1，在 A2 位格鍵入 76，在 A3 位格鍵入 85，以此類推至 A6 位格鍵入 64；在 B1 位格鍵入訓練 2，在 B2 位格鍵入 79，在 B3 位格鍵入 87，以此類推至 B6 位格鍵入 68；在 C1 位格鍵入訓練 3，在 C2 位

格鍵入 83，在 C3 位格鍵入 76，以此類推至 C6 位格鍵入 74；在 D1 位格鍵入訓練 4，在 D2 位格鍵入 93，在 D3 位格鍵入 74，以此類推至 D6 位格鍵入 78。

2. 將游標移至 E1 位格上，選取「資料」、「資料分析」，再點選「單因子變異數分析」，按「確定」。

3. 螢幕出現「單因子變異數分析」視窗，在「輸入範圍 (I)」中鍵入 a1:d6，並點選「逐欄 (C)」，在「類別軸標記是在第一列上 (L)」前打勾，在「α(A)」中鍵入 0.05，在「新工作表」中鍵入想給定的名稱（如 ANOVA1），按「確定」。

4. 螢幕出現下列資料

單因子變異數分析					
摘要					
組	個數	總和	平均	變異數	
訓練 1	5	359	71.8	75.2	
訓練 2	5	383	76.6	50.3	
訓練 3	5	385	77	72.5	
訓練 4	5	418	83.6	58.3	
ANOVA					
變源	SS	自由度	MS	F	P- 值	臨界值
組間	352.55	3	117.5167	1.834049	0.18161	3.238867
組內	1025.2	16	64.075			
總和	1377.75	19				

♦ **Excel 作法分析**

1. 摘要表上半部呈現的是敘述統計資料（平均數、變異數），下半部份呈現的是推論統計資料（假設檢定）。

2. 由摘要表下半部份，我們得到

   (1) 總變異 = 組間變異 + 組內變異，1377.75 = 352.55 + 1025.2。

(2) 總變異自由度 = 組間變異自由度 + 組內變異自由度，$19 = 3 + 16$。

(3) 但是總變異均方 ≠ (組間均方 + 組內均方)，$\dfrac{1377.75}{19} \neq \left(\dfrac{352.55}{3} + \dfrac{1025.2}{16} \right)$。

3. 報表上總變異自由度 $df_t = n - 1 = 20 - 1 = 19$，組間自由度 $df_b = k - 1 = 4 - 1 = 3$，組內自由度 $df_w = (n - 1) - (k - 1) = 20 - 4 = 16$。

4. 報表上組間 $MS = \dfrac{352.55}{3} = 117.5167$，組內 $MS = \dfrac{1025.2}{16} = 64.075$。

F 值 $= \dfrac{MS_b}{MS_w} = \dfrac{117.5167}{64.075} = 1.834049$ 小於臨界值 3.238867，所以不拒絕虛無假設。

5. 決策規則也可以由報表上 p- 值來下判斷，規則是右尾檢定時，p- 值小於 α 時，則拒絕虛無假設。現 p- 值爲 $0.18161 > \alpha = 0.05$，所以不拒絕虛無假設。

SAS 作法

```
data aa;
input b x;
cards;
1 76
1 85
1 66
1 68
1 64
2 79
2 87
2 73
2 76
2 68
3 83
3 76
3 65
3 87
3 74
4 93
4 74
```

```
4 85
4 88
4 78
;
proc glm;
class b;
model x=b;
test h=b e=b;
run;
```

♦ SAS 作法說明

1. 程式 class b

   指出自變項為實驗處理 b，共有四個水準（b1，b2，b3，b4），即訓練方法 1，
   方法 2，方法 3，方法 4。

2. 程式 model x = b

   指出 $x \rightarrow SS_t$，$b \rightarrow SS_b$，error $\rightarrow SS_w$。

3. 程式 test h = b e = b

   指出 h = b，$b \rightarrow SS_b \rightarrow MS_b$。e 是 error $\rightarrow SS_w \rightarrow MS_w$。h 是分子，e 是分母，所以
   檢定式 $F = \dfrac{MS_b}{MS_w}$，即分子要檢定的是訓練方法變項 (b) 的主要效果，分母誤差變異
   數是 MS_w 不是 MS_{res}（有時分母採用 MS_{res}，請對照相依樣本單因子變異數分析）。

♦ SAS 結果

The SAS System

General Linear Models Procedure
Class Level Information

Class	Levels	Values
B	4	1 2 3 4

Number of observations in data set = 20

The SAS System

General Linear Models Procedure

Dependent Variable: X

Source	DF	Sum of Squares	Mean Square	F Value	Pr > F
Model	3	352.55000000	117.51666667	1.83	0.1816
Error	16	1025.20000000	64.07500000		
C. Total	19	1377.75000000			

R-Square	C.V.	Root MSE	X Mean
0.255888	10.36205	8.0046861	77.250000

Source	DF	Type I SS	Mean Square	F Value	Pr > F
B	3	352.55000000	117.51666667	1.83	0.1816

Source	DF	Type III SS	Mean Square	F Value	Pr > F
B	3	352.55000000	117.51666667	1.83	0.1816

Tests of Hypotheses using the Type III MS for B as an error term

Source	DF	Type III SS	Mean Square	F Value	Pr > F
B	3	352.55000000	117.51666667	1.00	0.5000

♦ SAS 結果分析

1. 報表上 p- 值為 $0.1816 > \alpha = 0.05$，所以不拒絕虛無假設。

2. R-Square = 0.255888，這是由公式 $R^2 = \dfrac{SS_b}{SS_t} = \dfrac{352.55}{1377.75} = 0.255888$ 計算出來的，意思是組間效應可解釋全體變異情形的程度。

3. Root MSE 意思是將誤差（MSE）開平方根。

4. $C.V.$ 是變異係數，Coefficient of Variation 的簡稱，公式是：
$$\frac{Root\ MSE}{Mean} \times 100 = \frac{8.0046861}{77.25} \times 100$$
意思是誤差開平方根後佔 X 平均數有幾個單位。

5. 本例 SAS 程式也可改以 proc anova 來分析，程式如下：

```
data aa;
input b x;
cards;
1 76
1 85
1 66
1 68
1 64
2 79
   ⋮
4 85
4 88
4 78
;
proc anova;
class b;
model x=b;
run;
```

6. 程式中 proc glm 和 proc anova 兩者之差別在 proc anova 只用在各組人數相同時，
而 proc glm 則可用在各組人數相同或不同時。

R 程式作法

R 程式

```
data1<-read.table(file="c:/R/ch8.1.txt",header=T)
data1
attach(data1)
data2<-aov(x2~factor(x1))
summary(data2)
```

♦ R 結果

```
   x1  x2
1   1  76
2   1  85
3   1  66
4   1  68
5   1  64
6   2  79
7   2  87
8   2  73
9   2  76
10  2  68
11  3  83
12  3  76
13  3  65
14  3  87
15  3  74
16  4  93
17  4  74
18  4  85
19  4  88
20  4  78
```

	Df	Sum Sq	Mean Sq	F value	Pr(>F)
factor(x1)	3	352.5	117.52	1.834	0.182
Residuals	16	1025.2	64.08		

二、各組人數不同時

各組人數不同時的作法和上述各組人數相同時的作法，最大差異在 SS_b。其餘觀念都相同。

 例題2

某學者正從事某項研究工作，期末施測時當天有部份學生缺席，造成各組人數並不相同（資料如下），研究者想知道這 3 種訓練方法是否效果都一樣？

訓練方法 1	訓練方法 2	訓練方法 3
69	73	83
77	66	64
63	75	75
66	77	78
78	64	68
66	81	72
80		65
63		

試以 $\alpha = 0.05$ 檢定這 3 種訓練方法平均效果是否有差異？

解 先加總各行之分數，得到訓練方法 1 分數和為 562，訓練方法 2 分數和為 436，訓練方法 3 分數和為 505。令 μ_1、μ_2、μ_3 分別表示訓練方法 1、2、3 之母體平均數（平均效果），則

1. $H_0 : \mu_1 = \mu_2 = \mu_3$

   H_1：至少有一不等

2. 計算離均差平方和

$$SS_t = \sum_{i=1}^{k}\sum_{j=1}^{n_i} X_{ij}^2 - \frac{\left(\sum_{i=1}^{k}\sum_{j=1}^{n_i} X_{ij}\right)^2}{N}$$

$$= \left(69^2 + 77^2 + 63^2 + \cdots + 72^2 + 65^2\right) - \frac{(69 + 77 + 63 + \cdots + 72 + 65)^2}{21}$$

$$= 108447 - \frac{1503^2}{21} = 875.1429，\quad N = n_1 + n_2 + n_3 = 8 + 6 + 7 = 21，$$

$$df_t = N - 1 = 21 - 1 = 20$$

$$SS_b = \sum_{i=1}^{k} \frac{T_{i\cdot}^2}{n_i} - \frac{\left(\sum_{i=1}^{k}\sum_{j=1}^{n_i} X_{ij}\right)^2}{N}$$

$$= \left(\frac{562^2}{8} + \frac{436^2}{6} + \frac{505^2}{7}\right) - \frac{(69 + 77 + 63 + \cdots + 72 + 65)^2}{21}$$

$$= 23.45238 \text{，} df_b = k - 1 = 3 - 1 = 2 \text{。}$$

$$SS_w = SS_t - SS_b = 875.1429 - 23.45238 = 851.6905 \text{。}$$

$$df_w = (N-1) - (k-1) = 20 - 2 = 18 \text{。}$$

3. 計算檢定式 $F = \dfrac{MS_b}{MS_w} = \dfrac{SS_b/df_b}{SS_w/df_w} = \dfrac{23.45238/2}{851.6905/18} = 0.247826$。

4. 查 F 表，$F_{(\alpha, \nu_1, \nu_2)} = F_{(0.05, 2, 18)} = 3.554561$，因為 $0.247826 < 3.554561$，所以不拒絕虛無假設，即這 3 種訓練方法平均效果沒有差異。

5. 作 ANOVA 表

ANOVA

變異來源	SS	df	MS	F
組間	23.45238	2	11.72619	0.247826
組內	851.6905	18	47.31614	
總和	875.1429	20		

♦ 解法分析

和【例題 1】解法唯一差別在 SS_b。【例題 1】各組人數相同所以分母都是 5，本例各組人數不同分母分別是 8、6、7。

EXCEL 作法

1. 開啟 Excel，在工作表 A1 位格鍵入訓練 1，在 A2 位格鍵入 69，A3 位格鍵入 77，以此類推至 A9 位格鍵入 63；在 B1 位格鍵入訓練 2，在 B2 位格鍵入 73，在 B3 位格鍵入 66，以此類推至 B7 位格鍵入 81；在 C1 位格鍵入訓練 3，在 C2 位格鍵入 83，在 C3 位格鍵入 64，以此類推至 C8 位格鍵入 65。

2. 將游標移至 D1 位格上，選取「資料」、「資料分析」，再點選「單因子變異數分析」，按「確定」。

3. 螢幕出現「單因子變異數分析」視窗，在「輸入範圍 (I)」中鍵入 a1: c9 (不可以鍵入 a1: c8，因為這樣會把 A9 位格的數字 63 排除在外)，並點選「逐欄 (C)」，在「類別軸標記是在第一列上 (L)」前打勾，在「α(A)」中鍵入 0.05，在「新工作表」中鍵入想給定的名稱（如 ANOVA 人數不等），按「確定」

4. 螢幕出現下列資料

單因子變異數分析					
摘要					
組	個數	總和	平均	變異數	
訓練 1	8	562	70.25	49.07143	
訓練 2	6	436	72.66667	42.66667	
訓練 3	7	505	72.14286	49.14286	
ANOVA					
變源	SS	自由度	MS	F	P- 值	臨界值
組間	23.45238	2	11.72619	0.247826	0.783115	3.554561
組內	851.6905	18	47.31614			
總和	875.1429	20				

◆ **Excel 作法分析**

1. 摘要表上半部呈現的是敘述統計資料（平均數、變異數），下半部呈現的是推論統計資料（假設檢定）。

2. 由摘要表下半部份，我們得到

(1) 總變異 = 組間變異 + 組內變異，875.1429 = 23.45238 + 851.6905。

(2) 總變異自由度 = 組間變異自由度 + 組內變異自由度，20 = 2 + 18。

(3) 但是總變異均方 ≠ (組間均方 + 組內均方)，$\dfrac{875.1429}{20} \neq \left(\dfrac{23.45238}{2} + \dfrac{851.6905}{18} \right)$。

(4) 總變異自由度 $df_t = n - 1 = 21 - 1 = 20$，組間 $df_b = k - 1 = 3 - 1 = 2$，組內 $df_w = (n-1) - (k-1) = n - k = 21 - 3 = 18$。

(5) 報表上組間 $MS = \dfrac{23.45238}{2}$，組內 $MS = \dfrac{851.6905}{18}$。

F 值 $= \dfrac{MS_b}{MS_w} = \dfrac{23.45238/2}{851.6905/18} = 0.247826$ 小於臨界值 3.554561，所以不拒絕虛無假設。

(6) 決策規則亦可由 P- 值來判斷，規則是右尾檢定時，P- 值小於 α 時，則拒絕虛無假設。現 P- 值 0.783115 > 0.05，所以不拒絕虛無假設。

SAS 作法

```
data aa;
input b x;
cards;
1 69
1 77
1 63
1 66
1 78
1 66
1 80
1 63
2 73
2 66
2 75
2 77
2 64
2 81
3 83
3 64
3 75
3 78
3 68
```

```
3 72
3 65
;
proc glm;
class b;
model x=b;
test h=b e=b;
run;
```

♦ **SAS 結果**

The SAS System

General Linear Models Procedure
Class Level Information

Class	Levels	Values
B	3	1 2 3

Number of observations in data set = 21

The SAS System

General Linear Models Procedure

Dependent Variable: X

Source	DF	Sum of Squares	Mean Square	F Value	Pr > F
Model	2	23.45238095	11.72619048	0.25	0.7831
Error	18	851.69047619	47.31613757		
C. Total	20	875.14285714			

R-Square	C.V.	Root MSE	X Mean
0.026798	9.610920	6.8786727	71.571429

Source	DF	Type I SS	Mean Square	F Value	Pr > F
B	2	23.45238095	11.72619048	0.25	0.7831

Source	DF	Type III SS	Mean Square	F Value	Pr > F
B	2	23.45238095	11.72619048	0.25	0.7831

Tests of Hypotheses using the Type III MS for B as an error term

Source	DF	Type III SS	Mean Square	F Value	Pr > F
B	2	23.45238095	11.72619048	1.00	0.5000

R 程式作法

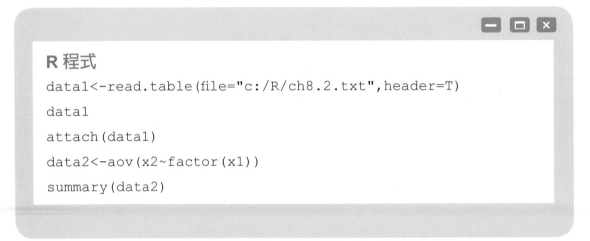

R 程式

```
data1<-read.table(file="c:/R/ch8.2.txt",header=T)
data1
attach(data1)
data2<-aov(x2~factor(x1))
summary(data2)
```

♦ R 結果

```
  x1 x2

1  1 69

2  1 77

3  1 63

4  1 66

5  1 78

6  1 66

7  1 80
```

```
 8  1 63
 9  2 73
10  2 66
11  2 75
12  2 77
13  2 64
14  2 81
15  3 83
16  3 64
17  3 75
18  3 78
19  3 68
20  3 72
21  3 65
```

	Df	Sum Sq	Mean Sq	F value	Pr(>F)
factor(x1)	2	23.5	11.73	0.248	0.783
Residuals	18	851.7	47.32		

三、只有二組時（$t^2 = F$）

前面第七章我們曾介紹兩母體變異數未知但相等，樣本為小樣本時，檢定兩母體均數差（$\mu_1 - \mu_2$）時採用 t 檢定，其實也可以用 F 檢定。有關 $t^2_{(\alpha/2, n-1)} = F_{(\alpha, 1, n-1)}$ 之證明參考第五章。現以一例加以說明：

例題 3

甲方法：68，77，81，79，74，80，66，79，81，72，83，78，76
乙方法：89，78，91，87，77，88，87，90，79，87，76
試以 $\alpha = 0.1$ 檢定甲乙兩種方法，員工訓練效果是否有顯著差異？

解 令 μ_1、μ_2 分別表示甲乙兩種方法員工訓練效果之母體平均數，則

1. $H_0 : \mu_1 = \mu_2$

   $H_1 : \mu_1 \neq \mu_2$

2. 計算離均差平方和

$$SS_t = \sum_{i=1}^{k}\sum_{j=1}^{n_i} X_{ij}^2 - \frac{\left(\sum_{i=1}^{k}\sum_{j=1}^{n_i} X_{ij}\right)^2}{N}$$

$$= \left(68^2 + 77^2 + 81^2 + \cdots + 87^2 + 76^2\right) - \frac{(68 + 77 + 81 + \cdots + 87 + 76)^2}{24}$$

$$= 155105 - \frac{1923^2}{24} = 1024.625 \text{。}$$

$N = n_1 + n_2 = 13 + 11 = 24$，$df_t = N - 1 = 24 - 1 = 23$。

$$SS_b = \sum_{i=1}^{k} \frac{T_i^2}{n_i} - \frac{\left(\sum_{i=1}^{k}\sum_{j=1}^{n_i} X_{ij}\right)^2}{N} = \left(\frac{994^2}{13} + \frac{929^2}{11}\right) - \frac{(68 + 77 + 81 + \cdots + 87 + 76)^2}{24}$$

$$= 154461.042 - \frac{1923^2}{24} = 380.667 \text{，} df_b = k - 1 = 2 - 1 = 1 \text{。}$$

$SS_w = SS_t - SS_b = 1024.625 - 380.667 = 643.958$。

$df_w = (N - 1) - (k - 1) = 23 - 1 = 22$。

3. 計算檢定式 $F = \dfrac{MS_b}{MS_w} = \dfrac{SS_b / df_b}{SS_w / df_w} = \dfrac{380.667 / 1}{643.958 / 22} = 13.005$。

4. 查 F 表，$F_{(\alpha, v_1, v_2)} = F_{(0.1, 1, 22)} = 2.948582$，因為 $13.005 > 2.948582$，所以拒絕虛無假設，即甲乙兩種方法訓練效果有顯著差異。

5. 作 ANOVA 表

變異來源	SS	df	MS	F
組間	380.667	1	380.667	13.005
組內	643.958	22	29.27082	
總和	1024.625	23		

EXCEL 作法

1. 開啟 Excel，在工作表 A1 位格鍵入甲，在 A2 位格鍵入 68，在 A3 位格鍵入 77，以此類推至 A14 位格鍵入 76；在 B1 位格鍵入乙，在 B2 位格鍵入 89，在 B3 位格鍵入 78，以此類推至 B12 位格鍵入 76。

2. 將游標移至 C1 位格上，選取「資料」、「資料分析」，再點選「單因子變異數分析」，按「確定」。

3. 螢幕出現「單因子變異數分析」視窗，在「輸入範圍 (I)」中鍵入 a1：b14（不可以鍵入 a1：b12，因為這樣會把 A13 及 A14 位格的數字 78 及 76 排除在外），並點選「逐欄 (C)」，在「類別軸標記是在第一列上 (L)」前打勾，在「α(A)」中鍵入 0.1，在「新工作表」中鍵入想給定的名稱（如 ANOVA 二組時），按「確定」。

4. 螢幕出現下列資料

單因子變異數分析					
摘要					
組	個數	總和	平均	變異數	
甲	13	994	76.46154	26.60256	
乙	11	929	84.45455	32.47273	
ANOVA					
變源	SS	自由度	MS	F	P- 值	臨界值
組間	380.667	1	380.667	13.005	0.001568	2.948582
組內	643.958	22	29.27082			
總和	1024.625	23				

◆ Excel 作法分析

1. 由摘要表下半部份，我們得到

(1) 總變異 = 組間變異 + 組內變異，$1024.625 = 643.958 + 380.667$。

(2) 總變異自由度 = 組間變異自由度 + 組內變異自由度，$23 = 1 + 22$。

(3) 總變異均方 ≠（組間均方＋組內均方），$\dfrac{1024.625}{23} \neq \left(\dfrac{380.667}{1} + \dfrac{643.958}{22} \right)$。

2. 報表上組間 $MS = \dfrac{380.667}{1} = 380.667$，組內 $MS = \dfrac{643.958}{22} = 29.27082$。$F$ 值 $= \dfrac{MS_b}{MS_w} = \dfrac{380.667/1}{643.958/22} = 13.005$ 大於臨界值 2.948582，所以拒絕虛無假設。讀者也許已發現到在第七章【例題 12】的 t 值和這裡的 F 值的關係 $t^2 = F$，$(-3.6062)^2 = 13.005$。

3. 決策規則也可以由 P- 值來判斷，規則是右尾檢定時，P- 值小於 α 時，則拒絕虛無假設。現 P- 值為 $0.001568 < \alpha = 0.1$，所以拒絕虛無假設。

4. 「Pooled 變異數」就是這裡的「組內 MS」，印證前面提過 MS 是變異數的概念。

SAS 作法

```
data aa;
input b x;
cards;
1 68
1 77
1 81
1 79
1 74
1 80
1 66
1 79
1 81
1 72
1 83
1 78
1 76
2 89
2 78
2 91
2 87
```

```
2 77
2 88
2 87
2 90
2 79
2 87
2 76
;
proc glm;
class b;
model x=b;
test h=b e=b;
run;
```

♦ **SAS 結果**

The SAS System

General Linear Models Procedure

Class Level Information

Class　Levels　Values

B　　　2　　　1 2

Number of observations in data set = 24

The SAS System

General Linear Models Procedure

Dependent Variable: X

Source	DF	Sum of Squares	Mean Square	F Value	Pr > F
Model	1	380.66695804	380.66695804	13.00	0.0016
Error	22	643.95804196	29.27082009		
C.Total	23	1024.62500000			

R-Square	C.V.	Root MSE	X Mean
0.371518	6.752264	5.4102514	80.125000

Source	DF	Type I SS	Mean Square	F Value	Pr > F
B	1	380.66695804	380.66695804	13.00	0.0016

Source	DF	Type III SS	Mean Square	F Value	Pr > F
B	1	380.66695804	380.66695804	13.00	0.0016

Tests of Hypotheses using the Type III MS for B as an error term

Source	DF	Type III SS	Mean Square	F Value	Pr > F
B	1	380.66695804	380.66695804	1.00	0.5000

8-2 相依樣本單因子變異數分析

這裡相依樣本是指每一受測者被重複測量多次所得到的樣本。在這種情形下，所測得的樣本並非獨立的，所以之前介紹的獨立樣本單因子變異數分析並不適用。面對相依樣本該如何進行變異數分析呢？首先，要知道相依樣本單因子變異來源：

$$SS_t = SS_{b.subj} + SS_{trt} + SS_{res}$$

這裡 SS_t 為總離均差平方和（或稱總變異），$SS_{b.subj}$ 稱為受試者間離均差平方和（或稱受試者間變異），SS_{trt} 稱為處理離均差平方和（或稱處理變異），SS_{res} 稱為誤差變異。以下舉例說明各離均差平方和的計算方式。

例題 4

九名職員每位職員重複接受四種刺激訓練，得到每人反應時間結果如下：

職員	刺激 1	刺激 2	刺激 3	刺激 4
王	.7	.4	.3	.3
李	.8	.7	.6	.7
顏	.6	.3	.5	.5
劉	.6	.6	.6	.8
黃	.4	.8	.4	.7
柯	.3	.6	.8	.6
吳	.4	.8	.3	.7
郭	.8	.7	.5	.4
莊	.5	.5	.6	.3

試以 $\alpha = 0.05$ 檢定這四種反應平均時間是否有差異？

解 我們先計算各行各列的和

職員	刺激 1	刺激 2	刺激 3	刺激 4	和
王	.7	.4	.3	.3	1.7
李	.8	.7	.6	.7	2.8
顏	.6	.3	.5	.5	1.9
劉	.6	.6	.6	.8	2.6
黃	.4	.8	.4	.7	2.3
柯	.3	.6	.8	.6	2.3
吳	.4	.8	.3	.7	2.2
郭	.8	.7	.5	.4	2.4
莊	.5	.5	.6	.3	1.9
和	5.1	5.4	4.6	5.0	20.1

令 μ_1、μ_2、μ_3、μ_4 分別表示刺激 1、2、3、4 反應時間之母體平均數

1. $H_0 : \mu_1 = \mu_2 = \mu_3 = \mu_4$

   H_1：至少有一不等

2. 計算離均差平方和，$i = 1, 2, \cdots, k$，$j = 1, 2, \cdots, n$

$$SS_t = \sum_{i=1}^{k} \sum_{j=1}^{n} X_{ij}^2 - \frac{\left(\sum_{i=1}^{k} \sum_{j=1}^{n} X_{ij} \right)^2}{nk}$$

$$= \left(.7^2 + .8^2 + .6^2 + \cdots + .4^2 + .3^2 \right) - \frac{(.7 + .8 + .6 + \cdots + .4 + .3)^2}{4 \times 9} = 12.25 - \frac{(20.1)^2}{36}$$

$$= 1.0275，df_t = nk - 1 = 36 - 1 = 35。$$

$$SS_{b.subj} = \sum_{j=1}^{n} \frac{T_{.j}^2}{k} - \frac{\left(\sum_{i=1}^{k} \sum_{j=1}^{n} X_{ij} \right)^2}{nk}$$

$$= \left(\frac{1.7^2 + 2.8^2 + \cdots + 2.4^2 + 1.9^2}{4} \right) - \frac{(.7 + .8 + .6 + \cdots + .4 + .3)^2}{4 \times 9}$$

$$= .25，df_{b.subj} = k - 1 = 9 - 1 = 8。$$

$$SS_{trt} = \sum_{i=1}^{k} \frac{T_{i.}^2}{n} - \frac{\left(\sum_{i=1}^{k} \sum_{j=1}^{n} X_{ij} \right)^2}{nk} = \left(\frac{5.1^2 + 5.4^2 + 4.6^2 + 5.0^2}{9} \right) - \frac{(.7 + .8 + .6 + \cdots + .4 + .3)^2}{4 \times 9}$$

$$= .036388889，df_{trt} = k - 1 = 4 - 1 = 3。$$

$SS_{res} = SS_t - SS_{b.subj} - SS_{trt} = 0.741111。$

$df_{res} = (nk - 1) - (n - 1) - (k - 1) = (n - 1)(k - 1) = 8 \times 3 = 24。$

3. 計算檢定式 $F = \dfrac{MS_{trt}}{MS_{res}} = \dfrac{SS_{trt}/df_{trt}}{SS_{res}/df_{res}} = \dfrac{0.036388889/3}{0.741111/24} = 0.3928。$

4. 查 F 表，$F_{(\alpha, v_1, v_2)} = F_{(0.05, 3, 24)} = 3.0087$，因為 $0.3928 < 3.0087$，所以不拒絕虛無假設，即這四種刺激反應平均時間沒有差異。

5. 作 ANOVA 表。

ANOVA

變異來源	SS	df	MS	F
受試者間	0.25	8		
處理（trt）	0.036389	3	0.01213	0.3928
誤 差	0.741111	24	0.03088	
總 和	1.0275	35		

♦ 解法分析

1. 相依樣本單因子變異數分析仍然是右尾檢定，檢定式 $F = \dfrac{MS_{trt}}{MS_{res}}$，其中 MS_{trt} 稱為處理均方，MS_{res} 稱為誤差均方，當 MS_{trt} 遠大於 MS_{res} 時，$F = \dfrac{MS_{trt}}{MS_{res}}$ 就會越大，F 值越大，就越表示實驗處理的各組母體平均數越不可能相等，所以越要拒絕 $H_0：\mu_1 = \mu_2 = \mu_3 = \mu_4$ 這樣的宣告。

2. $F_{(1-\alpha, v_1, v_2)} = F_{(1-0.05, 3, 24)} = 3.0087$，自由度為何是 (3, 24)？這是依據檢定式來的，檢定式 $F = \dfrac{MS_{trt}}{MS_{res}}$，分子自由度是 3，要擺前面，分母自由度是 24，要擺後面。3.0087 可以由書後附錄表查出來，或由 Excel 查出來，查法步驟如下：點選 Excel，「公式」「f_x 插入函數」，點選類別中的「統計」及「FINV」，按「確定」，出現「FINV 視窗」，在「Probability」處鍵入 0.05，在「Deg_freedom1」處鍵入 3，在「Deg_freedom2」處鍵入 24，按「確定」，螢幕出現「3.0087」。

3. 因為 0.3928 < 3.0087，所以不拒絕虛無假設。

SAS 作法一

```
data aa;
input s trt x;
cards;
1  1  0.7
1  2  0.4
1  3  0.3
```

1	4	0.3
2	1	0.8
2	2	0.7
2	3	0.6
2	4	0.7
3	1	0.6
3	2	0.3
3	3	0.5
3	4	0.5
4	1	0.6
4	2	0.6
4	3	0.6
4	4	0.8
5	1	0.4
5	2	0.8
5	3	0.4
5	4	0.7
6	1	0.3
6	2	0.6
6	3	0.8
6	4	0.6
7	1	0.4
7	2	0.8
7	3	0.3
7	4	0.7
8	1	0.8
8	2	0.7
8	3	0.5
8	4	0.4
9	1	0.5
9	2	0.5
9	3	0.6

```
9   4   0.3
;
proc glm;
class s trt;
model x=s trt;
run;
```

♦ SAS 作法說明

1. input s trt x

   s 是受試者（subject），共有 9 人，每人都有代號（1~9），trt 是重複刺激之變項（刺激 1~4），x 是觀察值。

2. proc glm

   呼叫 glm 程式（general linear models procedure）。

3. class s trt

   指出 s、trt 為自變項。

4. model x = s trt

   定義模式離均差平方和為 $SS_t = SS_{b.subj} + MS_{trt} + MS_{res}$，即 x → SS_t，s → $SS_{b.subj}$，trt → MS_{trt}，誤差→ MS_{res}。檢定式 F 式子裡分母誤差變異數用的是 MS_{res} 不是 MS_w（請對照獨立樣本單因子變異數分析）。

♦ SAS 結果分析

The SAS System

General Linear Models Procedure

Class Level Information

Class	Levels	Values
S	9	1 2 3 4 5 6 7 8 9
TRT	4	1 2 3 4

Number of observations in data set = 36

The SAS System

General Linear Models Procedure

Dependent Variable: X

Source	DF	Sum of Squares	Mean Square	F Value	Pr > F
Model	11	0.28638889	0.02603535	0.84	0.6020
Error	24	0.74111111	0.03087963		
C.Total	35	1.02750000			

R-Square	C.V.	Root MSE	X Mean
0.278724	31.47331	0.1757260	0.5583333

Source	DF	Type I SS	Mean Square	F Value	Pr > F
S	8	0.25000000	0.03125000	1.01	0.4532
TRT	3	0.03638889	0.01212963	0.39	0.7593

Source	DF	Type III SS	Mean Square	F Value	Pr > F
S	8	0.25000000	0.03125000	1.01	0.4532
TRT	3	0.03638889	0.01212963	0.39	0.7593

SAS 作法二

上面【SAS 作法一】是以 proc glm 求解，也可以以 proc anova 求解，寫法如上，只差別在 proc 之宣稱：

```
data aa;
input s trt x;
cards;
1 1 0.7
1 2 0.4
1 3 0.3
1 4 0.3
```

```
    2  1  0.8

          ⋮

    9  2  0.5
    9  3  0.6
    9  4  0.3
    ;
    proc anova;
    class s trt;
    model x=s trt;
    run;
```

R 程式作法

R 程式

```
data1<-read.table(file="c:/R/ch8.3.txt",header=T)
data1
attach(data1)
data2<-aov(x3~factor(x1)+factor(x2),data=data1)
summary(data2)
```

♦ R 結果

	x1	x2	x3
1	1	1	0.7
2	1	2	0.4
3	1	3	0.3
4	1	4	0.3

```
 5  2  1  0.8
 6  2  2  0.7
 7  2  3  0.6
 8  2  4  0.7
 9  3  1  0.6
10  3  2  0.3
11  3  3  0.5
12  3  4  0.5
13  4  1  0.6
14  4  2  0.6
15  4  3  0.6
16  4  4  0.8
17  5  1  0.4
18  5  2  0.8
19  5  3  0.4
20  5  4  0.7
21  6  1  0.3
22  6  2  0.6
23  6  3  0.8
24  6  4  0.6
25  7  1  0.4
26  7  2  0.8
27  7  3  0.3
28  7  4  0.7
29  8  1  0.8
30  8  2  0.7
31  8  3  0.5
32  8  4  0.4
33  9  1  0.5
34  9  2  0.5
```

35 9 3 0.6

36 9 4 0.3

	Df	Sum Sq	Mean Sq	F value	Pr(>F)
factor(x1)	8	0.2500	0.03125	1.012	0.453
factor(x2)	3	0.0364	0.01213	0.393	0.759
Residuals	24	0.7411	0.03088		

8-3 二因子變異數分析

二因子變異數分析可分爲無重複試驗二因子變異數分析及重複試驗二因子變異數分析。無重複試驗指的是細格內（cell）只有一個觀察值，重複試驗則是細格內至少有二個以上的觀察值。所謂「細格」指的是在 A 因子第 i 個水準，B 因子第 j 個水準下的觀察項。

一、無重複試驗二因子變異數分析

母體的觀察值分別受到 A、B 二種不同的因子影響。A、B 二因子分別具有 p 及 q 個水準。令 X_{ij} = A 因子在第 i 個水準，B 因子在第 j 個水準的觀察值，$i = 1, 2, \cdots, p$，$j = 1, 2, \cdots, q$，$X_{ij} = \mu + \alpha_i + \beta_j + \varepsilon_{ij}$，這裡 ε_{ij} 滿足：$\varepsilon_{ij} \overset{iid}{\sim} N(0, \sigma^2)$，$\varepsilon_{ij}$ 稱爲隨機誤差（random error）。

這裡，α_i，$i = 1, 2, \cdots, p$，稱爲 A 因子水準。

β_j，$j = 1, 2, \cdots, q$，稱爲 B 因子水準。

$H_0 : \alpha_1 = \alpha_2 = \cdots \alpha_p = 0$（針對 A 因子主要效果）。

$H_0' : \beta_1 = \beta_2 = \cdots \beta_q = 0$（針對 B 因子主要效果）。

$$SS_t = \sum_{i=1}^{p} \sum_{j=1}^{q} (X_{ij} - \bar{\bar{X}})^2 = 總誤差平方和。$$

$$SS_A = \sum_{i=1}^{p} \sum_{j=1}^{q} (\bar{X}_{i \cdot} - \bar{\bar{X}})^2 = A 因子之間誤差平方和。$$

$$SS_B = \sum_{i=1}^{p}\sum_{j=1}^{q}(\bar{X}_{\cdot j} - \bar{\bar{X}})^2 = \text{B 因子之間誤差平方和。}$$

$$SS_E = SS_t - SS_A - SS_B = \text{A、B 因子外的誤差平方和}$$

這裡，$SS_t = SS_A + SS_B + SS_E$。

（一）在 H_0 及 H_0' 為真下，下列三式皆成立：

$$\frac{\sum_{i=1}^{p}\sum_{j=1}^{q}(X_{ij} - \bar{\bar{X}})^2}{\sigma^2} = \frac{SS_t}{\sigma^2} \sim \chi^2_{(pq-1)}$$

$$\frac{\sum_{i=1}^{p}\sum_{j=1}^{q}(\bar{X}_{i\cdot} - \bar{\bar{X}})^2}{\sigma^2} = \frac{SS_A}{\sigma^2} \sim \chi^2_{(p-1)}$$

$$\frac{\sum_{i=1}^{p}\sum_{j=1}^{q}(\bar{X}_{\cdot j} - \bar{\bar{X}})^2}{\sigma^2} = \frac{SS_B}{\sigma^2} \sim \chi^2_{(q-1)}$$

（二）不論 H_0 及 H_0' 為真或為假，下式皆成立：

$$\frac{SS_E}{\sigma^2} \sim \chi^2_{((p-1)(q-1))}$$

把無重複試驗二因子變異數分析之計算整理為 ANOVA 表：

ANOVA

變異來源	SS	df	MS	F
A 因子	SS_A	$p-1$	MS_A	$F_1 = \dfrac{MS_A}{MS_E} > F_{(\alpha, p-1, (p-1)(q-1))}$
B 因子	SS_B	$q-1$	MS_B	$F_2 = \dfrac{MS_B}{MS_E} > F_{(\alpha, q-1, (p-1)(q-1))}$
誤差	SS_E	$(p-1)(q-1)$	MS_E	
總和	SS_t	$pq-1$		

決策規則：

當 $F_1 = \dfrac{MS_A}{MS_E} > F_{(\alpha,\, p-1,\, (p-1)(q-1))}$，則拒絕 H_0。

當 $F_2 = \dfrac{MS_B}{MS_E} > F_{(\alpha,\, q-1,\, (p-1)(q-1))}$，則拒絕 H_0'。

 例題 5

研究者想了解不同訓練場地和訓練方法對訓練效果因子的影響，假設每一情境（每一 cell）他只蒐集到一個觀察值（即每一情境內無重複試驗），資料如下：

訓練方法 場地	方法一	方法二	方法三
室內	3	6	4
室外	5	9	5

1. 選手在室內訓練和在室外訓練，對訓練效果是否有影響？
2. 不同訓練方法對訓練效果有無差異？ $\alpha = 0.05$。

 解

EXCEL 作法

本例只以【Excel】求解。

1. 開啟 Excel，在工作表 A2 位格鍵入室內，在 A3 位格鍵入室外，在 B1 位格鍵入方法 1，在 C1 位格鍵入方法 2，在 D1 位格鍵入方法 3，在 B2 位格鍵入 3，在 C2 位格鍵入 6，在 D2 位格鍵入 4，在 B3 位格鍵入 5，在 C3 位格鍵入 9，D3 位格鍵入 5。

2. 將游標移到 E1 位格上，選取「資料」、「資料分析」，點選「雙因子變異數分析：無重複量數」，按「確定」，出現「雙因子變異數分析：無重複量數」視窗，在「輸入範圍(I)」中鍵入 a1:d3，在「標記(L)」前打勾，在「α(A)」 中鍵入 0.05，在「新工作表」中鍵入想給定的名稱（如無重複量數二因子），按「確定」。

3. 螢幕出現下表資料。

雙因子變異數分析：無重複試驗					
摘要	個數	總和	平均	變異數	
室內	3	13	4.333333	2.333333	
室外	3	19	6.333333	5.333333	
方法 1	2	8	4	2	
方法 2	2	15	7.5	4.5	
方法 3	2	9	4.5	0.5	
ANOVA					
變源	SS	自由度	MS	F	P- 值	臨界值
列	6	1	6	12	0.07418	18.51276
欄	14.33333	2	7.166667	14.33333	0.065217	19.00003
錯誤	1	2	0.5			
總和	21.33333	5				

♦ Excel 作法分析

1. 本研究關心的是這兩個因子，對訓練效果是否有影響？所以有二個統計假設要檢定，一個是 $H_0 : \alpha_1 = \alpha_2 = 0$，一個是 $H_0 : \beta_1 = \beta_2 = \beta_3 = 0$。

2. 在 ANOVA 摘要表裡，「列」指的是 A 因子，「欄」指的是 B 因子，「錯誤」指的是組內誤差的意思。「列」的 F 值 12 小於臨界值 18.51276，P- 值為 0.07418 大於 $\alpha = 0.05$，所以不拒絕虛無假設 $H_0 : \alpha_1 = \alpha_2 = 0$，即在室內訓練和在室外訓練對訓練效果沒有影響。「欄」的 F 值 14.33333 小於臨界值 19.00003，P- 值為 0.065217 大於 $\alpha = 0.05$，所以不拒絕虛無假設 $H_0 : \beta_1 = \beta_2 = \beta_3 = 0$，即不同訓練方法對訓練效果沒有差異。

> 💡**小補充**
>
> 無重複試驗二因子變異數分析無法檢定二因子間的交互作用。

二、重複試驗二因子變異數分析

重複試驗二因子變異數分析和無重複試驗二因子變異數分析兩者的主要差異在：重複試驗二因子變異數分析可以檢定二因子間是否有交互作用存在。令 X_{ijk} = A 因子第 i 個水準，B 因子第 j 個水準，第 k 個觀察值，$i = 1, 2, \cdots, p$，$j = 1, 2, \cdots, q$，$m = 1, 2, \cdots, n$，$X_{ijk} = \mu + \alpha_i + \beta_j + (\alpha\beta)_{ij} + \varepsilon_{ijk}$，這裡 ε_{ijk} 滿足：$\varepsilon_{ijk} \overset{iid}{\sim} N(0, \sigma^2)$，$\varepsilon_{ijk}$ 稱為隨機誤差（random error），解析如下：

α_i，$i = 1, 2, \cdots, p$，為 A 因子主要效果。

β_j，$j = 1, 2, \cdots, q$，為 B 因子主要效果。

$(\alpha\beta)_{ij}$ 為 A、B 因子交互作用效果，$i = 1, 2, \cdots, p$，$j = 1, 2, \cdots, q$。

$H_0 : \alpha_1 = \alpha_2 = \cdots \alpha_p = 0$（檢定 A 因子主要效果）。

$H_0' : \beta_1 = \beta_2 = \cdots \beta_q = 0$（檢定 B 因子主要效果）。

$H_0'' : \alpha\beta_{11} = \alpha\beta_{12} = \cdots = \alpha\beta_{pq} = 0$（檢定兩因子交互作用效果）。

離均差平方和的關係為：

$$SS_t = SS_{b.cell} + SS_{w.cell} = SS_A + SS_B + SS_{AB} + SS_{w.cell}$$

$$SS_t = \sum_{i=1}^{p}\sum_{j=1}^{q}\sum_{m=1}^{n} X_{ijm}^2 - \frac{\left(\sum_{i=1}^{p}\sum_{j=1}^{q}\sum_{m=1}^{n} X_{ijm}\right)^2}{npq} = \text{總離均差平方和} = \text{總變異}, \quad df_t = npq - 1$$

$$SS_{b.cell} = \sum_{i=1}^{p}\sum_{j=1}^{q} \frac{T_{ij.}^2}{n} - \frac{\left(\sum_{i=1}^{p}\sum_{j=1}^{q}\sum_{m=1}^{n} X_{ijm}\right)^2}{npq} = \text{細格間離均差平方和}, \quad df_{b.cell} = pq - 1$$

$$SS_A = \sum_{i=1}^{p} \frac{T_{i..}^2}{nq} - \frac{\left(\sum\limits_{i=1}^{p}\sum\limits_{j=1}^{q}\sum\limits_{m=1}^{n} X_{ijm}\right)^2}{npq} = \text{A 因子離均差平方和，} \quad df_A = p-1$$

$$SS_B = \sum_{j=1}^{q} \frac{T_{.j.}^2}{np} - \frac{\left(\sum\limits_{i=1}^{p}\sum\limits_{j=1}^{q}\sum\limits_{m=1}^{n} X_{ijm}\right)^2}{npq} = \text{B 因子離均差平方和，} \quad df_B = q-1$$

$SS_{AB} = SS_{b.cell} - SS_A - SS_B = $ A 因子與 B 因子交互作用離均差平方和，

$df_{AB} = (p-1)(q-1)$

$SS_{w.cell} = SS_t - SS_{b.cell} = $ 細格內離均差平方和（或稱細格內變異），

$df_{w.cell} = (npq-1) - (pq-1) = pq(n-1)$

在 H_0、H_0' 及 H_0'' 為眞下，下列四式皆成立：

$$\frac{SS_t}{\sigma^2} \sim \chi^2_{(pqn-1)}$$

$$\frac{SS_A}{\sigma^2} \sim \chi^2_{(p-1)}$$

$$\frac{SS_B}{\sigma^2} \sim \chi^2_{(q-1)}$$

$$\frac{SS_{AB}}{\sigma^2} \sim \chi^2_{((p-1)q-1)}$$

不論 H_0、H_0' 及 H_0'' 為眞或爲假，下式皆成立：

$$\frac{SS_{w.cell}}{\sigma^2} \sim \chi^2_{(pq(n-1))}$$

把重複試驗二因子變異數分析的計算整理為下面 ANOVA 表：

變異來源	SS	df	MS	F
A 因子	SS_A	$p-1$	MS_A	$F_1 = \dfrac{MS_A}{MS_{w.cell}} > F_{(1-\alpha, p-1, pq(n-1))}$
B 因子	SS_B	$q-1$	MS_B	$F_2 = \dfrac{MS_B}{MS_{w.cell}} > F_{(1-\alpha, q-1, pq(n-1))}$
A×B	SS_{AB}	$(p-1)(q-1)$	MS_{AB}	$F_3 = \dfrac{MS_{AB}}{MS_{w.cell}} > F_{(1-\alpha, (p-1)(q-1), pq(n-1))}$
誤差	$SS_{w.cell}$	$pq(n-1)$	$MS_{w.cell}$	
總和	SS_t	$npq-1$		

決策規則：

當 $F_1 = \dfrac{MS_A}{MS_{w.cell}} > F_{(1-\alpha, p-1, pq(n-1))}$ ，則拒絕 H_0。

當 $F_2 = \dfrac{MS_B}{MS_{w.cell}} > F_{(1-\alpha, q-1, pq(n-1))}$ ，則拒絕 H_0'。

當 $F_3 = \dfrac{MS_{AB}}{MS_{w.cell}} > F_{(1-\alpha, (p-1)(q-1), pq(n-1))}$ ，則拒絕 H_0''。

💡小補充

1. 重複試驗才可以檢定其交互作用。
2. H_0、H_0' 及 H_0'' 為互相獨立的檢定。

（一）重複試驗二因子變異數分析（無交互作用時）

前面提到，重複試驗二因子變異數分析才可以檢定交互作用。如果檢定結果發現二個因子間並無交互作用，這時我們可以把 A、B 二因子的資料拿來作 **A** 因子的單因子變異數分析、**B** 因子的單因子變異數分析，甚至作**細格**的單因子變異數分析。無交互作用之重複試驗二因子變異來源仍然是

$$SS_t = SS_A + SS_B + SS_{AB} + SS_{w.cell}$$

 例題 6

研究者想了解「訓練場地」和「訓練方法」這二個因子對訓練效果的影響，於是將訓練場地分為室內、室外。訓練方法分為方法 1（獎賞法）、方法 2（獎賞懲戒兼具法）、方法 3（懲戒法），他隨機抽樣 36 名學生並隨機分派到下列 6 個實驗情境中，實驗結果如下表：試以 $\alpha = 0.05$ 檢定

1. 選手在室內接受訓練和在室外接受訓練之成效是否不同？

2. 三種訓練方法之訓練效果有無差異？

3. 訓練場地與訓練方法之間是否有交互作用存在？

訓練方法 訓練場地	方法 1	方法 2	方法 3
室內	6	5	5
	7	6	3
	9	8	9
	3	6	4
	8	7	7
	4	4	8
室外	7	4	2
	8	7	6
	6	3	5
	6	6	6
	4	8	4
	3	6	7

解 先計算各細格內、各行、各列的和

A 因子 ＼ B 因子		訓練方法			
		方法 1	方法 2	方法 3	
訓練場地	室內	37	36	36	109
	室外	34	34	30	98
		71	70	66	

令 α_1、α_2 分別表示 A 因子室內、室外之主要效果。β_1、β_2、β_3 分別表示 B 因子訓練方法 1、2、3 之主要效果。$(\alpha\beta)_{11}$、$(\alpha\beta)_{12}$、$\cdots$、$(\alpha\beta)_{23}$ 分別表示 A 因子與 B 因子之交互作用效果，所以共有三個檢定假設：

1. 三個檢定假設

   (1) $H_0 : \alpha_1 = \alpha_2 = 0$
   $H_1 : H_0$ 不成立 （檢定 A 因子主要效果）。

   (2) $H_0 : \beta_1 = \beta_2 = \beta_3 = 0$
   $H_1 : H_0$ 不成立 （檢定 B 因子主要效果）。

   (3) $H_0 : (\alpha\beta)_{11} = (\alpha\beta)_{12} = \cdots = (\alpha\beta)_{23} = 0$
   $H_1 : H_0$ 不成立 （檢定兩因子交互作用效果）。

2. 計算離均差平方和，A 因子的第 i 個水準，$i = 1, \cdots, p$，現 $p = 2$；B 因子的第 j 個水準，$j = 1, \cdots, q$，現 $q = 3$；細格內的第 m 個人，$m = 1, \cdots, n$，現 $n = 6$。

$$SS_t = \sum_{i=1}^{p}\sum_{j=1}^{q}\sum_{m=1}^{n} X_{ijm}^2 - \frac{\left(\sum_{i=1}^{p}\sum_{j=1}^{q}\sum_{m=1}^{n} X_{ijm}\right)^2}{npq} = \left(6^2 + 7^2 + \cdots + 7^2\right) - \frac{(6+7+\cdots+7)^2}{6\times 2\times 3}$$

$$= 1311 - \frac{(207)^2}{36} = 120.75 \text{，} df_t = npq - 1 = 36 - 1 = 35 \text{。}$$

$$SS_{b.cell} = \sum_{i=1}^{p}\sum_{j=1}^{q} \frac{T_{ij.}^2}{n} - \frac{\left(\sum_{i=1}^{p}\sum_{j=1}^{q}\sum_{m=1}^{n} X_{ijm}\right)^2}{npq}$$

$$= \left(\frac{37^2 + 34^2 + 36^2 + 34^2 + 36^2 + 30^2}{6}\right) - \frac{(6+7+\cdots+7)^2}{6\times 2\times 3} = 5.25 \text{，}$$

$df_{b.cell} = pq - 1 = 6 - 1 = 5$。

$$SS_A = \sum_{i=1}^{p} \frac{T_{i..}^2}{nq} - \frac{\left(\sum_{i=1}^{p}\sum_{j=1}^{q}\sum_{m=1}^{n} X_{ijm}\right)^2}{npq} = \left(\frac{109^2 + 98^2}{18}\right) - \frac{(6+7+\cdots+7)^2}{6\times 2\times 3} = 3.361111，$$

$df_A = p - 1 = 2 - 1 = 1$

$$SS_B = \sum_{j=1}^{q} \frac{T_{.j.}^2}{np} - \frac{\left(\sum_{i=1}^{p}\sum_{j=1}^{q}\sum_{m=1}^{n} X_{ijm}\right)^2}{npq} = \left(\frac{71^2 + 70^2 + 66^2}{12}\right) - \frac{(6+7+\cdots+7)^2}{6\times 2\times 3} = 1.166667，$$

$df_B = q - 1 = 3 - 1 = 2$。

$SS_{AB} = SS_{b.cell} - SS_A - SS_B = 0.722222$，

$df_{AB} = (p-1)(q-1) = (2-1)(3-1) = 2$。

$SS_{w.cell} = SS_t - SS_{b.cell} = 120.75 - 5.25 = 115.5$。

$df_{w.cell} = (npq-1) - (pq-1) = pq(n-1) = 2\times 3\times 5 = 30$。

3. 計算檢定式

$$F_1 = \frac{MS_A}{MS_{w.cell}} = \frac{3.361111/1}{115.5/30} = 0.873 \quad (對 \begin{array}{l} H_0 : \alpha_1 = \alpha_2 = 0 \\ H_1 : H_0 \text{ 不成立} \end{array} \text{作檢定})$$

$$F_2 = \frac{MS_B}{MS_{w.cell}} = \frac{1.166667/2}{115.5/30} = 0.1515 \quad (對 \begin{array}{l} H_0 : \beta_1 = \beta_2 = \beta_3 = 0 \\ H_1 : H_0 \text{ 不成立} \end{array} \text{作檢定})$$

$$F_3 = \frac{MS_{AB}}{MS_{w.cell}} = \frac{0.722222/2}{115.5/30} = 0.0938 \quad (對 \begin{array}{l} H_0 : (\alpha\beta)_{11} = (\alpha\beta)_{12} = \cdots = (\alpha\beta)_{23} = 0 \\ H_1 : H_0 \text{ 不成立} \end{array} \text{作檢定})$$

4. 查 F 表，$F_{(0.05, 1, 30)} = 4.170886$，$F_{(0.05, 2, 30)} = 3.315833$，通常先檢定有無交互作用，再檢定主要效果。交互作用的 $F_3 = 0.0938 < 3.315833$，所以不拒絕虛無假設 H_0：$(\alpha\beta)_{11} = (\alpha\beta)_{12} = \cdots = (\alpha\beta)_{23} = 0$，即無證據說 AB 有交互作用，也就是不同場地之訓練效果與採用哪一種訓練方法無關。又 $F_1 = 0.873 < 4.170886$，所以不拒絕虛無假設 H_0：$\alpha_1 = \alpha_2 = 0$，即不同場地之訓練效果並無不同。再者 $F_2 = 0.1515 < 3.315833$，所以不拒絕虛無假設 H_0：$\beta_1 = \beta_2 = \beta_3 = 0$，即不同訓練方法之訓練效果並無顯著差異。

5. 作 ANOVA 表

ANOVA

變異來源	SS	df	MS	F
A（訓練場地）	3.361111	1	3.361111	0.873
B（訓練方法）	1.166667	2	0.5833335	0.1515
A × B（交互作用）	0.722222	2	0.361111	0.0938
誤 差	115.5	30	3.85	
總 和	120.75	35		

♦ **解法分析**

1. 細格（cell）意思是既屬於 A 因子也屬於 B 因子的資料，本例共有 6 個細格，(1, 1) (1, 2) (1, 3) (2, 1) (2, 2) (2, 3)，每一細格內有 6 個觀察值（重複試驗），例 (1, 3) 細格內的 6 個觀察值為 5、3、9、4、7、8。

2. 因為有三個統計假設，所以有三個檢定式（F_1，F_2 及 F_3）。檢定式 $F_1 = \dfrac{MS_A}{MS_{w.cell}}$ $= \dfrac{SS_A/1}{SS_{w.cell}/30}$，分子自由度是 1，分母自由度是 30，所以要和 $F_{(1-0.05, 1, 30)} = 4.170886$ 作比較。檢定式 $F_2 = \dfrac{MS_B}{MS_{w.cell}} = \dfrac{SS_B/2}{SS_{w.cell}/30}$，分子自由度是 2，分母自由度是 30，所以要和 $F_{(0.05, 2, 30)} = 3.315833$ 作比較。檢定式 $F_3 = \dfrac{MS_{AB}}{MS_{w.cell}} = \dfrac{SS_{AB}/2}{SS_{w.cell}/30}$，分子自由度是 2，分母自由度是 30，所以仍是和 $F_{(0.05, 2, 30)} = 3.315833$ 作比較。

3. $F_{(0.05, 1, 30)}$ 查表值，可以由書後附錄表查出來，或由 Excel 查出來，步驟如下：點選 Excel，「公式」、「f_x 插入函數」，點選「或選取類別」中的「統計」及「FINV」，按「確定」，出現「FINV 視窗」，在「Probability」處鍵入 0.05，在「Deg_freedom1」處鍵入 1，在「Deg_freedom2」處鍵入 30，按「確定」，螢幕出現「4.170886」。同理也可以由 Excel 查出 $F_{(1-0.05, 2, 30)}$ 值，步驟同上，只須在「Deg_freedom1」處改鍵入 2，其餘不變，螢幕即會出現「3.315833」。

EXCEL 作法

1. 點選 Excel，在 A2 位格鍵入室內，在 A8 位格鍵入室外；在 B1 位格鍵入方法 1，在 B2 位格鍵入 6，在 B3 位格鍵入 7，以此類推至 B7 位格鍵入 4，在 B8 位格鍵入 7，…，在 B13 位格鍵入 3；同理在 C1 位格鍵入方法 2，在 C2 位格鍵入 5，在 C3 位格鍵入 6，…，在 C13 位格鍵入 6；在 D1 位格鍵入方法 3，在 D2 位格鍵入 5，在 D3 位格鍵入 3，…，在 D13 位格鍵入 7。

2. 將游標移到 E1 位格上，選取「資料」，「資料分析」，點選「雙因子變異數分析：重複量數」，按「確定」，出現「雙因子變異數分析：重複量數」視窗，在「輸入範圍 (I)」中鍵入 a1:d13，在「每一樣本的列數 (R)」中鍵入 6，在「α(A)」中鍵入 0.05，在「新工作表」中鍵入你想給定的名稱，按「確定」。

3. 螢幕出現下表資料。

雙因子變異數分析：重複試驗					
摘要	方法 1	方法 2	方法 3	總和	
室內					
個數	6	6	6	18	
總和	37	36	36	109	
平均	6.166667	6	6	6.055556	
變異數	5.366667	2	5.6	3.820261	
室外					
個數	6	6	6	18	
總和	34	34	30	98	
平均	5.666667	5.666667	5	5.444444	
變異數	3.466667	3.466667	3.2	3.084967	
總和					
個數	12	12	12		

總和	71	70	66			
平均	5.916667	5.833333	5.5			
變異數	4.083333	2.515152	4.272727			
ANOVA						
變源	SS	自由度	MS	F	P- 值	臨界值
樣本	3.361111	1	3.361111	0.873016	0.357582	4.170886
欄	1.166667	2	0.583333	0.151515	0.860058	3.315833
交互作用	0.722222	2	0.361111	0.093795	0.910735	3.315833
組內	115.5	30	3.85			
總和	120.75	35				

♦ Excel 作法分析

在 ANOVA 摘要表裡，變源共分為五種：樣本、欄、交互作用、組內、總和。樣本指的是 A 因子變異、欄指的是 B 因子變異、組內指的是誤差變異。「樣本」的 F 值 0.873 小於臨界值 4.1708，所以不拒絕虛無假設。「欄」F 值 0.1515 小於臨界值 3.3158，所以不拒絕虛無假設。交互作用 F 值 0.093795 小於臨界值 3.3158，所以不拒絕虛無假設。由於本例三個統計假設（A 因子是否有主要效果？B 因子是否有主要效果？A、B 因子是否有交互作用效果？），檢定結果都是不拒絕虛無假設，也就是沒有主要效果也沒有交互作用存在。

檢定結果二個因子間並無交互作用，這個時候我們可以把 A、B 二因子的資料拿來作 A 因子的單因子變異數分析、B 因子的單因子變異數分析、細格的單因子變異數分析，看看結果有什麼差別？我們先作 A 因子的，再作 B 因子的（先作那一個因子，其實是沒有關係的），最後作細格內的變異數分析。

R 程式作法

```
R 程式
data1<-read.table(file="c:/R/ch8.4.txt",header=T)
data1
attach(data1)
data2<-aov(x3~factor(x1)*factor(x2),data=data1)
summary(data2)
```

♦ R 結果

	x1	x2	x3
1	1	1	6
2	1	1	7
3	1	1	9
4	1	1	3
5	1	1	8
6	1	1	4
7	1	2	5
8	1	2	6
9	1	2	8
10	1	2	6
11	1	2	7
12	1	2	4
13	1	3	5
14	1	3	3
15	1	3	9
16	1	3	4
17	1	3	7
18	1	3	8

19　2　1　7

20　2　1　8

21　2　1　6

22　2　1　6

23　2　1　4

24　2　1　3

25　2　2　4

26　2　2　7

27　2　2　3

28　2　2　6

29　2　2　8

30　2　2　6

31　2　3　2

32　2　3　6

33　2　3　5

34　2　3　6

35　2　3　4

36　2　3　7

	Df	Sum Sq	Mean Sq	F value	Pr(>F)
factor(x1)	1	3.36	3.361	0.873	0.358
factor(x2)	2	1.17	0.583	0.152	0.860
factor(x1):factor(x2)	2	0.72	0.361	0.094	0.911
Residuals	30	115.50	3.850		

(二) 二因子資料作單因子（A 因子）變異數分析

EXCEL 作法

1. 點選 Excel 新工作表，在 A1 位格鍵入室內，在 B1 位格鍵入 6，在 C1 位格鍵入 7，在 D1 位格鍵入 9，在 E1 位格鍵入 3，…，在 H1 位格鍵入 5，…，在 N1 位格鍵入 5，…，在 R1 位格鍵入 7，在 S1 位格鍵入 8；在 A2 位格鍵入室外，在

B2 位格鍵入 7，在 C2 位格鍵入 8，在 D2 位格鍵入 6，在 E2 位格鍵入 6，…，在 H2 位格鍵入 4，…，在 N2 位格鍵入 2，…，在 R2 位格鍵入 4，在 S2 位格鍵入 7。（也可以透過剛才輸入的舊工作表，點選「編輯」，「移動或複製工作表」，勾選「建立複本」等步驟重新排列要的資料）。

2. 將游標移到 A3 位格上，選取「資料」，「資料分析」，點選「單因子變異數分析」，按「確定」，出現「單因子變異數分析」視窗，在「輸入範圍 (I)」中鍵入 a1: s2，勾選「逐列 (R)」，在「類別軸…第一列上 (L)」前打勾，在「α(A)」中鍵入 0.05，在「新工作表」中鍵入想給定的名稱（如二因子作 A 因子處理），按「確定」。

3. 螢幕出現下表資料。

單因子變異數分析					
摘要					
組	個數	總和	平均	變異數	
室內	18	109	6.055556	3.820261	
室外	18	98	5.444444	3.084967	
ANOVA					
變源	SS	自由度	MS	F	P- 值	臨界值
組間	3.361111	1	3.361111	0.973497	0.330779	4.130015
組內	117.3889	34	3.452614			
總和	120.75	35			

　　對照之前二因子變異數分析，會發現兩者在總和方面是一樣的都是 120.75，這裡組間 SS 是 3.361111，和之前二因子變異數分析的「樣本」平方和是一樣的，這裡組內 SS 是 117.3889，等於之前二因子變異數分析的「欄」、「交互作用」、「組內」三個平方和的加總（117.3889 = 1.166667 + 0.722222 + 115.5）。這裡組間效果 F 值 0.973497 小於臨界值 4.130015，所以不拒絕虛無假設，即不同的訓練場地平均效果並無顯著差異。

（三）二因子資料作單因子（**B 因子**）變異數分析

EXCEL 作法

1. 點選 Excel，在 A2 位格鍵入室內，在 A8 位格鍵入室外；在 B1 位格鍵入方法 1，在 B2 位格鍵入 6，以此類推至 B13 位格鍵入 3；同理在 C1 位格鍵入方法 2，在 C2 位格鍵入 5，…，在 C13 位格鍵入 6；在 D1 位格鍵入方法 3，在 D2 位格鍵入 5，…，在 D13 位格鍵入 7（或點選剛才鍵入的資料表）。

2. 將游標移到 E1 位格上，選取「資料」，「資料分析」，點選「單因子變異數分析」，按「確定」，出現「單因子變異數分析」視窗，在「輸入範圍 (I)」中鍵入 b1: d13，勾選「逐欄 (C)，在「類別軸…第一列上 (L)」前打勾，在「α(A)」中鍵入 0.05，在「新工作表」中鍵入想給定的名稱（如二因子作 B 因子處理），按「確定」。

3. 螢幕出現下表資料。

單因子變異數分析						
摘要						
組	個數	總和	平均	變異數		
方法 1	12	71	5.916667	4.083333		
方法 2	12	70	5.833333	2.515152		
方法 3	12	66	5.5	4.272727		
ANOVA						
變源	SS	自由度	MS	F	P- 值	臨界值
組間	1.166667	2	0.583333	0.160976	0.851977	3.284924
組內	119.5833	33	3.623737			
總和	120.75	35				

對照之前二因子變異數分析，會發現兩者在總和方面是一樣的都是 120.75，這裡組間 SS 是 1.166667，和之前二因子變異數分析的「欄」平方和是一樣的，這裡組內 SS 是 119.5833，等於之前二因子變異數分析的「樣本」、「交互作用」、「組內」三個平方和相加（即 119.5833 = 3.361111 + 0.722222 + 115.5）。這裡組間效果 F 值 0.160976 小於臨界值 3.284924，所以不拒絕虛無假設，即不同的訓練方法平均效果並無顯著差異。

（四）二因子資料作細格單因子變異數分析

前面提過共有 6 個細格，分別是：(1, 1) = (室內 , 方法 1)、(1, 2) = (室內 , 方法 2)、(1, 3) = (室內 , 方法 3)、(2, 1) = (室外 , 方法 1)、(2, 2) = (室外 , 方法 2)、(2, 3) = (室外 , 方法 3)。

EXCEL 作法

1. 點選 Excel，在 A1 位格鍵入內 1（意思是室內 , 方法 1），在 B1 位格鍵入內 2（意思是室內 , 方法 2），在 C1 位格鍵入內 3，在 D1 位格鍵入外 1，在 E1 位格鍵入外 2，在 F1 位格鍵入外 3；在 A2 位格鍵入 6，在 A3 位格鍵入 7，在 A4 位格鍵入 9，在 A5 位格鍵入 3，在 A6 位格鍵入 8，在 A7 位格鍵入 4；在 B2 位格鍵入 5，在 B3 位格鍵入 6，…，在 B7 位格鍵入 4，…，在 F2 位格鍵入 2，在 F3 位格鍵入 6，…，在 F7 位格鍵入 7。

2. 將游標移到 G1 位格上，選取「資料」，「資料分析」，點選「單因子變異數分析」，按「確定」，出現「單因子變異數分析」視窗，在「輸入範圍 (I)」中鍵入 a1: f7，勾選「逐欄 (C)」，在「類別軸…第一列上 (L)」前打勾，在「α(A)」中鍵入 0.05，在「新工作表」中鍵入想給定的名稱（如二因子作細格一因子處理），按「確定」。

3. 螢幕出現下表資料。

單因子變異數分析						
摘要						
組	個數	總和	平均	變異數		
內 1	6	37	6.166667	5.366667		
內 2	6	36	6	2		

內 3	6	36	6	5.6		
外 1	6	34	5.666667	3.466667		
外 2	6	34	5.666667	3.466667		
外 3	6	30	5	3.2		
ANOVA						
變源	SS	自由度	MS	F	P- 值	臨界值
組間	5.25	5	1.05	0.272727	0.92445	2.533554
組內	115.5	30	3.85			
總和	120.75	35				

　　對照之前二因子變異數分析，會發現兩者在總和方面是一樣的都是 120.75，這裡組內 SS 是 115.5，和之前二因子變異數分析的「組內」平方和是一樣的，這裡組間 SS 是 5.25，等於之前二因子變異數分析的「樣本」「欄」、「交互作用」三個平方和相加（5.25 = 3.361111 + 1.166667 + 0.722222）。這裡組間效果 F 值 0.272727 小於 2.533554，所以不拒絕虛無假設，即不同的訓練場地且為不同的訓練方法所隨機抽得的樣本其平均效果並無顯著差異。

（五）重複試驗二因子變異數分析（具交互作用時）

　　作重複試驗二因子變異數分析時，要先檢定有無交互作用。一旦有交互作用後，接著就要作主要效果的檢定，這是因為有了交互作用的效應後，有可能混淆 A 因子或 B 因子的效果，也就是兩因子效果之獨立性假設並不成立。在農作物實驗、藥劑試驗或心理實驗中，常有交互作用的情況發生。

研究者想了解不同教室氣氛和不同教學方法對學生學習成就的影響，他隨機抽取 30 名學生並隨機分派到下列所示六種實驗情境，實驗結果學生的學習成績如下所示。請問：

教學方法 教室氣氛	演講法（b_1）	自學法（b_2）	啟發法（b_3）
嚴肅（a_1）	4	1	3
	9	3	9
	8	4	6
	9	5	5
	6	3	9
輕鬆（a_2）	3	7	11
	8	3	8
	5	4	10
	6	2	12
	3	5	9

1. 學生在嚴肅的教室氣氛下學習和在輕鬆的教室氣氛下學習，成就是否不同？

2. 演講法、自學輔導法和啟發式教學法三種教學方法的教學效果有無差異？

3. 教室氣氛和教學方法兩個自變項之間是否有交互作用存在？ $\alpha = 0.05$

（取自林清山，心理與教育統計學，民 81，p.370）

解 先計算各細格內、各行、各列的和

A＼B		教學方法			
		演講	自學	啓發	
教室氣氛	嚴肅	36	16	32	84
	輕鬆	25	21	50	96
		61	37	82	

令 α_1、α_2 分別表示 A 因子嚴肅、輕鬆之主要效果，β_1、β_2、β_3 分別表示 B 因子教學方法演講法、自學法、啓發法之主要效果，$(\alpha\beta)_{11}$、$(\alpha\beta)_{12}$、$\cdots$、$(\alpha\beta)_{23}$ 分別表示 A 因子與 B 因子所產生之交互作用效果，本例共有三個檢定假設：

1. 三個檢定假設

(1) $H_0：\alpha_1 = \alpha_2 = 0$
$H_1：H_0$ 不成立

(2) $H_0：\beta_1 = \beta_2 = \beta_3 = 0$
$H_1：H_0$ 不成立

(3) $H_0：(\alpha\beta)_{11} = (\alpha\beta)_{12} = \cdots = (\alpha\beta)_{23} = 0$
$H_1：H_0$ 不成立

2. 計算離均差平方和，A 因子有 2 個水準，所以 $p = 2$；B 因子有 3 個水準，所以 $q = 3$；每一細格內有 5 個人，所以 $n = 5$。

$$SS_t = \sum_{i=1}^{p}\sum_{j=1}^{q}\sum_{m=1}^{n} X_{ijm}^2 - \frac{\left(\sum_{i=1}^{p}\sum_{j=1}^{q}\sum_{m=1}^{n} X_{ijm}\right)^2}{npq} = (4^2 + 9^2 + \cdots + 9^2) - \frac{(4+9+\cdots+9)^2}{5\times2\times3}$$

$$= 1326 - \frac{180^2}{30} = 246，df_t = npq - 1 = 30 - 1 = 29。$$

$$SS_{b.cell} = \sum_{i=1}^{p}\sum_{j=1}^{q} \frac{T_{ij.}^2}{n} - \frac{\left(\sum_{i=1}^{p}\sum_{j=1}^{q}\sum_{m=1}^{n} X_{ijm}\right)^2}{npq}$$

$$= \left(\frac{36^2 + 16^2 + 32^2 + 25^2 + 21^2 + 50^2}{5}\right) - \frac{(4+9+\cdots+9)^2}{5\times2\times3} = 148.4，$$

$df_{b.cell} = pq - 1 = 6 - 1 = 5。$

$$SS_A = \sum_{i=1}^{p} \frac{T_{i..}^2}{nq} - \frac{\left(\sum_{i=1}^{p}\sum_{j=1}^{q}\sum_{m=1}^{n} X_{ijm}\right)^2}{npq} = \left(\frac{84^2 + 96^2}{5 \times 3}\right) - \frac{(4+9+\cdots+9)^2}{5 \times 2 \times 3} = 4.8 ,$$

$df_A = p - 1 = 2 - 1 = 1$。

$$SS_B = \sum_{j=1}^{q} \frac{T_{.j.}^2}{np} - \frac{\left(\sum_{i=1}^{p}\sum_{j=1}^{q}\sum_{m=1}^{n} X_{ijm}\right)^2}{npq} = \left(\frac{61^2 + 37^2 + 82^2}{5 \times 2}\right) - \frac{(4+9+\cdots+9)^2}{5 \times 2 \times 3} = 101.4 ,$$

$df_B = q - 1 = 3 - 1 = 2$。

$$SS_{AB} = SS_{b.cell} - SS_A - SS_B = 148.4 - 4.8 - 101.4 = 42.2 ,$$

$$df_{AB} = (p-1)(q-1) = (2-1)(3-1) = 2 。$$

$$SS_{w.cell} = SS_t - SS_{b.cell} = 246.0 - 148.4 = 97.6 。$$

$$df_{w.cell} = (npq-1) - (pq-1) = pq(n-1) = 2 \times 3 \times 4 = 24 。$$

3. 計算檢定式

$$F_1 = \frac{MS_A}{MS_{w.cell}} = \frac{4.8/1}{97.6/24} = 1.18 \quad (對 \begin{array}{l} H_0 : \alpha_1 = \alpha_2 = 0 \\ H_1 : H_0 \text{ 不成立} \end{array} \text{作檢定})$$

$$F_2 = \frac{MS_B}{MS_{w.cell}} = \frac{101.4/2}{97.6/24} = 12.46 \quad (對 \begin{array}{l} H_0 : \beta_1 = \beta_2 = \beta_3 = 0 \\ H_1 : H_0 \text{ 不成立} \end{array} \text{作檢定})$$

$$F_3 = \frac{MS_{AB}}{MS_{w.cell}} = \frac{42.2/2}{97.6/24} = 5.18 \quad (對 \begin{array}{l} H_0 : (\alpha\beta)_{11} = (\alpha\beta)_{12} = \cdots = (\alpha\beta)_{23} = 0 \\ H_1 : H_0 \text{ 不成立} \end{array} \text{作檢定})$$

4. 查 F 表，$F_{(0.05, 1, 24)} = 4.25967$，$F_{(0.05, 2, 24)} = 3.40283$。通常我們先檢定兩因子有無交互作用，因為 $F_3 = 5.18 > 3.40283$ 達顯著水準，表示 A、B 兩因子交互作用存在，即不同的教室氣氛對學生學習效果是否有影響須視採行那一種教學法而定。因為 $F_1 = 1.18 < F_{(0.05, 1, 24)} = 4.25967$，所以不拒絕虛無假設 $H_0 : \alpha_1 = \alpha_2 = 0$，即不同的教室氣氛對學生學習效果並無不同。因為 $F_2 = 12.46 > 3.40283$，所以拒絕虛無假設 $H_0 : \beta_1 = \beta_2 = \beta_3 = 0$，即不同教學方法之教學效果並不相同。

5. 作 ANOVA 表

ANOVA

變異來源	SS	df	MS	F
A（教室氣氛）	4.8	1	4.80	1.18
B（教學方法）	101.4	2	50.70	12.46
A×B（交互作用）	42.2	2	21.10	5.18
誤 差	97.6	24	4.07	
總 和	246.0	29		

♦ 解法分析

1. 細格（cell）意思是既屬於 A 因子也屬於 B 因子的資料，本例共有 6 個細格，(1, 1) (1, 2) (1, 3) (2, 1) (2, 2) (2, 3)，每一細格內有 5 個觀察值（重複試驗），例 (1, 2) 細格內的 5 個觀察值分別為 1、3、4、5、3。

2. 因為有三個統計假設，所以有三個檢定式（F_1，F_2 及 F_3）。檢定式 $F_1 = \dfrac{MS_A}{MS_{w.cell}}$ $= \dfrac{SS_A/1}{SS_{w.cell}/24}$，分子自由度是 1，分母自由度是 24，所以要和 $F_{(0.05, 1, 24)} = 4.25967$ 作比較。檢定式 $F_2 = \dfrac{MS_B}{MS_{w.cell}} = \dfrac{SS_B/2}{SS_{w.cell}/24}$，分子自由度是 2，分母自由度是 24，所以要和 $F_{(0.05, 2, 24)} = 3.40283$ 作比較。檢定式 $F_3 = \dfrac{MS_{AB}}{MS_{w.cell}} = \dfrac{SS_{AB}/2}{SS_{w.cell}/24}$，分子自由度是 2，分母自由度是 24，所以仍是和 $F_{(0.05, 2, 24)} = 3.40283$ 作比較。

3. $F_{(0.05, 1, 24)}$ 查表值，可以由書後附錄表查出來，或由 Excel 查出來，步驟如下：點選 Excel，「公式」、「f_x 插入函數」，點選「或選取類別」中的「統計」及「FINV」，「確定」，出現「FINV 視窗」，在「Probability」處鍵入 0.05，在「Deg_freedom1」處鍵入 1，在「Deg_freedom2」處鍵入 24，按「確定」，螢幕出現「4.25967」。同理也可以由 Excel 查出 $F_{(0.05, 2, 24)}$ 值，步驟同上，只須在「Deg_freedom1」處改鍵入 2，其餘不變，螢幕即會出現「3.40283」。

（六）單純主要效果變異數分析

因為本例 A 因子與 B 因子有交互作用，所以我們還須就 A 因子之水準與 B 因子之水準的單純主要效果進一步加以檢定。要檢定的項目有：

1. 在 B 因子的水準 1（演講組 b_1）中，A 因子中的 2 個水準，嚴肅（a_1）與輕鬆（a_2）何者學習效果較好？

2. 在 B 因子的水準 2（自學組 b_2）中，A 因子中的 2 個水準，嚴肅（a_1）與輕鬆（a_2）何者學習效果較好？

3. 在 B 因子的水準 3（啟發組 b_3）中，A 因子中的 2 個水準，嚴肅（a_1）與輕鬆（a_2）何者學習效果較好？

4. 在 A 因子的水準 1（嚴肅組 a_1）中，B 因子中的 3 個水準，演講組（b_1）、自學組（b_2）及啟發組（b_3）何者教學效果較好？

5. 在 A 因子的水準 2（輕鬆組 a_2）中，B 因子中的 3 個水準，演講組（b_1）、自學組（b_2）及啟發組（b_3）何者教學效果較好？

上面這 5 個檢定項目它們各自的離均差平方和，自由度分別為

1. $SS_{A \mid b_1} = \dfrac{36^2 + 25^2}{5} - \dfrac{61^2}{10} = 12.1$，自由度 $df_{A \mid b_1} = 2 - 1 = 1$。

2. $SS_{A \mid b_2} = \dfrac{16^2 + 21^2}{5} - \dfrac{37^2}{10} = 2.5$，自由度 $df_{A \mid b_2} = 2 - 1 = 1$。

3. $SS_{A \mid b_3} = \dfrac{32^2 + 50^2}{5} - \dfrac{82^2}{10} = 32.4$，自由度 $df_{A \mid b_3} = 2 - 1 = 1$。

4. $SS_{B \mid a_1} = \dfrac{36^2 + 16^2 + 32^2}{5} - \dfrac{84^2}{15} = 44.8$，自由度 $df_{B \mid a_1} = 3 - 1 = 2$。

5. $SS_{B \mid a_2} = \dfrac{25^2 + 21^2 + 50^2}{5} - \dfrac{96^2}{15} = 98.8$，自由度 $df_{B \mid a_2} = 3 - 1 = 2$。

這五個單純效果作變異數分析時，F 檢定的分母和之前主要效果 F 檢定時的分母是一樣的，都是 $MS_{w.cell}(= 4.07)$，但是錯誤率 α 卻不一樣，因為我們當初針對主要效果或交互作用效果作檢定時，給定的顯著水準都是 $\alpha = 0.05$ 的單位，即針對 A 因子主要效果的檢定給定的 $\alpha = 0.05$，針對 B 因子主要效果的檢定也是給定 $\alpha = 0.05$，針對 A、B 因子交互作用效果的檢定一樣也是給定 $\alpha = 0.05$。

但是現在不一樣了，之前針對 A 因子作主要效果的檢定時只有一個統計假設 H_0：$\alpha_1 = \alpha_2 = 0$，現在在檢定單純效果時，有三個統計假設，一個是在演講組中檢定 H_0：$\alpha_1 = \alpha_2 = 0$，一個是在自學組中檢定 H_0：$\alpha_1 = \alpha_2 = 0$，一個是在啟發組中檢定 H_0：$\alpha_1 = \alpha_2 = 0$，一共有三個所以我們要把顯著水準 0.05 均分（除以 3），得到 0.0167，所以查表時要查 $F_{(1-0.0167,\ 1,\ 24)}$；同理之前 B 因子作主要效果的檢定時也只有一個統計假設 H_0：$\beta_1 = \beta_2 = \beta_3 = 0$，現在則有二個統計假設，一個是在嚴肅組中檢定 H_0：$\beta_1 = \beta_2 = \beta_3 = 0$，一個是在輕鬆組中檢定 H_0：$\beta_1 = \beta_2 = \beta_3 = 0$，因為有二個，所以我們要把顯著水準 0.05 均分（除以 2），得到 0.025，查表時要查 $F_{(1-0.025,\ 2,\ 24)}$。

總結上述這五個單純效果之檢定、均方值、F 值以及檢定結果如下：

1. $MS_{A\,|\,b_1} = \dfrac{12.1}{1} = 12.1$，$F = \dfrac{12.1}{4.07} = 2.97$，$2.97 < F_{(1-0.0167,\ 1,\ 24)} = 6.21$，所以不拒絕虛無假設，表示就演講組資料而言，A 因子嚴肅的教室氣氛與輕鬆的教室氣氛對學習效果並無顯著差異。

2. $MS_{A\,|\,b_2} = \dfrac{2.5}{1} = 2.5$，$F = \dfrac{2.5}{4.07} = 0.61$，$0.61 < F_{(1-0.0167,\ 1,\ 24)} = 6.21$，所以不拒絕虛無假設，表示就自學組資料而言，A 因子嚴肅的教室氣氛與輕鬆的教室氣氛對學習效果並無顯著差異。

3. $MS_{A\,|\,b_3} = \dfrac{32.4}{1} = 32.4$，$F = \dfrac{32.4}{4.07} = 7.96$，$7.96 > F_{(1-0.0167,\ 1,\ 24)} = 6.21$，所以拒絕虛無假設，表示就啟發組資料而言，嚴肅的教室氣氛與輕鬆的教室氣氛對學習效果有顯著差異。

4. $MS_{B\,|\,a_1} = \dfrac{44.8}{2} = 22.4$，$F = \dfrac{22.4}{4.07} = 5.50$，$5.50 > F_{(1-0.025,\ 2,\ 24)} = 4.32$，所以拒絕虛無假設，表示就嚴肅組資料而言，演講組、啟發組、自學組三組間之教學效果有顯著差異。

5. $MS_{B\,|\,a_2} = \dfrac{98.8}{2} = 49.4$，$F = \dfrac{49.4}{4.07} = 12.14$，$12.14 > F_{(1-0.025,\ 2,\ 24)} = 4.32$，所以拒絕虛無假設，表示就輕鬆組資料而言，演講組、啟發組、自學組三組間之教學效果有顯著差異。

最後作單純效果 ANOVA 表

ANOVA

變異來源	SS	df	MS	F
A 因子（教室氣氛）				
在演講組（b_1）	12.1	1	12.1	2.97
在自學組（b_2）	2.5	1	2.5	0.61
在啓發組（b_3）	32.4	1	32.4	7.96
B 因子（教學方法）				
在嚴肅組（a_1）	44.8	2	22.4	5.50
在輕鬆組（a_2）	98.8	2	49.4	12.14
誤差	97.6	24	4.07	

EXCEL 作法

1. 點選 Excel，在 A4 位格鍵入 a1，在 A9 位格鍵入 a2，在 B1 位格鍵入 b1，在 C1 位格鍵入 b2，在 D1 位格鍵入 b3，在 B2 位格鍵入 4，在 B3 位格鍵入 9，…，在 B11 位格鍵入 3；在 C2 位格鍵入 1，在 C11 位格鍵入 5；在 D2 位格鍵入 3，…，在 D11 位格鍵入 9。

2. 將游標移到 E1 位格上，選取「資料」，「資料分析」，點選「雙因子變異數分析：重複量數」，按「確定」，出現「雙因子變異數分析：重複量數」視窗，在「輸入範圍(I)」中鍵入 a1:d11，在「每一樣本的列數(R)」中鍵入 5，在「α(A)」中鍵入 0.05，在「新工作表」中鍵入想給定的名稱（如重複量數二因子），按「確定」。

3. 螢幕出現下表資料。

雙因子變異數分析：重複試驗					
摘要	b1	b2	b3	總和	
個數	5	5	5	15	

總和	36	16	32	84		
平均	7.2	3.2	6.4	5.6		
變異數	4.7	2.2	6.8	7.114286		
個數	5	5	5	15		
總和	25	21	50	96		
平均	5	4.2	10	6.4		
變異數	4.5	3.7	2.5	10.11429		
總和						
個數	10	10	10			
總和	61	37	82			
平均	6.1	3.7	8.2			
變異數	5.433333	2.9	7.733333			
ANOVA						
變源	SS	自由度	MS	F	P- 值	臨界值
樣本	4.8	1	4.8	1.180328	0.288081	4.259675
欄	101.4	2	50.7	12.46721	0.000194	3.402832
交互作用	42.2	2	21.1	5.188525	0.013406	3.402832
組內	97.6	24	4.066667			
總和	246	29				

♦ **Excel 作法分析**

1. 本研究有三個假設要檢定：

$H_0 : \alpha_1 = \alpha_2 = 0$；$H_0' : \beta_1 = \beta_2 = \beta_3 = 0$；$H_0'' : \alpha\beta_{11} = \alpha\beta_{12} = \cdots = \alpha\beta_{23} = 0$。

2. 在 ANOVA 摘要表裡，「樣本」指的是 A 因子，「欄」指的是 B 因子，「組內」
   指的是組內誤差。「交互作用」的 F 值 5.188525 大於 3.402832，P- 值 0.013406 小
   於 $\alpha = 0.05$，所以拒絕 $H_0 : (\alpha\beta)_{11} = (\alpha\beta)_{12} = \cdots = (\alpha\beta)_{23} = 0$。「樣本」的 F 值 1.180328
   小於 4.259675，P- 值 0.288081 大於 $\alpha = 0.05$，所以不拒絕 $H_0 : \alpha_1 = \alpha_2 = 0$。「欄」
   的 F 值 12.46721 大於 3.402832，P- 值 0.000194 小於 $\alpha = 0.05$，所以拒絕 $H_0 : \beta_1 = \beta_2 = \beta_3 = 0$。

SAS 作法一

```
data aa;
input a b y@@;
cards;
1 1  4
1 1  9
1 1  8
1 1  9
1 1  6
1 2  1
1 2  3
1 2  4
1 2  5
1 2  3
1 3  3
1 3  9
1 3  6
1 3  5
1 3  9
2 1  3
2 1  8
2 1  5
2 1  6
2 1  3
2 2  7
```

```
2 2   3
2 2   4
2 2   2
2 2   5
2 3   11
2 3   8
2 3   10
2 3   12
2 3   9
;
proc glm;
class a b;
model y=a b a*b ;
means a b/tukey scheffe;
run;

proc glm;
class a b;
model y= b a(b);
contrast'a at b1'a(b)  1 -1  0  0  0  0;
contrast'a at b2'a(b)  0  0  1 -1  0  0;
contrast'a at b3'a(b)  0  0  0  0  1 -1;
run;

proc glm;
class a b;
model y=a b(a);
contrast'b at a1'b(a)  1 -1  0  0  0  0,
               b(a)  0  1 -1  0  0  0;
contrast'b at a2'b(a)  0  0  0  1 -1  0,
               b(a)  0  0  0  0  1 -1;
run;
```

♦ SAS 作法一說明

分三部分來說明：

1. 第一部分

(1) input a b y@@; 表示有三個變數，一個是教室氣氛（A 因子），一個是教學方法（B 因子），一個是學生學習成績（y），@@ 表示三個數據重複讀，例「1 1 4」第一個數據 1 表示嚴肅的教室氣氛，第二個數據 1 表示演講組教學方法，第三個數據 4 表示該受試者學習成績。

(2) proc glm; 呼叫 glm 程式（general linear models procedure）

(3) class a b; 指出變項 A、B（即 A 因子和 B 因子）。

(4) model y=a b a*b; 定義 y 為依變項，整個模式為 A 因子、B 因子及其交互作用（A*B），離均差平方和為 $SS_t = SS_A + SS_B + SS_{AB} + SS_{w.cell}$。

(5) means a b/tukey scheffe; 是要求用 Tukey 法、Scheffe 法檢定各組平均數的差異是否顯著？本來 A 因子主要效果未達顯著水準，不必進行事後比較，這裡把它列出是為了更了解 A 因子事後比較。B 因子主要效果達顯著水準，自然要進行事後比較，報表會分別列出 A 因子及 B 因子之各組平均數的差異檢定。當然讀者也可宣告 means a b/tukey scheffe duncan bon; 則報表會將 Tukey 法、Scheffe 法、Duncan 法、Bonferron（Dunn）法等四種常見多重比較結果列印出來。

2. 第二部分

(1) model y=b a(b); 中 b 是要求 B 因子主要效果之離均差平方和，a(b) 意思是 A 因子離均差平方和加上 A、B 因子交互作用離均差平方和；

(2) contrast 'a at b1' a(b) 1 -1 0 0 0 0; 是檢定 A 因子在 b1 演講組內的單純主要效果；

(3) contrast 'a at b2' a(b) 0 0 1 -1 0 0; 是檢定 A 因子在 b2 自學組內的單純主要效果；

(4) contrast 'a at b3' a(b) 0 0 0 0 1 -1; 是檢定 A 因子在 b3 啟發組內的單純主要效果；

(5) contrast 在這裡的意思是：

$$\begin{pmatrix} 1 & -1 & 0 & 0 & 0 & 0 \end{pmatrix} \begin{pmatrix} \mu_{\alpha_1\beta_1} \\ \mu_{\alpha_2\beta_1} \\ \mu_{\alpha_1\beta_2} \\ \mu_{\alpha_2\beta_2} \\ \mu_{\alpha_1\beta_3} \\ \mu_{\alpha_2\beta_3} \end{pmatrix} = \left(\mu_{\alpha_1\beta_1} - \mu_{\alpha_2\beta_1} \right) = 0 \Rightarrow \mu_{\alpha_1\beta_1} = \mu_{\alpha_2\beta_1}$$

$$\begin{pmatrix} 0 & 0 & 1 & -1 & 0 & 0 \end{pmatrix} \begin{pmatrix} \mu_{\alpha_1\beta_1} \\ \mu_{\alpha_2\beta_1} \\ \mu_{\alpha_1\beta_2} \\ \mu_{\alpha_2\beta_2} \\ \mu_{\alpha_1\beta_3} \\ \mu_{\alpha_2\beta_3} \end{pmatrix} = \begin{pmatrix} \mu_{\alpha_1\beta_2} - \mu_{\alpha_2\beta_2} \end{pmatrix} = 0 \Rightarrow \mu_{\alpha_1\beta_2} = \mu_{\alpha_2\beta_2}$$

$$\begin{pmatrix} 0 & 0 & 0 & 0 & 1 & -1 \end{pmatrix} \begin{pmatrix} \mu_{\alpha_1\beta_1} \\ \mu_{\alpha_2\beta_1} \\ \mu_{\alpha_1\beta_2} \\ \mu_{\alpha_2\beta_2} \\ \mu_{\alpha_1\beta_3} \\ \mu_{\alpha_2\beta_3} \end{pmatrix} = \begin{pmatrix} \mu_{\alpha_1\beta_3} - \mu_{\alpha_2\beta_3} \end{pmatrix} = 0 \Rightarrow \mu_{\alpha_1\beta_3} = \mu_{\alpha_2\beta_3}$$

所以，$\mu_{\alpha_1\beta_1} = \mu_{\alpha_2\beta_1} \Rightarrow$ 檢定 A 因子（有 2 個水準，α_1、α_2）在 b1 演講組內的單純主要效果是否有差異。

$\mu_{\alpha_1\beta_2} = \mu_{\alpha_2\beta_2} \Rightarrow$ 檢定 A 因子（有 2 個水準，α_1、α_2）在 b2 自學組內的單純主要效果是否有差異。

$\mu_{\alpha_1\beta_3} = \mu_{\alpha_2\beta_3} \Rightarrow$ 檢定 A 因子（有 2 個水準，α_1、α_2）在 b3 啟發組內的單純主要效果是否有差異。

3. 第三部分

(1) model y=a b(a); 中 a 是要求 A 因子主要效果之離均差平方和，b(a) 意思是 B 因子離均差平方和加上 A、B 因子交互作用離均差平方和；

(2) contrast 'b at a1' b(a) 1 -1 0 0 0 0,b(a) 0 1 -1 0 0 0; 是檢定 B 因子 (有 3 個水準，β_1、β_2、β_3) 在 a1 嚴肅組內的單純主要效果；

(3) contrast 'b at a2' b(a) 0 0 0 1 -1 0,b(a) 0 0 0 0 1 -1; 是檢定 B 因子 (有 3 個水準，β_1、β_2、β_3) 在 a2 輕鬆組內的單純主要效果；

(4) contrast 在這裡的意思是：

$$\begin{pmatrix} 1 & -1 & 0 & 0 & 0 & 0 \\ 0 & 1 & -1 & 0 & 0 & 0 \end{pmatrix} \begin{pmatrix} \mu_{\alpha_1\beta_1} \\ \mu_{\alpha_1\beta_2} \\ \mu_{\alpha_1\beta_3} \\ \mu_{\alpha_2\beta_1} \\ \mu_{\alpha_2\beta_2} \\ \mu_{\alpha_2\beta_3} \end{pmatrix} = \begin{pmatrix} \mu_{\alpha_1\beta_1} - \mu_{\alpha_1\beta_2} \\ \mu_{\alpha_1\beta_2} - \mu_{\alpha_1\beta_3} \end{pmatrix} = \begin{pmatrix} 0 \\ 0 \end{pmatrix}$$

$$\Rightarrow \begin{pmatrix} \mu_{\alpha_1\beta_1} = \mu_{\alpha_1\beta_2} \\ \mu_{\alpha_1\beta_2} = \mu_{\alpha_1\beta_3} \end{pmatrix} \Rightarrow \mu_{\alpha_1\beta_1} = \mu_{\alpha_1\beta_2} = \mu_{\alpha_1\beta_3}$$

$$\begin{pmatrix} 0 & 0 & 0 & 1 & -1 & 0 \\ 0 & 0 & 0 & 0 & 1 & -1 \end{pmatrix} \begin{pmatrix} \mu_{\alpha_1\beta_1} \\ \mu_{\alpha_1\beta_2} \\ \mu_{\alpha_1\beta_3} \\ \mu_{\alpha_2\beta_1} \\ \mu_{\alpha_2\beta_2} \\ \mu_{\alpha_2\beta_3} \end{pmatrix} = \begin{pmatrix} \mu_{\alpha_2\beta_1} - \mu_{\alpha_2\beta_2} \\ \mu_{\alpha_2\beta_2} - \mu_{\alpha_2\beta_3} \end{pmatrix} = \begin{pmatrix} 0 \\ 0 \end{pmatrix}$$

$$\Rightarrow \begin{pmatrix} \mu_{\alpha_2\beta_1} = \mu_{\alpha_2\beta_2} \\ \mu_{\alpha_2\beta_2} = \mu_{\alpha_2\beta_3} \end{pmatrix} \Rightarrow \mu_{\alpha_2\beta_1} = \mu_{\alpha_2\beta_2} = \mu_{\alpha_2\beta_3}$$

♦ **SAS 作法－結果**

The SAS System

General Linear Models Procedure

Class Level Information

Class	Levels	Values
A	2	1 2
B	3	1 2 3

Number of observations in data set = 30

The SAS System

General Linear Models Procedure

Dependent Variable: Y

Source	DF	Sum of Squares	Mean Square	F Value	Pr > F

Model	5	148.40000000	29.68000000	7.30	0.0003
Error	24	97.60000000	4.06666667		
C.Total	29	246.00000000			

R-Square	C.V.	Root MSE	Y Mean
0.603252	33.60996	2.0165978	6.0000000

Source	DF	Type I SS	Mean Square	F Value	Pr > F
A	1	4.80000000	4.80000000	1.18	0.2881
B	2	101.40000000	50.70000000	12.47	0.0002
A*B	2	42.20000000	21.10000000	5.19	0.0134

Source	DF	Type III SS	Mean Square	F Value	Pr > F
A	1	4.80000000	4.80000000	1.18	0.2881
B	2	101.40000000	50.70000000	12.47	0.0002
A*B	2	42.20000000	21.10000000	5.19	0.0134

The SAS System

General Linear Models Procedure

Tukey's Studentized Range (HSD) Test for variable: Y

NOTE: This test controls the type I experimentwise error rate, but generally has a higher type II error rate than REGWQ.

Alpha= 0.05 df= 24 MSE= 4.066667

Critical Value of Studentized Range= 2.919

Minimum Significant Difference= 1.5198

Means with the same letter are not significantly different.

Tukey Grouping	Mean	N	A
A	6.4000	15	2
A			
A	5.6000	15	1

The SAS System

General Linear Models Procedure

Scheffe's test for variable: Y

NOTE: This test controls the type I experimentwise error rate but generally has a higher

type II error rate than REGWF for all

pairwise comparisons

Alpha= 0.05 df= 24 MSE= 4.066667

Critical Value of F= 4.25968

Minimum Significant Difference= 1.5198

Means with the same letter are not significantly different.

Scheffe Grouping	Mean	N	A
A	6.4000	15	2
A			
A	5.6000	15	1

The SAS System

General Linear Models Procedure

Tukey's Studentized Range (HSD) Test for variable: Y

NOTE: This test controls the type I experimentwise error rate, but generally has a higher

type II error rate than REGWQ.

Alpha= 0.05 df= 24 MSE= 4.066667

Critical Value of Studentized Range= 3.532

Minimum Significant Difference= 2.2522

Means with the same letter are not significantly different.

Tukey Grouping	Mean	N	B
A	8.2000	10	3
A			

A   6.1000   10 1

B   3.7000   10 2

The SAS System

General Linear Models Procedure

Scheffe's test for variable: Y

NOTE: This test controls the type I experimentwise error rate but generally has a higher

type II error rate than REGWF for all

pairwise comparisons

Alpha= 0.05 df= 24 MSE= 4.066667

Critical Value of F= 3.40283

Minimum Significant Difference= 2.3527

Means with the same letter are not significantly different.

Scheffe Grouping	Mean	N	B
A	8.2000	10	3
A			
A	6.1000	10	1
B	3.7000	10	2

The SAS System

General Linear Models Procedure

Class Level Information

Class	Levels	Values
A	2	1 2
B	3	1 2 3

Number of observations in data set = 30

The SAS System

General Linear Models Procedure

Dependent Variable: Y

Source	DF	Sum of Squares	Mean Square	F Value	Pr > F
Model	5	148.40000000	29.68000000	7.30	0.0003
Error	24	97.60000000	4.06666667		
C.Total	29	246.00000000			

R-Square	C.V.	Root MSE	Y Mean
0.603252	33.60996	2.0165978	6.0000000

Source	DF	Type I SS	Mean Square	F Value	Pr > F
B	2	101.40000000	50.70000000	12.47	0.0002
A(B)	3	47.00000000	15.66666667	3.85	0.0221

Source	DF	Type III SS	Mean Square	F Value	Pr > F
B	2	101.40000000	50.70000000	12.47	0.0002
A(B)	3	47.00000000	15.66666667	3.85	0.0221

Contrast	DF	Contrast SS	Mean Square	F Value	Pr > F
a at b1	1	12.10000000	12.10000000	2.98	0.0974
a at b2	1	2.50000000	2.50000000	0.61	0.4407
a at b3	1	32.40000000	32.40000000	7.97	0.0094

The SAS System

General Linear Models Procedure

Class Level Information

Class	Levels	Values
A	2	1 2
B	3	1 2 3

Number of observations in data set = 30

The SAS System

General Linear Models Procedure

Dependent Variable: Y

Source	DF	Sum of Squares	Mean Square	F Value	Pr > F
Model	5	148.40000000	29.68000000	7.30	0.0003
Error	24	97.60000000	4.06666667		
C.Total	29	246.00000000			

R-Square	C.V.	Root MSE	Y Mean
0.603252	33.60996	2.0165978	6.0000000

Source	DF	Type I SS	Mean Square	F Value	Pr > F
A	1	4.80000000	4.80000000	1.18	0.2881
B(A)	4	143.60000000	35.90000000	8.83	0.0002

Source	DF	Type III SS	Mean Square	F Value	Pr > F
A	1	4.80000000	4.80000000	1.18	0.2881
B(A)	4	143.60000000	35.90000000	8.83	0.0002

Contrast	DF	Contrast SS	Mean Square	F Value	Pr > F
b at a1	2	44.80000000	22.40000000	5.51	0.0107
b at a2	2	98.80000000	49.40000000	12.15	0.0002

◆ **SAS 作法一結果分析**

我們擇取報表上部分結果加以說明。

The SAS System

Scheffe's test for variable: Y

⋮

Minimum Significant Difference= 1.5198

Means with the same letter are not significantly different.

Scheffe Grouping	Mean	N	A
A	6.4000	15	2
A			
A	5.6000	15	1

1. 「Scheffe Grouping Mean N A」意思是「Scheffe 法判別、各組平均數、各組人數、A 因子」。

2. 「A 6.4000 15 2」意思是「Scheffe 法判別為 A、該組平均數 6.4、該組人數 15 人、該組指的是 A 因子中第二水準輕鬆組」。

3. 「A 5.6000 15 1」意思是「Scheffe 法判別為 A、該組平均數 5.6、該組人數 15 人、該組指的是 A 因子中第一水準嚴肅組」。

Scheffe 法判別結果兩組都是 A，字母相同表示沒有差異，即嚴肅組和輕鬆組平均數沒有差異。我們也可以從 Minimum Significant Difference=1.5198 中判別：因為嚴肅組和輕鬆組兩組平均數差異 6.4 – 5.6) = 0.8 小於 1.5198，所以未達顯著水準。

我們再舉例說明：

The SAS System

Scheffe's test for variable: Y

$\vdots$

Minimum Significant Difference= 2.3527

Means with the same letter are not significantly different.

Scheffe Grouping	Mean	N	B
A	8.2000	10	3
A			
A	6.1000	10	1
B	3.7000	10	2

1. 「A　8.2000　10　3」意思是「Scheffe 法判別為 A、該組平均數 8.2、該組人數 10 人、該組指的是 B 因子中第三水準啟發組」。

2. 「A　6.1000　10　1」意思是「Scheffe 法判別為 A、該組平均數 6.1、該組人數 10 人、該組指的是 B 因子中第一水準演講組」。

3. 「B　3.7000　10　2」意思是「Scheffe 法判別為 B、該組平均數 3.7、該組人數 10 人、該組指的是 B 因子中第二水準自學組」。

　　Scheffe 法判別結果：演講組為 A，自學組為 B，字母不同表示有差異，即演講組和自學組平均數差異達顯著水準。演講組為 A，啟發組為 A，字母相同表示演講組和啟發組平均數差異未達顯著水準。自學組為 B，啟發組為 A，字母不同表示自學組和啟發組平均數差異達顯著水準。我們也可以從 Minimum Significant Difference=2.3527 中來判別：因為演講組和自學組兩組平均數差異 (6.1 – 3.7) = 2.4 大於 2.3527，所以達顯著水準。啟發組和演講組兩組平均數差異 (8.2 – 6.1) = 2.1 小於 2.3527，所以未達顯著水準。啟發組和自學組兩組平均數差異 (8.2 – 3.7) = 4.5 大於 2.3527，所以達顯著水準。

SAS 作法二

　　也可以以 proc anova 來分析，程式如下：

```
data aa;
input a b y@@;
cards;

1    1     4
1    1     9
1    1     8
1    1     9
1    1     6
1    2     1
         :
2    2     5
2    3    11
2    3     8
2    3    10
2    3    12
2    3     9
;
```

```
proc anova;
class a b;
model y=a b a*b;
means a b a*b /tukey scheffe;
run;
```

♦ **SAS 作法二說明**

1. proc anova; 是呼叫 anova 程式（analysis of variance procedure）

2. class a b; 指出變項 A、B（即 A 因子和 B 因子）。

3. model y=a b a*b; 定義 y 為依變項，整個模式為 A 因子、B 因子及其交互作用
   （A*B）。

4. means a b a*b /tukey scheffe; 是要求用 tukey 法、scheffe 法檢定各組平均數的差異
   是否顯著？本來 A 因子主要效果未達顯著水準，不必進行事後比較，這裡把它列
   出是為了更了解 A 因子事後比較。B 因子主要效果達顯著水準，自然要進行事後
   比較，報表會列出 A 因子平均數、B 因子平均數，也會列出 A、B 因子交互作用
   每一細格的平均數。

♦ **SAS 作法二結果**

The SAS System

Analysis of Variance Procedure

Class Level Information

Class	Levels	Values
A	2	1 2
B	3	1 2 3

Number of observations in data set = 30

The SAS System

Analysis of Variance Procedure

Dependent Variable: Y

Source	DF	Sum of Squares	Mean Square	F Value	Pr > F
Model	5	148.40000000	29.68000000	7.30	0.0003
Error	24	97.60000000	4.06666667		
C.Total	29	246.00000000			

R-Squar	C.V.	Root MSE	Y Mean
0.603252	33.60996	2.0165978	6.0000000

Source	DF	Anova SS	Mean Square	F Value	Pr > F
A	1	4.80000000	4.80000000	1.18	0.2881
B	2	101.40000000	50.70000000	12.47	0.0002
A*B	2	42.20000000	21.10000000	5.19	0.0134

The SAS System

Analysis of Variance Procedure

Tukey's Studentized Range (HSD) Test for variable: Y

NOTE: This test controls the type I experimentwise error rate, but generally has a higher type II error rate than REGWQ.

Alpha= 0.05 df= 24 MSE= 4.066667

Critical Value of Studentized Range= 2.919

Minimum Significant Difference= 1.5198

Means with the same letter are not significantly different.

Tukey Grouping	Mean	N	A
A	6.4000	15	2
A			
A	5.6000	15	1

The SAS System

Analysis of Variance Procedure

Scheffe's test for variable: Y

NOTE: This test controls the type I experimentwise error rate but generally has a higher type II error rate than REGWF for all

pairwise comparisons

Alpha= 0.05 df= 24 MSE= 4.066667

Critical Value of F= 4.25968

Minimum Significant Difference= 1.5198

Means with the same letter are not significantly different.

Scheffe Grouping	Mean	N	A
A	6.4000	15	2
A			
A	5.6000	15	1

The SAS System

Analysis of Variance Procedure

Tukey's Studentized Range (HSD) Test for variable: Y

NOTE: This test controls the type I experimentwise error rate, but generally has a higher type II error rate than REGWQ.

Alpha= 0.05 df= 24 MSE= 4.066667

Critical Value of Studentized Range= 3.532

Minimum Significant Difference= 2.2522

Means with the same letter are not significantly different.

Tukey Grouping		Mean	N	B
A		8.2000	10	3
A				
A		6.1000	10	1
B		3.7000	10	2

The SAS System

Analysis of Variance Procedure

Scheffe's test for variable: Y

NOTE: This test controls the type I experimentwise error rate but generally has a higher type II error rate than REGWF for all

pairwise comparisons

Alpha= 0.05 df= 24 MSE= 4.066667

Critical Value of F= 3.40283

Minimum Significant Difference= 2.3527

Means with the same letter are not significantly different.

Scheffe Grouping		Mean	N	B
A		8.2000	10	3
A				
A		6.1000	10	1
B		3.7000	10	2

Level of	Level of		--------------Y--------------	
A	B	N	Mean	SD
1	1	5	7.20000000	2.16794834
1	2	5	3.20000000	1.48323970
1	3	5	6.40000000	2.60768096

2	1	5	5.00000000	2.12132034
2	2	5	4.20000000	1.92353841
2	3	5	10.00000000	1.58113883

♦ SAS 結果二分析

The SAS System

⋮

Minimum Significant Difference= 1.5198

Tukey Grouping	Mean	N	A
A	6.4000	15	2
A			
A	5.6000	15	1

1. 「Tukey Grouping Mean N A」意思是「Tukey 法判別、各組平均數、各組人數、A 因子」。

2. 「A 6.4000 15 2」意思是「Tukey 法判別爲 A、該組平均數 6.4、該組人數 15 人、該組指的是 A 因子中第二水準輕鬆組」。

3. 「A 5.6000 15 1」意思是「Tukey 法判別爲 A、該組平均數 5.6、該組人數 15 人、該組指的是 A 因子中第一水準嚴肅組」。

　　Tukey 法判別結果兩組都是 A，字母相同表示沒有差異，即嚴肅組和輕鬆組平均數沒有差異。也可以從 Minimum Significant Difference 中判別：因爲嚴肅組和輕鬆組兩組平均數差異 (6.4 – 5.6) = 0.8 小於 1.5198，所以未達顯著水準。

我們再舉一例說明：

The SAS System

⋮

Minimum Significant Difference= 2.2522

Tukey Grouping	Mean	N	B
A	8.2000	10	3

	A		
A	6.1000	10	1
B	3.7000	10	2

1. 「A 8.2000 10 3」意思是「Tukey 法判別爲 A；該組平均數 8.2；該組人數 10 人；該組指的是 B 因子中第三水準啓發法」。

2. 「A 6.1000 10 1」意思是「Tukey 法判別爲 A；該組平均數 6.1；該組人數 10 人；該組指的是 B 因子中第一水準演講法」。

3. 「B 3.7000 10 2」意思是「Tukey 法判別爲 B；該組平均數 3.7；該組人數 10 人；該組指的是 B 因子中第二水準自學法」。

　　Tukey 法判別結果：演講組爲 A，自學組爲 B，字母不同表示有差異，即演講組和自學組平均數差異達顯著水準。演講組爲 A，啓發組爲 A，字母相同表示演講組和啓發組平均數差異未達顯著水準。自學組爲 B，啓發組爲 A，字母不同表示自學組和啓發組平均數差異達顯著水準。我們也可以從 Minimum Significant Difference=2.2522 中來判別：因爲演講組和自學組兩組平均數差異 (6.1 – 3.7) = 2.4 大於 2.2522，所以達顯著水準。因爲啓發組和演講組兩組平均數差異 (8.2 – 6.1) = 2.1 小於 2.2522，所以未達顯著水準。啓發組和自學組兩組平均數差異 (8.2 – 3.7) = 4.5 大於 2.2522，所以達顯著水準。

R 程式作法

R 程式

```
data1<-read.table(file="c:/R/ch8.5.txt",header=T)
data1
attach(data1)
data2<-aov(x3~factor(x1)*factor(x2),data=data1)
summary(data2)
```

♦ R 結果

	x1	x2	x3
1	1	1	4
2	1	1	9
3	1	1	8
4	1	1	9
5	1	1	6
6	1	2	1
7	1	2	3
8	1	2	4
9	1	2	5
10	1	2	3
11	1	3	3
12	1	3	9
13	1	3	6
14	1	3	5
15	1	3	9
16	2	1	3
17	2	1	8
18	2	1	5
19	2	1	6
20	2	1	3
21	2	2	7
22	2	2	3
23	2	2	4
24	2	2	2
25	2	2	5
26	2	3	11
27	2	3	8
28	2	3	10
29	2	3	12
30	2	3	9

> summary(data2)

	DF	Sum Sq	Mean Sq	F value	Pr(>F)
factor(x1)	1	4.8	4.8	1.18	0.288081
factor(x2)	2	101.4	50.7	12.467	0.000194 ***
factor(x1):factor(x2)	2	42.2	21.1	5.189	0.013406 *
Residuals	24	97.6	4.07		

Signif. codes: 0 '***' 0.001 '**' 0.01 '*' 0.05 '.' 0.1 ' ' 1

1. 作一因子變異數分析（one-way ANOVA），其檢定程序合理性應基於何種假設條件？

2. 若某產品有甲、乙、丙、丁四種包裝（因素 A），將超市依市場規模大小分成五級（集區 B），每級各隨機 4 個市場規模相同的超商，分別以甲、乙、丙、丁 4 種不同包裝做銷售，一個月銷售量 Y_{ij}（單位：萬元），如下表：

	甲	乙	丙	丁	合計
1	95	80	70	75	320
2	85	70	50	75	280
3	65	50	60	65	240
4	50	50	60	40	200
5	55	50	10	45	160
合計	350	300	250	300	1200

而總平方和為 $\sum_{i=1}^{4}\sum_{j=1}^{5} y_{ij}^2 = 78600$。

(1) 寫出銷售量 y 對 4 種包裝的集區設計模式？

(2) 檢定包裝因素 A 的主效用是否顯著 $(\alpha = 0.05)$？

(3) 試問以市場規模大小為集區的效果是否顯著 $(\alpha = 0.05)$？

(4) 求此模式的解釋變異比例？

3. 設有二組樣本用來檢定 $H_0: u_1 = u_2$，已知 $N_1 = 10$，$N_2 = 10$，$S_1 = 1$，$S_2 = 2$，$\bar{X}_1 = 4$，$\bar{X}_2 = 6$。若利用 ANOVA 來檢定，則其檢定統計量 F 的值為何？

4. 據說高價位汽車於裝配時特別仔細，低價位者稍差。為證實此項傳言，至某汽車廠商之展示室檢視 A、B、C 三種車型的缺點。設 A 型車最貴，B 型車次之，C 型車最便宜；且設 A、B、C 三型車所檢視的車型分別是 4、6 和 5 輛，今已得到下列資料：車型不同所產生的差異平方和 $SSTR = 38.283$，誤差平方和 $SSE = 27.050$。

(1) 若以變異數分析方法檢定各車型之平均缺點相等，應做那些假設？

(2) 試建立變異數分析（ANOVA table），並以 $\alpha = 0.05$ 檢定各車型之平均缺點相等。

參考資料：$F_{0.05(3.15)} = 3.29$ $F_{0.05(2.12)} = 3.89$ $F_{0.05(3.12)} = 3.49$

5. 三名組裝工人同時進行組裝工作，下表為三名工人在三時段中的工作表現：

	王	李	張
上午 8 - 9	24	19	20
下午 1 - 2	23	17	14
下午 4 - 5	25	21	17

試以 $\alpha = 0.05$ 檢定：

(1) 時段是否影響工作？

(2) 工人工作表現是否不同？

(3) 並求工人工作表現之兩兩 95%C.I。

6. 某藥品工廠，研究部門所作 CO_2 百分率如下：

		溫 度			
		1	2	3	4
藥 劑	A	14，18，11	16，9，12	8，11，5	13，7，10
	B	19，23，17	23，17，21	11，14，9	20，15，13
	C	21，16，13	25，18，20	9，4，7	18，14，11

試以 $\alpha = 0.05$ 檢定：

(1) 三種藥劑所產生 CO_2 百分比是否相同？

(2) 不同溫度對 CO_2 的產生是否有影響？

(3) 藥劑與溫度是否有交互作用？

相關與迴歸分析

　　通常我們探討兩個變數時，會想知道它們之間有無關係，如果它們是有關係的，那麼它們的關係是很強，還是很弱？我們也想知道一變數對另一變數有什麼影響。

　　探討兩個變數有無關係，是相關分析。探討一變數對另一變數的影響程度，是迴歸分析。在相關分析中，兩個變數沒有主從關係，兩個變數的地位平等。在迴歸分析中，是有主從關係的，我們稱自變數為主，應變數為從。探討相關分析的統計方法很多（參閱第十一章），這裡只討論 Pearson 積差相關。探討迴歸分析的目的就是在找變數間的函數關係，如果函數關係 $\hat{Y} = a + bX$，這種只有一個自變項 X 的研究，就叫簡單迴歸分析，我們稱 X 為自變項、預測變項或解釋變項，稱 Y 為應變項、被預測變項或效標變項，X 和 Y 之間的函數關係是一次方的，它們是線性關係，所以又叫做簡單線性迴歸（simple linear regression）。其中 a 為截距（intercept），b 為斜率（slope）。如果關係式中自變數二個（含）以上，我們稱為複迴歸或多元迴歸分析。如果資料呈指數曲線趨勢，我們稱為指數迴歸分析。

重點名詞	
• 積差相關	• 最小平方法
• 決定係數	• 殘差變異數
• 簡單線性迴歸	• 多元迴歸分析
• 指數迴歸分析	

弗朗西斯·高爾頓（Francis Galton, 1822-1911）──迴歸一詞的由來

高爾頓在劍橋大學學習數學後，花了數年時間探索非洲，並出版旅行的藝術（The Art of Travel）一書，他作為非洲探險家和地理學家的傑出表現，讓他於 1860 年當選皇家學會會員。在好奇心的驅使下，高爾頓對 19 世紀 60 年代的遺傳現象產生了興趣，他的表兄弟──即著名的生物學家達爾文（Charles Darwin），在統計問題上提出許多建議，對他影響重大。高爾頓對統計學的大部分貢獻，可說源於遺傳上的這些研究，除了他的書籍 Hereditary Genius（1869）和 Natural Inheritance（1889）外，他還發表了許多論文。他發現甜豌豆種子的大小，似乎會恢復祖性（revert）或迴歸（regress）到連續數代的平均值。他生前也為統計學提供了大量基本統計的術語，例如 ogive、percentile、inter-quartile range。

除了對生物統計學的貢獻之外，高爾頓也對心理學的發展產生了很大的影響，特別是在英國，他發表了父親與兒子身高的研究結果，他將兒子身高、父親身高的資料配適一條直線，結果發現了一個有趣的現象：兒子的身高會朝向平均身高，而遠離他父親的身高。向平均數迴歸（regression to mean）概念的產生，即溯源於此。

回顧高爾頓的研究工作中，常態分配發揮重要角色，在常態分配基礎上，他提出了相關係數這個名詞，並且廣為人知。他問到：如果每一世代人們的身高服從常態，而身高被遺傳，那麼世代間的關聯是什麼？ Galton 將迴歸方法轉變為用來瞭解世代間關聯的一般方法，也因此提出、定義了相關係數。

資料來源：http://www.socialresearchmethods.net/kb/regrmean.php 及
http://www.agron.ntu.edu.tw/biostat/FrancisGalton.html

9-1 Pearson 積差相關

一、散佈圖

　　散佈圖（scatter diagram）是相關分析與迴歸分析最基本的工具。假設我們取得 20 名學生的國文成績和數學成績，令 x 軸表示國文成績，y 軸表示數學成績，我們將這 20 名學生的成績畫在座標軸上，此即散佈圖（如圖 9-1）。散佈圖可以讓我們大致看出兩變數的相關情形，散佈的點如圖 9-1 所示，則表示正相關（斜率為正數）。散佈的點如圖 9-2 所示，表示負相關（斜率為負數）。散佈的點如圖 9-3 所示，則表示兩變數無關或零相關（斜率為零）。這些散佈的點如果越靠近那條直線（如圖 9-4 所示），表示兩變數關係越緊密，也就是圖 9-4 的正相關程度會高於圖 9-1。如果圖 9-1 的相關程度是 0.67，那麼圖 9-4 的相關程度可能是 0.84。

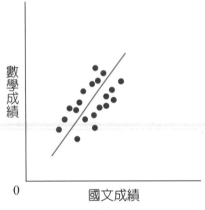

圖 9-1　國文和數學正相關的散佈圖

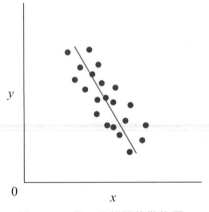

圖 9-2　x 和 y 負相關的散佈圖

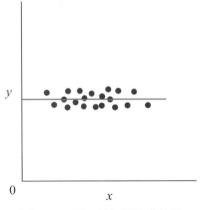

圖 9-3　x 和 y 零相關的散佈圖

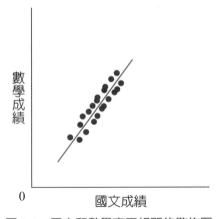

圖 9-4　國文和數學高正相關的散佈圖

散佈圖只是讓我們看到兩變數相關的約略情形，如要數量化，則需藉由 Pearson 積差相關係數。Pearson 積差相關係數（r）公式如下：

$$r = \frac{S_{XY}}{S_X S_Y} = \frac{\dfrac{1}{n-1}\displaystyle\sum_{i=1}^{n}(X_i - \bar{X})(Y_i - \bar{Y})}{\sqrt{\dfrac{1}{n-1}\displaystyle\sum_{i=1}^{n}(X_i - \bar{X})^2}\sqrt{\dfrac{1}{n-1}\displaystyle\sum_{i=1}^{n}(Y_i - \bar{Y})^2}}$$

共變數 $S_{XY} = \dfrac{1}{n-1}\displaystyle\sum_{i=1}^{n}(X_i - \bar{X})(Y_i - \bar{Y})$ ，

X 的標準差 $= S_X = \sqrt{S_X^2} = \sqrt{\dfrac{1}{n-1}\displaystyle\sum_{i=1}^{n}(X_i - \bar{X})^2} = \sqrt{\dfrac{1}{n-1}(\displaystyle\sum_{i=1}^{n}X_i^2 - n\bar{X}^2)}$ ，

Y 的標準差 $= S_Y = \sqrt{S_Y^2} = \sqrt{\dfrac{1}{n-1}\displaystyle\sum_{i=1}^{n}(Y_i - \bar{Y})^2} = \sqrt{\dfrac{1}{n-1}(\displaystyle\sum_{i=1}^{n}Y_i^2 - n\bar{Y}^2)}$ 。

上式亦可處理成標準分數型式的相關係數：

$$r = \frac{\dfrac{1}{n-1}\displaystyle\sum_{i=1}^{n}(X_i - \bar{X})(Y_i - \bar{Y})}{S_X S_Y} = \frac{\displaystyle\sum_{i=1}^{n}\left(\dfrac{X_i - \bar{X}}{S_X}\right)\left(\dfrac{Y_i - \bar{Y}}{S_Y}\right)}{n-1} = \frac{\displaystyle\sum_{i=1}^{n}Z_X Z_Y}{n-1}$$

$Z_X = \dfrac{X_i - \bar{X}}{S_X} = X$ 的標準分數，$Z_Y = \dfrac{Y_i - \bar{Y}}{S_Y} = Y$ 的標準分數，這時相關係數 r 視為兩標準分數乘積的平均數。另外，相關係數 r 亦可以寫成：

$$r = \frac{\dfrac{1}{n-1}\displaystyle\sum_{i=1}^{n}(X_i - \bar{X})(Y_i - \bar{Y})}{\sqrt{\dfrac{1}{n-1}\displaystyle\sum_{i=1}^{n}(X_i - \bar{X})^2}\sqrt{\dfrac{1}{n-1}\displaystyle\sum_{i=1}^{n}(Y_i - \bar{Y})^2}} = \frac{\dfrac{1}{n-1}\displaystyle\sum_{i=1}^{n}(X_i - \bar{X})(Y_i - \bar{Y})}{\dfrac{1}{n-1}\sqrt{\displaystyle\sum_{i=1}^{n}(X_i - \bar{X})^2}\sqrt{\displaystyle\sum_{i=1}^{n}(Y_i - \bar{Y})^2}}$$

$$= \frac{\displaystyle\sum_{i=1}^{n}(X_i - \bar{X})(Y_i - \bar{Y})}{\sqrt{\displaystyle\sum_{i=1}^{n}(X_i - \bar{X})^2}\sqrt{\displaystyle\sum_{i=1}^{n}(Y_i - \bar{Y})^2}} = \frac{CP}{\sqrt{SS_X}\sqrt{SS_Y}}$$ 。

在這裡，$CP = \sum_{i=1}^{n}(X_i - \bar{X})(Y_i - \bar{Y}) = \sum_{i=1}^{n}(X_iY_i - X_i\bar{Y} - \bar{X}Y_i + \bar{X}\bar{Y})$

$$= \sum_{i=1}^{n}X_iY_i - \bar{Y}\sum_{i=1}^{n}X_i - \bar{X}\sum_{i=1}^{n}Y_i + n\bar{X}\bar{Y}$$

$$= \sum_{i=1}^{n}X_iY_i - n\bar{X}\bar{Y} = \sum_{i=1}^{n}X_iY_i - \frac{1}{n}\left(\sum_{i=1}^{n}X_i\sum_{i=1}^{n}Y_i\right),$$

CP 稱為 X 離均差與 Y 離均差的交乘積和（sum of cross-product）。

$$SS_X = \sum_{i=1}^{n}(X_i - \bar{X})^2 = \sum_{i=1}^{n}(X_i^2 - 2X_i\bar{X} + \bar{X}^2) = \sum_{i=1}^{n}X_i^2 - 2\bar{X}\sum_{i=1}^{n}X_i + n\bar{X}^2$$

$$= \sum_{i=1}^{n}X_i^2 - n\bar{X}^2 = \sum_{i=1}^{n}X_i^2 - n\,(\frac{1}{n}\sum_{i=1}^{n}X_i)^2 = \sum_{i=1}^{n}X_i^2 - \frac{1}{n}(\sum_{i=1}^{n}X_i)^2 = X \text{ 的離均差平方和。}$$

$$SS_Y = \sum_{i=1}^{n}(Y_i - \bar{Y})^2 = \sum_{i=1}^{n}Y_i^2 - n\bar{Y}^2 = \sum_{i=1}^{n}Y_i^2 - \frac{1}{n}(\sum_{i=1}^{n}Y_i)^2 = Y \text{ 的離均差平方和。}$$

二、相關係數的特性

相關係數 r 是一純量，它的大小和單位無關。因為分子的共變數 S_{XY} 是面積，分母 S_X 是距離，S_Y 亦是距離，$S_XS_Y = $ 距離 × 距離 ＝ 面積。面積 ÷ 面積，單位抵消掉了。

相關係數 r 的範圍為 $-1 \le r \le 1$。$r = -1$ 時稱為完全負相關，$-1 < r < 0$ 時稱為負相關，$r = 0$ 時稱為零相關，$0 < r < 1$ 時稱為正相關，$r = 1$ 時稱為完全正相關。相關係數介於 -1 和 1 之間，可以證明如下：

1. Z_X 是 X 的標準分數，Z_Y 是 Y 的標準分數。

$$\sum_{i=1}^{n}(Z_X - Z_Y)^2 \ge 0 \;,\; \frac{\sum_{i=1}^{n}(Z_X - Z_Y)^2}{n-1} \ge 0 \;,\; \frac{\sum_{i=1}^{n}Z_X^2}{n-1} - \frac{2\sum_{i=1}^{n}Z_XZ_Y}{n-1} + \frac{\sum_{i=1}^{n}Z_Y^2}{n-1} \ge 0 \;,$$

$$(\,1 - \frac{2\sum_{i=1}^{n}Z_XZ_Y}{n-1} + 1\,) \ge 0 \;,\; (1 - 2r + 1) \ge 0 \;,\; 2 \ge 2r \dots\dots\dots\dots\dots\dots\text{(a)}$$

2. $\displaystyle\sum_{i=1}^{n}(Z_X + Z_Y)^2 \geq 0$ ， $\displaystyle\frac{\sum_{i=1}^{n}(Z_X + Z_Y)^2}{n-1} \geq 0$ ， $\displaystyle\frac{\sum_{i=1}^{n}Z_X^2}{n-1} + \frac{2\sum_{i=1}^{n}Z_X Z_Y}{n-1} + \frac{\sum_{i=1}^{n}Z_Y^2}{n-1} \geq 0$ ，

$(1 + \displaystyle\frac{2\sum_{i=1}^{n}Z_X Z_Y}{n-1} + 1) \geq 0$ ， $(1 + 2r + 1) \geq 0$ ， $2r \geq -2$ ....(b)

3. 整理 (a)、(b) 可得 $-1 \leq r \leq 1$ 。

$$\frac{\sum_{i=1}^{n}Z_X^2}{n-1} = \frac{\sum_{i=1}^{n}\left(\frac{X_i - \bar{X}}{S_X}\right)^2}{n-1} = \frac{\sum_{i=1}^{n}(X_i - \bar{X})^2}{(n-1)}\frac{1}{S_X^2} = S_X^2 \frac{1}{S_X^2} = 1 \text{，同理，} \frac{\sum_{i=1}^{n}Z_Y^2}{n-1} = 1 \text{。}$$

　　有相關不一定有因果關係，因為它們的關係有可能都受到第三個變數的影響。舉例來說，調查男人的收入和膽固醇高低，發現收入高，膽固醇也高。事實上，收入和膽固醇並沒有直接關係，並不是說高收入造成高膽固醇（有些人低收入，但膽固醇高；也有些人高收入，但卻膽固醇低）。它們可能都受到第三個變數，例如年齡的影響。年齡大的，收入較高，膽固醇也可能較高。

例題 1

$\dfrac{X \mid 4 \quad 2 \quad 3 \quad 1 \quad 5}{Y \mid 6 \quad 3 \quad 5 \quad 4 \quad 7}$ ，X 表廣告費用，Y 表銷售額，單位：百萬元，試求相關係數 r ？

解 $\bar{X} = \dfrac{1}{n}\displaystyle\sum_{i=1}^{n}X_i = \frac{(4+2+3+1+5)}{5} = 3$ ， $\bar{Y} = \dfrac{1}{n}\displaystyle\sum_{i=1}^{n}Y_i = \frac{(6+3+5+4+7)}{5} = 5$ ，

$$r = \frac{\displaystyle\sum_{i=1}^{n}(X_i - \bar{X})(Y_i - \bar{Y})}{\sqrt{\displaystyle\sum_{i=1}^{n}(X_i - \bar{X})^2}\sqrt{\displaystyle\sum_{i=1}^{n}(Y_i - \bar{Y})^2}}$$

$$= \frac{(4-3)(6-5) + (2-3)(3-5) + \cdots + (5-3)(7-5)}{\sqrt{(4-3)^2 + (2-3)^2 + \cdots + (5-3)^2}\sqrt{(6-5)^2 + (3-5)^2 + \cdots + (7-5)^2}} = 0.9$$

相關係數 0.9 是正相關，表示 X，Y 同向變動，即廣告費用越高，銷售金額也越高。

三、以標準分數的算法求相關係數

底下我們以標準分數的算法來計算相關係數

$$r = \frac{\sum_{i=1}^{n} Z_X Z_Y}{n-1} = \frac{\sum_{i=1}^{n} \left(\frac{X_i - \bar{X}}{S_X} \right) \left(\frac{Y_i - \bar{Y}}{S_Y} \right)}{n-1}$$

$$= \frac{\left(\frac{4-3}{\sqrt{2.5}} \right) \left(\frac{6-5}{\sqrt{2.5}} \right) + \left(\frac{2-3}{\sqrt{2.5}} \right) \left(\frac{3-5}{\sqrt{2.5}} \right) + \cdots + \left(\frac{5-3}{\sqrt{2.5}} \right) \left(\frac{7-5}{\sqrt{2.5}} \right)}{5-1} = 0.9 \ \text{。}$$

$$S_X = \sqrt{\frac{1}{n-1} \sum_{i=1}^{n} (X_i - \bar{X})^2} = \sqrt{\frac{(4-3)^2 + (2-3)^2 + \cdots + (5-3)^2}{5-1}} = \sqrt{2.5} \ \text{。}$$

$$S_Y = \sqrt{\frac{1}{n-1} \sum_{i=1}^{n} (Y_i - \bar{Y})^2} = \sqrt{\frac{(6-5)^2 + (3-5)^2 + (5-5)^2 + (4-5)^2 + (7-5)}{5-1}} = \sqrt{2.5} \ \text{。}$$

可見這二種計算方式得到的結果是一樣的。

四、變異數、共變數和相關係數三者之關係

最後,我們討論變異數、共變數和相關係數三者之關係。

1. 三者之關係為 $r = \dfrac{S_{XY}}{\sqrt{S_X^2} \sqrt{S_Y^2}} = \dfrac{S_{XY}}{S_X S_Y}$ (或 $S_{XY} = r S_X S_Y$),S_X^2 是 X 的樣本變異數,S_Y^2 是 Y 的樣本變異數。變異數(或標準差)是資料離散情形的指標,主要用來衡量資料分佈情形是較集中還是較分散;共變數 S_{XY} 是兩變項資料間關連性的指標。

2. 變異數的特色在於該變數的自乘,變異數 $S_X^2 = \dfrac{1}{n-1} \sum_{i=1}^{n} (X_i - \bar{X})^2$,自乘即 $(X_i - \bar{X})(X_i - \bar{X})$;共變數的特色在於兩變數間的交乘,共變數 $S_{XY} = \dfrac{1}{n-1} \sum_{i=1}^{n} (X_i - \bar{X})(Y_i - \bar{Y})$,交乘即 $(X_i - \bar{X})(Y_i - \bar{Y})$。

3. 共變數為正數,相關係數亦為正,共變數為負數,則相關係數亦為負,共變數為 0,則相關係數亦為 0。

Excel 作法

1. 打開 Excel，在 A1 位格鍵入 X，在 A2 位格鍵入 4，在 A3 位格鍵入 2，在 A4 位格鍵入 3，在 A5 位格鍵入 1，在 A6 位格鍵入 5。在 B1 位格鍵入 Y，在 B2 位格鍵入 6，在 B3 位格鍵入 3，在 B4 位格鍵入 5；在 B5 位格鍵入 4，在 B6 位格鍵入 7。游標移動到 C1 位格，點選「資料」、「資料分析」、「相關係數」、按「確定」。

2. 出現相關係數對話框，在「輸入範圍 (I)」鍵入 a1:b6，在類別軸記是在第一列 (L)」打 ∨，按「確定」。

3. 出現下表

	X	Y
X	1	
Y	0.9	1

4. X 和 Y 的相關係數為 0.9。

5. 同理，點選「資料」、「資料分析」、「共變數」、按「確定」。

6. 出現共變數對話框，在「輸入範圍 (I)」鍵入 a1:b6，在類別軸記是在第一列 (L)」打 ∨，按「確定」。

7. 出現下表

	X	Y
X	2	
Y	1.8	2

8. 由表知，X 和 Y 的共變數為 1.8，X 的變異數為 2，Y 的變異數也是 2，根據公式

$$r = \frac{S_{XY}}{S_X S_Y} = \frac{1.8}{\sqrt{2}\sqrt{2}} = 0.9 \ 。$$

9-2 簡單線性迴歸

關於迴歸（regression）一詞，根據統計科學的歷史發展，要回顧於 1885 年高爾登（Galton）提出的論文 Regression towards Mediocrity in Hereditary Stature。這篇論文提到身高非常高的父母所生的子女，子女的平均身高往往低於父母平均身高，身高非常矮的父母所生的子女，子女的平均身高往往高於父母平均身高。regression 一詞就出現在這篇論文中，意思是向平均數迴歸，亦即兩極端分數會往中間的平均數傾靠，如果不是向平均數迴歸，那麼身高非常高的父母所生的子女，其子女的平均身高一直高於父母平均身高，經過幾代的繁衍，勢必高不可攀，但現實並不是這樣。又身高矮的父母所生的子女，其子女的平均身高一定低於父母平均身高嗎？事實上也並非如此。以統計觀點來看此一現象，即向平均數迴歸。

一、最小平方法

在迴歸分析中，X 為自變數，Y 為應變數，$Y \mid X$ 為給定 X 值之隨機變數 Y，其條件機率分配函數為 $f(y \mid x)$。迴歸模式有四個重要假設：

1. 隨機變數 $Y_i = Y \mid X_i$ 之間互相獨立，$i = 1, 2, \cdots, n$。

2. 所有條件平均數 $E(Y \mid X_i)$ 均落在母體迴歸線上，$E(Y_i) = E(Y \mid X_i) = \mu_{Y \mid X_i} = \mu = \alpha + \beta X_i$。

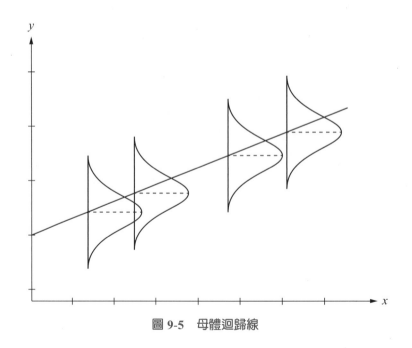

圖 9-5　母體迴歸線

3. 所有條件變異數皆相等，$V(Y|X_1) = V(Y|X_2) = \cdots = V(Y|X_n) = \sigma^2$。

4. $\varepsilon_i = Y_i - E(Y|X_i) = Y_i - \mu = Y_i - (\alpha + \beta X_i)$，$\varepsilon_i$ 稱為殘差（residual），是獨立隨機變數且服從常態分配，平均數 $E(\varepsilon_i) = 0$，變異數 $V(\varepsilon_i) = \sigma^2$。

由上面假設 2. 中，我們知道 $\mu = \alpha + \beta X_i$ 為一直線，稱為母體迴歸線，它是條件機率分配 $f(y|x)$ 的條件平均數所形成的線，又稱為迴歸模型（因為具有機率分配），α 和 β 稱為迴歸係數。再根據假設 4.，我們知道 ε_i 為獨立隨機變數，所以 Y_i 亦為獨立隨機變數，

$$Y_i = Y|X_i = E(Y|X_i) + \varepsilon_i = \alpha + \beta X_i + \varepsilon_i \text{，又 } \varepsilon_i \overset{iid}{\sim} N(0, \sigma^2)，$$

所以，$E(Y_i) = E(Y|X_i) = E(E(Y|X_i)) + E(\varepsilon_i) = \alpha + \beta X_i + 0 = \alpha + \beta X_i$。

$$V(Y_i) = V(Y|X_i) = V(E(Y|X_i)) + V(\varepsilon_i) = 0 + \sigma^2 = \sigma^2。$$

即 $Y_i \overset{iid}{\sim} N(\alpha + \beta X_i, \sigma^2)$。

因為母體迴歸係數 α 和 β 未知，需由樣本估計之，其樣本估計量分別以 a 和 b 表示，這時樣本迴歸線為 $\hat{Y}_i = a + b X_i$，亦即我們用樣本迴歸線 $\hat{Y}_i$ 來估計母體迴歸線 $\mu = \alpha + \beta X_i$。即

$$Y_i = \mu + \varepsilon_i = \alpha + \beta X_i + \varepsilon_i$$

$$Y_i = \hat{Y}_i + e_i = a + b X_i + e_i$$

$$e_i = Y_i - \hat{Y}_i$$

e_i 稱為誤差（error），是觀察值到樣本迴歸線預測值的離差，須注意 $\varepsilon_i = Y_i - \mu$ 是隨機變數與 μ 的差距，而 $e_i = Y_i - \hat{Y}_i$ 是觀察值與預測值的差距。

為了更清楚上面公式的意涵，現舉例說明。假設 X 為身高，Y 為體重，$Y|X = 150$ 表示身高 150 公分那些人的體重分布（不可能身高 150 公分的人體重全都一樣。會有一些人體重較輕、一些人中等體重、一些人體重較重。這個體重分布是一條件（身高）機率分配，其函數為 $f(y|x)$）；同樣地，身高 160 公分、170 公分的那些人也會有各自的體重分布。從平均數來看，身高 150 公分的這群人會有一個體重平均值（例如 43 公斤），身高 160 公分、170 公分的這群人也會有各自的體重平均值（例如 51 公斤、65 公斤）。

前面提到所有條件平均數 $E(Y|X_i)$ 均落在母體迴歸線上，這裡所謂條件平均數的條件指的是身高，平均數指的是體重的平均值，也就是身高條件 150 公分的體重平均值 43 公斤、身高條件 160 公分的 51 公斤、身高條件 170 公分的 65 公斤。而均落在母體迴歸

線上意思就是這條母體迴歸線會經過 43 公斤、51 公斤、65 公斤這些點（讀者不難發現，身高越高，體重也越重，所以母體迴歸線是微微上揚的一條直線）。前面亦提到所有條件變異數皆相等意思就是不管身高是 150 公分、160 公分或 170 公分，它們體重的變異數皆相等。簡言之，身高 150 公分、160 公分、170 公分的這群人，它們體重平均數不同但變異數被假設相同。

實務上作迴歸預測時，有三種不同的模式表示：

1. 利用原始分數求迴歸模式 $\hat{Y}_i = a + bX_i$

2. 利用離均差分數求迴歸模式 $\hat{Y}_i = a + b(X_i - \overline{X})$

3. 利用標準化分數求迴歸模式 $\hat{Z}_Y = \left(b \dfrac{S_X}{S_Y} \right) Z_X$

上述迴歸模式中 a 和 b 是如何求得的？這裡要介紹最小平方估計法（least square estimation，LSE），但在介紹這個方法前，我們先舉例說明。

假設有一村莊，村戶零零落落散居著，現打算開一條直路，讓公車行駛，規劃的著眼點首重整體性的公平，也就是希望挨家挨戶到這條路的距離加總起來要最短（這裡距離指的是與 Y 軸平行的步行距離，只要到這條路上，就可以搭乘公車），該如何開出這條路呢？在這個例子裡，最重要的一句話就是挨家挨戶到這條路的步行距離加總起來要最短。住家靠近這條路的，步行距離就短；住家離這條路較遠的，步行距離就遠（也許有人會質疑這樣對住在離這條路較遠的住家是不公平的，問題是我們不可能開出一條經過每一家每一戶的彎路，雖然那樣最公平，但太不合成本了，我們強調的是整體性的公平），有的住家住在這條路的北邊（例如座標 (3, 9)），他們必須往南步行才能搭到公車（例如站牌座標 (3, 7)），有的住家住在這條路的南邊（例如座標 (3, 5)），他們必須往北步行去搭公車。有人往南步行，有人往北步行，這是實際情況。但是一旦落在數學座標圖上，住在這條路的北邊人家，他們到這條路的站牌的差距是正數（$9 - 7 = 2$），而住在這條路的南邊人家，他們到這條路的站牌的差距，卻是負數（$5 - 7 = -2$）。有正數也有負數，全部加總起來等於 0（亦即 $\sum_{i=1}^{n}(Y_i - \hat{Y}_i) = 0$，見下文），一旦等於 0 便和實際情況有出入，因為明明是有步行距離的，怎麼加總後等於 0 呢？如何解決這個在數學座標圖上的現象？

有二種可行的方式，一是對差距取絕對值，二是對差距取平方值，取絕對值後都是正值，加總後自然不會等於 0；取平方值後都是正值，加總後也不會等於 0。這二種方法，我們採行取平方值的方式，因為計算方便。接下來就是路線的規劃，如何讓家家戶戶到這條路的差距之平方值加總起來為最小，也就是每一家每一戶到這條路的距離加總起來最短呢？

假設這條路線為 $\hat{Y}$，挨家挨戶的座標點為 $\{(X_i, Y_i) ; i = 1, 2, \cdots, n\}$，每戶人家到這條路的差距為 $(Y_i - \hat{Y})$，取平方值後再加總起來就是 $\sum_{i=1}^{n}(Y_i - \hat{Y})^2$，因為路線是直線，所以我們令 $\hat{Y}_i = a + bX_i$。回到剛才的問題，如何讓家家戶戶到這條路的差距之平方值加總起來最小？也就是 $Min \sum_{i=1}^{n}(Y_i - \hat{Y})^2$，我們先把 $\hat{Y}_i = a + bX_i$ 代入，得到 $Min \sum_{i=1}^{n}(Y_i - (a + bX_i))^2$，這裡挨家挨戶的座標點 (X_i, Y_i) 是已經知道的，a 和 b 是不知道的，顯然整個問題就是在求 a 和 b 的值，求出來的 a 和 b 的值必須使得 $\sum_{i=1}^{n}(Y_i - (a + bX_i))^2$ 為最小才可以。如何使得 $\sum_{i=1}^{n}(Y_i - (a + bX_i))^2$ 為最小？這要用到微分的觀念。整個最小平方法須符合兩個條件 (1) $\sum_{i=1}^{n}(Y_i - \hat{Y}) = 0$、(2) $\sum_{i=1}^{n}(Y_i - \hat{Y})^2$ 為極小值，符合這兩個條件可得 a 和 b 的兩個正規方程式（normal equation）：

$$\frac{\partial \sum_{i=1}^{n}(Y_i - (a + bX_i))^2}{\partial a} = -2\sum_{i=1}^{n}(Y_i - (a + bX_i)) = 0 \quad \text{.....................(a)}$$

$$\frac{\partial \sum_{i=1}^{n}(Y_i - (a + bX_i))^2}{\partial b} = 2\sum_{i=1}^{n}(Y_i - (a + bX_i))(-X_i) = 0 \quad \text{......................(b)}$$

整理 (a)、(b) 得，

$$\sum_{i=1}^{n} Y_i - na - b\sum_{i=1}^{n} X_i = 0 \quad \text{...(c)}$$

$$\sum_{i=1}^{n} X_i Y_i - a\sum_{i=1}^{n} X_i - b\sum_{i=1}^{n} X_i^2 = 0 \quad \text{.....................................(d)}$$

由 (c) 得

$$\sum_{i=1}^{n} Y_i - b\sum_{i=1}^{n} X_i = na$$

$$\Rightarrow \frac{\sum_{i=1}^{n} Y_i}{n} - b\frac{\sum_{i=1}^{n} X_i}{n} = a$$

$$\Rightarrow a = \overline{Y} - b\overline{X} \quad\text{.. (e)}$$

將 (e) 式代入 (d)

$$\sum_{i=1}^{n} X_i Y_i - (\overline{Y} - b\overline{X})\sum_{i=1}^{n} X_i - b\sum_{i=1}^{n} X_i^2 = 0 \quad\text{... (f)}$$

整理 (f) 得

$$\sum_{i=1}^{n} X_i Y_i - \overline{Y}\sum_{i=1}^{n} X_i = b\sum_{i=1}^{n} X_i^2 - b\overline{X}\sum_{i=1}^{n} X_i = b\,(\sum_{i=1}^{n} X_i^2 - (\frac{1}{n}\sum_{i=1}^{n} X_i)\sum_{i=1}^{n} X_i)$$

$$\sum_{i=1}^{n} X_i Y_i - (\frac{1}{n}\sum_{i=1}^{n} Y_i)\sum_{i=1}^{n} X_i = b\,(\sum_{i=1}^{n} X_i^2 - (\frac{1}{n}\sum_{i=1}^{n} X_i)\sum_{i=1}^{n} X_i)$$

$$\Rightarrow b = \frac{\sum_{i=1}^{n} X_i Y_i - \frac{1}{n}\sum_{i=1}^{n} X_i\sum_{i=1}^{n} Y_i}{\sum_{i=1}^{n} X_i^2 - \frac{1}{n}(\sum_{i=1}^{n} X_i)^2} = \frac{\sum_{i=1}^{n}(X_i - \overline{X})(Y_i - \overline{Y})}{\sum_{i=1}^{n}(X_i - \overline{X})^2}$$

綜合上述得到 $a = \overline{Y} - b\overline{X}$，$b = \dfrac{\sum_{i=1}^{n}(X_i - \overline{X})(Y_i - \overline{Y})}{\sum_{i=1}^{n}(X_i - \overline{X})^2}$。

我們稱 a 為截距項（intercept），b 為斜率（slope），a 和 b 的值都是由已知的 (X_i, Y_i) 求出來的。在使用迴歸分析時，研究者基本上要有事前的認知，知道 X 和 Y 兩者是有關的（總不能用毫無相關的 X 去預測 Y），到底在迴歸分析中 X 和 Y 相關的程度具有什麼特別的意義呢？這牽涉到迴歸分析中非常重要的觀念，就是決定係數（coefficient of determination）的意義，容後再說明。下面是有關迴歸分析的一些整理：

1. $b = \dfrac{\displaystyle\sum_{i=1}^{n}(X_i - \bar{X})(Y_i - \bar{Y})}{\displaystyle\sum_{i=1}^{n}(X_i - \bar{X})^2} = \dfrac{\dfrac{1}{n-1}\displaystyle\sum_{i=1}^{n}(X_i - \bar{X})(Y_i - \bar{Y})}{\dfrac{1}{n-1}\displaystyle\sum_{i=1}^{n}(X_i - \bar{X})^2} = \dfrac{S_{XY}}{S_X^2}$ 。

2. $\displaystyle\sum_{i=1}^{n}Y_i = \sum_{i=1}^{n}\widehat{Y}_i$ ，因為 $\displaystyle\sum_{i=1}^{n}(Y_i - \widehat{Y}_i) = 0$ ，見最小平方法條件 1。

3. $\displaystyle\sum_{i=1}^{n}e_i = 0$ 且 $\displaystyle\sum_{i=1}^{n}e_i^2$ 極小，見最小平方法條件 2。

4. $\displaystyle\sum_{i=1}^{n}e_i X_i = 0$ ，即 $\displaystyle\sum_{i=1}^{n}(Y_i - \widehat{Y}_i)X_i = 0$ 。

5. $\displaystyle\sum_{i=1}^{n}e_i \widehat{Y}_i = 0$ ，即 $\displaystyle\sum_{i=1}^{n}(Y_i - \widehat{Y}_i)\widehat{Y}_i = 0$ 。

底下我們依序介紹這三種迴歸預測模式作法。

(一) 利用原始分數求迴歸模式

 例題 2

X	84	72	93	61	65
Y	86	93	85	64	77

，單位：千元，X 表廣告費，Y 表銷售額，試求簡單線性迴歸 $\widehat{Y} = a + bX$ 並說明其意義？

解 $b = \dfrac{\displaystyle\sum_{i=1}^{n}X_i Y_i - \dfrac{1}{n}\sum_{i=1}^{n}X_i \sum_{i=1}^{n}Y_i}{\displaystyle\sum_{i=1}^{n}X_i^2 - \dfrac{1}{n}(\sum_{i=1}^{n}X_i)^2} = \dfrac{30734 - \dfrac{375 \times 405}{5}}{28835 - \dfrac{375^2}{5}} \doteq 0.506$ ，

$\displaystyle\sum_{i=1}^{n}X_i Y_i = (84 \times 86) + (72 \times 93) + \cdots + (65 \times 77) = 30734$ ，

$\displaystyle\sum_{i=1}^{n}X_i^2 = 84^2 + 72^2 + 93^2 + 61^2 + 65^2 = 28835$ ，$\displaystyle\sum_{i=1}^{n}X_i = 84 + 72 + 93 + 61 + 65 = 375$ ，

$\displaystyle\sum_{i=1}^{n}Y_i = 86 + 93 + 85 + 64 + 77 = 405$ 。

$a = \bar{Y} - b\bar{X} = 81 - 0.506 \times 75 = 43.05$ 。

所以，簡單線性迴歸 $\hat{Y} = a + bX = 43.05 + 0.506X$ 。我們也可以利用之前已算過的 S_{XY}、S_X^2、$\bar{X}$ 及 $\bar{Y}$ 值，直接代入

$$b = \frac{S_{XY}}{S_X^2} = \frac{359}{710} = 0.506 ，$$

$a = \bar{Y} - b\bar{X} = 81 - 0.506 \times 75 = 43.05$ 。

a 的意義是即使沒有任何廣告費也有 43.05 單位的銷售額，

b 的意義是廣告費每增加一個單位時，銷售額增加 0.506 單位。

Excel 作法

1. 打開 Excel，在 A1 位格鍵入廣告費，在 A2 位格鍵入 84，在 A3 位格鍵入 72，在 A4 位格鍵入 93，在 A5 位格鍵入 61，在 A6 位格鍵入 65；在 B1 位格鍵入銷售額，在 B2 位格鍵入 86，在 B3 位格鍵入 93，在 B4 位格鍵入 85，在 B5 位格鍵入 64，在 B6 位格鍵入 77。

2. 將游標移至 C1 位格上，選取「資料」、「資料分析」，再點選「迴歸」，按「確定」。

3. 螢幕出現「迴歸」視窗，在「輸入 Y 的範圍 (Y)」中鍵入 b1:b6，在「輸入 X 的範圍 (X)」中鍵入 a1:a6，在「標記」前打勾，在「信賴度」輸入 90，按「確定」。

4. 螢幕出現下表資料。

摘要輸出	
迴歸統計	
R 的倍數	0.6086
R 平方	0.3705
調整的 R 平方	0.1606
標準誤	10.1403
觀察值個數	5.0000

ANOVA

	自由度	SS	MS	F	顯著值
迴歸	1	181.5225	181.5225	1.7653	0.2760
殘差	3	308.4775	102.8258		
總和	4	490.0000			

	係數	標準誤	t 統計	P- 值	下限 90.0%	上限 90.0%
截距	43.07746	28.89994	1.490573	0.232859	− 24.9346	111.089
廣告費	0.505634	0.380559	1.328661	0.275983	− 0.38996	1.401227

SAS 程式作法

```
data aa;
input x y;
cards;
84 86
72 93
93 85
61 64
65 77
;
proc reg;
model y=x;
run;
```

♦ SAS 程式結果

The SAS System

The REG Procedure

Model: MODEL1

Dependent Variable: y

Analysis of Variance

Source	DF	Sum of Squares	Mean Square	F Value	Pr > F
Model	1	181.52254	181.52254	1.77	0.2760
Error	3	308.47746	102.82582		
C. Total	4	490.00000			

Root MSE	10.14031	R–Square	0.3705	
Dependent Mean	81.00000	Adj R–Sq	0.1606	
Coeff Var	12.51890			

Parameter Estimates

Variable	DF	Parameter Estimate	Standard Error	t Value	Pr > |t|
Intercept	1	43.07746	28.89994	1.49	0.2329
x	1	0.50563	0.38056	1.33	0.2760

R 程式作法

R 程式

```
data1<-read.table(file="c:/R/ch9.1.txt",header=T)
data1
attach(data1)
data2<-lm(y~x,data=data1)
data3<-aov(y~x,data=data1)
summary(data2)
summary(data3)
plot(y~x,type="p",cex=1.5)
abline(data2,lwd=3,col=4,lty=1)
grid(nx=10,ny=20)
```

◆ R 結果

　y x

1 86 84

2 93 72

3 85 93

4 64 61

5 77 65

Residuals:

1	2	3	4	5
0.4493	13.5169	−5.1014	−9.9211	1.0563

Coefficients:

	Estimate	Std. Error	t value	Pr(>|t|)
(Intercept)	43.0775	28.8999	1.491	0.233
x	0.5056	0.3806	1.329	0.276

Residual standard error: 10.14 on 3 degrees of freedom

Multiple R−squared: 0.3705, Adjusted R−squared: 0.1606

F−statistic: 1.765 on 1 and 3 DF, p−value: 0.276

	Df	Sum Sq	Mean Sq	F value	Pr(>F)
x	1	181.5	181.5	1.765	0.276
Residuals	3	308.5	102.8		

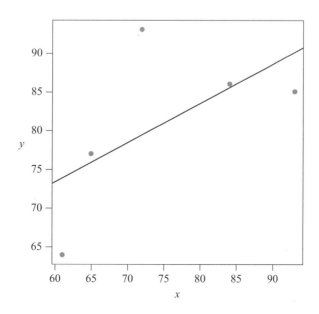

♦ R 程式說明

type="p" 在圖形中數據以點表示（其它表示方式讀者自己搜尋）。

abline ( ) 在圖形中添加一條直線。

lty=1 表示實線（其它表示方式讀者自己搜尋）。

下列 X 表收入金額，Y 表支出金額，試求 $\hat{Y}=a+bX$，並寫出截距點座標以及斜率 b 的幾何意義（單位：萬元）。

X	80	74	76	67	69	70	98	89
Y	59	53	59	61	77	61	78	65

解
$$b = \frac{\sum_{i=1}^{n} X_i Y_i - \frac{1}{n}\sum_{i=1}^{n} X_i \sum_{i=1}^{n} Y_i}{\sum_{i=1}^{n} X_i^2 - \frac{1}{n}(\sum_{i=1}^{n} X_i)^2} = \frac{40225 - \frac{623 \times 513}{8}}{49327 - \frac{623^2}{8}} = 0.339 \ ,$$

$$\sum_{i=1}^{n} X_i Y_i = (80 \times 59) + (74 \times 53) + \cdots + (98 \times 78) + (89 \times 65) = 40225 \ ,$$

$$\sum_{i=1}^{n} X_i^2 = 80^2 + 74^2 + \cdots + 98^2 + 89^2 = 49327 \ ,$$

$$\sum_{i=1}^{n} X_i = 80 + 74 + \cdots + 98 + 89 = 623 \ ,$$

$$\sum_{i=1}^{n} Y_i = 59 + 53 + \cdots + 78 + 65 = 513 \ ,$$

$a = \bar{Y} - b\bar{X} = \dfrac{513}{8} - 0.339 \times \dfrac{623}{8} = 37.77$，所以，$\hat{Y} = a + bX = 37.77 + 0.339X$。

在簡單線性迴歸中，截距點的幾何座標就是當 X 為 0 時，迴歸線 $\hat{Y}$ 和 Y 軸的交點，以 $\hat{Y} = 37.77 + 0.339X$ 為例，截距點座標 (0, 37.77)；而斜率 b 的幾何意義是當 X 往正的方向改變 1 個單位時，Y 亦往正的方向改變 0.339 個單位。

小補充

要提醒的是當斜率 b 為負值時，X 和 Y 兩者的改變方向是相反的，例如，迴歸模式 $\hat{Y} = 1.7 - 0.9X$，截距點座標為 $(0, 1.7)$，斜率 b 的幾何意義是當 X 往正的方向改變 1 個單位時，Y 往負的方向改變 0.9 個單位。

(二) 利用離均差分數求迴歸模式

以上是利用原始分數求簡單線性迴歸模式。以下我們將利用離均差分數求迴歸模式。利用原始分數求簡單線性迴歸模式，其實是把原點訂在座標 $(0, 0)$ 處。利用離均差分數求簡單線性迴歸模式，則是把原點移到座標 $(\bar{X}, \bar{Y})$ 處，這樣的移動只改變截距 a 點的位置，斜率 b 值並未改變。下面我們把原始分數的迴歸模式，轉為利用離均差分數的迴歸模式：

$$\hat{Y} = a + bX = \bar{Y} - b\bar{X} + bX = \bar{Y} + b(X - \bar{X})$$

由 $\hat{Y} = \bar{Y} + b(X - \bar{X})$ 這個模式中，我們發現截距 a 不見了 $(a = 0)$，但斜率 b 值仍然沒變。在 $\hat{Y} = \bar{Y} + b(X - \bar{X})$ 這個模式中，還透露一個很重要的觀念，那就是簡單線性迴歸模式的迴歸線一定通過點 $(\bar{X}, \bar{Y})$，因為把 $X = \bar{X}$，代入 $\hat{Y} = \bar{Y} + b(X - \bar{X}) = \bar{Y} + b(\bar{X} - \bar{X}) = \bar{Y}$，得到 $\hat{Y} = \bar{Y}$。

 **例題 4**

同例題 3，試求簡單線性迴歸 $\hat{Y} = \bar{Y} + b(X - \bar{X})$，$a$ 和 b 的值？

解 $a = 0$，$b = \dfrac{\sum\limits_{i=1}^{n} X_i Y_i - \dfrac{1}{n} \sum\limits_{i=1}^{n} X_i \sum\limits_{i=1}^{n} Y_i}{\sum\limits_{i=1}^{n} X_i^2 - \dfrac{1}{n} (\sum\limits_{i=1}^{n} X_i)^2} = 0.339$，

又 $\bar{X} = \dfrac{1}{n} \sum\limits_{i=1}^{n} X_i = \dfrac{623}{8} = 77.875$，$\bar{Y} = \dfrac{1}{n} \sum\limits_{i=1}^{n} Y_i = \dfrac{513}{8} = 64.125$，

所以，$\widehat{Y} = \overline{Y} + b(X - \overline{X}) = 64.125 + 0.339(X - 77.875)$。

假設某人收入 60 萬元，我們將預測他支出金額為 58.07 萬元，因為

$$\widehat{Y} = 64.125 + 0.339(60 - 77.875) = 58.07$$

這和之前用 $\widehat{Y} = 37.77 + 0.339 \times 60 = 58.11$ 估計是一樣的（些微差距純粹是因為不能整除所造成）。

(三) 利用標準化分數求迴歸模式

最後，我們介紹用標準化分數（Z 分數），進行迴歸分析及預測工作。由離均差分數的迴歸模式 $\widehat{Y} = \overline{Y} + b(X - \overline{X})$，整理可得：

$$\widehat{Y} - \overline{Y} = b(X - \overline{X})，$$

等號兩邊同除以 S_Y，可得 $\dfrac{\widehat{Y} - \overline{Y}}{S_Y} = b\dfrac{(X - \overline{X})}{S_Y}$，

等號右邊再作處理，可得 $\dfrac{\widehat{Y} - \overline{Y}}{S_Y} = b\dfrac{(X - \overline{X})}{S_Y}\dfrac{S_X}{S_X} = b\dfrac{S_X}{S_Y}\dfrac{(X - \overline{X})}{S_X} = b\dfrac{S_X}{S_Y}Z_X$，

這裡，$\dfrac{(X - \overline{X})}{S_X} = Z_X$，令 $\widehat{Z}_Y = \dfrac{\widehat{Y} - \overline{Y}}{S_Y}$，令 $\beta = b\dfrac{S_X}{S_Y}$，可得 $\widehat{Z}_Y = b\dfrac{S_X}{S_Y}Z_X = \beta\,Z_X$。

我們稱 β 為標準化迴歸係數，也許你已發現 β 就是相關係數 r，因為

$b = \dfrac{S_{XY}}{S_X^2} = \dfrac{rS_XS_Y}{S_X^2} = \dfrac{rS_Y}{S_X}$，所以 $\beta = b\dfrac{S_X}{S_Y} = \dfrac{rS_Y}{S_X}\dfrac{S_X}{S_Y} = r$。在只有一個自變數 X 時，標準化

迴歸係數 β 就是相關係數 r。從公式 $\beta = b\dfrac{S_X}{S_Y} = r$，我們可以看出當斜率 b 為正值時，相

關係數 r 也必為正值，當斜率 b 為負值時，相關係數 r 也必為負，這當中 $\dfrac{S_X}{S_Y}$ 恆為正數。

例題 5

> 同例題 3，試求簡單線性迴歸 $\widehat{Z}_Y = \beta\,Z_X$ ？

解 我們先算 S_X 及 S_Y，

$$S_X = \sqrt{\frac{\sum_{i=1}^{n} X_i^2 - \frac{1}{n}(\sum_{i=1}^{n} X_i)^2}{n-1}} = \sqrt{\frac{49327 - \frac{623^2}{8}}{8-1}} = \sqrt{115.84} \quad \text{。}$$

$$S_Y = \sqrt{\frac{\sum_{i=1}^{n} Y_i^2 - \frac{1}{n}(\sum_{i=1}^{n} Y_i)^2}{n-1}} = \sqrt{\frac{33451 - \frac{513^2}{8}}{8-1}} = \sqrt{79.27} \quad \text{。}$$

又斜率 $b = \dfrac{\sum_{i=1}^{n} X_i Y_i - \frac{1}{n}\sum_{i=1}^{n} X_i \sum_{i=1}^{n} Y_i}{\sum_{i=1}^{n} X_i^2 - \frac{1}{n}(\sum_{i=1}^{n} X_i)^2} = \dfrac{40225 - \frac{623 \times 513}{8}}{49327 - \frac{623^2}{8}} = 0.339$ ，

$$\beta = b\frac{S_X}{S_Y} = 0.339 \frac{\sqrt{115.84}}{\sqrt{79.27}} = 0.409 \Rightarrow \widehat{Z}_Y = \beta Z_X = 0.409\, Z_X \quad \text{。}$$

有了 $\widehat{Z}_Y = 0.409\, Z_X$ 迴歸模式就可以預測，仍和前例一樣，假設某人收入金額 60 萬元，以標準化迴歸模式來預測他的支出金額：

因為 $Z_X = \dfrac{X - \bar{X}}{S_X} = \dfrac{60 - \frac{623}{8}}{\sqrt{115.84}} = -1.66$ ，

所以，$\widehat{Z}_Y = 0.409\,(-1.66) = -0.679$ 。

值得注意的是單位消失了，$\widehat{Z}_Y$ 不是 -0.679 萬元。如果我們再代回

$$\widehat{Z}_Y = \frac{\widehat{Y} - \bar{Y}}{S_Y} = -0.679$$

$$\Rightarrow \widehat{Y} = \bar{Y} + S_Y(-0.679) = \frac{513}{8} + \sqrt{79.27}(-0.679) = 58.07 \quad \text{。}$$

這和之前用原始分數、用離均差分數去估計，結果都是一樣的。前面提到，我們把原始分數迴歸模式，轉為離均差分數迴歸模式時，截距 a 不見了（因為 $a = 0$），但斜率 b 值並未改變。現在再轉為標準化分數迴歸模式時，截距 a 仍然為 0，但斜率改變了由 b 值變為 β，這是因為 X 和 Y 各自除以自己的標準差後，軸長比例尺發生改變，斜率也跟著改變。

二、迴歸離均差平方和

在迴歸分析中，我們目標在求 $\sum_{i=1}^{n}(Y_i - \widehat{Y}_i)^2$ 的極小值，$\widehat{y}_i$ 是在已知自變數 X_i 後，對依變數所作的猜測值，如果每個猜測值 $\widehat{Y}_i$ 都等於實際觀察值 Y_i，那麼 $\sum_{i=1}^{n}(Y_i - \widehat{Y}_i)^2 = \sum_{i=1}^{n}(Y_i - Y_i)^2 = 0$，這是最佳預測，問題是真實情境中，幾乎是不可能的。從另一角度來看，如果我們沒有自變數 X_i 的訊息，那麼我們會怎麼猜測依變數的值？直接的想法就是猜 $\overline{Y}$，那麼猜測的誤差就是 $(Y_i - \overline{Y})$，但有個麻煩，就是 $\sum_{i=1}^{n}(Y_i - \overline{Y}) = 0$，為了避免等於 0 的計算困境，我們先平方再加總起來，即 $\sum_{i=1}^{n}(Y_i - \overline{Y})^2$，我們稱這個為總離均差平方和，亦稱為總變異（total variance），以 SST 表示。

如果從幾何意義來看，SST 就是先求每個正方形的面積，然後再把全部 n 個正方形面積加總起來，為什麼是正方形的面積？這從 $(Y_i - \overline{Y})^2 = 邊長^2$，就可以清楚看出來。到底 $\sum_{i=1}^{n}(Y_i - \widehat{Y}_i)^2$ 和 $\sum_{i=1}^{n}(Y_i - \overline{Y})^2$，兩者關係如何？前者有 $\widehat{Y}_i$，所以是有加入自變數 X_i 訊息的，因為 $\widehat{Y}_i = a + bX_i$。後者是沒有自變數 X_i 訊息的。我們稱 $\sum_{i=1}^{n}(Y_i - \widehat{Y}_i)^2$ 為誤差平方和（Sum of Squares of the errors），以 SSE 表示，有時稱為未解釋變異（unexplained variance），所謂「未解釋」意思是雖然加入自變數 X_i 後，但還是有極小部份是自變數 X_i 無法提供訊息的，這極小部份就是「未解釋」的部份，把它歸為誤差。如果自變數 X_i 能提供所有的訊息，那麼 $\sum_{i=1}^{n}(Y_i - \widehat{Y}_i)^2 = 0$，前面說過，在真實情境中這幾乎是不可能的。又之前提到 $\sum_{i=1}^{n}(Y_i - \widehat{Y}_i)^2$ 是極小值，顯然 $\sum_{i=1}^{n}(Y_i - \overline{Y})^2$ 大於 $\sum_{i=1}^{n}(Y_i - \widehat{Y}_i)^2$，我們可以把 $\sum_{i=1}^{n}(Y_i - \overline{Y})^2$ 分割成獨立的二部份 SSE 和 SSR。

$$SST = \sum_{i=1}^{n}(Y_i - \overline{Y})^2 = \sum_{i=1}^{n}(Y_i - \widehat{Y}_i + \widehat{Y}_i - \overline{Y})^2 = \sum_{i=1}^{n}\left((Y_i - \widehat{Y}_i) + (\widehat{Y}_i - \overline{Y})\right)^2$$

$$= \sum_{i=1}^{n}\left((Y_i - \widehat{Y}_i)^2 + 2(Y_i - \widehat{Y}_i)(\widehat{Y}_i - \overline{Y}) + (\widehat{Y}_i - \overline{Y})^2\right)$$

$$= \sum_{i=1}^{n}(Y_i - \widehat{Y}_i)^2 + \sum_{i=1}^{n}2(Y_i - \widehat{Y}_i)(\widehat{Y}_i - \overline{Y}) + \sum_{i=1}^{n}(\widehat{Y}_i - \overline{Y})^2$$

$$= \sum_{i=1}^{n}(Y_i - \widehat{Y}_i)^2 + \sum_{i=1}^{n}(\widehat{Y}_i - \overline{Y})^2 = SSE + SSR \text{ 。}$$

這裡，$\displaystyle\sum_{i=1}^{n}2(Y_i - \widehat{Y}_i)(\widehat{Y}_i - \overline{Y}) = 2\sum_{i=1}^{n}(Y_i - a - bX_i)(a + bX_i - \overline{Y})$

$$= 2\sum_{i=1}^{n}(Y_i - \overline{Y} + b\overline{X} - bX_i)(\overline{Y} - b\overline{X} + bX_i - \overline{Y}) = 2\sum_{i=1}^{n}\left((Y_i - \overline{Y}) - b(X_i - \overline{X})\right)\left(b(X_i - \overline{X})\right)$$

$$= 2\sum_{i=1}^{n}\left(b(Y_i - \overline{Y})(X_i - \overline{X}) - b^2(X_i - \overline{X})^2\right) = 2b\left(\sum_{i=1}^{n}\left(Y_i - \overline{Y})(X_i - \overline{X})\right) - b\sum_{i=1}^{n}(X_i - \overline{X})^2\right)$$

$$= 2b\left(\sum_{i=1}^{n}\left((Y_i - \overline{Y})(X_i - \overline{X})\right) - \left(\frac{\displaystyle\sum_{i=1}^{n}\left((Y_i - \overline{Y})(X_i - \overline{X})\right)}{\displaystyle\sum_{i=1}^{n}(X_i - \overline{X})^2}\right)\left(\sum_{i=1}^{n}(X_i - \overline{X})^2\right)\right)$$

$$= 2b\left(\sum_{i=1}^{n}\left((Y_i - \overline{Y})(X_i - \overline{X})\right) - \sum_{i=1}^{n}\left((Y_i - \overline{Y})(X_i - \overline{X})\right)\right) = 0 \text{ 。}$$

$\displaystyle\sum_{i=1}^{n}(\widehat{Y}_i - \overline{Y})^2$ 稱爲迴歸離均差平方和（Sum of Squares of the Regression），以 SSR 表示，有時稱爲已解釋變異（explained variance），所謂「已解釋」意思是自變數 X_i 可以提供給迴歸模式的訊息，從變異數觀點來看，就是迴歸模式的總變異中，可以由自變數 X_i 解釋的變異，自變數 X_i 可以提供給迴歸模式的訊息越多，代表迴歸離均差平方和越大，在總變異 SST 不變的情況下，迴歸離均差平方和越大，迫使誤差離均差平方和越小，誤差離均差平方和越小是迴歸模式追求的目標，顯然要讓迴歸模式誤差平方和越小，方法就是加入高解釋能力的自變數 X_i。

有個我們感興趣的問題是：從哪裡可以看出迴歸離均差平方和（SSR）是由自變數 X_i 解釋的呢？下式可以提供這樣的說明：

$$SSR = \sum_{i=1}^{n}(\widehat{Y}_i - \overline{Y})^2 = \sum_{i=1}^{n}(a + bX_i - \overline{Y})^2 = \sum_{i=1}^{n}(\overline{Y} - b\overline{X} + bX_i - \overline{Y})^2$$

$$= \sum_{i=1}^{n}(bX_i - b\overline{X})^2 = b^2\sum_{i=1}^{n}(X_i - \overline{X})^2 \ \ 。$$

接著我們也想知道迴歸離均差平方和提供的解釋變異佔總變異的百分比是多少？這個百分比在迴歸分析中稱為決定係數。

三、決定係數（coefficient of determination）

已知 $SST = SSR + SSE$，等號兩邊同時除以 SST，$1 = \dfrac{SST}{SST} = \dfrac{SSR}{SST} + \dfrac{SSE}{SST}$，

再把 $SSR = b^2\sum_{i=1}^{n}(X_i - \overline{X})^2$ 代入，得

$$\frac{SSR}{SST} = \frac{b^2\sum_{i=1}^{n}(X_i - \overline{X})^2}{\sum_{i=1}^{n}(Y_i - \overline{Y})^2} = b^2\left(\frac{\dfrac{1}{n-1}\sum_{i=1}^{n}(X_i - \overline{X})^2}{\dfrac{1}{n-1}\sum_{i=1}^{n}(Y_i - \overline{Y})^2}\right) = b^2\frac{S_X^2}{S_Y^2} = \left(b\frac{S_X}{S_Y}\right)^2 = r^2$$

我們稱 r^2 為決定係數，用以表示在迴歸分析中，Y 的總變異可以由自變數 X_i 所解釋的變異的百分比。r^2 越高，表示可以由自變數 X_i 所解釋的變異的百分比也就越高。又

$1 = \dfrac{SSR}{SST} + \dfrac{SSE}{SST} = r^2 + \dfrac{SSE}{SST}$，所以 $\dfrac{SSE}{SST} = 1 - r^2$，這些關係可以用直角三角形來表示（見圖 9-6）。通常我們稱 $\sqrt{1-r^2}$ 為疏離係數（coefficient of alienation）。

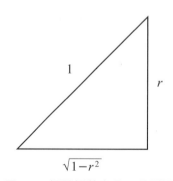

圖 9-6　相關係數直角三角形圖

母體相關係數檢定

r 為樣本相關係數，也是母體相關係數 ρ 的最大概似估計試，當 $\rho \rightarrow 1$ 時，r 的抽樣分配為左偏態分配；當 $\rho \rightarrow -1$ 時，r 的抽樣分配為右偏態分配；當 $\rho \rightarrow 0$ 時，r 的抽樣分配與 t 分配有關。

檢定 $\rho = 0$ 時，檢定公式為

$$t = \frac{r\sqrt{n-2}}{\sqrt{1-r^2}}$$

當 $t > t_{(\alpha/2,\, n-2)}$ 或 $t < -t_{(\alpha/2,\, n-2)}$ 時，則拒絕 H_0。但當 $n \geq 10$ 且 $\rho \neq 0$ 時，需先做 Fisher

Z 轉換，轉換公式為 $Z_r = \dfrac{1}{2}\ln\left(\dfrac{1+r}{1-r}\right)$，$Z_r$ 的平均數和變異數分別為 $E(Z_r) = \dfrac{1}{2}\ln\left(\dfrac{1+\rho}{1-\rho}\right)$，

$Var(Z_r) = \dfrac{1}{n-3}$。所以，當檢定 ρ 是否為某個數值時，檢定公式為 $Z = \dfrac{Z_r - \dfrac{1}{2}\ln\left(\dfrac{1+\rho}{1-\rho}\right)}{\sqrt{\dfrac{1}{n-3}}}$，

當 $Z > z_{(\alpha/2)}$ 或 $Z < -z_{(\alpha/2)}$ 時，則拒絕 H_0。

四、殘差變異數（residual variance）

前面在迴歸模式四個假設中提到，所有條件變異數皆相等，

$V(Y|X_1) = V(Y|X_2) = \cdots = V(Y|X_n) = \sigma^2$，$\sigma^2$ 稱為母體殘差變異數，因為 σ^2 常未知，所以，以樣本殘差變異數 $\widehat{\sigma}^2$ 估計之。

$$\widehat{\sigma}^2 = \frac{\displaystyle\sum_{i=1}^{n}(Y_i - \widehat{Y}_i)^2}{n-2} = \frac{SSE}{n-2} = MSE$$

當誤差離均差平方和（SSE）越大，那麼樣本殘差變異數 $\widehat{\sigma}^2$ 也越大。MSE 稱為均方誤（mean square error，注意這裡分母是 $n-2$）。MSE 是母體殘差變異數 σ^2 的不偏估計式，即 $E(MSE) = \sigma^2$。其開方根 $\widehat{\sigma} = \sqrt{\dfrac{SSE}{n-2}} = \sqrt{\dfrac{1}{n-2}\displaystyle\sum_{i=1}^{n}(Y_i - \widehat{Y}_i)^2}$，稱為估計標準誤（standard error of estimation）。

前面提到 $\dfrac{SSE}{SST} = 1 - r^2$，$SSE = SST(1 - r^2)$，現在我們把它代入 $\widehat{\sigma}^2 = \dfrac{SSE}{n-2} = \dfrac{SST(1-r^2)}{n-2}$

$= \dfrac{(1-r^2)}{n-2} \displaystyle\sum_{i=1}^{n}(Y_i - \bar{Y})^2$。如果我們不考慮母體殘差變異數之不偏估計式，則可以把上式改為

$$\widehat{\sigma}^2 = \dfrac{(1-r^2)}{n} \sum_{i=1}^{n}(Y_i - \bar{Y})^2 = (1-r^2)s_Y^2$$

這裡，$s_Y^2 = \dfrac{1}{n}\displaystyle\sum_{i=1}^{n}(Y_i - \bar{Y})^2$，$\widehat{\sigma} = s_Y\sqrt{1-r^2}$，很明顯地估計標準誤大小與相關係數有直接關係，當 $r = 1$ 或 $r = -1$ 時，$\widehat{\sigma} = s_Y\sqrt{1-r^2} = 0$，亦即觀察值均落在迴歸線上（$Y_i = \widehat{Y}_i$），故預測完全正確無誤（即誤差項 $\displaystyle\sum_{i=1}^{n}(Y_i - \widehat{Y}_i)^2 = 0$）；當 $r = 0$ 時，表示 $\widehat{\sigma} = s_Y\sqrt{1-r^2} = s_Y$，這時自變數 X_i 已完全失去預測的效果（因為只剩下 Y_i 的訊息）。總之，相關係數越大，估計標準誤越小，自變數 X_i 越可以正確預測 Y_i 變數。$\sqrt{1-r^2}$ 就是之前提過的疏離係數，它其實就是估計標準誤除以 Y_i 的標準差，即 $\sqrt{1-r^2} = \dfrac{\widehat{\sigma}}{s_Y}$，這個比值越小，表示越不疏離，預測越正確；比值越大，表示越疏離，預測越不正確。

9-3　迴歸參數的估計與檢定

一、a、b 之抽樣分配

因為要以 a 推論 α，以 b 推論 β，所以必須知道 a 和 b 的抽樣分配。因為 X_i 為固定值（例如身高 160 公分），所以 a 和 b 的分配依隨機變數 Y_i（身高 160 公分的那些人的體重）的分配而定，假設 Y_i 為獨立隨機變數且服從常態分配，那麼 a 和 b 的分配亦為獨立隨機變數且服從常態分配，a 的抽樣分配其平均數和變異數分別為：

$$E(A) = \alpha，\quad V(a) = \frac{\sigma^2}{n}\left(1 + \frac{n\bar{X}^2}{\displaystyle\sum_{i=1}^{n}(X_i - \bar{X})^2}\right)$$

$$E(a) = E(\bar{Y} - b\bar{X}) = E(\bar{Y}) - E(b\bar{X}) = E(\frac{1}{n}\sum_{i=1}^{n}Y_i) - \bar{X}E(b) = \frac{1}{n}E(\sum_{i=1}^{n}Y_i) - \bar{X}\beta$$

$$= \frac{1}{n}E(Y_1 + Y_2 + ... + Y_n) - \bar{X}\beta = \frac{1}{n}(\alpha + \beta X_1 + \alpha + \beta X_2 + ... + \alpha + \beta X_n) - \bar{X}\beta$$

$$= \frac{1}{n}(n\alpha + \beta \sum_{i=1}^{n}X_i) - \bar{X}\beta = \alpha + \beta (\bar{X}) - \bar{X}\beta = \alpha \text{ 。}$$

$$V(a) = V(\bar{Y} - b\bar{X}) = V(\frac{1}{n}\sum_{i=1}^{n}Y_i) + \bar{X}^2 V(b)$$

$$= \frac{1}{n^2}(\sigma^2 + \sigma^2 + ... + \sigma^2) + \bar{X}^2\left(\frac{\sigma^2}{\sum_{i=1}^{n}(X_i - \bar{X})^2}\right) = \frac{1}{n^2}(n\sigma^2) + \bar{X}^2\left(\frac{\sigma^2}{\sum_{i=1}^{n}(X_i - \bar{X})^2}\right)$$

$$= \frac{\sigma^2}{n}\left(1 + \frac{n\bar{X}^2}{\sum_{i=1}^{n}(X_i - \bar{X})^2}\right) = \sigma^2\left(\frac{1}{n} + \frac{\bar{X}^2}{\sum_{i=1}^{n}(X_i - \bar{X})^2}\right) = \sigma^2\left(\frac{\sum_{i=1}^{n}X_i^2}{n\sum_{i=1}^{n}(X_i - \bar{X})^2}\right) \text{ 。}$$

b 的抽樣分配其平均數和變異數分別為：

$$E(b) = \beta \text{ , } V(b) = \frac{\sigma^2}{\sum_{i=1}^{n}(X_i - \bar{X})^2}$$

$$E(b) = E\left(\frac{\sum_{i=1}^{n}(X_i - \bar{X})(Y_i - \bar{Y})}{\sum_{i=1}^{n}(X_i - \bar{X})^2}\right) = E\left(\frac{\sum_{i=1}^{n}(X_i - \bar{X})Y_i}{\sum_{i=1}^{n}(X_i - \bar{X})^2}\right)$$

$$= \left(\frac{\sum_{i=1}^{n}(X_i - \bar{X})}{\sum_{i=1}^{n}(X_i - \bar{X})^2}\right)E(Y_i) = \left(\frac{\sum_{i=1}^{n}(X_i - \bar{X})}{\sum_{i=1}^{n}(X_i - \bar{X})^2}\right)(\alpha + \beta X_i)$$

$$= \alpha\left(\frac{\sum_{i=1}^{n}(X_i - \bar{X})}{\sum_{i=1}^{n}(X_i - \bar{X})^2}\right) + \beta\left(\frac{\sum_{i=1}^{n}(X_i - \bar{X})X_i}{\sum_{i=1}^{n}(X_i - \bar{X})^2}\right) = \alpha \cdot 0 + \beta\left(\frac{\sum_{i=1}^{n}(X_i - \bar{X})^2}{\sum_{i=1}^{n}(X_i - \bar{X})^2}\right) = \beta \text{ 。}$$

$$\sum_{i=1}^{n}(X_i-\bar{X})(Y_i-\bar{Y}) = \sum_{i=1}^{n}(X_iY_i - X_i\bar{Y} - \bar{X}Y_i + \bar{X}\bar{Y})$$

$$= \sum_{i=1}^{n}(X_iY_i) - \sum_{i=1}^{n}(X_i\bar{Y}) - \sum_{i=1}^{n}(\bar{X}Y_i) + n\bar{X}\bar{Y}$$

$$= \sum_{i=1}^{n}(X_iY_i) - \bar{Y}\sum_{i=1}^{n}X_i - \bar{X}\sum_{i=1}^{n}Y_i + n\bar{X}\bar{Y}$$

$$= \sum_{i=1}^{n}(X_iY_i) - n\bar{X}\bar{Y} - n\bar{X}\bar{Y} + n\bar{X}\bar{Y} = \sum_{i=1}^{n}X_iY_i - n\bar{X}\bar{Y}$$

$$= \sum_{i=1}^{n}X_iY_i - \bar{X}\sum_{i=1}^{n}Y_i = \sum_{i=1}^{n}(X_iY_i - \bar{X}Y_i) = \sum_{i=1}^{n}(X_i-\bar{X})Y_i \;。$$

同理，$\displaystyle\sum_{i=1}^{n}(X_i-\bar{X})(X_i-\bar{X}) = \sum_{i=1}^{n}(X_iX_i - X_i\bar{X} - \bar{X}X_i + \bar{X}\bar{X})$

$$= \sum_{i=1}^{n}(X_iX_i) - \sum_{i=1}^{n}(X_i\bar{X}) - \sum_{i=1}^{n}(\bar{X}X_i) + n\bar{X}\bar{X}$$

$$= \sum_{i=1}^{n}X_i^2 - \bar{X}\sum_{i=1}^{n}X_i - \bar{X}\sum_{i=1}^{n}X_i + n\bar{X}\bar{X}$$

$$= \sum_{i=1}^{n}X_i^2 - n\bar{X}\bar{X} - n\bar{X}\bar{X} + n\bar{X}\bar{X}$$

$$= \sum_{i=1}^{n}X_i^2 - n\bar{X}\bar{X} = \sum_{i=1}^{n}X_i^2 - \bar{X}\sum_{i=1}^{n}X_i$$

$$= \sum_{i=1}^{n}(X_iX_i - \bar{X}X_i) = \sum_{i=1}^{n}(X_i-\bar{X})X_i \;。$$

$$V(b) = V\left(\frac{\displaystyle\sum_{i=1}^{n}(X_i-\bar{X})(Y_i-\bar{Y})}{\displaystyle\sum_{i=1}^{n}(X_i-\bar{X})^2}\right) = V\left(\frac{\displaystyle\sum_{i=1}^{n}(X_i-\bar{X})Y_i}{\displaystyle\sum_{i=1}^{n}(X_i-\bar{X})^2}\right)$$

$$= \frac{\displaystyle\sum_{i=1}^{n}(X_i-\bar{X})^2}{\left(\displaystyle\sum_{i=1}^{n}(X_i-\bar{X})^2\right)^2}V(Y_i) = \frac{\sigma^2}{\displaystyle\sum_{i=1}^{n}(X_i-\bar{X})^2} \;。$$

二、α、β 的估計與檢定

有了 a 和 b 的抽樣分配，我們就可以作估計與檢定的統計推論分析。

(一) α 的信賴區間估計

α 的信賴區間估計可分 σ^2 已知、σ^2 未知加以探討。由上述知道 a 的平均數和變異數分別為

$$E(a) = \alpha \text{，} V(a) = \frac{\sigma^2}{n}(1 + \frac{n\bar{X}^2}{\sum_{i=1}^{n}(X_i - \bar{X})^2})$$

1. σ^2 已知，α 的信賴區間估計為：$a \pm z_{(\alpha/2)} \cdot \sqrt{\frac{\sigma^2}{n}(1 + \frac{n\bar{X}^2}{\sum_{i=1}^{n}(X_i - \bar{X})^2})}$。

2. σ^2 未知，α 的信賴區間估計為：$a \pm t_{(\alpha/2, n-2)} \cdot \sqrt{\frac{\widehat{\sigma}^2}{n}(1 + \frac{n\bar{X}^2}{\sum_{i=1}^{n}(X_i - \bar{X})^2})}$。

t 分配的 $df = n - 2$，$\widehat{\sigma}^2 = \frac{1}{n-2}\sum_{i=1}^{n}(Y_i - \widehat{Y}_i)^2$。

(二) β 的信賴區間估計

β 的信賴區間估計亦分 σ^2 已知、σ^2 未知加以探討。b 的平均數和變異數分別為：

$$E(b) = \beta \text{，} V(b) = \frac{\sigma^2}{\sum_{i=1}^{n}(X_i - \bar{X})^2}$$

1. σ^2 已知，β 的信賴區間估計為：$b \pm z_{(\alpha/2)} \cdot \sqrt{\frac{\sigma^2}{\sum_{i=1}^{n}(X_i - \bar{X})^2}}$。

2. σ^2 未知，β 的信賴區間估計為：$b \pm t_{(\alpha/2, n-2)} \cdot \sqrt{\frac{\widehat{\sigma}^2}{\sum_{i=1}^{n}(X_i - \bar{X})^2}}$。

t 分配的 $df = n - 2$，$\widehat{\sigma}^2 = \frac{1}{n-2}\sum_{i=1}^{n}(Y_i - \widehat{Y})^2$。

(三) α 之檢定

這裡只討論 σ^2 未知，雙尾檢定情況。

1.
$$H_0 : \alpha = 0$$
$$H_1 : \alpha \neq 0$$

2. 檢定公式

$$t = \frac{a - \alpha}{\sqrt{\dfrac{\widehat{\sigma}^2}{n}(1 + \dfrac{n\bar{X}^2}{\sum\limits_{i=1}^{n}(X_i - \bar{X})^2})}} \quad , \quad \widehat{\sigma}^2 = \frac{1}{n-2}\sum_{i=1}^{n}(Y_i - \widehat{Y})^2$$

3. 決策規則：當 $t > t_{(\alpha/2,\ n-2)}$ 或 $t < -t_{(\alpha/2,\ n-2)}$ 時，則拒絕 H_0。

(四) β 之檢定

這裡只討論 σ^2 未知，雙尾檢定情況。

1.
$$H_0 : \beta = 0$$
$$H_1 : \beta \neq 0$$

2. 檢定公式

$$t = \frac{b - \beta}{\sqrt{\dfrac{\widehat{\sigma}^2}{\sum\limits_{i=1}^{n}(X_i - \bar{X})^2}}} \quad , \quad \widehat{\sigma}^2 = \frac{1}{n-2}\sum_{i=1}^{n}(Y_i - \widehat{Y})^2 \quad \text{。}$$

3. 決策規則：當 $t > t_{(\alpha/2,\ n-2)}$ 或 $t < -t_{(\alpha/2,\ n-2)}$ 時，則拒絕 H_0。

三、$\mu_{Y|x_h}$、Y_h 的預測

這裡牽涉二種預測，一種是對 Y_h 平均值（即 $\mu_{Y|X_h}$）的預測，一種是對單一觀察值 Y_h 的預測。

(一) 對 $\mu_{Y|X_h}$ 的預測

考慮 $X = X_h$ 時的簡單線性迴歸 $\widehat{Y}_h = a + bX_h$，

則 $E(\widehat{Y}_h) = E(a + bX_h) = \alpha + \beta X_h = \mu_{Y|X_h}$

$$V(\widehat{Y}_h) = V(a + bX_h) = V(\overline{Y} - b\overline{X} + bX_h)$$

$$= V(\overline{Y} + b(X_h - \overline{X})) = \frac{\sigma^2}{n} + (X_h - \overline{X})^2 V(b)$$

$$= \frac{\sigma^2}{n} + (X_h - \overline{X})^2 (\frac{\sigma^2}{\sum_{i=1}^{n}(X_i - \overline{X})^2}) = \sigma^2(\frac{1}{n} + \frac{(X_h - \overline{X})^2}{\sum_{i=1}^{n}(X_i - \overline{X})^2})$$

1. σ^2 已知，則 $X = X_h$ 時，$\mu_{Y|X_h}$ 的信賴區間估計為 $\widehat{Y}_h \pm z_{(\alpha/2)} \cdot \sqrt{\sigma^2(\frac{1}{n} + \frac{(X_h - \overline{X})^2}{\sum_{i=1}^{n}(X_i - \overline{X})^2})}$

2. σ^2 未知，則 $X = X_h$ 時，$\mu_{Y|X_h}$ 的信賴區間估計為 $\widehat{Y}_h \pm t_{(\alpha/2, n-2)} \cdot \sqrt{\widehat{\sigma}^2(\frac{1}{n} + \frac{(X_h - \overline{X})^2}{\sum_{i=1}^{n}(X_i - \overline{X})^2})}$

　　這裡 t 分配的 $df = n - 2$，$\widehat{\sigma}^2 = \frac{1}{n-2}\sum_{i=1}^{n}(Y_i - \widehat{Y})^2$。

(二) 對單一觀察值 Y_h 的預測

$$E(\widehat{Y}_h - Y_h) = E(a + bX_h) - E(\alpha + \beta X_h + \varepsilon_h) = (\alpha + \beta X_h) - (\alpha + \beta X_h + 0) = 0$$

$$V(\widehat{Y}_h - Y_h) = V(a + bX_h) + V(Y_h) = V(\overline{Y} - b\overline{X} + bX_h) + V(Y_h)$$

$$= V(\overline{Y} + b(X_h - \overline{X})) + \sigma^2 = \frac{\sigma^2}{n} + (X_h - \overline{X})^2 V(b) + \sigma^2$$

$$= \frac{\sigma^2}{n} + (X_h - \overline{X})^2 (\frac{\sigma^2}{\sum_{i=1}^{n}(X_i - \overline{X})^2}) + \sigma^2 = \sigma^2(1 + \frac{1}{n} + \frac{(X_h - \overline{X})^2}{\sum_{i=1}^{n}(X_i - \overline{X})^2})$$

1. σ^2 已知，則 $X = X_h$ 時，Y_h 的信賴區間估計為：

$$\widehat{Y}_h \pm z_{(\alpha/2)} \cdot \sqrt{\sigma^2(1 + \frac{1}{n} + \frac{(X_h - \overline{X})^2}{\sum_{i=1}^{n}(X_i - \overline{X})^2})}$$

2. σ^2 未知，則 $X = X_h$ 時，Y_h 的信賴區間估計為：

$$\widehat{Y}_h \pm t_{(\alpha/2, n-2)} \cdot \sqrt{\widehat{\sigma}^2(1 + \frac{1}{n} + \frac{(X_h - \overline{X})^2}{\sum_{i=1}^{n}(X_i - \overline{X})^2})}$$

　　這裡 t 分配的 $df = n - 2$，$\widehat{\sigma}^2 = \frac{1}{n-2}\sum_{i=1}^{n}(Y_i - \widehat{Y})^2$。

小補充

1. 上述這二種預測，不論是 $\mu_{Y|X_h}$ 或是 Y_h 均以 $\hat{Y}_h$ 為點估計。

2. Y_h 的信賴區間比 $\mu_{Y|X_h}$ 的信賴區間長。

3. 在 $X = X_h = \bar{X}$ 時，信賴區間長度最短。

 例題6

資料同前面例題 2，差別在例題 2 給原始資料，這裡給加總後的數據（有些考試題目是直接給加總後數據），試求：

1. 迴歸模式 $\hat{Y}_i = a + bX_i$，a 和 b 的值為若干？

2. 當廣告費為 75 單位時，估計銷售量為若干？

3. 求殘差變異數 σ^2？

4. 求 β 的 90% 信賴區間？

5. 以 $\alpha = 0.1$ 檢定 β 是否為 0？

6. 求 $X = 74$ 時，$\mu_{Y|X_h}$ 的信賴區間估計？

7. $X = 74$ 時，Y_h 的信賴區間估計？

已知 $\sum_{i=1}^{n}(X_i - \bar{X})^2 = 710$，$\sum_{i=1}^{n}(X_i - \bar{X})(Y_i - \bar{Y}) = 359$，$\sum_{i=1}^{n}(Y_i - \bar{Y})^2 = 490$，

$\bar{Y} = 81$，$\bar{X} = 75$。

解 1. $b = \dfrac{\sum_{i=1}^{n}(X_i - \bar{X})(Y_i - \bar{Y})}{\sum_{i=1}^{n}(X_i - \bar{X})^2} = \dfrac{359}{710} = 0.506$，$a = \bar{Y} - b\bar{X} = 81 - 0.506 \times 75 = 43.05$

所以，簡單線性迴歸 $\hat{Y}_i = a + bX_i = 43.05 + 0.506X_i$

2. $\hat{Y}_i = 43.05 + 0.506X_i = 43.05 + 0.506(75) = 81$

3. $\widehat{\sigma}^2 = \dfrac{SSE}{n-2} = \dfrac{SST - SSR}{n-2} = \dfrac{\sum\limits_{i=1}^{n}(Y_i - \overline{Y})^2 - b^2 \sum\limits_{i=1}^{n}(X_i - \overline{X})^2}{n-2}$

$= \dfrac{490 - (0.506^2)(710)}{5-2} = 102.738$ 。

4. σ^2 未知，β 的信賴區間估計為

$b \pm t_{(\alpha/2,\, n-2)} \cdot \sqrt{\dfrac{\widehat{\sigma}^2}{\sum\limits_{i=1}^{n}(X_i - \overline{X})^2}}$ ，這裡 $t_{(1-\alpha/2,\, 3)} = 2.353$ ，

$\Rightarrow 0.506 \pm 2.353 \times \sqrt{\dfrac{102.738}{710}} \Rightarrow -0.389 \leq \beta \leq 1.401$

5. (1) $\begin{aligned} H_0 &: \beta = 0 \\ H_1 &: \beta \neq 0 \end{aligned}$

   (2) $t = \dfrac{b - \beta}{\sqrt{\dfrac{\widehat{\sigma}^2}{\sum\limits_{i=1}^{n}(X_i - \overline{X})^2}}} = \dfrac{0.506 - \beta}{\sqrt{\dfrac{102.738}{710}}} = \dfrac{0.506 - 0}{\sqrt{\dfrac{102.738}{710}}} = 1.33 < 2.353$ ，

   (3) 所以，不拒絕虛無假設，表示 β 有可能為 0。信賴區間與檢定具同樣意義。

   因為 $-0.389 \leq \beta \leq 1.401$，這段區間包含虛無假設所宣稱的 0，所以不拒絕虛無假設，這和檢定結果是一樣的。

6. σ^2 未知，則 $X = X_h$ 時，$\mu_{Y|X_h}$ 的信賴區間估計為

$\widehat{Y}_h \pm t_{(1-\alpha/2,\, n-2)} \cdot \sqrt{\widehat{\sigma}^2 \left(\dfrac{1}{n} + \dfrac{(X_h - \overline{X})^2}{\sum\limits_{i=1}^{n}(X_i - \overline{X})^2} \right)}$ ，

當 $X = X_h = 74$ 時，

$\widehat{Y}_h = 43.05 + 0.506(74) = 80.494$ ，$80.494 \pm 2.353 \times \sqrt{102.738 \left(\dfrac{1}{5} + \dfrac{(74-75)^2}{710} \right)}$

$\Rightarrow 80.494 \pm 10.7035$，所以 $\mu_{Y|X_h}$ 的信賴區間估計為 $69.7905 \leq \mu_{Y|X_h} \leq 91.1975$

7. σ^2 未知，$X = X_h$ 時，Y_h 的信賴區間估計為

$\widehat{Y}_h \pm t_{(\alpha/2,\, n-2)} \cdot \sqrt{\widehat{\sigma}^2 \left(1 + \dfrac{1}{n} + \dfrac{(X_h - \overline{X})^2}{\sum\limits_{i=1}^{n}(X_i - \overline{X})^2} \right)}$ ，

$$80.494 \pm 2.353 \times \sqrt{102.738\left(1+\frac{1}{5}+\frac{(74-75)^2}{710}\right)}$$

$$\Rightarrow 80.494 \pm 26.1416$$

所以，Y_h 的信賴區間估計爲 $54.352 \le Y_h \le 106.636$。由 6.、7. 比較得知，$Y_h$ 的信賴區間長度較 $\mu_{Y|X_h}$ 的信賴區間長度爲長，因爲 Y_h 的估計標準誤較大的關係。

R 程式作法

```
R 程式
data1<-read.table(file="c:/R/ch9.1.txt",header=T)
data1
attach(data1)
data2<-lm(y~x,data=data1)
data3<-aov(y~x,data=data1)
summary(data2
summary(data3)
confint(data2,level=0.9)
plot(y~x,type="p",cex=1.5)
abline(data2,lwd=3,col=4,lty=1)
grid(nx=10,ny=20)
pci<-predict(data2,data.frame(x=74),se=T)
pci
(width1=qt(0.95,3)*sqrt(4.550823^2))
c(80.494-width1,80.494+width1)
(width2=qt(0.95,3)*sqrt(4.550823^2+10.14031^2))
c(80.494-width2,80.494+width2)
```

♦ R 程式說明

程式 confint( ) 是 α、β 的信賴區間估計，width1 是 $\mu_{Y|X_h}$ 的信賴區間估計，width2 是 Y_h 的信賴區間估計。

例題 7

已知 $\displaystyle\sum_{i=1}^{n} X_i = 87$ ， $\bar{X} = 2.9$ ， $\displaystyle\sum_{i=1}^{n} Y_i = 534.3$ ， $\bar{Y} = 17.81$ ， $n = 30$ ，

$\displaystyle\sum_{i=1}^{n} X_i Y_i = 1564.24$ ， $\displaystyle\sum_{i=1}^{n} X_i^2 = 256.06$ ， $\displaystyle\sum_{i=1}^{n} Y_i^2 = 9593.41$ ，試問：

1. 試求簡單線性迴歸 $\hat{Y} = a + bX$ ，a 和 b 的值？

2. 試求決定係數並解釋之？

3. 試檢定迴歸模式（$\alpha = 0.05$）？

4. 試求 X, Y 兩者之相關係數並檢定二者有無關係？

5. 試求 X, Y 兩者之母體相關係數是否 0.5 ？

解 1. $b = \dfrac{\displaystyle\sum_{i=1}^{n} X_i Y_i - \dfrac{1}{n}\sum_{i=1}^{n} X_i \sum_{i=1}^{n} Y_i}{\displaystyle\sum_{i=1}^{n} X_i^2 - \dfrac{1}{n}(\sum_{i=1}^{n} X_i)^2} = \dfrac{1564.24 - \dfrac{87 \times 534.3}{30}}{256.06 - \dfrac{87^2}{30}} = 3.93$ ，

$a = \bar{Y} - b\bar{X} = 17.81 - 3.93 \times 2.9 = 6.41$ ，所以， $\hat{Y} = a + bX = 6.41 + 3.93X$ 。

2. $R^2 = \dfrac{SSR}{SST} = \dfrac{b^2 \displaystyle\sum_{i=1}^{n}(X_i - \bar{X})^2}{\displaystyle\sum_{i=1}^{n}(Y_i - \bar{Y})^2} = \dfrac{3.93^2(256.06 - \dfrac{87^2}{30})}{(9593.41 - \dfrac{534.3^2}{30})} = 0.749$ ，

表示 Y 的變異可以由 X 解釋的比例為 74.9%。

3. (1) $\begin{array}{l} H_0 : \alpha = 0 \\ H_1 : \alpha \neq 0 \end{array}$

(2) $t = \dfrac{a - \alpha}{\sqrt{\dfrac{\widehat{\sigma}^2}{n}\left(1 + \dfrac{n\overline{X}^2}{\displaystyle\sum_{i=1}^{n}(X_i - \overline{X})^2}\right)}} = \dfrac{6.41 - 0}{\sqrt{\dfrac{0.695}{30}\left(1 + \dfrac{30 \times 2.9^2}{(256.06 - \dfrac{87^2}{30})}\right)}} = 5.10$

$SST = \displaystyle\sum_{i=1}^{n}(Y_i - \overline{Y})^2 = (9593.41 - \dfrac{534.3^2}{30}) = 77.527$,

$SSR = b^2 \displaystyle\sum_{i=1}^{n}(X_i - \overline{X})^2 = 3.93^2(256.06 - \dfrac{87^2}{30}) = 58.0728$

於此，$\widehat{\sigma}^2 = \dfrac{SSE}{n-2} = \dfrac{SST - SSR}{n-2} = \dfrac{19.454}{28} = 0.695$

(3) 因為 $5.10 > t_{(0.05/2,\ 28)} = 2.048$ ，

所以，拒絕虛無假設，表示 α 不可能為 0。

(4) $\begin{array}{l} H_0 : \beta = 0 \\ H_1 : \beta \neq 0 \end{array}$

(5) $t = \dfrac{b - \beta}{\sqrt{\dfrac{\widehat{\sigma}^2}{\displaystyle\sum_{i=1}^{n}(X_i - \overline{X})^2}}} = \dfrac{3.93 - 0}{\sqrt{\dfrac{0.695}{3.76}}} = 9.141$

(6) 因為 $9.141 > t_{(0.05/2,\ 28)} = 2.048$ ，

所以，拒絕虛無假設，表示 β 不可能為 0。

4. 相關係數 $r = \sqrt{0.749} = 0.865$

(1) $\begin{array}{l} H_0 : \rho = 0 \\ H_1 : \rho \neq 0 \end{array}$

(2) 檢定公式 $t = \dfrac{r\sqrt{n-2}}{\sqrt{1 - r^2}} = \dfrac{0.865\sqrt{28}}{\sqrt{1 - 0.749}} = 9.136$

(3) 因為 $9.136 > t_{(0.05/2,\ 28)} = 2.048$ ，所以，拒絕虛無假設，表示 ρ 不可能為 0。

5. (1) $\begin{array}{l} H_0 : \rho = 0.5 \\ H_1 : \rho \neq 0.5 \end{array}$

(2) 檢定公式 $Z = \dfrac{Z_r - \dfrac{1}{2}\ln\left(\dfrac{1+\rho}{1-\rho}\right)}{\sqrt{\dfrac{1}{n-3}}} = \dfrac{1.312 - \dfrac{1}{2}\ln\left(\dfrac{1+0.5}{1-0.5}\right)}{\sqrt{\dfrac{1}{27}}} = 3.963$,

$$Z_r = \frac{1}{2}\ln\left(\frac{1+0.865}{1-0.865}\right) = 1.132$$

(3) 因為 $3.963 > z_{(0.05/2)} = 1.96$ ，所以，拒絕虛無假設，表示 ρ 不可能為 0.5。

四、指數迴歸分析

如果資料如例題呈現指數曲線趨勢，如何處理這種迴歸線型式呢？

 例題 8

下表為某社群在過去 7 年的會員數：

x	1	2	3	4	5	6	7
y	304	341	393	457	548	670	882

試以最小平方法求 $\widehat{Y} = cd^X$ ，c 和 d 的值？並預測 5 年後的會員數。

解 將 $\widehat{Y} = cd^X$ 取對數（以 10 為底），得到 $\log \widehat{Y} = \log c + X \log d = a + bX$ ，

$\log c = a$ ，$\log d = b$ ，

x	1	2	3	4	5	6	7
y	304	341	393	457	548	670	882
$\log y$	2.483	2.533	2.594	2.66	2.739	2.826	2.945

$\displaystyle\sum_{i=1}^{n} x_i = 28$ ，$\displaystyle\sum_{i=1}^{n} \log y_i = 18.78$ ，$\displaystyle\sum_{i=1}^{n} x_i^2 = 140$ ，$\displaystyle\sum_{i=1}^{n} x_i \log y_i = 77.237$ ，

$\overline{\log y} = 2.683$ ，$\bar{x} = 4$ ，

根據前面的估計公式 $b = \dfrac{77.237 - \dfrac{28 \times 18.78}{7}}{140 - \dfrac{28^2}{7}} = 0.076$ ，

$a = 2.683 - 0.076 \times 4 = 2.379$，$c = 10^{2.379} = 239$，$d = 10^{0.076} = 1.19$

所以，$\hat{Y} = cd^X = 239(1.19^X)$

5 年後，即 $X = 7 + 5 = 12$，$\hat{Y} = cd^X = 239(1.19^{12}) = 1954$。

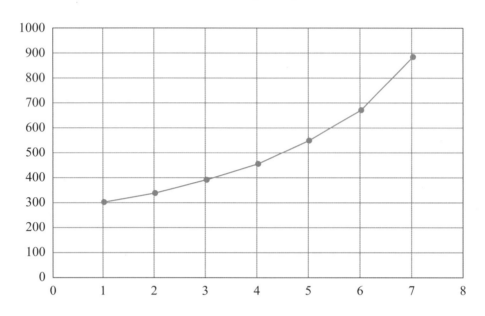

9-4 迴歸分析之變異數分析表示法

迴歸分析中總離均差平方和 SST 分成兩部份，一是已解釋的離均差平方和，二是未解釋的離均差平方和（$SST = SSR + SSE$）。針對這些離均差平方和，還有一個很重要的觀念必須討論，那就是自由度的問題。SST，它的自由度是 $n - 1$，這是因為 $\sum_{i=1}^{n}(Y_i - \bar{Y}) = 0$，所以會失去 1 個自由度。未解釋的離均差平方和 SSE，它的自由度是 $n - 2$，這是因為 $\sum_{i=1}^{n}(Y_i - \bar{Y}) = 0$ 及 $\sum_{i=1}^{n}(Y_i - \hat{Y}_i)X_i = 0$，所以會失去 2 個自由度，也可說是因為要估計 α 和 β 這二個參數的關係。已解釋的離均差平方和 SSR，在利用最小平方法求 a 和 b 時，有 2 條正規方程式，但因為 $\sum_{i=1}^{n}(\hat{Y}_i - \bar{Y}) = 0$，會失去 1 個自由度，所以 SSR 的自由度 $2 - 1 = 1$。

將各離均差平方和除以各自的自由度,即為均方(mean square,MS),均方是變異數的觀念。底下我們把簡單線性迴歸用變異數分析方式表列出來。

$Y_i = \alpha + \beta X_i + \varepsilon_i$,$i = 1, 2, \cdots, n$,

$H_0 : \beta = 0$　v.s.　$H_1 : \beta \neq 0$

ANOVA				
Source	*SS*	*df*	*MS*	*F*
Regression	*SSR*	1	*MSR*	
Error	*SSE*	$n-2$	*MSE*	$F = \dfrac{MSR}{MSE} > F_{(1-\alpha;1,n-2)}$ 則 *rej* H_0
Total	*SST*	$n-1$		

小補充

1. $E(MSE) = \sigma^2$

　　因為 $\dfrac{\sum\limits_{i=1}^{n}(Y_i - \widehat{Y}_i)^2}{\sigma^2} \sim \chi^2_{(n-2)}$,所以 $E(\dfrac{\sum\limits_{i=1}^{n}(Y_i - \widehat{Y}_i)^2}{\sigma^2}) = n-2$,

　　$E(\dfrac{\sum\limits_{i=1}^{n}(Y_i - \widehat{Y}_i)^2}{n-2}) = E(\dfrac{SSE}{n-2}) = E(MSE) = \sigma^2$ 。

　　不論 $H_0 : \beta = 0$ 是否成立,MSE 都是 σ^2 的不偏估計式。

2. $E(MSR) = \sigma^2 + \beta^2 \sum\limits_{i=1}^{n}(X_i - \bar{X})^2$

　　因為 $E(MSR) = E\left(\dfrac{SSR}{1}\right) = E(SSR) = E(b^2 \sum\limits_{i=1}^{n}(X_i - \bar{X})^2)$

　　　　　　$= \sum\limits_{i=1}^{n}(X_i - \bar{X})^2 E(b^2) = \sum\limits_{i=1}^{n}(X_i - \bar{X})^2(\dfrac{\sigma^2}{\sum\limits_{i=1}^{n}(X_i - \bar{X})^2} + \beta^2)$

　　　　　　$= \sigma^2 + \beta^2 \sum\limits_{i=1}^{n}(X_i - \bar{X})^2$

這裡，$V(b) = E(b - E(b))^2 = E(b - \beta)^2 = E(b^2) - \beta^2 = \dfrac{\sigma^2}{\sum\limits_{i=1}^{n}(X_i - \bar{X})^2}$ ，

所以，$E(b^2) = \dfrac{\sigma^2}{\sum\limits_{i=1}^{n}(X_i - \bar{X})^2} + \beta^2$ ，

3. 若 $H_0 : \beta = 0$ 為真，則 $E(MSR) = \sigma^2 + \beta^2 \sum\limits_{i=1}^{n}(X_i - \bar{X})^2 = \sigma^2$ ，這時 MSR 是 σ^2 的不偏估計式。但若 $\beta \neq 0$，則 $E(MSR) = \sigma^2 + \beta^2 \sum\limits_{i=1}^{n}(X_i - \bar{X})^2 > E(MSE) = \sigma^2$。所以，在檢定 β 是否為 0 時，可以用 $F = \dfrac{MSR}{MSE}$ 來比較，F 值越大越要拒絕 H_0，因此 F 檢定是右尾檢定，比值越大，表示 MSR 遠大於 MSE，這時 β 越不可能等於 0，當然更要拒絕 H_0。同理，可以將簡單線性迴歸模式擴展為多元線性迴歸模式之變異數分析方式。

$Y_i = \alpha + \beta_1 X_{1i} + \beta_2 X_{2i} + \cdots + \beta_k X_{ki} + \varepsilon_i$ ，$i = 1, 2, \cdots, n$ ，

$H_0 : \beta_1 = \beta_2 = \cdots \beta_k = 0$ $v.s.$ $H_1 : H_0$ 不成立。

ANOVA

Source	SS	df	MS	F
Regression	SSR	K	MSR	
Error	SSE	$n - k - 1$	MSE	$F = \dfrac{MSR}{MSE} > F_{(1-\alpha; k, n-k-1)}$ 則 $rej\ H_0$
Total	SST	$n - 1$		

在多元線性迴歸模式下：

4. 複判定係數（coefficient of multiple determination）$R^2 = \dfrac{SSR}{SST}$，意思是自變數 $X_1, X_2, \cdots, X_k$ 引入多元迴歸模式中，對依變數 Y 的解釋程度。

5. 複相關係數（coefficient of multiple correlation） $R = \sqrt{R^2} = \sqrt{\dfrac{SSR}{SST}}$ ，複判定係數的方根，即為複相關係數。

6. 修正複判定係數（adjusted coefficient of multiple determination） $\bar{R}^2 = 1 - \dfrac{MSE}{MST}$ ，$\bar{R}^2$ 用來表示增加自變數（X_1, X_2, ⋯, X_k）對解釋依變數 Y 的意義。通常自變數增加，即使該自變數並無解釋力，一樣會使 R^2 增加。為了避免這種無謂自變數的干擾，因此學者提出修正複判定係數 $\bar{R}^2$，如果多增加一個自變數，$\bar{R}^2$ 卻減少，表示新增加的自變數對依變數 Y 的解釋並無助益。

7. 偏判定係數（coefficient of partial determination）：在多元迴歸模式下，令某些自變數保持不變，觀察另一自變數對依變數 Y 的解釋情形，稱為偏判定係數。例如：

$r_{Y1\cdot2}^2 = \dfrac{SSE(X_2) - SSE(X_1, X_2)}{SSE(X_2)}$ ，表示 X_2 保持不變時，X_1 和 Y 的偏判定係數。

$r_{Y1\cdot23}^2 = \dfrac{SSE(X_2, X_3) - SSE(X_1, X_2, X_3)}{SSE(X_2, X_3)}$ ，表示 X_2 和 X_3 皆保持不變時，X_1 和 Y 的偏判定係數。

9-5 迴歸分析矩陣表示法

一、簡單線性迴歸

$Y_i = \alpha + \beta X_i + \varepsilon_i$ ，

$Y_i = \widehat{Y}_i + e_i$ ，

$\widehat{Y}_i = a + b X_i$ ，$i = 1, 2, \ldots, n$。

令 $\mathbf{Y} = \begin{bmatrix} Y_1 \\ Y_2 \\ \vdots \\ Y_n \end{bmatrix}$, $\mathbf{X} = \begin{bmatrix} 1 & X_1 \\ 1 & X_2 \\ \vdots & \vdots \\ 1 & X_n \end{bmatrix}$, $\mathbf{B} = \begin{bmatrix} \alpha \\ \beta \end{bmatrix}$, $\mathbf{F} = \begin{bmatrix} \varepsilon_1 \\ \varepsilon_2 \\ \vdots \\ \varepsilon_n \end{bmatrix}$,

$\widehat{\mathbf{Y}} = \begin{bmatrix} \widehat{Y}_1 \\ \widehat{Y}_2 \\ \vdots \\ \widehat{Y}_n \end{bmatrix}$, $\widehat{\mathbf{B}} = \begin{bmatrix} a \\ b \end{bmatrix}$, $\mathbf{e} = \begin{bmatrix} e_1 \\ e_2 \\ \vdots \\ e_n \end{bmatrix}$,

母體迴歸模式：$\mathbf{Y} = \mathbf{XB} + \mathbf{E}$

樣本迴歸模式：$\mathbf{Y} = \mathbf{X}\widehat{\mathbf{B}} + \mathbf{e}$

估計值向量：$\widehat{\mathbf{Y}} = \mathbf{X}\widehat{\mathbf{B}}$

正規方程式：$\mathbf{X'Y} = (\mathbf{X'X})\widehat{\mathbf{B}}$

迴歸參數估計式：$\widehat{\mathbf{B}} = (\mathbf{X'X})^{-1}\mathbf{X'Y}$

$V(\widehat{\mathbf{B}}) = \widehat{\sigma}^2(\mathbf{X'X})^{-1} = MSE(\mathbf{X'X})^{-1}$

$SST = \mathbf{Y'Y} - n\overline{Y}^2$

$SSR = \widehat{\mathbf{B}}'\mathbf{X'Y} - n\overline{Y}^2$

$SSE = \mathbf{Y'Y} - \widehat{\mathbf{B}}'\mathbf{X'Y} = SST - SSR$

例題 9

已知簡單線性迴歸模式變數的觀察值如下：

x	0	1	2
y	0	2	1

，試求

1. $\widehat{\beta} = (\mathbf{X'X})^{-1}\mathbf{X'Y}$　2. $\widehat{\sigma}^2$。

解 $\mathbf{Y} = \begin{bmatrix} 0 \\ 2 \\ 1 \end{bmatrix}$, $\mathbf{X} = \begin{bmatrix} 1 & 0 \\ 1 & 1 \\ 1 & 2 \end{bmatrix}$, $\mathbf{X'} = \begin{bmatrix} 1 & 1 & 1 \\ 0 & 1 & 2 \end{bmatrix}$,

$\mathbf{X'X} = \begin{bmatrix} 1 & 1 & 1 \\ 0 & 1 & 2 \end{bmatrix}\begin{bmatrix} 1 & 0 \\ 1 & 1 \\ 1 & 2 \end{bmatrix} = \begin{bmatrix} 1\times1+1\times1+1\times1 & 1\times0+1\times1+1\times2 \\ 0\times1+1\times1+2\times1 & 0\times0+1\times1+2\times2 \end{bmatrix} = \begin{bmatrix} 3 & 3 \\ 3 & 5 \end{bmatrix}$,

$$(\mathbf{X'X})^{-1} = \frac{1}{\begin{vmatrix} 3 & 3 \\ 3 & 5 \end{vmatrix}} \begin{bmatrix} 5 & -3 \\ -3 & 3 \end{bmatrix}' = \frac{1}{(3 \times 5 - 3 \times 3)} \begin{bmatrix} 5 & -3 \\ -3 & 3 \end{bmatrix}' = \frac{1}{6} \begin{bmatrix} 5 & -3 \\ -3 & 3 \end{bmatrix}$$

$$= \begin{bmatrix} \dfrac{5}{6} & \dfrac{-3}{6} \\ \dfrac{-3}{6} & \dfrac{3}{6} \end{bmatrix} = \begin{bmatrix} \dfrac{5}{6} & \dfrac{-1}{2} \\ \dfrac{-1}{2} & \dfrac{1}{2} \end{bmatrix}, \text{ 行列式 } \begin{vmatrix} 3 & 3 \\ 3 & 5 \end{vmatrix} = 3 \times 5 - 3 \times 3 = 6,$$

$$\mathbf{X'Y} = \begin{bmatrix} 1 & 1 & 1 \\ 0 & 1 & 2 \end{bmatrix} \begin{bmatrix} 0 \\ 2 \\ 1 \end{bmatrix} = \begin{bmatrix} 1 \times 0 + 1 \times 2 + 1 \times 1 \\ 0 \times 0 + 1 \times 2 + 2 \times 1 \end{bmatrix} = \begin{bmatrix} 3 \\ 4 \end{bmatrix} \text{。}$$

1. $\widehat{\beta} = (\mathbf{X'X})^{-1} \mathbf{X'Y} = \begin{bmatrix} \dfrac{5}{6} & \dfrac{-1}{2} \\ \dfrac{-1}{2} & \dfrac{1}{2} \end{bmatrix} \begin{bmatrix} 3 \\ 4 \end{bmatrix} = \begin{bmatrix} \dfrac{5}{6} \times 3 + (\dfrac{-1}{2} \times 4) \\ \dfrac{-1}{2} \times 3 + \dfrac{1}{2} \times 4) \end{bmatrix} = \begin{bmatrix} 0.5 \\ 0.5 \end{bmatrix},$

   即 $\widehat{Y} = a + bX = 0.5 + 0.5X$。

2. $\text{SSE} = \mathbf{Y'Y} - \widehat{\beta}' \mathbf{X'Y} = 5 - 3.5 = 1.5$,

   這裡，$\mathbf{Y'Y} = \begin{bmatrix} 0 & 2 & 1 \end{bmatrix} \begin{bmatrix} 0 \\ 2 \\ 1 \end{bmatrix} = 0 \times 0 + 2 \times 2 + 1 \times 1 = 5$,

   $\widehat{\beta}' \mathbf{X'Y} = \begin{bmatrix} 0.5 & 0.5 \end{bmatrix} \begin{bmatrix} 3 \\ 4 \end{bmatrix} = 0.5 \times 3 + 0.5 \times 4 = 3.5$,

   所以，$\text{MSE} = \widehat{\sigma}^2 = \dfrac{1.5}{3 - 2} = 1.5$。

二、多元迴歸模式

$Y_i = \alpha + \beta_1 X_{1i} + \beta_2 X_{2i} + \cdots + \beta_k X_{ki} + \varepsilon_i$,

$Y_i = \widehat{Y}_i + e_i$,

$\widehat{Y}_i = a + b_1 X_{1i} + b_2 X_{2i} + \cdots + b_k X_{ki}$, $i = 1, 2, \ldots, n$。

$$\text{令 } \mathbf{Y} = \begin{bmatrix} Y_1 \\ Y_2 \\ \vdots \\ Y_n \end{bmatrix}, \quad \mathbf{X} = \begin{bmatrix} 1 & X_{11} & X_{21} & \cdots & X_{k1} \\ 1 & X_{12} & X_{22} & \cdots & X_{k2} \\ \vdots & \vdots & \vdots & \vdots & \vdots \\ 1 & X_{1n} & X_{2n} & \cdots & X_{kn} \end{bmatrix}, \quad \mathbf{B} = \begin{bmatrix} \alpha \\ \beta_1 \\ \beta_2 \\ \vdots \\ \beta_k \end{bmatrix},$$

$$E = \begin{bmatrix} \varepsilon_1 \\ \varepsilon_2 \\ \vdots \\ \varepsilon_n \end{bmatrix}, \quad \widehat{Y} = \begin{bmatrix} \widehat{Y}_1 \\ \widehat{Y}_2 \\ \vdots \\ \widehat{Y}_n \end{bmatrix}, \quad \widehat{B} = \begin{bmatrix} a \\ b_1 \\ b_2 \\ \vdots \\ b_k \end{bmatrix}, \quad e = \begin{bmatrix} e_1 \\ e_2 \\ \vdots \\ e_n \end{bmatrix}$$

多元迴歸之母體迴歸模式矩陣、樣本迴歸矩陣及參數估計矩陣之表示法，和上一節簡單線性迴歸之表示法完全相同，這裡不再重述。

已知觀察值如下：

$x1$	0	2	4
$x2$	8	9	8
y	9	8	7

試求多元迴歸 $\widehat{\beta} = (X'X)^{-1}X'Y$。

解 $\quad Y = \begin{bmatrix} 9 \\ 8 \\ 7 \end{bmatrix}, \quad X = \begin{bmatrix} 1 & 0 & 8 \\ 1 & 2 & 9 \\ 1 & 4 & 8 \end{bmatrix}, \quad X' = \begin{bmatrix} 1 & 1 & 1 \\ 0 & 2 & 4 \\ 8 & 9 & 8 \end{bmatrix},$

$$X'X = \begin{bmatrix} 1 & 1 & 1 \\ 0 & 2 & 4 \\ 8 & 9 & 8 \end{bmatrix} \begin{bmatrix} 1 & 0 & 8 \\ 1 & 2 & 9 \\ 1 & 4 & 8 \end{bmatrix}$$

$$= \begin{bmatrix} 1\times1+1\times1+1\times1 & 1\times0+1\times2+1\times4 & 1\times8+1\times9+1\times8 \\ 0\times1+2\times1+4\times1 & 0\times0+2\times2+4\times4 & 0\times8+2\times9+4\times8 \\ 8\times1+9\times1+8\times1 & 8\times0+9\times2+8\times4 & 8\times8+9\times9+8\times8 \end{bmatrix} = \begin{bmatrix} 3 & 6 & 25 \\ 6 & 20 & 50 \\ 25 & 50 & 209 \end{bmatrix}$$

$$(\mathbf{X'X})^{-1} = \cfrac{1}{\begin{vmatrix} 3 & 6 & 25 \\ 6 & 20 & 50 \\ 25 & 50 & 209 \end{vmatrix}} \begin{bmatrix} \begin{vmatrix} 20 & 50 \\ 50 & 209 \end{vmatrix} & -\begin{vmatrix} 6 & 50 \\ 25 & 209 \end{vmatrix} & \begin{vmatrix} 6 & 20 \\ 25 & 50 \end{vmatrix} \\ -\begin{vmatrix} 6 & 25 \\ 50 & 209 \end{vmatrix} & \begin{vmatrix} 3 & 25 \\ 25 & 209 \end{vmatrix} & -\begin{vmatrix} 3 & 6 \\ 25 & 50 \end{vmatrix} \\ \begin{vmatrix} 6 & 25 \\ 20 & 50 \end{vmatrix} & -\begin{vmatrix} 3 & 25 \\ 6 & 50 \end{vmatrix} & \begin{vmatrix} 3 & 6 \\ 6 & 20 \end{vmatrix} \end{bmatrix}'$$

$$= \cfrac{1}{(3 \times 20 \times 209 + 6 \times 50 \times 25 + 25 \times 6 \times 50) - (25 \times 20 \times 25 + 50 \times 50 \times 3 + 209 \times 6 \times 6)}$$

$$\begin{bmatrix} (20 \times 209 - 50 \times 50) & -(6 \times 209 - 50 \times 25) & (6 \times 50 - 25 \times 20) \\ -(6 \times 209 - 50 \times 25) & (3 \times 209 - 25 \times 25) & -(3 \times 50 - 6 \times 25) \\ (6 \times 50 - 20 \times 25) & -(3 \times 50 - 6 \times 25) & (3 \times 20 - 6 \times 6) \end{bmatrix}'$$

$$= \frac{1}{16} \begin{bmatrix} 1680 & -4 & -200 \\ -4 & 2 & 0 \\ -200 & 0 & 24 \end{bmatrix}' = \begin{bmatrix} \frac{1680}{16} & \frac{-4}{16} & \frac{-200}{16} \\ \frac{-4}{16} & \frac{2}{16} & 0 \\ \frac{-200}{16} & 0 & \frac{24}{16} \end{bmatrix},$$

$$\mathbf{X'Y} = \begin{bmatrix} 1 & 1 & 1 \\ 0 & 2 & 4 \\ 8 & 9 & 8 \end{bmatrix} \begin{bmatrix} 9 \\ 8 \\ 7 \end{bmatrix} = \begin{bmatrix} 24 \\ 44 \\ 200 \end{bmatrix},$$

$$\widehat{\beta} = (\mathbf{X'X})^{-1}\mathbf{X'Y} = \begin{bmatrix} \frac{1680}{16} & \frac{-4}{16} & \frac{-200}{16} \\ \frac{-4}{16} & \frac{2}{16} & 0 \\ \frac{-200}{16} & 0 & \frac{24}{16} \end{bmatrix} \begin{bmatrix} 24 \\ 44 \\ 200 \end{bmatrix} = \begin{bmatrix} 9 \\ -0.5 \\ 0 \end{bmatrix},$$

$$\widehat{Y} = a + b_1 X_1 + b_2 X_2 = 9 - 0.5 X_1 + 0 X_2 = 9 - 0.5 X_1 \text{ 。}$$

已知觀察值如下：

x_1	1.35	1.9	1.7	1.8	1.3	2.05	1.6	1.8	1.85	1.4
x_2	90	30	80	40	35	45	50	60	65	30
y	17.9	16.5	16.4	16.8	18.8	15.5	17.5	16.4	15.9	18.3

試求多元迴歸 $\widehat{\beta} = (\mathbf{X'X})^{-1}\mathbf{X'Y}$。

解

$$\mathbf{Y} = \begin{bmatrix} 17.9 \\ 16.5 \\ \vdots \\ 18.3 \end{bmatrix}, \quad \mathbf{X} = \begin{bmatrix} 1 & 1.35 & 90 \\ 1 & 1.9 & 30 \\ \vdots & \vdots & \vdots \\ 1 & 1.4 & 30 \end{bmatrix}, \quad \mathbf{X'} = \begin{bmatrix} 1 & 1 & \cdots & 1 \\ 1.35 & 1.9 & \cdots & 1.4 \\ 90 & 30 & \cdots & 30 \end{bmatrix},$$

$$\mathbf{X'X} = \begin{bmatrix} 1 & 1 & \cdots & 1 \\ 1.35 & 1.9 & \cdots & 1.4 \\ 90 & 30 & \cdots & 30 \end{bmatrix}\begin{bmatrix} 1 & 1.35 & 90 \\ 1 & 1.9 & 30 \\ \vdots & \vdots & \vdots \\ 1 & 1.4 & 30 \end{bmatrix} = \begin{bmatrix} 10 & 16.75 & 525 \\ 16.75 & 28.6375 & 874.5 \\ 525 & 874.5 & 31475 \end{bmatrix}$$

$$(\mathbf{X'X})^{-1} = \begin{bmatrix} 6.070769 & -3.02588 & -0.017189 \\ -3.02588 & 1.738599 & 0.0021663 \\ -0.017189 & 0.0021663 & 0.0002583 \end{bmatrix}$$

$$\mathbf{X'Y} = \begin{bmatrix} 1 & 1 & \cdots & 1 \\ 1.35 & 1.9 & \cdots & 1.4 \\ 90 & 30 & \cdots & 30 \end{bmatrix}\begin{bmatrix} 17.9 \\ 16.5 \\ \vdots \\ 18.3 \end{bmatrix} = \begin{bmatrix} 170 \\ 282.405 \\ 8887 \end{bmatrix}$$

$$\widehat{\mathbf{B}} = (\mathbf{X'X})^{-1}\mathbf{X'Y} = \begin{bmatrix} 6.070769 & -3.02588 & -0.017189 \\ -3.02588 & 1.738599 & 0.0021663 \\ -0.017189 & 0.0021663 & 0.0002583 \end{bmatrix}\begin{bmatrix} 170 \\ 282.405 \\ 8887 \end{bmatrix} = \begin{bmatrix} 24.75 \\ -4.16 \\ -0.014897 \end{bmatrix}$$

$$\widehat{Y} = a + b_1 X_1 + b_2 X_2 = 24.75 - 4.16X_1 - 0.014897X_2$$

R 程式

```
data1<-read.table(file="c:/R/ch9.2.txt",header=T)
data1
attach(data1)
data2<-lm(y~x1+x2,data=data1)
data3<-aov(y~x1+x2,data=data1)
summary(data2)
summary(data3)
```

♦ R 結果

	y	x1	x2
1	17.9	1.35	90
2	16.5	1.9	30
3	16.4	1.7	80
4	16.8	1.8	40
5	18.8	1.3	35
6	15.5	2.05	45
7	17.5	1.6	50
8	16.4	1.8	60
9	15.9	1.85	65
10	18.3	1.4	30

Residuals:

Min	1Q	Median	3Q	Max
−0.185929	−0.077793	0.005608	0.105263	0.150812

Coefficients:

	Estimate	Std. Error	t value	Pr(>|t|)	
(Intercept)	24.748874	0.348882	70.938	2.91e−11	***
x1	−4.159335	0.186705	−22.278	9.28e−08	***
x2	−0.014895	0.002276	−6.545	0.00032	***

Residual standard error: 0.1416 on 7 degrees of freedom

Multiple R−squared: 0.9866, Adjusted R−squared: 0.9827

F−statistic: 257.3 on 2 and 7 DF, p−value: 2.798e−07

	Df	Sum Sq	Mean Sq	F value	Pr(>F)	
x1	1	9.461	9.461	471.86	1.11e−07	***
x2	1	0.859	0.859	42.84	0.00032	***
Residuals	7	0.140	0.020			

1. 考慮線性迴歸模式 $y_i = \beta x_i + \varepsilon_i$，$i = 1, 2, \cdots, n$，誤差 ε_i 為獨立之隨機變數，期望值為 0，變異數 $Var(\varepsilon_i) = \sigma^2$，證明：

   (1) β 的最小均方估計量 $\widehat{\beta}$ 是 y_i 的線性組合並求係數。

   (2) 最小均方估計量 $\widehat{\beta}$ 是 β 的不偏估計量。

   (3) $\widehat{\beta}$ 的變異數 $Var(\widehat{\beta}) = \dfrac{\sigma^2}{\displaystyle\sum_{i=1}^{n} x_i^2}$。

2. 某一家飲料公司想要知道其在各商店所裝設之「販賣機數量」(X) 與該商店每年所販賣的「罐裝飲料銷售量」（單位為百罐）(Y) 間的關係，今隨機抽取了八家商店，獲致資料如下表所示：

X	1	1	1	2	4	4	5	6
Y	568	577	652	657	755	759	840	832

   (1) 試畫出有關「販賣機數量」與「飲料銷售量」間關係之散佈圖。

   (2) 試求出有關「販賣機數量」與「飲料銷售量」間關係的迴歸方程式。

   (3) 試列出並說明有關此項迴歸關係中的變異數分析摘要表。

   (4) 試求出在該方程式中之迴歸係數的 95% 信賴區間。

   (5) 試根據有關的分析結果，提出您對「販售機數量」與「飲料銷售量」間關係的綜合看法。

3. 已知隨機變數 X 與 Y 的 5 組樣本觀察值：

X_i	2	3	5	1	8
Y_i	25	25	20	30	16

   (1) 試建立樣本相關係數 r_{xy}。

   (2) 以 X 為自變數，Y 為依變數（Dependent variable）建立估計迴歸直線，並估計 $X = 3$ 時 $\mu_{Y|X}$ 的 95% 信賴區間。

   (3) 說明相關與迴歸之差異在哪裡？相關與迴歸成因果關係嗎？試舉一例說明之。

4. 設某教師以 $n = 30$ 之樣本觀察值，建立下述之複迴歸模型

$Y = \beta_0 + \beta_1 x_1 + \beta_2 x_2 + \beta_3 x_1 x_2 + \beta_4 x_1^2 + \beta_5 x_2^2 + \varepsilon$

已知誤差平方和 $SSE = 0.37$，判定係數 $R^2 = 0.89$，試問：

(1) R^2 與 SSE 對模式的適用性其解釋之意義如何？

(2) 建立變異數分析表，並作自變數群對應變數 Y 的效果檢定，即檢定

$H_0 : \beta_1 = \beta_2 = \beta_3 = \beta_4 = \beta_5 = 0$，請用 $\alpha = 0.05$ 為顯著水準。

5. 市場研究員為探討廠商投入之廣告費（X，萬元）對銷售額（Y，百萬元）之影響，

乃建立迴歸模型，$Y = \beta_0 + \beta_1 X + \varepsilon$，$\varepsilon$ 為誤差項，今隨機變數抽取五家廠商，得其廣

告費與銷售額之關係表如下所示。並進而求得：$\sum x = 60$，$\sum y = 35$，$\sum xy = 452$，

$\sum x^2 = 752$，$\sum y^2 = 285$。

廣告費 X	12	16	8	12	12
銷售額 Y	8	12	4	6	5

(1) 試求迴歸方程式 $\hat{y} = \hat{\beta}_0 + \hat{\beta}_1 x$。

(2) 試求 $\hat{\sigma}_{\hat{\beta}}$。

(3) 以 $\alpha = 0.05$ 檢定迴歸模型是否與橫軸平行？

(4) 若廣告費為 10 萬元，試求銷售額之 $\mu_{Y|x}$ 的 95% 信賴區間。

NOTE

無母數統計法

前面章節所討論的是母數統計法，所謂母數統計法是指 z、t、F 等檢定方法，不僅包括對母數 u、σ^2、p 的估計與檢定外，對於母體分配亦有所要求（例如，假設母體為常態分配，假設各母體 σ^2 皆相等）。而無母數統計法（nonparametric statistical method），則不以母體中任何母數為估計或檢定的對象，亦無須特別假設樣本所抽自的母體分配形式，所以亦稱無母數統計法為分配自由統計法（distribution-free method）。無母數統計法的一些特性，整理如下：

- 常按資料出現先後順序或大小進行分析。
- 母數統計法常用於等距變項、比率變項之連續資料上；無母數統計法則常用在名義變項、次序變項離散資料上。
- 常以中位數代表中心位置，以四分位差代表離散程度。
- 不限定只在推論母體的分配形式。
- 不以母體的母數為主要統計推論工作。
- 如果已知母體的分配形式，則應以母數統計法進行推論。

重點名詞	
• 適合度檢定	• 獨立性檢定
• 齊一性檢定	• 中位數檢定
• 符號檢定	• 連檢定

約翰・亞畢諾（John Arbuthnot, 1667-1735）
——符號檢定提出者

亞畢諾是蘇格蘭醫生，他在 1710 年倫敦皇家學會哲學會刊（Philosophical Transactions of the Royal Society of London）上發表了一篇文章，題目是從兩性生育中觀察到的不變規律看神聖的上帝論證（An Argument for Divine Providence ---Taken from Constant Regularity Observed in the Birth of Both Sexes）。

在這篇論文中亞畢諾提到，在自然作品中可以找到無數的神聖天意的足跡，其中值得注意之處，是男人和女人的數量之間維持著確切的平衡。亞畢諾檢查了倫敦 1629 年至 1710 年間的出生記錄以及出生時的人類性別。每年，倫敦出生的男性人數超過了女性人數，如果男性和女性出生的概率相等，理論上我們觀察到的結果其概率應為 1/2，亞畢諾在這篇文章中，原意是想要利用二項分配證明男孩與女孩出生數量相等並非偶然，而是神的旨意的論證，卻開啟了統計史上的一個里程碑，他進行統計假設檢定，計算 p 值，將其解釋為統計顯著性，並拒絕虛無假設。

在現代統計學中，他所提出的檢定方法就是所謂的符號檢定（sign test）法，可說是最早的無母數檢定（nonparametric test）法。前面幾章，我們探討的統計推論都跟特定的母體參數有關，會對母體做某些假設（例如常態分配），亦會對樣本分配做某些明確假設（例如 t 分配）。但無母數檢定並不需要任何嚴格的假設，許多檢定也並非與母體的特定參數有關，所以稱為無母數統計法。由於這些檢定不需要假設母體的分配，所以無母數的方法也被稱為無分配方法。

資料來源：http://www.nndb.com/people/058/000107734/

10-1 適合度檢定（testing goodness of fit）

一、意義

檢定實際觀察到的樣本資料其分配是否適合某理論分配。

二、檢定公式

1. H_0：母體為某種分配

   H_1：母體不是某種分配

2. $\chi^2 = \sum_{i=1}^{k} \dfrac{(o_i - e_i)^2}{e_i}$，$i = 1, 2, \cdots, k$。

   o_i：第 i 組樣本觀察次數，總共有 k 組。

   e_i：第 i 組的理論次數或期望次數。

3. 當 $\chi^2 > \chi^2_{(\alpha, v)}$，則拒絕 H_0，$v = k - m - 1$，m 是估計母數的次數。

💡小補充

1. 如果自由度 $v = 1$，且樣本小於 100 時，則使用校正檢定公式：

   $\chi^2 = \sum_{i=1}^{k} \dfrac{(\,|o_i - e_i| - 1/2\,)^2}{e_i}$，如果 $|o_i - e_i| < \dfrac{1}{2}$ 則視為 0。

2. 為提高檢定效率，要求各組理論次數 $e_i \geq 5$。實際計算時，若有一組或多組的 $e_i < 5$，則要與其他組合併直到 $e_i \geq 5$。

3. 本檢定在比較 o_i 與 e_i 是否一致。$(o_i - e_i)^2$ 愈大，表示實際分配和理論分配相去甚遠，這時 H_0 愈不可能成立。

4. 檢定值愈大，越會拒絕 H_0，因此是右尾檢定。

5. $v = k - m - 1$，減 1 是因為 $\sum_{i=1}^{k} o_i = \sum_{i=1}^{k} e_i = n$ 的限制。

例題 1

隨機抽取大學生 100 人，得其身高之資料如下：

身高	140 － 150	150 － 160	160 － 170	170 － 180	180 － 190
人數	5	25	35	29	6

試以此資料檢定大學生身高是否呈現常態分配？$(\alpha = 0.05)$

解 依題意

H_0：學生身高爲常態分配

H_1：學生身高不爲常態分配

因母體平均數與變異數未知，所以以樣本平均數、樣本變異數估計之，

因此，$m = 2$，自由度 $v = k - m - 1 = 5 - 2 - 1 = 2$，

$$\bar{X} = \frac{145 \times 5 + 155 \times 25 + \cdots + 185 \times 6}{100} = 165.6，$$

因爲是分組資料，所以，

$$S^2 = \frac{(145 - 165.6)^2 \times 5 + (155 - 165.6)^2 \times 25 + \cdots + (185 - 165.6)^2 \times 6}{100 - 1} = 98.6，$$

$$P(140 < X < 150) = P(\frac{140 - 165.6}{\sqrt{98.6}} < Z < \frac{150 - 165.6}{\sqrt{98.6}}) = P(-2.58 < Z < -1.57) = 0.0533，$$

同理，$P(150 < X < 160) = P(-1.57 < Z < -0.56) = 0.2295$，

$P(160 < X < 170) = P(-0.56 < Z < -0.44) = 0.3823$，

$P(170 < X < 180) = P(0.44 < Z < 1.45) = 0.2565$，

$P(180 < X < 190) = P(1.45 < Z < 2.46) = 0.0666$。

因此，$e_1 = 100 \times 0.0533 = 5.33$，$e_2 = 100 \times 0.2295 = 22.95$

$e_3 = 100 \times 0.3823 = 3823$，$e_4 = 100 \times 0.2565 = 25.65$，

$e_5 = 100 \times 0.0666 = 6.66$。

身高	140 － 150	150 － 160	160 － 170	170 － 180	180 － 190
觀察次數	5	25	35	29	6
期望次數	5.33	22.95	38.23	25.65	6.66

$$\chi^2 = \frac{(5-5.33)^2}{5.33} + \frac{(25-22.95)^2}{22.95} + \frac{(35-38.23)^2}{38.23} + \frac{(29-25.65)^2}{25.65} + \frac{(6-6.66)^2}{6.66}$$

$$= 0.979 < \chi^2_{(.05,2)} = 5.991$$

所以，不拒絕 H_0。結論：此大學學生身高呈現常態分配。

 例題 2

某公司每分鐘客戶到達人數之觀察次數如下：

客戶到達數	0	1	2	3	4	5	6
觀察次數	25	54	57	39	18	5	3

試檢定每單位時間客戶到達是否為 Poission 分配？（$\alpha = 0.05$）

解 依題意

$H_0 : X \sim P(\lambda)$

$H_1 : H_0$ 不成立

因 $E(X) = \lambda$，λ 未知，所以以樣本平均數估計之（因此，$m = 1$），

$$\bar{X} = \frac{0 \times 25 + 1 \times 54 + 2 \times 57 + 3 \times 39 + 4 \times 18 + 5 \times 5 + 6 \times 3}{200} = 2 \text{，}$$

在 H_0 為真下，$f(x) = \frac{e^{-\lambda}\lambda^x}{x!} = \frac{e^{-2}2^x}{x!}$，理論次數 $= f(x) \times 200$，

客戶到達數（x）	0	1	2	3	4	5 以上
觀察次數（o_i）	25	54	57	39	18	8
機率 $f(x)$	0.135	0.27	0.27	0.18	0.09	0.055
理論次數（e_i）	27	54	54	36	18	11

最後兩組合併成一組，自由度 $v = k - m - 1 = 6 - 1 - 1 = 4$，

$$\chi^2 = \frac{(25-27)^2}{27} + \frac{(54-54)^2}{54} + \frac{(57-54)^2}{54} + \frac{(39-36)^2}{36} + \frac{(18-18)^2}{18} + \frac{(8-11)^2}{11}$$

$$= 1.38 < \chi^2_{(.05,4)} = 9.488 \text{，所以，不拒絕 } H_0 \text{。}$$

10-2 獨立性檢定（test of independence）

一、意義

自一母體中抽出一組樣本，將此樣本依不同的類別標準分類，獨立性檢定就是在檢定不同分類標準間是否互相獨立（無關）。此種檢定其資料通常以列聯表（contingency table）表示，故獨立性檢定又稱為列聯表檢定。

二、列聯表形式

	A_1	A_2	$\cdots$	$\cdots$	$\cdots$	A_c	
B_1	o_{11}	o_{12}	$\cdots$	$\cdots$	$\cdots$	o_{1c}	$o_{1.}$
B_2	o_{21}	o_{22}	$\cdots$	$\cdots$	$\cdots$	o_{2c}	$o_{2.}$
$\vdots$	$\vdots$	$\vdots$		o_{ij}		$\vdots$	$\vdots$
$\vdots$	$\vdots$	$\vdots$	$\cdots$	$\cdots$	$\cdots$	$\vdots$	$\vdots$
B_r	o_{r1}	o_{r2}	$\cdots$	$\cdots$	$\cdots$	o_{rc}	$o_{r.}$
	$o_{.1}$	$o_{.2}$	$\cdots$	$\cdots$	$\cdots$	$o_{.c}$	N

這裡，o_{ij} 表示在類別 A 和類別 B 不同水準之細格內觀察次數。

三、檢定公式

1. H_0：類別 A 與類別 B 無關

   H_1：類別 A 與類別 B 有關

2. $\chi^2 = \displaystyle\sum_{i=1}^{r}\sum_{j=1}^{c}\frac{(o_{ij}-e_{ij})^2}{e_{ij}}$，$e_{ij} = \dfrac{o_{i.}o_{.j}}{N}$，$v = (r-1)(c-1)$，這裡，$e_{ij}$ 表示在類別 A 和類別 B 不同水準之細格內期望次數。

3. 當 $\chi^2 > \chi^2_{(\alpha,v)}$，則拒絕 H_0，自由度 $v = (r-1)(c-1)$。

某研究者想了解性別與閱讀種類是否有顯著相關，於是隨機抽樣，得到 500 位學生之性別與閱讀種類之情形，如下表：

性別	閱讀種類		總和
	藝文類（A）	非藝文類（N）	
男（M）	75	225	300
女（F）	125	75	200
總和	200	300	500

請以 $\alpha = 0.05$ 檢定此樣本資料是否顯示性別與閱讀種類無關。

 1. H_0：性別與閱讀種類無關

　　H_1：性別與閱讀種類有關有關

2. 計算每個細格之期望次數，在 H_0 成立下，兩兩事件均為獨立。

細格 $(1, 1)$ 的機率 $= P(M \cap A) = P(M)P(A) = \dfrac{300}{500} \cdot \dfrac{200}{500}$

所以細格 $(1, 1)$ 的期望個數 $= 500 \cdot \dfrac{300}{500} \cdot \dfrac{200}{500} = 120$，

依此類推，可以得到

細格 $(1, 2)$ 的期望個數 $= 500 \cdot \dfrac{300}{500} \cdot \dfrac{300}{500} = 180$，

細格 $(2, 1)$ 的期望個數 $= 500 \cdot \dfrac{200}{500} \cdot \dfrac{200}{500} = 80$，

細格 $(2, 2)$ 的期望個數 $= 500 \cdot \dfrac{200}{500} \cdot \dfrac{300}{500} = 120$。

性別	閱讀種類		總和
	藝文類（A）	非藝文類（N）	
男（N）	75（120）	225（180）	300
女（F）	125（80）	75（120）	200
總和	200	300	500

表中括號內之數字為期望次數。

$$\chi^2 = \sum_{i=1}^{r} \sum_{j=1}^{c} \frac{(o_{ij} - e_{ij})^2}{e_{ij}}$$

$$= \frac{(75-120)^2}{120} + \frac{(225-180)^2}{180} + \frac{(125-80)^2}{80} + \frac{(75-120)^2}{120}$$

$$= 70.31 > \chi^2_{(0.05,(2-1)(2-1))} = \chi^2_{(0.05,1)} = 3.841 ,$$

所以，拒絕 H_0，即性別與閱讀種類有顯著相關。

💡小補充

例題 3 雖自由度 $v = 1$，但樣本大於 100，所以不需使用校正檢定公式。

例題 4

某研究者想了解性別與運動場地是否有關，資料如下：

性別	運動場地		總和
	室內（B）	室外（O）	
男（N）	13	20	33
女（F）	23	4	27
總和	36	24	60

請以 $\alpha = 0.05$ 檢定此資料是否顯示性別與運動場地無關。

解 1. H_0：性別與運動場地無關

   H_1：性別與運動場地有關

2. 計算每個細格之期望次數，所以，

細格 (1, 1) 的期望個數 $= \dfrac{33 \times 36}{60} = 19.8$，

細格 (1, 2) 的期望個數 $= \dfrac{33 \times 24}{60} = 13.2$，

細格 $(2, 1)$ 的期望個數 $= \dfrac{27 \times 36}{60} = 16.2$，

細格 $(2, 2)$ 的期望個數 $= \dfrac{27 \times 24}{60} = 10.8$。

性別	運動場地		總和
	室内（B）	室外（O）	
男（N）	13（19.8）	20（13.2）	33
女（F）	23（16.2）	4（10.8）	27
總和	36	24	60

表中括號內之數字為期望次數。

3. 因為自由度 $v = 1$，且樣本小於 100，所以使用校正檢定公式：

$$\chi^2 = \sum_{i=1}^{r} \sum_{j=1}^{c} \frac{(\,|o_{ij} - e_{ij}| - 1/2\,)^2}{e_{ij}}$$

$$= \frac{(\,|13 - 19.8| - 1/2\,)^2}{19.8} + \frac{(|20 - 13.2| - 1/2\,)^2}{13.2}$$

$$+ \frac{(|23 - 16.2| - 1/2\,)^2}{16.2} + \frac{(|4 - 10.8| - 1/2\,)^2}{10.8}$$

$$= 11.136 > \chi^2_{(0.05,(2-1)(2-1))} = \chi^2_{(0.05,1)} = 3.841 \text{，所以拒絕 } H_0 \text{。}$$

R 程式作法

```
R 程式
A=c(13,20)
B=c(23,4)
x=rbind(A,B)
chisq.test(x)
```

10-3 齊一性檢定（test of homogeneity）

一、意義

　　齊一性檢定計算方法與獨立性檢定之計算方法雷同。唯不同處在於獨立性檢定是自一母體中抽出一組樣本，檢定不同的分類標準間是否獨立。而齊一性檢定是從不同母體各抽一組樣本，檢定這些不同的樣本是否來自同一母體或母體母數是否一致。

二、檢定公式

1. H_0：母體母數是一致的（例如，$p_1 = p_2 = \cdots = p$）

   H_1：母體母數並不一致（例如，p_i 並不全等）

2. $\chi^2 = \sum_{i=1}^{r} \sum_{j=1}^{c} \dfrac{(o_{ij} - e_{ij})^2}{e_{ij}}$ ，自由度 $v = (r-1)(c-1)$ ，

3. 當 $\chi^2 > \chi^2_{(\alpha, v)}$ ，則拒絕 H_0 。

針對 A、B、C 三家不同供應商所作的品質問卷調查結果如下：

供應商	滿意	普通	不滿意
A	90	80	30
B	100	50	50
C	80	70	50

請以 $\alpha = 0.05$ 檢定三家供應商之品質滿意程度是否有差異？

解 1. H_0：三家供應商滿意程度一致

　　 H_1：H_0 不成立

　　在 H_0 成立下，細格 (1, 1) 的期望次數 $= 600 \cdot \dfrac{200}{600} \cdot \dfrac{270}{600} = 90$ ，

細格 $(1, 2)$ 的期望次數 $= 600 \cdot \dfrac{200}{600} \cdot \dfrac{200}{600} = 66.67$ ，

依此類推，各細格的期望次數如下表括號內所列：

供應商	滿意	普通	不滿意	總和
A	90（90）	80（66.67）	30（43.33）	200
B	100（90）	50（66.67）	50（43.33）	200
C	80（90）	70（66.67）	50（43.33）	200
總和	270	200	130	600

2. $\chi^2 = \dfrac{(90-90)^2}{90} + \dfrac{(80-66.67)^2}{66.67} + \dfrac{(30-43.33)^2}{43.33} + \dfrac{(100-90)^2}{90}$

$\quad + \dfrac{(50-66.67)^2}{66.67} + \dfrac{(50-43.33)^2}{43.33} + \dfrac{(80-90)^2}{90} + \dfrac{(70-66.67)^2}{66.67} + \dfrac{(50-43.33)^2}{43.33}$

$\quad = 15.376 > \chi^2_{(0.05,(3-1)(3-1))} = 9.488$ ，所以，拒絕 H_0。

R 程式作法

```
R 程式
A=c(90,80,30)
B=c(100,50,50)
C=c(80,70,50)
x=rbind(A,B,C)
chisq.test(x)
```

例題6

某公司想瞭解消費者對公司所生產三種不同口味的產品之喜好程度是否一致，於是隨機抽問 150 名消費者，結果如下：

產品類別	A	B	C
喜好人數	45	52	53

以 $\alpha = 0.05$ 檢定消費者對三種產品之喜好度是否有顯著差異？

解 令 p_i 表第 i 種產品受喜好的比例。

1. $H_0 : p_A = p_B = p_C = \dfrac{1}{3}$

   $H_1 : H_0$ 不成立

   在 H_0 成立下，期望次數 $e_A = e_B = e_C = 150 \times \dfrac{1}{3} = 50$ ，

2. $\chi^2 = \dfrac{(45-50)^2 + (52-50)^2 + (53-50)^2}{50} = 0.76 < \chi^2_{(0.05,2)} = 5.991$ ，所以，不拒絕 H_0 。

10-4 中位數檢定

一、意義

檢定兩組（或多組）樣本是否來自中位數相同的母群體。

二、計算方法

以中位數為界，將兩組（或多組）樣本人數填入列聯表中，再以 χ^2 法進行檢定。列聯表如下：

	樣本一	樣本二	⋯
大於中位數的個數			
小於中位數的個數			

三、檢定公式

1. H_0：兩母體中位數相等

   H_1：H_0 不成立

2. $\chi^2 = \sum_{i=1}^{r} \sum_{j=1}^{c} \dfrac{(o_{ij} - e_{ij})^2}{e_{ij}}$，自由度 $v = (r-1)(c-1)$。

3. 當 $\chi^2 > \chi^2_{(\alpha, v)}$，則拒絕 H_0。

一試驗結果為

AAAAABBBBAAAAAABAAAAAABBBBBAAAABBBBBABBBBBB，
試以 $\alpha = 0.05$ 檢定 A、B 產品重量之中位數是否相同？

 $n = 44$，中位數的位置在第 22 個，

AAAAABBBBAAAAAABAAAAAA

BBBBBAAAABBBBBABBBBBB，

列聯表如下：

	A	B
大於中位數的個數	5（11）	17（11）
小於中位數的個數	17（11）	5（11）

括號內為理論次數。

因為自由度 $v = (2-1)(2-1) = 1$，所以考慮校正檢定式：

$$\chi^2 = \sum_{i=1}^{2} \sum_{j=1}^{2} \frac{(\,|o_{ij} - e_{ij}| - 1/2\,)^2}{e_{ij}}$$

$$= \frac{(\,|5-11| - 1/2\,)^2}{11} + \frac{(\,|17-11| - 1/2\,)^2}{11} + \frac{(\,|17-11| - 1/2\,)^2}{11} + \frac{(\,|5-11| - 1/2\,)^2}{11}$$

$$= 11 > \chi^2_{(0.05,1)} = 3.841，所以，拒絕 H_0。$$

10-5 符號檢定（sign test）

一、意義

檢定一組樣本所來自的母體中位數或平均數是否為某特定值。亦可用來檢定成對抽取的樣本所來自的母體平均數或中位數是否相同。當母體的分配形狀未知，標準差未知，且未作任何母體假設時可用符號檢定法。（本章習題 6）

二、計算方式

依資料，如果樣本 X 大於樣本 Y，則令為 "＋"，如果樣本 X 小於樣本 Y，則令為 "－"，若 $X = Y$ 則令為 "0"。在不考慮 "0" 的情況下，為二項分配，記為 $S \sim B(n, 0.5)$，$n =$ 所有組數減去等於 "0" 的組數。

三、檢定公式

1. 雙尾檢定時

$H_0 : u_X = u_Y$

$H_1 : u_X \neq u_Y$

2. 右尾檢定（當 "＋" 較多時）

$H_0 : u_X \leq u_Y$

$H_1 : u_X > u_Y$

3. 左尾檢定（當 "－" 較多時）

$H_0 : u_X \geq u_Y$

$H_1 : u_X < u_Y$

符號檢定依樣本大小而有不同的檢定公式。

小樣本時：

令 $s = ($ "＋" 個數，"－" 個數 $)$ 較小者。

檢定式：$P(S \leq s) = \sum_{s=0}^{s} \binom{n}{s}(0.5)^n < \alpha$，則拒絕 H_0。

大樣本時：

$E(S) = np = 0.5n$

$V(S) = npq = 0.25n$

檢定式 $Z = \dfrac{S - 0.5n}{\sqrt{0.25n}} < z_\alpha$，則拒絕 H_0。

小補充

本法亦可檢定中位數，這時只需將假設型式中的 u 改為 η 即可。

10-6 Kolmogorov − Smirnov 檢定（$K\text{-}S$ 法）

一、意義

前面介紹過 χ^2 適合度檢定，這個檢定的缺點是當 $n \to \infty$ 時，很容易拒絕 H_0。為了克服這個缺點，所以有 $K\text{-}S$ 適合度檢定。$K\text{-}S$ 檢定比 χ^2 適合度檢定更具有檢定力。$K\text{-}S$ 法的特點是處理的資料常是個別的觀測值，而不是分組資料，所以不必考慮各組理論次數 $e_i \geq 5$。

二、檢定公式

1. H_0：母體為某種分配

   H_1：H_0 不成立

2. $D = max \mid F(x) - S(x) \mid$。這裡，$F(x)$ 為理論分配之累加機率，$S(x)$ 為觀察分配之累加機率。

3. 查統計書後 $K\text{-}S$ 表，由 n 與 α 找出臨界值 $D_{\alpha/2}$。若 $D > D_{\alpha/2}$，則拒絕 H_0。

10-7 連檢定（run test）

一、意義

檢定樣本是否具有隨機性，又稱為隨機性檢定（test forrandomness）。

二、計算方法

觀察到的樣本以兩種不同類別屬性交錯呈現，這時依照出現的順序將同一類別者劃歸一連，依次給予 1、2、3、…r 數字，r 稱為總連數。這裡，某一類別屬性的總數令為 n_1，另一屬性的總數令為 n_2，$n = n_1 + n_2$。

三、檢定公式

依樣本大小而有不同的檢定公式。

1. H_0：樣本具有隨機性

   H_1：樣本不具隨機性

2. 檢定公式：

   如果 $n_1 \leq 20$ 且 $n_2 \leq 20$，則查統計書後連檢定表，用 α、n_1、n_2 查出 r_L 與 r_U 的值，如果 $r \leq r_L$ 或 $r \geq r_U$，則 rej H_0。

   如果 $n_1 > 20$、$n_2 > 20$，且 $n_1 = n_2 = \dfrac{n}{2}$ 時，用常態檢定：

   $E(r) = \dfrac{n}{2} + 1$，$V(r) = \dfrac{n(n-2)}{4(n-1)} \overset{n \to \infty}{=} \dfrac{n-1}{4}$，檢定式 $Z = \dfrac{r - E(r)}{\sqrt{V(r)}}$，

   當 $z < -z_{(1-\alpha/2)}$ 或 $z > z_{(1-\alpha/2)}$，則拒絕 H_0。

一試驗結果依序為 AAAAABBBBAAAAAABAAAAAABBBBBAAAABB BBBBABBBBBB，試以 $\alpha = 0.05$ 檢定 A、B 之出現是否具有隨機性？

解 1. H_0：樣本具隨機性

H_1：樣本不具隨機性

2. $\underset{1}{\underline{AAAAA}}\ \underset{2}{\underline{BBBB}}\ \underset{3}{\underline{AAAAAA}}\ \underset{4}{\underline{B}}\ \underset{5}{\underline{AAAAAA}}\ \underset{6}{\underline{BBBBB}}\ \underset{7}{\underline{AAAA}}\ \underset{8}{\underline{BBBBBB}}\ \underset{9}{\underline{A}}\ \underset{10}{\underline{BBBBBB}}$ ，

$r = 10 = $ 總連數。

因 $n_1 = 22 > 20$、$n_2 = 22 > 20$，且 $n_1 = n_2 = \dfrac{n}{2} = \dfrac{44}{2} = 22$，

所以用常態檢定：

$$E(r) = \frac{n}{2} + 1 = \frac{44}{2} + 1 = 23 \ , \quad V(r) = \frac{n(n-2)}{4(n-1)} = \frac{44(44-2)}{4(44-1)} = 10.744 \ ,$$

3. 檢定式 $Z = \dfrac{r - E(r)}{\sqrt{V(r)}} = \dfrac{10 - 23}{\sqrt{10.744}} = -3.9 < z_{(\alpha/2)} = -1.96$，所以，拒絕 H_0。

1. 為了解不同決策對於不為人樂見的後果的程度是否有影響所作的一項意見調查的結果如下：

<table>
<tr><td rowspan="2">決策</td><td colspan="3">後果的程度</td></tr>
</table>

決策	無	輕微	普通
1	60	27	7
2	71	22	14
3	57	38	15
4	54	37	18

   請問在 5% 的顯著水準下，影響是否存在？

2. 請說明聯表分析（contingency table analysis）中一致性檢定（test for homogeneity）的適用時機及進行步驟。

3. 有人想瞭解性別與北中南三個地區是否對核四公投問題的意見有所不同，隨機抽樣 1200 位居民，問他是否贊成核四公投？調查結果如下表：

	男生			女生		
	贊成	不贊成	合計	贊成	不贊成	合計
北區	250	50	300	60	140	200
中區	120	80	200	120	80	200
南區	120	80	200	80	20	100
小計	490	210	700	260	240	500

   請問（顯著水準 $\alpha = 0.05$）：

   (1) 就男生而言，北中南三個地區的男生對核四之意見的看法是否有一致性？

   (2) 就女生而言，三個地區的女生與核四公投的意見是否獨立？

   (3) 就全體而言，三個地區與核四公投意見是否有相關？

   (4) 是否有證據說男生贊成核四公投的比例超過 $\frac{1}{2}$？

   (5) 就全體而言，是否有證據說男女生贊成核四公投的比例不同？

4. 如果甲、乙兩人比賽一場乒乓球，共賽 36 球，每球甲贏時以 1 表示，輸時則以 0 表示，比賽結果成績順序如下：

$$11100111000011001110101101100111011101$$

(1) 在 $\alpha = 0.05$ 下，是否已有證據說甲的實力比乙強？

(2) 在 $\alpha = 0.05$ 下，甲、乙每球比賽輸贏的次序是否有隨機性？

(3) 在 $\alpha = 0.05$ 下，若欲證明甲乒乓球實力高於乙，則在比賽 100 球中甲需贏幾球以上才能得到此結論？

5. 某企管顧問公司全部職員的編號皆按年資自 1 號開始編起至 N 號止，今自公司職員中隨機抽樣 5 人得其編號為：48，6，25，12，30。

(1) 試求樣本平均數、中位數、全距。

(2) 試以 (1) 之統計量分別估計該公司職員的總人數 N。

6. 隨機抽得樣本值為 14, 10, 8, 14, 13, 16, 12, 40, 13, 24，試檢定

$H_0: \eta = 15$ v.s. $H_1: \eta \neq 15$ 的說法能否成立？這裡 η 為中位數。

X	14	10	8	14	13	16	12	40	13	24
$X - 15$	−	−	−	−	−	+	−	+	−	+

提示：符號檢定式 $P(S \leq 3)$

NOTE

信度、效度分析

　　本章要探討的是問卷、測驗工具本身的問題，究竟這份問卷或這份測驗可信的程度有多少？有沒有效度？信度是一份問卷或一份測驗在相同的受試者或類似的受試者測試下，測量的結果應該穩定一致。

　　以捲尺為例，如果今天量測某桌子長度得到一個數據（例如 160 公分），明天量測結果是另一個數據（例如 170 公分），那麼這個捲尺毫無信度可言。一份問卷或一份測驗，今天測量這批人得到 X 數據，幾天後去測量另一批人得到 Y 數據或再回來測量這批人得到 Z 數據，不管是 (X, Y) 或 (X, Z)，如果它們的相關係數是高的，表示這份問卷或測驗具有信度。

　　效度和信度不同，效度探討的是測量工具是否可以測出想要測量的特質？例如研究者想測量憂鬱症（Melancholia），問卷設計內容應該是關於憂鬱症病理的相關意念或行為，結果他拿的是社會期許反應（Socially Desirable Responding, SDR）問卷測試，雖然他可能得到 SDR 高的信度，但沒有效度（因為 Melancholia 不是 SDR）。效度比較偏向測驗內容是否真正測量到潛在特質（正確性），這個特質就是社會科學領域中常說的構念、成分、因素等，信度比較要求測驗結果是否具一致性。

重點名詞	
• 結構性訪問	• 信度指標
• 測量標準誤	• 重測信度
• 複本信度	• 內部一致性信度
• 評分者信度	• 內容效度
• 效標關聯效度	• 構念效度

內部一致性信度

　　內部一致性信度中常見的三種信度：斯布（Spearman-Brown）信度、庫李 20（Kuder-Richardson formula 20）信度以及 Cronbach α 係數。

　　斯布信度，是由 Spearman, C. C. 和 Brown, W. 兩人在 1910 年，不約而同的，同時發表在 British Journal of Psychology 第 3 卷期刊上（頁碼分別為 p.271-295、p.296-322），故以兩人的姓氏命名。

　　庫李 20 信度是庫德（Kuder, G. F.）和李查遜（Richardson, M. W.）在 1937 年提出，目的在分析二元計分題，題目間一致性（inter-item consistency）的信度估計方法。針對多元計分題（如態度五點量表）的信度估計方法，以 Cronbach, L. J. 提出的 α 係數最為有名。

　　Cronbach 是一位美國教育心理學家，他出生於加州的弗雷斯諾（Fresno, California），在弗雷斯諾州立大學獲得學士學位，在加州大學柏克萊分校（University of California, Berkeley）獲得碩士學位。由於當時著名心理學家 Thurstone 對於如何衡量態度的研究，引起 Cronbach 對教育和心理測量的興趣，激發他後來 1940 年獲得芝加哥大學教育心理學博士學位。Cronbach 在家鄉高中教了一陣子書後，前往華盛頓州立大學，芝加哥大學和伊利諾大學擔任教職，最後於 1964 年在史丹福大學定居。1956 年，他當選為美國統計協會的研究員。

　　Cronbach 最著名的成就，是發展出衡量教育和心理測驗可靠性的方法 α 係數，對於教育測量的各種測試（不論是二元計分題或多元計分題）和其他測量儀器提供了一個有用且易於計算、單一測試管理的可靠性測量的方法。

11-1 測驗

測驗有人認爲是測量的工具，也有人認爲是針對行爲樣本所作的客觀化和標準化的測量。測驗被視爲一種蒐集資料的工具，以有系統程序提供給受試者一些問題、作業（tasks）或刺激物（stimuli），藉此蒐集研究議題所感興趣之受試者行爲屬性或特徵。一份測驗通常包含三個部份：

1. **標準刺激**：測驗中讓受試者回答的試題或作業。

2. **個人特質**：測驗所要測量的認知能力或情感特質。

3. **系統程序**：施測過程須標準化，即計分、解釋須具一致性。

一、測量

測量是一種過程，是對人特質的測量。特質是潛在變項，將特質透過某種明確的程序或規則，用數字來量化（quantifying）描述，而成一可觀測之變項，亦即測量模式是一結構模式，此結構模式連接了潛在變項與可觀測變項間之關係。

二、問卷調查

調查研究是指研究者採用問卷、訪問或觀察等技術，對母體內成員的動機、意見及滿意度進行探討。調查研究目前在政治學、社會學、心理學、商學或政府部門被廣泛採用。例如，民意調查、市場調查、收視率調查等。

三、調查的種類

調查的種類，如果根據研究變項的性質來分，可分爲狀況調查（status survey）與調查研究（survey research）。如果依據研究團體的性質來分，可分爲樣本調查（sample survey）與群體調查（population survey）。其中常用之調查研究爲：問卷調查（questionnaire survey）與訪問調查（visiting survey）二種。

(一) 問卷調查法

問卷是指研究者將其所要研究的事項，製成題目或表格，而以郵寄或當面實施方式，讓受試者填答的一種形式。此種以問卷作爲資料蒐集工具的研究方法，稱爲問卷調查法。問卷調查在實際應用時，有兩種實施方式，一爲郵寄方式，一爲當面實施方式。

　　a. 以下爲問卷採郵寄方式的優缺點：

1. 優點：可以節省時間與金錢的成本支出；容易做大地區的抽樣調查；受測者可以自由填寫，不受時間限制亦不受施測者影響。

2. 缺點：回收率較低，影響結果的正確性；受測者如果誤解題意作答，無從更正；無法確定填寫問卷者是否爲受測者本人；不記名的問卷寄回後，無法再獲得受測者的補充資料；有些題目可能空著未作答，尤其是較隱私的問題；無法掌握受測者寄回的日期；不易區分未寄回問卷係拒絕作答或其它原因。

　　b. 以下爲問卷採當面實施的優缺點：

1. 優點：回收率高；可以確定填寫問卷者爲受測者本人；非樣本之誤差小；施測者可以隨時解釋受測者容易誤解的題目。

2. 缺點：調查對象非隨機抽樣來的，所以缺乏代表性；調查結果若要推論到母群體，較不具統計意義；由於當面實施時受測者的集合不易，所以大多只能用於學校、企業組織以及軍隊等。

　　c. 提高問卷收回率的方法有愼選問卷填答對象、提高問卷設計品質、列出贊助本次問卷施測之單位或個人、增強願意填答的誘因、附上親筆信函及回郵信封、考慮郵寄的方式和時間、適時寄發禮貌得宜的催覆函。

(二) 訪問調查法

　　所謂訪問調查法，乃是研究或調查者就所欲研究的事項，按照預訂計畫或程序，主動與被訪者作面對面的實地訪問，以獲取實證資料的一種方法。優缺點說明如下：

1. 優點：具有彈性，可獲得第一手資料；調查範圍較廣，回收率高；可訪問較爲複雜的問題，延伸資料的深度；可觀察到受訪者非語言的行爲，有助於資料的研判。

2. 缺點：費時又花錢；樣本代表性低；訪問者的偏差，可能造成刺激缺乏標準化；缺少保密性，受訪者可能不願據實回答。

　　訪問結構的類型如下：

1. 無結構性訪問（**unstructured interview**）：又稱非標準化訪問（unstandardized interview）。無結構性訪問較具有彈性，且很少限制回答者的答案，甚至有時候鼓勵受訪者自由表達自己的觀點。通常以少許問題來引導談論的方向，因此受訪者會在不知不覺情況下，說出自己內心深處的想法，不致有所顧慮，而隱瞞自己的觀點。

2. **結構性訪問（structured interview）**：又稱標準化訪問（standardized interview）。採用此種訪問的程序嚴格要求標準化與正式化，即按相同方式與順序，向受訪問者提出相同的問題，其答案只有是、否，或從一組答案中選擇其一；甚至訪問開始與結束的用語，也作了嚴格的規定。

3. **半結構性訪問（semistructured interview）**：訪問過程中，研究者為求客觀，可能採用高度結構化題目，進行訪問。可是鑒於結構性問題無法深入了解問題的癥結所在，因此配合半結構性方式進行訪問，即訪問者最初向受訪者發問一系列結構性問題，然後再採用開放性問題，期使獲致更完整的資料。

(三) 電話訪問

1. **優點**：速度快，立即可獲得結果；各項成本的支出較低；隱蔽性高，相對於當面訪問方式，電話訪問顯然較坦然些；區域分散，樣本較具代表性。

2. **缺點**：有些受訪者對突如其來的電話訪問較生顧忌；受訪者的情境不一，無法標準化，可能影響結果的推論；電話有無登錄影響受訪的可能性；白天晚上不同時段接到電話的人不同，答案也不同，例如，早期台灣社會，白天接到電話者常常是家庭主婦，她們回答的答案和晚上才回到家裡接電話的男主人答案可能不同。

11-2 信度

一、信度指標

在介紹信度意義之前，我們先來了解古典測驗線性模式：

$$X = T + e$$

這裡 X 為觀察到的分數，T 為理論分數，e 為誤差分數，關於這個測驗線性模式，我們通常假設 $E(e) = 0$，也就是誤差分數的期望值為 0，變異數為 $S_X^2 = S_T^2 + S_E^2$。等號兩邊同時除以 S_X^2，得到 $\frac{S_X^2}{S_X^2} = \frac{S_T^2}{S_X^2} + \frac{S_E^2}{S_X^2} = 1$，再移項得到 $r_{XX'} = \frac{S_T^2}{S_X^2} = 1 - \frac{S_E^2}{S_X^2}$。$r_{XX'}$ 稱為信度係數（reliability coefficient）。

從統計上來看，信度係數是理論分數變異在整個觀察分數變異中所佔的比率。與信度係數關係緊密的，還有信度指標（index of reliability, IR）及測量標準誤（standard error of measurement, SEM）。信度指標是信度係數的開方根，也是理論分數與觀察分數間的相關係數。而測量標準誤是誤差分數的標準差。即：

> 信度指標（IR）$= r_{XT} = \sqrt{r_{XX'}}$
>
> 測量標準誤（SEM）$= S_E = S_X\sqrt{1-r_{XX'}}$

因為 $\dfrac{S_E^2}{S_X^2} = 1 - r_{XX'}$ ，可推得 $S_E^2 = S_X^2(1-r_{XX'})$ ，所以 $S_E = S_X\sqrt{1-r_{XX'}}$ 。由 $S_X\sqrt{1-r_{XX'}}$ 可看出測驗的信度愈高，測量標準誤就愈小。

小補充

測量標準誤的用途有二種（亦可說是信度係數的應用）

1. 受試者個人測驗分數區間的解釋。
2. 性質不同的兩測驗間之差異比較。

二種測驗分數間差異的測量標準誤公式為：

$$SE_{diff} = \sqrt{SEM_X^2 + SEM_Y^2} = \sqrt{S_X^2(1-r_{XX'}) + S_Y^2(1-r_{YY'})}$$
$$\overset{S_X^2 = S_Y^2 = S^2}{=} \sqrt{S^2(1-r_{XX'}+1-r_{YY'})} = S\sqrt{2-r_{XX'}-r_{YY'}} \text{。}$$

例題 1

假設某成就測驗分數呈常態分配，其平均數 60，變異數 100，信度係數為 0.84，則某測驗分數 50，其理論分數 95% 信賴區間為何？

解 $SEM = S_X\sqrt{1-r_{xx'}} = 10\sqrt{1-0.84} = 4$ ，查表得 $z_{0.025} = 1.96$ ，所以理論分數 95% 信賴區間為 $(50 - 1.96 \times 4,\ 50 + 1.96 \times 4) = (42.16, 57.84)$ 。

 例題 2

假設國文科成就測驗的信度係數為 0.88，英文科成就測驗的信度係數為 0.87，若這二種分數，皆已轉換成標準差為 10 的分數，則國文科和英文科兩科差異之測量標準誤

$$SE_{diff} = S\sqrt{2 - r_{XX'} - r_{YY'}} = 10\sqrt{2 - 0.88 - 0.87} = 5$$

如果已知國文分數 86 分，英文分數 80 分，則這二種分數是否達顯著差異（$\alpha = 0.05$）？

解 H_0：二測驗分數沒有差異 v.s. H_1：有差異，

$$Z = \frac{86 - 80}{S\sqrt{2 - r_{XX'} - r_{YY'}}} = \frac{86 - 80}{5} = 1.2 \ ,$$

因為 $1.2 < 1.96$，所以不拒絕 H_0，亦即二測驗分數沒有差異。

小補充

統計學迴歸之決定係數和測驗信度係數之比較

1. 決定係數：$r^2 = \dfrac{SSR}{SST}$。如果 $r^2 = 0.79$，意思是迴歸模式中，Y 的總變異有 79% 的變異可以由 X 來解釋。

2. 信度係數：$r_{XX'} = \dfrac{S_T^2}{S_X^2}$。如果 $r_{xx'} = 0.7$，意思是在測驗分數的總變異中，有 70% 的變異可以由理論分數的變異來解釋。

小補充

統計估計標準誤和測量標準誤之比較：（請參閱二元常態分配之統計書籍）

1. 估計標準誤：假設母體迴歸模式 $Y \mid X \sim N\left(\mu_Y + \rho\dfrac{\sigma_Y}{\sigma_X}(X - \mu_X), \sigma_Y^2(1-\rho^2)\right)$，則

   平均數 $E(Y \mid X) = \mu_Y + \rho\dfrac{\sigma_Y}{\sigma_X}(X - \mu_X)$，變異數 $V(Y \mid X) = \sigma_{Y\mid X}^2 = \sigma_Y^2(1-\rho^2)$。

   其樣本迴歸估計式為：

   平均數：$\bar{Y} + r\dfrac{S_Y}{S_X}(X - \bar{X})$，變異數：$S_{Y\mid X}^2 = S_Y^2(1-r^2)$，估計標準誤

   $S_{Y\mid X} = S_Y\sqrt{(1-r^2)}$。

2. 測量標準誤：$SEM = S_E = S_X\sqrt{1-r_{XX'}}$。

例題 3

某智力測驗分數 (X) 及數學科測驗成績 (Y) 的資料為：$\bar{X} = 100$，

$S_X = 16$，$\bar{Y} = 60$，$S_Y = 6$，$r = 0.7$，試求

1. Y 對 X 的線性迴歸模式。

2. 估計標準誤。

解 1. $\because r = b\dfrac{S_X}{S_Y} = b \cdot \dfrac{16}{6} = 0.7$，$\therefore b = \dfrac{0.7 \times 6}{16} = 0.2625$，

   又 $a = \bar{Y} - b\bar{X} = 60 - 0.2625 \times 100 = 33.75$，

   所以迴歸模式 $\hat{Y} = a + bX = 33.75 + 0.2625X$。

2. 估計標準誤

   $S_{Y\mid X} = S_Y\sqrt{(1-r^2)} = 6 \times \sqrt{(1-0.7^2)} = 4.284857$。

11-3 常用的信度估計方法

接著我們要介紹信度的種類及求法，測驗問卷設計最常用的信度估計方法有四種：重測信度、複本信度、內部一致性信度及評分者信度，底下分述之。

一、重測信度

同一份測驗（或問卷），且同一群受試者，在兩個不同時間施測，求這兩次分數的 Pearson 積差相關，稱為重測信度。它所反應的是時間因素對評量特質的影響，因此又稱為穩定係數。在兩次施測的時距內，不應對評量特質有任何處理，比如像數學科成就測驗，如果考生目前正在學習數學，那麼重測信度就不是一個適切的信度指標。另外重測容易受記憶的影響，因此認知性測驗比較不適用。

> **小補充**
>
> 在重測信度中，常出現「平行測驗」，什麼是平行測驗？假設測量兩次，這兩次測量模式為：$X_1 = a_1 T_1 + e_1$，$X_2 = a_2 T_2 + e_2$，當 $T_1 = T_2$，$a_1 = a_2 = 1$，$V(e_1) = V(e_2)$，則稱 X_1, X_2 為平行測驗。

二、複本信度

(一) 複本測驗

內容相似、難度相當的兩式測驗。

(二) 複本信度

從試題母群體（題庫）中抽出兩份複本測驗（或問卷），給同一群學生施測，再求這兩份分數的 Pearson 積差相關，稱為複本信度。複本信度越高，表示兩份測驗所測量到相同的特質或內容的程度越高。

複本信度同時也是在測量受試者對題目反應的一致性，所以又稱為等值係數（coefficient of equivalence）。如果這兩式測驗在不同時間施測，它同時反應出題目及時間兩因素的影響，這時稱為穩定等值係數（coefficientof equivalence and stability）。

三、內部一致性信度

前述重測及複本兩種信度需要對同一內容或單元，施測二次。實際施行時，有其困難。內部一致性就是為免除施測二次的限制而衍生發展出來的信度係數，也就是只根據一次測驗結果就能估計信度。

(一) 折半信度

將一份測驗分成兩半，前半、後半，或者奇數題、偶數題，再求這兩者分數之間的相關，即為折半信度。

1. 斯布（**Spearman–Brown**）信度

$$r_{S\cdot B} = \frac{n r_{OE}}{1+(n-1)r_{OE}}$$

這裡，$r_{S\cdot B}$ 為斯布信度係數，r_{OE} 為奇數題和偶數題的積差相關，n 為測驗加長或縮短的倍數。如果把一份測驗分成兩半，則

$$n = 2 \text{，這時 } r_{S\cdot B} = \frac{2 r_{OE}}{1+r_{OE}}$$

2. 福氏（**Flanagan**）信度

$$r_{Flan} = 2\left(1 - \frac{S_O^2 + S_E^2}{S^2}\right)$$

這裡，S^2 為測驗總分變異數，S_O^2 為奇數題分數的變異數，S_E^2 為偶數題分數的變異數。

3. Rulon 信度

$$r_{Rulon} = 1 - \frac{S_d^2}{S^2}$$

這裡，S_d^2 為兩半測驗分數之差的變異數，S^2 為測驗總分的變異數。

(二) 庫李信度

1. 庫李 20（Kuder–Richardson formula 20, KR20）：適用於二元計分情形。

$$KR20 = \frac{n}{n-1}\left[1 - \frac{\sum_{i=1}^{n} p_i q_i}{S^2}\right]$$

這裡，S^2 為測驗總分的變異數，n 為題數，p_i 為學生答對題目 i 的比率，$q_i = 1 - p_i$，$p_i q_i$ 是點二項分配的變異數。

2. 庫李 21：適用於二元計分情形。

$$KR21 = \frac{n}{n-1}\left[1 - \frac{\bar{X}(n-\bar{X})}{nS^2}\right]$$

這裡，S^2 為測驗總分的變異數，n 為題數，$\bar{X}$ 為測驗總分的平均數。

3. Cronbach α 信度係數：適用於多元計分情形。

$$\alpha = \frac{n}{n-1}\left[1 - \frac{\sum_{i=1}^{n} S_i^2}{S^2}\right]$$

這裡，S^2 為測驗總分的變異數，n 為題數，S_i^2 為題目 i 的變異數。庫李 20 是 α 係數的一個特例，也就是當題目計分為二元計分時，α 與庫李 20 是完全一致的。

(三)Hoyt 信度

Hoyt 從變異數分析的觀點，將觀察分數的變異分為三個部份：考生間的變異、題目間的變異及誤差變異。

$$r_{Hoyt} = 1 - \frac{MS_{res}}{MS_{b \cdot subj}}$$

這裡，MS_{res} 為誤差均方，$MS_{b \cdot subj}$ 為受試者間均方。

例題 4

假設有 6 位學生接受 4 個題目的測驗，其得分如表所列：

表 11-1

學生	第 1 題	第 2 題	第 3 題	第 4 題
王	0	0	1	1
李	1	1	1	0
陳	1	0	0	1
張	0	0	1	1
劉	1	0	1	1
洪	0	0	0	0

試求 1. 斯布信度　2. 福氏信度　3. Rulon 信度　4. 庫李 20 信度。

解 先把表 11–1 整理成表 11–2，以方便各項計算：

表 11-2

學生	第 1 題	第 2 題	第 3 題	第 4 題	總分
王	0	0	1	1	2
李	1	1	1	0	3
陳	1	0	0	1	2
張	0	0	1	1	2
劉	1	0	1	1	3
洪	0	0	0	0	0
p	3 / 6	1 / 6	4 / 6	4 / 6	
q	3 / 6	5 / 6	2 / 6	2 / 6	
pq	9 / 36	5 / 36	8 / 36	8 / 36	

再把題目分成兩半，奇數題分數是第 1 題得分和第 3 題得分相加（表為 X）、偶數題分數是第 2 題得分和第 4 題得分相加（表為 Y），然後相減得到 $X - Y = d$，如表 11-3：

表 11-3

學生	X	Y	$X - Y = d$
王	1	1	0
李	2	1	1
陳	1	1	0
張	1	1	0
劉	2	1	1
李	0	0	0

Pearson 積差相關 $r = \dfrac{S_{X,Y}}{\sqrt{S_X^2}\sqrt{S_Y^2}} = \dfrac{7/30}{\sqrt{51/90}\sqrt{1/6}} = 0.759$，

這裡，$\bar{X} = \dfrac{7}{6}$，$\bar{Y} = \dfrac{5}{6}$，

$S_{X,Y} = \dfrac{1}{6-1}\left((1-\dfrac{7}{6})(1-\dfrac{5}{6}) + (2-\dfrac{7}{6})(1-\dfrac{5}{6}) + \cdots + (0-\dfrac{7}{6})(0-\dfrac{5}{6}) \right) = \dfrac{7}{30}$，

$S_X^2 = \dfrac{1}{6-1}\left((1-\dfrac{7}{6})^2 + (2-\dfrac{7}{6})^2 + \cdots + (0-\dfrac{7}{6})^2 \right) = \dfrac{51}{90}$，

$S_Y^2 = \dfrac{1}{6-1}\left((1-\dfrac{5}{6})^2 + (1-\dfrac{5}{6})^2 + \cdots + (0-\dfrac{5}{6})^2 \right) = \dfrac{1}{6}$。

1. 斯布信度

$r_{S \cdot B} = \dfrac{nr}{1+(n-1)r} = \dfrac{2r}{1+r} = \dfrac{2 \times 0.759}{1+0.759} = 0.863$。

2. 福氏信度：

$r_{Flan} = 2\left(1 - \dfrac{S_O^2 + S_E^2}{S^2} \right) = 2\left(1 - \dfrac{51/90 + 1/6}{1.2} \right) = 0.778$，

這裡，根據表 11-2 上的總分，可得

總分變異數 $S^2 = \dfrac{1}{6-1}\left((2-2)^2 + (3-2)^2 + \cdots + (0-2)^2 \right) = 1.2$，

總分的平均數 $= (2 + 3 + 2 + 3 + 0) / 6 = 2$。

又根據表 11-3 上的 X、Y，可得

$$S_O^2 = \frac{1}{6-1}\left((1-\frac{7}{6})^2 + (2-\frac{7}{6})^2 + \cdots + (0-\frac{7}{6})^2\right) = \frac{51}{90} ,$$

$$S_E^2 = \frac{1}{6-1}\left((1-\frac{5}{6})^2 + (1-\frac{5}{6})^2 + \cdots + (0-\frac{5}{6})^2\right) = \frac{1}{6} 。$$

3. Rulon 信度

$$r_{Rulon} = 1 - \frac{S_d^2}{S^2} = 1 - \frac{4/15}{1.2} = 0.778 ,$$

這裡，根據表 11-3 上的 $X - Y = d$，可得

$$S_d^2 = \frac{1}{6-1}\left((0-\frac{1}{3})^2 + (1-\frac{1}{3})^2 + \cdots + (0-\frac{1}{3})^2\right) = \frac{4}{15} ,$$

平均數 $\bar{d} = (0+1+0+0+1+0)/6 = \frac{1}{3}$ 。

4. 庫李 20 信度：

$$KR20 = \frac{n}{n-1}\left[1 - \frac{\sum_{i=1}^{n} p_i q_i}{S^2}\right] = \frac{4}{4-1}\left[1 - \frac{5/6}{1.2}\right] = 0.407 ,$$

這裡，根據表 11-2，可得 $\sum_{i=1}^{n} p_i q_i = \frac{9}{36} + \frac{5}{36} + \frac{8}{36} + \frac{8}{36} = \frac{5}{6}$ 。

 例題 5

假設有 6 位學生接受 4 個題目的測驗，每個題目為多元計分型式，例如，非常滿意 5 分，滿意 4 分，無意見 3 分，不滿意 2 分，非常不滿意 1 分，分數如下表。

表 11-4

學生	第 1 題	第 2 題	第 3 題	第 4 題
王	4	5	3	5
李	3	4	4	4
陳	1	2	1	1
張	5	4	5	5
劉	3	3	2	2
洪	2	3	3	4

試求 Cronbach α 係數？ Hoyt 信度？

解 先把表 11–4 整理成表 11–5，以方便各項計算：

表 11-5

學生	第 1 題	第 2 題	第 3 題	第 4 題	每人總分
王	4	5	3	5	17
李	3	4	4	4	15
陳	1	2	1	1	5
張	5	4	5	5	19
劉	3	3	2	2	10
洪	2	3	3	4	12
每題總分	18	21	18	21	
平均數	3	3.5	3	3.5	13
變異數	2	1.1	2	2.7	26

$$\alpha = \frac{n}{n-1}\left[1 - \frac{\sum_{i=1}^{n} S_i^2}{S^2}\right] = \frac{4}{4-1}\left[1 - \frac{(2+1.1+2+2.7)}{26}\right] = 0.933$$

這裡，第 1 題變異數 $S_1^2 = \frac{1}{6-1}\left((4-3)^2 + (3-3)^2 + \cdots + (2-3)^2\right) = 2$，第 2 題變異數

$S_2^2 = \frac{1}{6-1}\left((5-3.5)^2 + (4-3.5)^2 + \cdots + (3-3.5)^2\right) = 1.1$，餘此類推。

測驗總分變異數 $S^2 = \frac{1}{6-1}\left((17-13)^2 + (15-13)^2 + \cdots + (12-13)^2\right) = 26$

$$\bar{X} = \frac{17+15+5+19+10+12}{6} = 13$$

接著計算 Hoyt 信度：

$$r_{Hoyt} = 1 - \frac{MS_{res}}{MS_{b \cdot subj}} = 1 - \frac{6.5/15}{32.5/5} = 0.933$$

這裡，$SS_{total} = (4^2 + 3^2 + \cdots + 4^2) - \frac{78^2}{24} = 294 - 253.5 = 40.5$，

$SS_{item} = \frac{(18^2 + 21^2 + 18^2 + 21^2)}{6} - \frac{78^2}{24} = 1.5$，

$SS_{b \cdot subj} = \frac{(17^2 + 15^2 + 5^2 + 19^2 + 10^2 + 12^2)}{4} - \frac{78^2}{24} = 32.5$，

$SS_{res} = 40.5 - 1.5 - 32.5 = 6.5$。

ANOVA

變異來源	SS	df	MS	F
受試者間	32.5	5	6.50	15.12
題目	1.5	3	0.50	1.16
誤差	6.5	15	0.43	
總和	40.5	23		

小補充

Cronbach α 係數和 Hoyt 信度結果一樣。其實 Cronbach α 係數可以由相依樣本單因子變異數分數求得。

Hoyt 信度如果從古典測驗理論 ($X = T + e$) 來看將更清楚。

$$\sigma_X^2 = \sigma_T^2 + \sigma_e^2 \Rightarrow MS_{b.subj} = \sigma_T^2 + MS_{res} \Rightarrow$$

信度 $r = \dfrac{\sigma_T^2}{MS_{b.subj}} = \dfrac{MS_{b.subj} - MS_{res}}{MS_{b.subj}} = \dfrac{6.07}{6.5} = 0.933$。

Excel 作法

本例 Cronbach α 係數的 Excel 作法

1. 開啟 Excel，在工作表 A2 位格鍵入王，在 A3 位格鍵入李，…，在 A7 位格鍵入洪，在 B1 位格鍵入第 1 題，在 C1 位格鍵入第 2 題，在 D1 位格鍵入第 3 題，在 E1 位格鍵入第 4 題，在 B2 位格鍵入 4，在 C2 位格鍵入 5，…，在 B3 位格鍵入 3，…，在 E7 位格鍵入 4。

2. 將游標移到 F1 位格上，選取「資料」、「資料分析」，點選「雙因子變異數分析：無重複量數」，按「確定」，出現「雙因子變異數分析：無重複量數」視窗，在「輸入範圍 (I)」中鍵入 a1:e7，在「標記 (L)」前打勾，在「α(A)」中鍵入 0.05，在「新工作表」中鍵入想給定的名稱（如信度係數），按「確定」。

3. 依出現的資料計算 Cronbach 係數。

Cronbach $\alpha = 1 - \dfrac{6.5/15}{32.5/5} = 1 - \dfrac{0.433}{6.5} = 0.933$。

SAS 作法

本例 Cronbach α 係數的 SAS 程式

```
data aa;
input x1-x4;
cards;
4 5 3 5
3 4 4 4
1 2 1 1
5 4 5 5
3 3 2 2
2 3 3 4
;
proc corr alpha;
var x1-x4;
run;
```

R 程式作法

本例 Cronbach α 係數的 R 程式

R 程式

```
data1<-read.table(file="c:/R/ch11.1.txt",header=T)
data1
attach(data1)
data2<-aov(x3~factor(x1)+factor(x2),data=data1)
summary(data2)
> data1
```

♦ R 結果

	x1	x2	x3
1	1	1	4
2	1	2	5
3	1	3	3
4	1	4	5
5	2	1	3
6	2	2	4
7	2	3	4
8	2	4	4
9	3	1	1
10	3	2	2
11	3	3	1
12	3	4	1
13	4	1	5
14	4	2	4
15	4	3	5
16	4	4	5
17	5	1	3
18	5	2	3
19	5	3	2
20	5	4	2
21	6	1	2
22	6	2	3
23	6	3	3
24	6	4	4

summary(data2)

	Df	Sum Sq	Mean Sq	F value	Pr(>F)
factor(x1)	5	32.5	6.500	15.000	2.23e-05 ***
factor(x2)	3	1.5	0.500	1.154	0.36
Residuals	15	6.5	0.433		...

Cronbach $\alpha = r_{Hoyt} = 1 - \dfrac{6.5/15}{32.5/5} = 1 - \dfrac{0.433}{6.5} = 0.933$

四、評分者信度

由於藝術作品、口試、申論題等測驗，計分容易受到評分者主觀判斷的影響，因此必須考慮評分者的信度問題。所謂「評分者信度」，就是在探討這些評分者評分的一致性情形。作法是從測驗卷中抽取一些試卷（樣本），交由兩位（或以上）評分者對這些試卷不同變項一一評分，再求得所評分數間的相關係數，是為評分者信度。

評分者信度愈高，即表示評分者間的評分結果愈一致；反之，則表示評分者間的評分結果愈不一致。求算時如果資料屬於順序變數，則評分者信度採用斯皮爾曼等級相關（Spearman rank correlation）求之。如果資料為等距變數或比率變數，則採用皮爾森（Pearson）積差相關（請參閱第九章）。如果評分者兩位以上且針對同一變項一一評分，則採用肯得爾和諧係數（Kendall coefficient of concordance）評之。

(一) 斯皮爾曼等級相關係數 (ρ)

$$\rho = 1 - \frac{6\sum_{i=1}^{N} D_i^2}{N(N^2 - 1)}$$

D_i 為兩者評定之等級差異，N 為被評分的總人數。

例題 6

某公司針對內部 8 名員工，就他們的個人形象（由 A 主管負責評比）和銷售成績（由 B 主管負責評比）各給予等級排序（見表 11-6）。

表 11-6

員工	A 主管	B 主管
王	4	4
張	2	1
李	3	3
吳	5	6
陳	1	2
林	7	7
鄭	6	5
蔡	8	8

試求個人形象和銷售成績之斯皮爾曼等級相關係數（ρ）為何？

解 先把表 11–6 整理成表 11–7，以方便計算：

表 11-7

	A 主管	B 主管	D_i	D_i^2
王	4	4	0	0
張	2	1	1	1
李	3	3	0	0
吳	5	6	-1	1
陳	1	2	-1	1
林	7	7	0	0
鄭	6	5	1	1
蔡	8	8	0	0

$$\rho = 1 - \frac{6\sum_{i=1}^{N} D_i^2}{N(N^2-1)} = 1 - \frac{6 \times 4}{8(8^2-1)} = 0.9523 \ 。$$

(二) 肯得爾和諧係數（W）

$$W = \frac{\displaystyle\sum_{i=1}^{N} R_i^2 - \frac{\left(\sum\limits_{i=1}^{N} R_i\right)^2}{N}}{\frac{1}{12} K^2 (N^3 - N)}$$

R_i 為第 i 位被評分的等第和，K 為評分者人數，N 為被評分的總人數。

例題 7

假設有 5 位評審，負責 4 位學生的作品評分，其分數如下：

表 11-8

評審	學生 1	學生 2	學生 3	學生 4
黃	87	90	82	91
李	80	81	84	83
陳	83	85	87	84
張	83	84	89	85
洪	85	87	81	86

試求肯得爾和諧係數。

解 先把表 11–8 整理成表 11–9，以方便計算：

表 11-9

評審	學生 1	學生 2	學生 3	學生 4
黃	3	2	4	1
李	4	3	1	2
陳	4	2	1	3
張	4	3	1	2
洪	3	1	4	2
R	18	11	11	10
R^2	324	121	121	100

這裡表 11–9，以擔任評審的黃老師為例，他評學生 4，分數最高，所以排序第 1 名。學生 2，分數第二高，所以排序第 2 名。學生 1，分數第三高，所以排序第 3 名。學生 3，⋯，排序第 4 名。餘此類推。

$$\text{肯得爾和諧係數 } W = \frac{\sum_{i=1}^{N} R_i^2 - \frac{(\sum_{i=1}^{N} R_i)^2}{N}}{\frac{1}{12} K^2 (N^3 - N)} = \frac{666 - \frac{50^2}{4}}{\frac{1}{12} 5^2 (4^3 - 4)} = 0.328 \text{，}$$

$$\sum_{i=1}^{4} R_i = 18 + 11 + 11 + 10 = 50 \text{，} \sum_{i=1}^{4} R_i^2 = 18^2 + 11^2 + 11^2 + 10^2 = 666 \text{，} K = 5 \text{，} N = 4 \text{。}$$

11-4 效度

效度是測驗分數的正確性，也就是一個測驗能夠測量到它所想要測量的特質的程度。效度越高，測驗分數越正確。

一、效度的類別

依據美國心理學的分類，效度可分為三類：內容效度（content validity）、效標關聯效度（criterion-related validity）及構念效度（construct validity）。

(一) 內容效度

具測驗內容的代表性或測驗題目取樣的適切性者，稱之內容效度。從教育心理測驗來看，是指測驗能測量到代表性的教材內容與所預期的教育目標之程度，又稱取樣效度或邏輯效度。例如，學校編制各科成就測驗時，必須根據教科書的內容範圍與難度，選擇具有代表性的題目，使得測驗分數能充份代表學生的學習成就。通常以雙向細目表（教材內容為橫、教育目標為縱）來評估內容效度。

另一與內容效度相近似的觀念為表面效度，表面效度是從外在看一個測驗所要或所能測量的程度，並不一定就是事實上所要或所能測量到的。由於表面效度缺乏系統性的邏輯分析，因此並非一種客觀的效度（通常有內容效度的測驗，都有表面效度，但反之未必）。不過就施測而言，表面效度有其重要性，因為受試者一開始若不能接受測驗，將影響測驗的實施。

(二) 效標關聯效度

探討測驗分數與外在效標（external criterion）間的相關程度。效標關聯效度的計算方法是將某測驗所測得的分數，與相類似的測驗（外在效標）所測得的分數，求兩者之相關係數。例如，某一新編的學業性向測驗，以學生的學業成績爲效標，求得性向測驗與學業成績間的相關。效標關聯效度分爲兩大類：

1. 以測驗實施一段時間後的行爲表現爲效標，藉此預測未來的行爲或能力表現（例如，職業性向測驗），稱爲預測效度。

2. 以施測時同一時間取得的行爲表現爲效標，藉此評估個人目前的實際表現（例如，成就測驗），稱爲同時效度。

效標關聯效度是以實證分析的方法，研究測驗分數與外在效標間的關係，故又稱爲實證效度或統計效度（empirical or statistical validity）。如果測驗分數和外在效標間的相關愈高，即表示效標關聯效度愈高。

(三) 建構效度

建構效度是指測驗能夠測量到理論上的構念或特質的程度。任何信度指標都是建構效度的一部份。建構效度第一要素是理論的建構，例如，欲評量特質（焦慮）的界定。第二要素是基於上述理論建構所產生的預測，例如，預測焦慮和工作表現有關。第三項要素則是提供實際資料檢驗上述的預測，例如，蒐集焦慮和工作表現相關資料作驗證性分析。

二、信度和效度的關係

信度和效度的理論基礎可從二個方面來討論：

(一) 從測驗分數的線性成份來看

$$X = T + e$$

這裡，X 爲觀察到的分數，T 爲理論分數，e 爲誤差分數。再細分之，可以把「理論分數」分成「欲測分數」和「其它分數」兩部份，即

觀察分數＝欲測分數＋其它分數＋誤差分數

(二) 從測驗分數的變異數來看

$$S^2 = S_{CO}^2 + S_{SP}^2 + S_e^2$$

這裡，S^2 為總變異數。S_{CO}^2 為共同因素變異數。S_{SP}^2 為特殊因素變異數。S_e^2 為誤差變異數。共同因素變異數即欲測分數的變異數，特殊因素變異數即其它分數的變異數。上式等號兩邊同時除以 S^2，得 $1 = \dfrac{S^2}{S^2} = \dfrac{S_{CO}^2}{S^2} + \dfrac{S_{SP}^2}{S^2} + \dfrac{S_e^2}{S^2}$ ，

$r_{Val} = \dfrac{S_{CO}^2}{S^2}$ 稱為效度係數，$r_{XX'} = \dfrac{S_{CO}^2 + S_{SP}^2}{S^2}$ 稱為信度係數。

這裡可以看出效度係數恆小於或等於信度係數 $(r_{Val} \leq r_{XX'})$。

三、信度與效度之關係

效度是指測驗確實能測量到其所欲測量的特質之程度，亦即指測驗分數的正確性。而信度是指測驗結果的一致性與穩定性，亦即測驗分數的可靠性。這兩者均為良好測驗必備的條件。因此，從事研究時，如果是自行設計測量工具，則一定要考驗信度與效度，方可使用。

信度是效度的必要條件，但非充分條件。信度與效度的基本關係為：信度低，效度一定低；信度高，效度不一定高；效度高，信度一定高；但效度低，信度不一定低。這些關係可以從前面提到的效度係數 (r_{Val}) 恆小於或等於信度係數 $(r_{XX'})$ 這樣觀念推得。例如，信度低，效度一定低，因為 $r_{Val} \leq r_{XX'}$，當 $r_{XX'} = 0.2$ 很小時，顯然 r_{Val} 一定要更小。又如，信度高，效度不一定高，因為 $r_{Val} \leq r_{XX'}$，當 $r_{XX'} = 0.9$ 時，可能 $r_{Val} = 0.8$，也可能 $r_{Val} = 0.1$，所以 r_{Val} 並不一定高，餘此類推。

以上所討論的大抵是從量化觀點出發，然而要成為一名優秀的研究者，光具有量化研究能力是不夠的，還必須有質的研究能力。基本上，統計側重在母體的推估，而測驗問卷側重在分數的解釋。統計推估比較關注母體（群體），測驗問卷的解釋則比較關注個人的行為表現，由於解釋時可能事涉個人，所以應注意聽者的感受，並多參考其它資料，只提供建議，不做決定，儘可能作區間分數的解釋，避免點分數的評斷。

1. 某公司有 10 名員工，在甲乙兩主管評分的排名如下表所示：

員工	甲主管	乙主管
王	4	3
張	2	1
李	3	4
吳	5	6
江	9	10
周	1	2
陳	10	9
林	7	8
鄭	6	5
蔡	8	7

試求斯皮爾曼等級相關係數。

2. 顧客 9 人對 5 道題目的填答資料如下：

	顧客 1	顧客 2	顧客 3	顧客 4	顧客 5	顧客 6	顧客 7	顧客 8	顧客 9
第一題	5	4	3	2	3	3	1	2	1
第二題	4	4	3	3	3	4	2	1	2
第三題	4	3	4	2	2	2	2	1	3
第四題	4	3	4	3	1	3	1	1	2
第五題	5	3	3	1	4	2	2	3	2

試以 ANOVA 方法求 Cronbach α 信度係數。

3. 顧客 8 名對 6 道題目的填答資料如下：

	第 1 題	第 2 題	第 3 題	第 4 題	第 5 題	第 6 題
顧客 1	2	5	3	5	2	5
顧客 2	4	3	4	3	3	5
顧客 3	3	4	2	2	2	5
顧客 4	4	5	3	4	3	4
顧客 5	1	5	3	5	4	4
顧客 6	3	5	4	2	3	5
顧客 7	2	5	5	4	3	4
顧客 8	1	3	3	4	4	3

試求 Cronbach α 信度係數。

參考文獻

1. 王念孫、鄭玉卿、王鴻龍譯，David S. Moore 著，2002，《統計學》，台北：科大文化。

2. 何宗武，2014，《追蹤資料分析：原理與 R 程式實務》，台北：雙葉。

3. 何宗武，2016，《資料分析輕鬆學：R Commander 高手捷徑》，台北：雙葉。

4. 吳明隆，2015，《R 軟體統計應用分析實務》，台北：五南。

5. 蔡佳泓，2015，《基礎統計分析：R 程式在社會科學之應用》，台北：雙葉。

6. 陳景祥，2014，《R 軟體：應用統計方法》，台北：東華。

7. 陳順宇、鄭碧娥，2004，《統計學》，台北：華泰。

8. 張夏菁譯，Paul Teetor 著，2016，《R 錦囊妙計》，台北：碁峰。

9. 顏月珠，2005，《現代統計學》，台北：三民。

10. 沈明來，2011，《統計分析與 SAS 應用》，台北：九州。

11. 林清山，1992，《心理與教育統計學》，台北：東華。

12. 郭生玉，1997，《心理與教育測驗》，台北：精華。

13. David, R. Anderson., Dennis, J. Sweeney., & Thomas A. Williams. (2010). Statistics for business and economics. South-Western.

14. George, Casella., & Roger, L. Berger. (2002). Statistical Inference. California: Duxbury.

15. Mark, L. Berenson., & David, M. Levine. (2011). Basic Business Statistics concepts and applications. New Jersey：Prentice Hall.

16. James, T. McClave., & Terry, Sincich. (2016). Statistics. New Jersey：Prentice Hall.

附表

表一　常態分配表

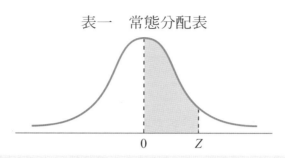

Z	.00	.01	.02	.03	.04	.05	.06	.07	.08	.09
0.0	.0000	.0040	.0080	.0120	.0160	.0199	.0239	.0279	.0319	.0359
0.1	.0398	.0438	.0478	.0517	.0557	.0596	.0636	.0675	.0714	.0753
0.2	.0793	.0832	.0871	.0910	.0948	.0987	.1026	.1064	.1103	.1141
0.3	.1179	.1217	.1255	.1293	.1331	.1368	.1406	.1443	.1480	.1517
0.4	.1554	.1591	.1628	.1664	.1700	.1736	.1772	.1808	.1844	.1879
0.5	.1915	.1950	.1985	.2019	.2054	.2088	.2123	.2157	.2190	.2224
0.6	.2257	.2291	.2324	.2357	.2389	.2422	.2454	.2486	.2518	.2549
0.7	.2580	.2612	.2642	.2673	.2704	.2734	.2764	.2794	.2823	.2852
0.8	.2881	.2910	.2939	.2967	.2995	.3023	.3051	.3078	.3106	.3133
0.9	.3159	.3186	.3212	.3238	.3264	.3289	.3315	.3340	.3365	.3389
1.0	.3413	.3438	.3461	.3485	.3508	.3531	.3554	.3577	.3599	.3621
1.1	.3643	.3665	.3686	.3708	.3729	.3749	.3770	.3790	.3810	.3830
1.2	.3849	.3869	.3888	.3907	.3925	.3944	.3962	.3980	.3997	.4015
1.3	.4032	.4049	.4066	.4082	.4099	.4115	.4131	.4147	.4162	.4177
1.4	.4192	.4207	.4222	.4236	.4251	.4265	.4279	.4292	.4306	.4319
1.5	.4332	.4345	.4357	.4370	.4382	.4394	.4406	.4418	.4429	.4441
1.6	.4452	.4463	.4474	.4484	.4495	.4505	.4515	.4525	.4535	.4545
1.7	.4554	.4564	.4573	.4582	.4591	.4599	.4608	.4616	.4625	.4633
1.8	.4641	.4649	.4656	.4664	.4671	.4678	.4686	.4693	.4699	.4706
1.9	.4713	.4719	.4726	.4732	.4738	.4744	.4750	.4756	.4761	.4767
2.0	.4772	.4778	.4783	.4788	.4793	.4798	.4803	.4808	.4812	.4817
2.1	.4821	.4826	.4830	.4834	.4838	.4842	.4846	.4850	.4854	.4857
2.2	.4861	.4864	.4868	.4871	.4875	.4878	.4881	.4884	.4887	.4890
2.3	.4893	.4896	.4898	.4901	.4904	.4906	.4909	.4911	.4913	.4916
2.4	.4918	.4920	.4922	.4925	.4927	.4929	.4931	.4932	.4934	.4936
2.5	.4938	.4940	.4941	.4943	.4945	.4946	.4948	.4949	.4951	.4952
2.6	.4953	.4955	.4956	.4957	.4959	.4960	.4961	.4962	.4963	.4964
2.7	.4965	.4966	.4967	.4968	.4969	.4970	.4971	.4972	.4973	.4974
2.8	.4974	.4975	.4976	.4977	.4977	.4978	.4979	.4979	.4980	.4981
2.9	.4981	.4982	.4982	.4983	.4984	.4984	.4985	.4985	.4986	.4986
3.0	.49865	.49869	.49874	.49878	.49882	.49886	.49889	.49893	.49897	.49900
3.1	.49903	.49906	.49910	.49913	.49916	.49918	.49921	.49924	.49926	.49929
3.2	.49931	.49934	.49936	.49938	.49940	.49942	.49944	.49946	.49948	.49950
3.3	.49952	.49953	.49955	.49957	.49958	.49960	.49961	.49962	.49964	.49965
3.4	.49966	.49968	.49969	.49970	.49971	.49972	.49973	.49974	.49975	.49976
3.5	.49977	.49978	.49978	.49979	.49980	.49981	.49981	.49982	.49983	.49983
3.6	.49984	.49985	.49985	.49986	.49986	.49987	.49987	.49988	.49988	.49989
3.7	.49989	.49990	.49990	.49990	.49991	.49991	.49992	.49992	.49992	.49992
3.8	.49993	.49993	.49993	.49994	.49994	.49994	.49994	.49995	.49995	.49995
3.9	.49995	.49995	.49996	.49996	.49996	.49996	.49996	.49996	.49997	.49997

表二　t 分配機率表

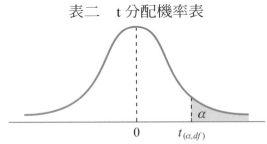

自由度	.25	.10	.05	.025	.01	.005
1	1.0000	3.0777	6.3138	12.7062	31.8207	63.6574
2	0.8165	1.8856	2.9200	4.3027	6.9646	9.9248
3	0.7649	1.6377	2.3534	3.1824	4.5407	5.8409
4	0.7407	1.5332	2.1318	2.7764	3.7469	4.6041
5	0.7267	1.4759	2.0150	2.5706	3.3649	4.0322
6	0.7176	1.4398	1.9432	2.4469	3.1427	3.7074
7	0.7111	1.4149	1.8946	2.3646	2.9980	3.4995
8	0.7064	1.3968	1.8595	2.3060	2.8965	3.3554
9	0.7027	1.3830	1.8331	2.2622	2.8214	3.2498
10	0.6998	1.3722	1.8125	2.2281	2.7638	3.1693
11	0.6974	1.3634	1.7959	2.2010	2.7181	3.1058
12	0.6955	1.3562	1.7823	2.1788	2.6810	3.0545
13	0.6938	1.3502	1.7709	2.1604	2.6503	3.0123
14	0.6924	1.3450	1.7613	2.1448	2.6245	2.9768
15	0.6912	1.3406	1.7531	2.1315	2.6025	2.9467
16	0.6901	1.3368	1.7459	2.1199	2.5835	2.9208
17	0.6892	1.3334	1.7396	2.1098	2.5669	2.8982
18	0.6884	1.3304	1.7341	2.1009	2.5524	2.8784
19	0.6876	1.3277	1.7291	2.0930	2.5395	2.8609
20	0.6870	1.3253	1.7247	2.0860	2.5280	2.8453
21	0.6864	1.3232	1.7207	2.0796	2.5177	2.8314
22	0.6858	1.3212	1.7171	2.0739	2.5083	2.8188
23	0.6853	1.3195	1.7139	2.0687	2.4999	2.8073
24	0.6848	1.3178	1.7109	2.0639	2.4922	2.7969
25	0.6844	1.3163	1.7081	2.0595	2.4851	2.7874
26	0.6840	1.3150	1.7056	2.0555	2.4786	2.7787
27	0.6837	1.3137	1.7033	2.0518	2.4727	2.7707
28	0.6834	1.3125	1.7011	2.0484	2.4671	2.7633
29	0.6830	1.3114	1.6991	2.0452	2.4620	2.7564
30	0.6828	1.3104	1.6973	2.0423	2.4573	2.7500
31	0.6825	1.3095	1.6955	2.0395	2.4528	2.7440
32	0.6822	1.3086	1.6939	2.0369	2.4487	2.7385
33	0.6820	1.3077	1.6924	2.0345	2.4448	2.7333
34	0.6818	1.3070	1.6909	2.0322	2.4411	2.7284
35	0.6816	1.3062	1.6896	2.0301	2.4377	2.7238
36	0.6814	1.3055	1.6883	2.0281	2.4345	2.7195
37	0.6812	1.3049	1.6871	2.0262	2.4314	2.7154
38	0.6810	1.3042	1.6860	2.0244	2.4286	2.7116
39	0.6808	1.3036	1.6849	2.0227	2.4258	2.7079
40	0.6807	1.3031	1.6839	2.0211	2.4233	2.7045
41	0.6805	1.3025	1.6829	2.0195	2.4208	2.7012
42	0.6804	1.3020	1.6820	2.0181	2.4185	2.6981
43	0.6802	1.3016	1.6811	2.0167	2.4163	2.6951
44	0.6801	1.3011	1.6802	2.0154	2.4141	2.6923
45	0.6800	1.3006	1.6794	2.0141	2.4121	2.6896
46	0.6799	1.3002	1.6787	2.0129	2.4102	2.6870
47	0.6797	1.2998	1.6779	2.0117	2.4083	2.6846
48	0.6796	1.2994	1.6772	2.0106	2.4066	2.6822
49	0.6795	1.2991	1.6766	2.0096	2.4049	2.6800
50	0.6794	1.2987	1.6759	2.0086	2.4033	2.6778

表三 χ² 分配機率表

$\chi^2_{U(\alpha, df)}$

自由度	.995	.99	.975	.95	.90	.75	.25	.10	.05	.025	.01	.005
1			0.001	0.004	0.016	0.102	1.323	2.706	3.841	5.024	6.635	7.879
2	0.010	0.020	0.051	0.103	0.211	0.575	2.773	4.605	5.991	7.378	9.210	10.597
3	0.072	0.115	0.216	0.352	0.584	1.213	4.108	6.251	7.815	9.348	11.345	12.838
4	0.207	0.297	0.484	0.711	1.064	1.923	5.385	7.779	9.488	11.143	13.277	14.860
5	0.412	0.554	0.831	1.145	1.610	2.675	6.626	9.236	11.071	12.833	15.086	16.750
6	0.676	0.872	1.237	1.635	2.204	3.455	7.841	10.645	12.592	14.449	16.812	18.548
7	0.989	1.239	1.690	2.167	2.833	4.255	9.037	12.017	14.067	16.013	18.475	20.278
8	1.344	1.646	2.180	2.733	3.490	5.071	10.219	13.362	15.507	17.535	20.090	21.955
9	1.735	2.088	2.700	3.325	4.168	5.899	11.389	14.684	16.919	19.023	21.666	23.589
10	2.156	2.558	3.247	3.940	4.865	6.737	12.549	15.987	18.307	20.483	23.209	25.188
11	2.603	3.053	3.816	4.575	5.578	7.584	13.701	17.275	19.675	21.920	24.725	26.757
12	3.074	3.571	4.404	5.226	6.304	8.438	14.845	18.549	21.026	23.337	26.217	28.299
13	3.565	4.107	5.009	5.892	7.042	9.299	15.984	19.812	22.362	24.736	27.688	29.819
14	4.075	4.660	5.629	6.571	7.790	10.165	17.117	21.064	23.685	26.119	29.141	31.319
15	4.601	5.229	6.262	7.261	8.547	11.037	18.245	22.307	24.996	27.488	30.578	32.801
16	5.142	5.812	6.908	7.962	9.312	11.912	19.369	23.542	26.296	28.845	32.000	34.267
17	5.697	6.408	7.564	8.672	10.085	12.792	20.489	24.769	27.587	30.191	33.409	35.718
18	6.265	7.015	8.231	9.390	10.865	13.675	21.605	25.989	28.869	31.526	34.805	37.156
19	6.844	7.633	8.907	10.117	11.651	14.562	22.718	27.204	30.144	32.852	36.191	38.582
20	7.434	8.260	9.591	10.851	12.443	15.452	23.828	28.412	31.410	34.170	37.566	39.997
21	8.034	8.897	10.283	11.591	13.240	16.344	24.935	29.615	32.671	35.479	38.932	41.401
22	8.643	9.542	10.982	12.338	14.042	17.240	26.039	30.813	33.924	36.781	40.289	42.796
23	9.260	10.196	11.689	13.091	14.848	18.137	27.141	32.007	35.172	38.076	41.638	44.181
24	9.886	10.856	12.401	13.848	15.659	19.037	28.241	33.196	36.415	39.364	42.980	45.559
25	10.520	11.524	13.120	14.611	16.473	19.939	29.339	34.382	37.652	40.646	44.314	46.928
26	11.160	12.198	13.844	15.379	17.292	20.843	30.435	35.563	38.885	41.923	45.642	48.290
27	11.808	12.879	14.573	16.151	18.114	21.749	31.528	36.741	40.113	43.194	46.963	49.645
28	12.461	13.565	15.308	16.928	18.939	22.657	32.620	37.916	41.337	44.461	48.278	50.993
29	13.121	14.257	16.047	17.708	19.768	23.567	33.711	39.087	42.557	45.722	49.588	52.336
30	13.787	14.954	16.791	18.493	20.599	24.478	34.800	40.256	43.773	46.979	50.892	53.672

表四　F 分配機率表

$\alpha = .05$

$F_{U(\alpha,\, df_1,\, df_2)}$

d.f.2 \ d.f.1	1	2	3	4	5	6	7	8	9	10	12	15	20	24	30	40	60	120	∞
1	161.4	199.5	215.7	224.6	230.2	234.0	236.8	238.9	240.5	241.9	243.9	245.9	248.0	249.1	250.1	251.1	252.2	253.3	254.3
2	18.51	19.00	19.16	19.25	19.30	19.33	19.35	19.37	19.38	19.40	19.41	19.43	19.45	19.45	19.46	19.47	19.48	19.49	19.50
3	10.13	9.55	9.28	9.12	9.01	8.94	8.89	8.85	8.81	8.79	8.74	8.70	8.66	8.64	8.62	8.59	8.57	8.55	8.53
4	7.71	6.94	6.59	6.39	6.26	6.16	6.09	6.04	6.00	5.96	5.91	5.86	5.80	5.77	5.75	5.72	5.69	5.66	5.63
5	6.61	5.79	5.41	5.19	5.05	4.95	4.88	4.82	4.77	4.74	4.68	4.62	4.56	4.53	4.50	4.46	4.43	4.40	4.36
6	5.99	5.14	4.76	4.53	4.39	4.28	4.21	4.15	4.10	4.06	4.00	3.94	3.87	3.84	3.81	3.77	3.74	3.70	3.67
7	5.59	4.74	4.35	4.12	3.97	3.87	3.79	3.73	3.68	3.64	3.57	3.51	3.44	3.41	3.38	3.34	3.30	3.27	3.23
8	5.32	4.46	4.07	3.84	3.69	3.58	3.50	3.44	3.39	3.35	3.28	3.22	3.15	3.12	3.08	3.04	3.01	2.97	2.93
9	5.12	4.26	3.86	3.63	3.48	3.37	3.29	3.23	3.18	3.14	3.07	3.01	2.94	2.90	2.86	2.83	2.79	2.75	2.71
10	4.96	4.10	3.71	3.48	3.33	3.22	3.14	3.07	3.02	2.98	2.91	2.85	2.77	2.74	2.70	2.66	2.62	2.58	2.54
11	4.84	3.98	3.59	3.36	3.20	3.09	3.01	2.95	2.90	2.85	2.79	2.72	2.65	2.61	2.57	2.53	2.49	2.45	2.40
12	4.75	3.89	3.49	3.26	3.11	3.00	2.91	2.85	2.80	2.75	2.69	2.62	2.54	2.51	2.47	2.43	2.38	2.34	2.30
13	4.67	3.81	3.41	3.18	3.03	2.92	2.83	2.77	2.71	2.67	2.60	2.53	2.46	2.42	2.38	2.34	2.30	2.25	2.21
14	4.60	3.74	3.34	3.11	2.96	2.85	2.76	2.70	2.65	2.60	2.53	2.46	2.39	2.35	2.31	2.27	2.22	2.18	2.13
15	4.54	3.68	3.29	3.06	2.90	2.79	2.71	2.64	2.59	2.54	2.48	2.40	2.33	2.29	2.25	2.20	2.16	2.11	2.07
16	4.49	3.63	3.24	3.01	2.85	2.74	2.66	2.59	2.54	2.49	2.42	2.35	2.28	2.24	2.19	2.15	2.11	2.06	2.01
17	4.45	3.59	3.20	2.96	2.81	2.70	2.61	2.55	2.49	2.45	2.38	2.31	2.23	2.19	2.15	2.10	2.06	2.01	1.96
18	4.41	3.55	3.16	2.93	2.77	2.66	2.58	2.51	2.46	2.41	2.34	2.27	2.19	2.15	2.11	2.06	2.02	1.97	1.92
19	4.38	3.52	3.13	2.90	2.74	2.63	2.54	2.48	2.42	2.38	2.31	2.23	2.16	2.11	2.07	2.03	1.98	1.93	1.88
20	4.35	3.49	3.10	2.87	2.71	2.60	2.51	2.45	2.39	2.35	2.28	2.20	2.12	2.08	2.04	1.99	1.95	1.90	1.84
21	4.32	3.47	3.07	2.84	2.68	2.57	2.49	2.42	2.37	2.32	2.25	2.18	2.10	2.05	2.01	1.96	1.92	1.87	1.81
22	4.30	3.44	3.05	2.82	2.66	2.55	2.46	2.40	2.34	2.30	2.23	2.15	2.07	2.03	1.98	1.94	1.89	1.84	1.78
23	4.28	3.42	3.03	2.80	2.64	2.53	2.44	2.37	2.32	2.27	2.20	2.13	2.05	2.01	1.96	1.91	1.86	1.81	1.76
24	4.26	3.40	3.01	2.78	2.62	2.51	2.42	2.36	2.30	2.25	2.18	2.11	2.03	1.98	1.94	1.89	1.84	1.79	1.73
25	4.24	3.39	2.99	2.76	2.60	2.49	2.40	2.34	2.28	2.24	2.16	2.09	2.01	1.96	1.92	1.87	1.82	1.77	1.71
26	4.23	3.37	2.98	2.74	2.59	2.47	2.39	2.32	2.27	2.22	2.15	2.07	1.99	1.95	1.90	1.85	1.80	1.75	1.69
27	4.21	3.35	2.96	2.73	2.57	2.46	2.37	2.31	2.25	2.20	2.13	2.06	1.97	1.93	1.88	1.84	1.79	1.73	1.67
28	4.20	3.34	2.95	2.71	2.56	2.45	2.36	2.29	2.24	2.19	2.12	2.04	1.96	1.91	1.87	1.82	1.77	1.71	1.65
29	4.18	3.33	2.93	2.70	2.55	2.43	2.35	2.28	2.22	2.18	2.10	2.03	1.94	1.90	1.85	1.81	1.75	1.70	1.64
30	4.17	3.32	2.92	2.69	2.53	2.42	2.33	2.27	2.21	2.16	2.09	2.01	1.93	1.89	1.84	1.79	1.74	1.68	1.62
40	4.08	3.23	2.84	2.61	2.45	2.34	2.25	2.18	2.12	2.08	2.00	1.92	1.84	1.79	1.74	1.69	1.64	1.58	1.51
60	4.00	3.15	2.76	2.53	2.37	2.25	2.17	2.10	2.04	1.99	1.92	1.84	1.75	1.70	1.65	1.59	1.53	1.47	1.39
120	3.92	3.07	2.68	2.45	2.29	2.17	2.09	2.02	1.96	1.91	1.83	1.75	1.66	1.61	1.55	1.50	1.43	1.35	1.25
∞	3.84	3.00	2.60	2.37	2.21	2.10	2.01	1.94	1.88	1.83	1.75	1.67	1.57	1.52	1.46	1.39	1.32	1.22	1.00

表四　F 分配機率表（續）

$\alpha = .025$

$F_{U(\alpha,\ df_1,\ df_2)}$

d.f.2	\multicolumn{19}{c}{d.f.1}																		
	1	2	3	4	5	6	7	8	9	10	12	15	20	24	30	40	60	120	∞
1	647.8	799.5	864.2	899.6	921.8	937.1	948.2	956.7	963.3	968.6	976.7	984.9	993.1	997.2	1001	1006	1010	1014	1018
2	38.51	39.00	39.17	39.25	39.30	39.33	39.36	39.37	39.39	39.40	39.41	39.43	39.45	39.46	39.46	39.47	39.48	39.49	39.50
3	17.44	16.04	15.44	15.10	14.88	14.73	14.62	14.54	14.47	14.42	14.34	14.25	14.17	14.12	14.08	14.04	13.99	13.95	13.90
4	12.22	10.65	9.98	9.60	9.36	9.20	9.07	8.98	8.90	8.84	8.75	8.66	8.56	8.51	8.46	8.41	8.36	8.31	8.26
5	10.01	8.43	7.76	7.39	7.15	6.98	6.85	6.76	6.68	6.62	6.52	6.43	6.33	6.28	6.23	6.18	6.12	6.07	6.02
6	8.81	7.26	6.60	6.23	5.99	5.82	5.70	5.60	5.52	5.46	5.37	5.27	5.17	5.12	5.07	5.01	4.96	4.90	4.85
7	8.07	6.54	5.89	5.52	5.29	5.12	4.99	4.90	4.82	4.76	4.67	4.57	4.47	4.42	4.36	4.31	4.25	4.20	4.14
8	7.57	6.06	5.42	5.05	4.82	4.65	4.53	4.43	4.36	4.30	4.20	4.10	4.00	3.95	3.89	3.84	3.78	3.73	3.67
9	7.21	5.71	5.08	4.72	4.48	4.32	4.20	4.10	4.03	3.96	3.87	3.77	3.67	3.61	3.56	3.51	3.45	3.39	3.33
10	6.94	5.46	4.83	4.47	4.24	4.07	3.95	3.85	3.78	3.72	3.62	3.52	3.42	3.37	3.31	3.26	3.20	3.14	3.08
11	6.72	5.26	4.63	4.28	4.04	3.88	3.76	3.66	3.59	3.53	3.43	3.33	3.23	3.17	3.12	3.06	3.00	2.94	2.88
12	6.55	5.10	4.47	4.12	3.89	3.73	3.61	3.51	3.44	3.37	3.28	3.18	3.07	3.02	2.96	2.91	2.85	2.79	2.72
13	6.41	4.97	4.35	4.00	3.77	3.60	3.48	3.39	3.31	3.25	3.15	3.05	2.95	2.89	2.84	2.78	2.72	2.66	2.60
14	6.30	4.86	4.24	3.89	3.66	3.50	3.38	3.29	3.21	3.15	3.05	2.95	2.84	2.79	2.73	2.67	2.61	2.55	2.49
15	6.20	4.77	4.15	3.80	3.58	3.41	3.29	3.20	3.12	3.06	2.96	2.86	2.76	2.70	2.64	2.59	2.52	2.46	2.40
16	6.12	4.69	4.08	3.73	3.50	3.34	3.22	3.12	3.05	2.99	2.89	2.79	2.68	2.63	2.57	2.51	2.45	2.38	2.32
17	6.04	4.62	4.01	3.66	3.44	3.28	3.16	3.06	2.98	2.92	2.82	2.72	2.62	2.56	2.50	2.44	2.38	2.32	2.25
18	5.98	4.56	3.95	3.61	3.38	3.22	3.10	3.01	2.93	2.87	2.77	2.67	2.56	2.50	2.44	2.38	2.32	2.26	2.19
19	5.92	4.51	3.90	3.56	3.33	3.17	3.05	2.96	2.88	2.82	2.72	2.62	2.51	2.45	2.39	2.33	2.27	2.20	2.13
20	5.87	4.46	3.86	3.51	3.29	3.13	3.01	2.91	2.84	2.77	2.68	2.57	2.46	2.41	2.35	2.29	2.22	2.16	2.09
21	5.83	4.42	3.82	3.48	3.25	3.09	2.97	2.87	2.80	2.73	2.64	2.53	2.42	2.37	2.31	2.25	2.18	2.11	2.04
22	5.79	4.38	3.78	3.44	3.22	3.05	2.93	2.84	2.76	2.70	2.60	2.50	2.39	2.33	2.27	2.21	2.14	2.08	2.00
23	5.75	4.35	3.75	3.41	3.18	3.02	2.90	2.81	2.73	2.67	2.57	2.47	2.36	2.30	2.24	2.18	2.11	2.04	1.97
24	5.72	4.32	3.72	3.38	3.15	2.99	2.87	2.78	2.70	2.64	2.54	2.44	2.33	2.27	2.21	2.15	2.08	2.01	1.94
25	5.69	4.29	3.69	3.35	3.13	2.97	2.85	2.75	2.68	2.61	2.51	2.41	2.30	2.24	2.18	2.12	2.05	1.98	1.91
26	5.66	4.27	3.67	3.33	3.10	2.94	2.82	2.73	2.65	2.59	2.49	2.39	2.28	2.22	2.16	2.09	2.03	1.95	1.88
27	5.63	4.24	3.65	3.31	3.08	2.92	2.80	2.71	2.63	2.57	2.47	2.36	2.25	2.19	2.13	2.07	2.00	1.93	1.85
28	5.61	4.22	3.63	3.29	3.06	2.90	2.78	2.69	2.61	2.55	2.45	2.34	2.23	2.17	2.11	2.05	1.98	1.91	1.83
29	5.59	4.20	3.61	3.27	3.04	2.88	2.76	2.67	2.59	2.53	2.43	2.32	2.21	2.15	2.09	2.03	1.96	1.89	1.81
30	5.57	4.18	3.59	3.25	3.03	2.87	2.75	2.65	2.57	2.51	2.41	2.31	2.20	2.14	2.07	2.01	1.94	1.87	1.79
40	5.42	4.05	3.46	3.13	2.90	2.74	2.62	2.53	2.45	2.39	2.29	2.18	2.07	2.01	1.94	1.88	1.80	1.72	1.64
60	5.29	3.93	3.34	3.01	2.79	2.63	2.51	2.41	2.33	2.27	2.17	2.06	1.94	1.88	1.82	1.74	1.67	1.58	1.48
120	5.15	3.80	3.23	2.89	2.67	2.52	2.39	2.30	2.22	2.16	2.05	1.94	1.82	1.76	1.69	1.61	1.53	1.43	1.31

表四　F 分配機率表（續）

$\alpha = .01$

$F_{U(\alpha,\ df_1,\ df_2)}$

d.f.1

d.f.2	1	2	3	4	5	6	7	8	9	10	12	15	20	24	30	40	60	120	∞
1	4052	4999.5	5403	5625	5764	5859	5928	5982	6022	6056	6106	6157	6209	6235	6261	6287	6313	6339	6366
2	98.50	99.00	99.17	99.25	99.30	99.33	99.36	99.37	99.39	99.40	99.42	99.43	99.45	99.46	99.47	99.47	99.48	99.49	99.50
3	34.12	30.82	29.46	28.71	28.24	27.91	27.67	27.49	27.35	27.23	27.05	26.87	26.69	26.60	26.50	26.41	26.32	26.22	26.13
4	21.20	18.00	16.69	15.98	15.52	15.21	14.98	14.80	14.66	14.55	14.37	14.20	14.02	13.93	13.84	13.75	13.65	13.56	13.46
5	16.26	13.27	12.06	11.39	10.97	10.67	10.46	10.29	10.16	10.05	9.89	9.72	9.55	9.47	9.38	9.29	9.20	9.11	9.02
6	13.75	10.92	9.78	9.15	8.75	8.47	8.26	8.10	7.98	7.87	7.72	7.56	7.40	7.31	7.23	7.14	7.06	6.97	6.88
7	12.25	9.55	8.45	7.85	7.46	7.19	6.99	6.84	6.72	6.62	6.47	6.31	6.16	6.07	5.99	5.91	5.82	5.74	5.65
8	11.26	8.65	7.59	7.01	6.63	6.37	6.18	6.03	5.91	5.81	5.67	5.52	5.36	5.28	5.20	5.12	5.03	4.95	4.86
9	10.56	8.02	6.99	6.42	6.06	5.80	5.61	5.47	5.35	5.26	5.11	4.96	4.81	4.73	4.65	4.57	4.48	4.40	4.31
10	10.04	7.56	6.55	5.99	5.64	5.39	5.20	5.06	4.94	4.85	4.71	4.56	4.41	4.33	4.25	4.17	4.08	4.00	3.91
11	9.65	7.21	6.22	5.67	5.32	5.07	4.89	4.74	4.63	4.54	4.40	4.25	4.10	4.02	3.94	3.86	3.78	3.69	3.60
12	9.33	6.93	5.95	5.41	5.06	4.82	4.64	4.50	4.39	4.30	4.16	4.01	3.86	3.78	3.70	3.62	3.54	3.45	3.36
13	9.07	6.70	5.74	5.21	4.86	4.62	4.44	4.30	4.19	4.10	3.96	3.82	3.66	3.59	3.51	3.43	3.34	3.25	3.17
14	8.86	6.51	5.56	5.04	4.69	4.46	4.28	4.14	4.03	3.94	3.80	3.66	3.51	3.43	3.35	3.27	3.18	3.09	3.00
15	8.68	6.36	5.42	4.89	4.56	4.32	4.14	4.00	3.89	3.80	3.67	3.52	3.37	3.29	3.21	3.13	3.05	2.96	2.87
16	8.53	6.23	5.29	4.77	4.44	4.20	4.03	3.89	3.78	3.69	3.55	3.41	3.26	3.18	3.10	3.02	2.93	2.84	2.75
17	8.40	6.11	5.18	4.67	4.34	4.10	3.93	3.79	3.68	3.59	3.46	3.31	3.16	3.08	3.00	2.92	2.83	2.75	2.65
18	8.29	6.01	5.09	4.58	4.25	4.01	3.84	3.71	3.60	3.51	3.37	3.23	3.08	3.00	2.92	2.84	2.75	2.66	2.57
19	8.18	5.93	5.01	4.50	4.17	3.94	3.77	3.63	3.52	3.43	3.30	3.15	3.00	2.92	2.84	2.76	2.67	2.58	2.49
20	8.10	5.85	4.94	4.43	4.10	3.87	3.70	3.56	3.46	3.37	3.23	3.09	2.94	2.86	2.78	2.69	2.61	2.52	2.42
21	8.02	5.78	4.87	4.37	4.04	3.81	3.64	3.51	3.40	3.31	3.17	3.03	2.88	2.80	2.72	2.64	2.55	2.46	2.36
22	7.95	5.72	4.82	4.31	3.99	3.76	3.59	3.45	3.35	3.26	3.12	2.98	2.83	2.75	2.67	2.58	2.50	2.40	2.31
23	7.88	5.66	4.76	4.26	3.94	3.71	3.54	3.41	3.30	3.21	3.07	2.93	2.78	2.70	2.62	2.54	2.45	2.35	2.26
24	7.82	5.61	4.72	4.22	3.90	3.67	3.50	3.36	3.26	3.17	3.03	2.89	2.74	2.66	2.58	2.49	2.40	2.31	2.21
25	7.77	5.57	4.68	4.18	3.85	3.63	3.46	3.32	3.22	3.13	2.99	2.85	2.70	2.62	2.54	2.45	2.36	2.27	2.17
26	7.72	5.53	4.64	4.14	3.82	3.59	3.42	3.29	3.18	3.09	2.96	2.81	2.66	2.58	2.50	2.42	2.33	2.23	2.13
27	7.68	5.49	4.60	4.11	3.78	3.56	3.39	3.26	3.15	3.06	2.93	2.78	2.63	2.55	2.47	2.38	2.29	2.20	2.10
28	7.64	5.45	4.57	4.07	3.75	3.53	3.36	3.23	3.12	3.03	2.90	2.75	2.60	2.52	2.44	2.35	2.26	2.17	2.06
29	7.60	5.42	4.54	4.04	3.73	3.50	3.33	3.20	3.09	3.00	2.87	2.73	2.57	2.49	2.41	2.33	2.23	2.14	2.03
30	7.56	5.39	4.51	4.02	3.70	3.47	3.30	3.17	3.07	2.98	2.84	2.70	2.55	2.47	2.39	2.30	2.21	2.11	2.01
40	7.31	5.18	4.31	3.83	3.51	3.29	3.12	2.99	2.89	2.80	2.66	2.52	2.37	2.29	2.20	2.11	2.02	1.92	1.80
60	7.08	4.98	4.13	3.65	3.34	3.12	2.95	2.82	2.72	2.63	2.50	2.35	2.20	2.12	2.03	1.94	1.84	1.73	1.60
120	6.85	4.79	3.95	3.48	3.17	2.96	2.79	2.66	2.56	2.47	2.34	2.19	2.03	1.95	1.86	1.76	1.66	1.53	1.38
∞	6.63	4.61	3.78	3.32	3.02	2.80	2.64	2.51	2.41	2.32	2.18	2.04	1.88	1.79	1.70	1.59	1.47	1.32	1.00

表四 F 分配機率表（續）

$\alpha = .005$

$F_{U(\alpha, df_1, df_2)}$

d.f.1

d.f.2	1	2	3	4	5	6	7	8	9	10	12	15	20	24	30	40	60	120	∞
1	16211	20000	21615	22500	23056	23437	23715	23925	24091	24224	24426	24630	24836	24940	25044	25148	25253	25359	25465
2	198.5	199.0	199.2	199.2	199.3	199.3	199.4	199.4	199.4	199.4	199.4	199.4	199.4	199.5	199.5	199.5	199.5	199.5	199.5
3	55.55	49.80	47.47	46.19	45.39	44.84	44.43	44.13	43.88	43.69	43.39	43.08	42.78	42.62	42.47	42.31	42.15	41.99	41.83
4	31.33	26.28	24.26	23.15	22.46	21.97	21.62	21.35	21.14	20.97	20.70	20.44	20.17	20.03	19.89	19.75	19.61	19.47	19.32
5	22.78	18.31	16.53	15.56	14.94	14.51	14.20	13.96	13.77	13.62	13.38	13.15	12.90	12.78	12.66	12.53	12.40	12.27	12.14
6	18.63	14.54	12.92	12.03	11.46	11.07	10.79	10.57	10.39	10.25	10.03	9.81	9.59	9.47	9.36	9.24	9.12	9.00	8.88
7	16.24	12.40	10.88	10.05	9.52	9.16	8.89	8.68	8.51	8.38	8.18	7.97	7.75	7.65	7.53	7.42	7.31	7.19	7.08
8	14.69	11.04	9.60	8.81	8.30	7.95	7.69	7.50	7.34	7.21	7.01	6.81	6.61	6.50	6.40	6.29	6.18	6.06	5.95
9	13.61	10.11	8.72	7.96	7.47	7.13	6.88	6.69	6.54	6.42	6.23	6.03	5.83	5.73	5.62	5.52	5.41	5.30	5.19
10	12.83	9.43	8.08	7.34	6.87	6.54	6.30	6.12	5.97	5.85	5.66	5.47	5.27	5.17	5.07	4.97	4.86	4.75	4.64
11	12.23	8.91	7.60	6.88	6.42	6.10	5.86	5.68	5.54	5.42	5.24	5.05	4.86	4.76	4.65	4.55	4.44	4.34	4.23
12	11.75	8.51	7.23	6.52	6.07	5.76	5.52	5.35	5.20	5.09	4.91	4.72	4.53	4.43	4.33	4.23	4.12	4.01	3.90
13	11.37	8.19	6.93	6.23	5.79	5.48	5.25	5.08	4.94	4.82	4.64	4.46	4.27	4.17	4.07	3.97	3.87	3.76	3.65
14	11.06	7.92	6.68	6.00	5.56	5.26	5.03	4.86	4.72	4.60	4.43	4.25	4.06	3.96	3.86	3.76	3.66	3.55	3.44
15	10.80	7.70	6.48	5.80	5.37	5.07	4.85	4.67	4.54	4.42	4.25	4.07	3.88	3.79	3.69	3.58	3.48	3.37	3.26
16	10.58	7.51	6.30	5.64	5.21	4.91	4.69	4.52	4.38	4.27	4.10	3.92	3.73	3.64	3.54	3.44	3.33	3.22	3.11
17	10.38	7.35	6.16	5.50	5.07	4.78	4.56	4.39	4.25	4.14	3.97	3.79	3.61	3.51	3.41	3.31	3.21	3.10	2.98
18	10.22	7.21	6.03	5.37	4.96	4.66	4.44	4.28	4.14	4.03	3.86	3.68	3.50	3.40	3.30	3.20	3.10	2.99	2.87
19	10.07	7.09	5.92	5.27	4.85	4.56	4.34	4.18	4.04	3.93	3.76	3.59	3.40	3.31	3.21	3.11	3.00	2.89	2.78
20	9.94	6.99	5.82	5.17	4.76	4.47	4.26	4.09	3.96	3.85	3.68	3.50	3.32	3.22	3.12	3.02	2.92	2.81	2.69
21	9.83	6.89	5.73	5.09	4.68	4.39	4.18	4.01	3.88	3.77	3.60	3.43	3.24	3.15	3.05	2.95	2.84	2.73	2.61
22	9.73	6.81	5.65	5.02	4.61	4.32	4.11	3.94	3.81	3.70	3.54	3.36	3.18	3.08	2.98	2.88	2.77	2.66	2.55
23	9.63	6.73	5.58	4.95	4.54	4.26	4.05	3.88	3.75	3.64	3.47	3.30	3.12	3.02	2.92	2.82	2.71	2.60	2.48
24	9.55	6.66	5.52	4.89	4.49	4.20	3.99	3.83	3.69	3.59	3.42	3.25	3.06	2.97	2.87	2.77	2.66	2.55	2.43
25	9.48	6.60	5.46	4.84	4.43	4.15	3.94	3.78	3.64	3.54	3.37	3.20	3.01	2.92	2.82	2.72	2.61	2.50	2.38
26	9.41	6.54	5.41	4.79	4.38	4.10	3.89	3.73	3.60	3.49	3.33	3.15	2.97	2.87	2.77	2.67	2.56	2.45	2.33
27	9.34	6.49	5.36	4.74	4.34	4.06	3.85	3.69	3.56	3.45	3.28	3.11	2.93	2.83	2.73	2.63	2.52	2.41	2.29
28	9.28	6.44	5.32	4.70	4.30	4.02	3.81	3.65	3.52	3.41	3.25	3.07	2.89	2.79	2.69	2.59	2.48	2.37	2.25
29	9.23	6.40	5.28	4.66	4.26	3.98	3.77	3.61	3.48	3.38	3.21	3.04	2.86	2.76	2.66	2.56	2.45	2.33	2.21
30	9.18	6.35	5.24	4.62	4.23	3.95	3.74	3.58	3.45	3.34	3.18	3.01	2.82	2.73	2.63	2.52	2.42	2.30	2.18
40	8.83	6.07	4.98	4.37	3.99	3.71	3.51	3.35	3.22	3.12	2.95	2.78	2.60	2.50	2.40	2.30	2.18	2.06	1.93
60	8.49	5.79	4.73	4.14	3.76	3.49	3.29	3.13	3.01	2.90	2.74	2.57	2.39	2.29	2.19	2.08	1.96	1.83	1.69
120	8.18	5.54	4.50	3.92	3.55	3.28	3.09	2.93	2.81	2.71	2.54	2.37	2.19	2.09	1.98	1.87	1.75	1.61	1.43
∞	7.88	5.30	4.28	3.72	3.35	3.09	2.90	2.74	2.62	2.52	2.36	2.19	2.00	1.90	1.79	1.67	1.53	1.36	1.00

國家圖書館出版品預行編目資料

實用統計學－使用 Excel、SAS、R 語言分析 /
洪來發編著. -- 初版. -- 新北市 : 全華圖書,
2018.10
　面；　公分
ISBN 978-986-463-941-0(平裝)
1.統計學
510　　　　　　　　　　107015467

實用統計學－使用 Excel、SAS、R 語言分析

作者 / 洪來發

發行人 / 陳本源

執行編輯 / 王　鈞

封面設計 / 蕭暄蓉

出版者 / 全華圖書股份有限公司

郵政帳號 / 0100836-1 號

印刷者 / 宏懋打字印刷股份有限公司

圖書編號 / 08272

初版一刷 / 2018 年 12 月

定價 / 新台幣 680 元

ISBN / 978-986-463-941-0

全華圖書 / www.chwa.com.tw

全華網路書店 Open Tech / www.opentech.com.tw

若您對書籍內容、排版印刷有任何問題，歡迎來信指導 book@chwa.com.tw

臺北總公司(北區營業處)
地址：23671 新北市土城區忠義路 21 號
電話：(02) 2262-5666
傳真：(02) 6637-3695、6637-3696

南區營業處
地址：80769 高雄市三民區應安街 12 號
電話：(07) 381-1377
傳真：(07) 862-5562

中區營業處
地址：40256 臺中市南區樹義一巷 26 號
電話：(04) 2261-8485
傳真：(04) 3600-9806

歡迎加入 全華會員

● 會員獨享

會員享購書折扣、紅利積點、生日禮金、不定期優惠活動…等。

● 如何加入會員

填妥讀者回函卡直接傳真 (02) 2262-0900 或寄回，將由專人協助登入會員資料，待收到 E-MAIL 通知後即可成為會員。

如何購買 全華書籍

1. 網路購書

全華網路書店「http://www.opentech.com.tw」，加入會員購書更便利，並享有紅利積點回饋等各式優惠。

2. 全華門市、全省書局

歡迎至全華門市（新北市土城區忠義路 21 號）或全省各大書局、連鎖書店選購。

3. 來電訂購

(1) 訂購專線：(02) 2262-5666 轉 321-324
(2) 傳真專線：(02) 6637-3696
(3) 郵局劃撥（帳號：0100836-1 戶名：全華圖書股份有限公司）
※ 購書未滿一千元者，酌收運費 70 元。

OpenTech.com.tw
全華網路書店

全華網路書店 www.opentech.com.tw
E-mail: service@chwa.com.tw

※ 本會員制如有變更則以最新修訂制度為準，造成不便請見諒。